Otto Knoch

Wer Ohren hat, der höre

Die Botschaft der Gleichnisse Jesu

Ein Werkbuch zur Bibel

Mit 36 Holzschnitten von Anna Braungart

Verlag Katholisches Bibelwerk GmbH

CIP-Kurztitelaufnahme der Deutschen Bibliothek

Knoch, Otto:
Wer Ohren hat, der höre: d. Botschaft d. Gleichnisse Jesu;
e. Werkbuch zur Bibel / Otto Knoch.
Mit 36 Holzschn. von Anna Braungart. – 2. Aufl. –
Stuttgart: Verlag Katholisches Bibelwerk, 1985.
ISBN 3-460-32151-2

ISBN 3-460-32151-2

Mit kirchlicher Druckerlaubnis
Satz: Storz Fremdsprachensatz, Leinfelden-Echterdingen
Druck: Brönner & Daentler, Eichstätt

Smlb

Inhaltsverzeichnis

I. Einführung in das Gleichnisverständnis

Wer die ersten drei Evangelien aufmerksam liest, entdeckt, daß sie keine abstrakten Wahrheiten bieten, sondern unmittelbar und anschaulich von Gott und seinem Handeln, vom Menschen und seinem Verhalten und Ziel, vom Reich und Volk Gottes, von Satan, Sünde, Tod, Gericht, Auferstehung und Heil reden. Häufig finden sich in ihnen Bilder. Die Sätze sind einfach. Das Zeitwort beherrscht die Aussagen und macht die Darlegungen bewegt und lebendig. Die Bilder sind anschaulich, leicht verständlich, unmittelbar anregend und unausschöpfbar tief.

Dieser Wesenszug der ersten drei Evangelien wurzelt zwar in der Eigenart der biblischen Überlieferung, gründet aber wesenhaft in der Art und Weise der Verkündigung und des Wirkens Jesu. Denn die Evangelisten wollen ja Jesu Wort und Handeln ihren Lesern überliefern, um die Botschaft Jesu lebendig zu erhalten und in der Geschichte wirksam werden zu lassen. Darum auch suchen sie, den Wortlaut und die Stilformen des Redens Jesu möglichst getreu zu bewahren. Sie greifen nur vorsichtig in den überlieferten Bestand der Worte und Reden Jesu ein, um sie späteren Generationen, die unter anderen geistigen, religiösen und sozialen Bedingungen leben, neu aufzuschließen.

Wer versucht, die ursprünglichen Formen des Redens Jesu – vor allem durch den Vergleich der Evangelienüberlieferungen miteinander – festzustellen und dann zusammenhängend zu lesen, dem fällt schon beim ersten Hinsehen auf, daß Jesus ein Meister der bildhaften religiösen Rede ist. Er versteht es wie keiner vor oder nach ihm, von den unanschaulichsten und verborgensten religiösen Wirklichkeiten einfach, überzeugend und tief – oft unter Verzicht auf vorgegebene religiöse Begriffe und Vergleiche – zu erzählen. Er tut dies auf unverwechselbar eigene, einmalige Weise. Gerade an den Vergleichen, Bildworten, Beispielerzählungen, den Bildgeschichten und Gleichnissen läßt sich diese Meisterschaft Jesu überzeugend ablesen. Seine Gleichnisse sind vor allem meisterlich aufgebaute Bilderzählungen von bezwingender gedanklicher Kraft und sprachlichem Reiz. Ihrem Bildcharakter ist es zu verdanken, daß sie nicht zu lehrhaft religiösen oder philosophischen Formeln erstarrten, sondern bis heute lebendig, ansprechend, innerlich bewegend und unausschöpfbar geblieben sind.

Jesus stellt keine philosophische Betrachtung über die Vergeblichkeit allen irdischen Bemühens auf, sondern er fragt: »Was nützt es dem

Menschen, wenn er die ganze Welt gewinnt, dabei aber sein Leben verliert?« (Lk 9,25).

Er hält keinen Vortrag über Wesen und Eigenschaften echter Jüngerschaft, sondern er spricht: »Ihr seid das Salz der Erde! Ihr seid das Licht der Welt! So leuchte euer Licht vor den Menschen!« (Mt 5,13-16).

Er stellt keine tiefsinnigen Untersuchungen über Wesen und Eigenschaften Gottes oder über das Verhalten des weltüberlegenen Gottes gegenüber den Menschen an, sondern er schließt von der Sorge des Schöpfers für seine Geschöpfe auf die unbedingte Sorge Gottes für den Menschen, sein erhabenstes Geschöpf: »Seht euch die Vögel des Himmels an: Sie säen nicht, sie ernten nicht und sammeln keine Vorräte; euer himmlischer Vater ernährt sie. Seid ihr nicht viel mehr wert als sie?... Lernt von den Lilien auf dem Feld: Sie arbeiten nicht und weben nicht. Doch ich sage euch: Selbst Salomo war in all seiner Pracht nicht gekleidet wie eine von ihnen... Macht euch also keine Sorgen!... Euer Vater im Himmel weiß, daß ihr all das braucht!« (Mt 6,25-32).

Er tüftelt nicht über das Wesen echter Liebe unter den Menschen, sondern erzählt die Geschichte vom barmherzigen Samariter und fordert dann auf: »Handle ebenso!« (Lk 10,37). Und der von ihm aufgestellte Maßstab mitmenschlicher Verpflichtung ist für jeden Menschen unmittelbar einsichtig: »Liebe deinen Mitmenschen wie dich selbst!« (Mk 12,31). Das »wie dich selbst« erläutert Jesus – im Vergleich zu Tob 4,15a – positiv durch die Goldene Regel: »Alles, was ihr von anderen erwartet, das tut auch für sie« (Mt 7,12).

Er bietet keine Belehrung über das Reich Gottes für Auserwählte und Eingeweihte, sondern er enthüllt in Gleichniserzählungen dessen Wirklichkeit und bedient sich dabei der allen Menschen bekannten Vorgänge in der Natur und im menschlichen Leben. Dadurch nötigt er die Hörer zugleich, sich mit der auf diese Weise bedrängende Gegenwart gewordenen Wirklichkeit des Reiches Gottes ernsthaft zu befassen. Denn Jesu Gleichnisse bleiben nicht im rein Gedanklichen stehen, sie schaffen eine neue Wirklichkeit, nämlich die Gegenwart der Gnade Gottes in der durch Schuld und Sünde geprägten, gefallenen Welt, und zwar so, daß die Hörer diese Wirklichkeit als etwas erfahren, das sie unmittelbar betrifft. Denn allein im Bild, in der Bildgeschichte, konnte die Wirklichkeit von Gottes Erbarmen zu Wort gebracht, den Hörern erschlossen und mitgeteilt werden. Insofern können die Gleichnisse nicht angemessen begrifflich umschrieben und ausgelotet werden. Vielmehr muß der Hörer in eine Beziehung zum Inhalt und Geschehen des Gleichnisses gebracht werden, um so selbst der Botschaft der Gleichnisse vom Reich Gottes zu begegnen.

Jesus war nämlich nicht nur ein Meister der Sprache. Er lebte vielmehr in der Wirklichkeit der durch ihn gegenwärtigen Gnade Gottes und war zugleich ein liebender, unvoreingenommener Beobachter des Menschenlebens, ein unvergleichlicher Kenner des Menschenherzens. Diese »gottmenschliche« Polarität ist es, welche das ganze Reden Jesu prägt und seinen Gleichnissen einzigartige Wahrheitstiefe und Lebensfülle verleiht.

1. Wort- und Begriffserklärung

Jeder abendländische Mensch, auch der Nichtchrist, hat schon von den Gleichnissen Jesu gehört und weiß wohl auch einige zu nennen: die vom barmherzigen Samariter, vom verlorenen Sohn, vom Pharisäer und Zöllner und vom reichen Mann und vom armen Lazarus. Von daher weiß er auch, daß ein Gleichnis eine Bildgeschichte mit einer geistigen, religiösen oder ethischen Aussage ist. Um aber die Aussage der einzelnen Gleichnisse methodisch richtig bestimmen zu können, bedarf es einer genaueren Bestimmung der Form und der Auslegungsregeln der Gleichnisse.

Das Wort *Gleichnis* bezeichnet im weitesten Sinne einen Vergleich, eine Ähnlichkeit, eine Entsprechung, eine Gleichheit verschiedener Gegebenheiten. Im engeren Sinne wird es auf Bildgeschichten angewandt, die einen Sachverhalt, eine Wirklichkeit oder ein Geschehen mit einem anderen vergleichen und daraus eine Lebensweisheit oder eine Erkenntnis ableiten.

Näherhin wird dieses Wort verwendet als Wiedergabe der griechischen Bezeichnung *parabolē*, Parabel, die wörtlich »das Nebeneinandergestellte« bedeutet. In der griechischen Welt veranschaulichte die Parabel eine dem religiösen oder sittlichen Bereich zugehörende Wahrheit oder Gegebenheit durch ein Beispiel aus dem Natur- und Alltagsleben. In der Bibel gibt das Wort Parabel die hebräische Bezeichnung *maschal* wieder. Dieses Wort bezeichnet neben der Bildrede, dem Gleichnis, auch den einfachen Vergleich, das Bildwort, das Rätselwort, das Sprichwort, den Weisheitsspruch, die Allegorie, die Beispielerzählung, das Spottwort und die Fabel. Fabeln finden sich im Neuen Testament nicht, jedoch im Alten Testament.

Bildworte, Vergleiche und Bilderzählungen dienen in der Bibel dazu, unanschauliche Sachverhalte, wichtige Wahrheiten und begrifflich nicht ganz faßbare religiöse Wirklichkeiten einsichtig zu machen und dem

Hörer oder Leser so vor Augen zu stellen, daß er davon betroffen und zum richtigen Verhalten bewegt wird. Dies zeigt sich vor allem bei den Propheten, aber auch in den Schriften der Weisheitslehrer Israels. Jesus benützt Bildworte und Bildgeschichten dazu, um die Frohe Botschaft vom Reich Gottes und seiner unanschaulichen Wirklichkeit einsichtig zu machen und in eine Beziehung zur Umwelt seiner Hörer zu bringen, damit diese selbst urteilen und sich richtig verhalten können. Die Bildaussagen Jesu wollen also vergegenwärtigen, veranschaulichen, zu vertiefter Einsicht führen, konfrontieren, einladen und zu konsequentem Verhalten und Handeln führen.

Das *Bildwort* verwendet in einem kurzen Satz, einer Aussage oder einer Behauptung ein Bild, um einen Sachverhalt oder eine geistige Wirklichkeit zu veranschaulichen und zugleich daran neue Züge und Inhalte aufzudecken. Dabei finden sich traditionelle, in einer bestimmten Gruppe oder einem kulturellen Raum allgemein gebrauchte bildhafte Bezeichnungen oder auch spontane Neuprägungen einer bestimmten Persönlichkeit, die jedoch ebenfalls auf die besonderen Gegebenheiten der je gegebenen Umwelt zurückgreifen. Zur ersteren Gruppe gehören im biblischen Kulturraum zum Beispiel die Bildworte: Hirt für Führer, Herr, König; König, Herr, Herrscher, Vater, Richter für Gott; Herde für Volk, Stamm, Sippe, Menschengemeinschaft; Licht für Lehre oder Wahrheit oder Leben; Horn für Stärke, Kraft, Durchsetzungsvermögen; Nacht für Tod; Staub für Armseligkeit, Vergänglichkeit; Wasser für Leben; Baum oder Haus für Menschen und Sippen; Ernte für das Ende (des Lebens) einzelner Personen oder einer Gemeinschaft; Worfeln (des Getreides) oder Sieben für Richten, Gericht; Schwert für Streit, Zwist, Krieg und jähen Tod. Solche Schlüsselbilder finden sich auch in den Gleichnisreden Jesu, mit deren Hilfe sich die Botschaft dieser Bildreden leicht erschließen läßt. Jesus hat auch Bildworte neu geschaffen.

In den Reden Jesu, die sich im Neuen Testament finden, begegnen viele Bildworte und bildhafte Redewendungen, zum Beispiel: »Ich bin der gute Hirt« (Joh 10,11); »Ich bin nicht gekommen, Frieden zu bringen, sondern das Schwert« (Mt 10,34); »Ihr seid das Salz der Erde; ihr seid das Licht der Welt« (Mt 5,13f); »Laß die Toten ihre Toten begraben« (Mt 8,22); »Ihr Schlangenbrut« (Mt 23,33); »Sagt diesem Fuchs« (Lk 13,32); »Ihr seid blinde Blindenführer« (Mt 23,16); »Die Pforten des Totenreiches… werden nicht überwältigen« (Mt 16,18).

Diese Bibelworte, bei denen es sich um Übertragung von Eigenschaften und um Austausch von Ähnlichem geht, nennt man *Metaphern,* Übertragungen, Aussagen im übertragenen Sinn.

Eine Sonderform der Metapher stellt die *Metonymie,* die Namensvertauschung, dar. Hier wird die Ursache für die Wirkung, die Handlung mit dem Werkzeug, der Gegenstand mit dem Stoff, das Gefäß mit dem Inhalt oder umgekehrt, die Sache mit dessen Symbol vertauscht. Beispiele dafür finden sich im Neuen Testament häufig: »Wenn dich deine Hand zum Bösen verführt... und wenn dich dein Fuß zum Bösen verführt... und wenn dich dein Auge zum Bösen verführt« (Mk 9,43-47): Hand, Fuß und Auge stehen hier stellvertretend für die böse, begierliche Seele, die durch diese Glieder handelt. »Die Stimme, die in der Wüste ruft« (Joh 1,23); »Der Freund des Bräutigams« (Joh 3,29): Beide Bilder stehen für Johannes den Täufer. Jesus sagt von sich: »Ich bin die Auferstehung und das Leben« (Joh 11,25), das heißt er vermittelt, er schenkt ewiges Leben. Das Leben, das Jesus für andere hingibt, wird als »Lösegeld für viele« bezeichnet (Mt 20,28). Die Wendung »den Kelch trinken« (Mk 10,39) besagt: ein bitteres Schicksal auf sich nehmen.

Von diesen Bildworten ist der *einfache Vergleich* zu unterscheiden, der sich im Neuen Testament ebenfalls häufig findet. Er läßt sich daran erkennen, daß entweder das Vergleichswort »wie« verwendet oder daß ein Vergleich deutlich ausgeführt wird. Beispiele dafür sind: »Wer diese Worte hört, ist wie ein kluger Mann, der sein Haus (d.h. Leben) auf Felsen baute« (Mt 7,24); »Ich sende euch wie Schafe mitten unter die Wölfe; seid klug wie die Schlangen und arglos wie die Tauben« (Mt 10,16).

Bei der *Bilderzählung* wird ein Ereignis, eine Wirklichkeit oder ein Sachverhalt durch eine vom Verfasser erfundene Geschichte dargestellt, welche neue Seiten, Inhalte und Bedeutungen an der anvisierten Wirklichkeit erschließt. Die bildhafte Erzählung bedient sich dabei einzelner Elemente und Gegebenheiten, die in der den Hörern vertrauten Welt vorkommen, um diese neu zusammenzuordnen. Dadurch schafft der Erzähler eine neue Wirklichkeit, durch die das eigentlich Gemeinte auf unvertraute, ja überraschende Weise Profil, Anschaulichkeit, Perspektive und Aussagekraft gewinnt. Richtig durchschaut wird diese Bildgeschichte aber erst, wenn der Hörer (oder Leser) weiß, wovon die Geschichte eigentlich handelt. Insofern steht die Bildgeschichte in einer besonderen Beziehung zur eigentlich gemeinten Wirklichkeit. Nicht der vordergründig aufscheinende Wirklichkeitsbezug ist daher maßgebend für das rechte Verstehen des Gesagten, sondern der in der Geschichte vorhandene hintergründige Wirklichkeitsbezug. Erst wenn dieser aufgedeckt und erkannt ist, kann die Geschichte als wirklich verstanden gelten. So will das Gleichnis vom verlorenen Sohn keine Geschichte erzählen, die wirklich passiert ist, auch nicht zeigen, wie sich ein Vater seinen Söhnen gegenüber in einem ähnlichen Fall verhalten soll oder nicht beschreiben, wie sich erstgeborene und nachgeborene Söhne entwickeln können, vielmehr will es zeigen, wie Gott in der neuen Wirklichkeit des Reiches Gottes »den verlorenen Söhnen« und Töchtern, die umkehren wollen, begegnet. Der Bezug zur Ordnung des Reiches Gottes, wie sie Jesus verkündet, ist also für das rechte Verständnis der Aussageabsicht dieser Bildgeschichte ausschlaggebend. Ohne die Kenntnis dieser »hintergründigen« Beziehung kann die Bildgeschichte gar nicht recht verstanden werden. Insofern sind in einer bildhaften Erzählung zwei Verstehensebenen voneinander zu unterscheiden: die vordergründige der erzählten Geschichte und die hintergründige Beziehung auf die eigentlich gemeinte Wirklichkeit beziehungsweise Sache.

Hinweise für das Verstehen des eigentlich Gemeinten sind einerseits zu gewinnen durch einen Blick auf die Eigenart der Geschichte, also auf ihre Darstellungsform, andererseits durch den Zusammenhang, in dem die Geschichte begegnet. Bildgeschichten stehen immer in einem größeren Verstehenszusammenhang, sei es in einer Darlegung, einer Lehre, einer Diskussion, einer geistigen Auseinandersetzung oder einer Argumentation. So wird die Geschichte vom verlorenen Sohn von Jesus erzählt, um sein Verhalten gegenüber schweren Sündern in Israel zu begründen. Die Geschichte weist im Verhalten des Vaters gegenüber seinem verlorenen Sohn auf das Verhalten Gottes gegenüber reumütigen Sündern hin. Durch die im Bildwort wie in der Bildgeschichte geübte Verbindung von darin vertretenen Wirklichkeiten und Sachverhalten mit neuen, ungewöhnlichen Gegebenheiten – und zwar in Form eines bildhaften Vergleichs – wird eine neue Dimension der Wirklichkeit erschlossen beziehungsweise geschaffen. Dies gilt vor allem für die Bilderzählungen und Bildvergleiche mit der Wirklichkeit des Reiches Gottes. Hier tritt eine Wirklichkeit in Erscheinung, die zwar einerseits in einer Beziehung zu der Welt steht, in der die Hörer und Leser dieser Bildgeschichte leben, andererseits aber diese Weltordnung sprengt, übersteigt, in Frage stellt oder verwandelt. Denn einerseits wird die vertraute Welt zur »Verständnisbedingung« der Wirklichkeit des Reiches Gottes, andererseits aber verändert sich auch das Verständnis der alten Welt durch den Bezug zum Reich Gottes, wie es sich in der Bilderzählung zeigt.

Je nach dem Bezug zur hintergründigen, eigentlich gemeinten geistigen Wirklichkeit lassen sich die bildhaften Erzählungen näher bestimmen und einteilen. In diesem Buch werden dabei lediglich solche Formen von Bildgeschichten erwähnt, die sich in der Bibel finden.

Die vom Aufbau her am leichtesten bestimmbare Bildgeschichte ist die *Allegorie.* Der aus der griechischen Sprache stammende Begriff besagt seinem Wortsinn nach: »von etwas anderem handeln« *(all' agoreuein).* Die Bildgeschichte bezieht sich dabei Punkt für Punkt auf die Einzelelemente der gemeinten Wirklichkeit. Jedem Einzelelement der angezielten Wirklichkeit entspricht jeweils ein Bauelement der Bildgeschichte. Allegorien haben deshalb oft etwas Gekünsteltes, Konstruiertes an sich. Verschiedene Einzelzüge der bildhaften Darstellung sperren sich nicht selten gegen andere; sie können sogar in Spannung zueinander stehen. Wichtig ist dem Verfasser einer solchen Allegorie ja nur, daß die gemeinte Wirklichkeit in der Bildgeschichte auch sachentsprechend zu Wort kommt. Diese ist nämlich konsequent und Zug um Zug von der angezielten Sache beziehungsweise geistigen Wirklichkeit und Thematik her entworfen. Reine Allegorien finden sich fast ausschließlich im Alten Testament.

Ein gutes Beispiel einer alttestamentlichen Allegorie ist die Bildrede vom Zedernsproß und vom Weinstock im Buch Ezechiel, Kapitel 17: Ein Adler bricht den Gipfel einer Zeder im Libanongebirge ab und verpflanzt diesen in eine Kaufmannstadt eines Händlerlandes. Derselbe Adler pflanzt einen Weinstock in ein gut bewässertes Feld. Zunächst wenden sich die Ranken diesem Adler zu. Dann aber taucht ein anderer Adler auf. Nun streckt der Weinstock seine Wurzeln und Ranken hin zu diesem, weil er hofft, besser getränkt und bewässert zu werden. Und dies, obwohl er auf gutem, reichlich bewässertem Boden steht. Die Bilderzählung wird abgeschlossen durch die Frage des Propheten: »So spricht der allmächtige Herr: Kann das glücken? Wird jener Adler nicht seine Wurzeln ausreißen und seine Früchte vernichten, so daß all seine grünenden Triebe verdorren?« (Ez 17,9).

Anschließend liefert der Prophet den Schlüssel zum Verständnis: Der erste Adler ist der König von Babylon, Nebukadnezzar, der im Jahr 598 Jerusalem besetzte, den jüdischen König Jojachin (Zedernsproß) nach Babylon ins Exil verbrachte, und dessen Onkel, Zidkija (Rebe), zum Vasallenkönig einsetzte. Dieser aber brach die Vasallenverpflichtungen und wandte sich an den ägyptischen König (zweiter Adler) um Hilfe. An diesem Beispiel zeigt sich deutlich die Eigenart der Allegorie: das Gekünstelte, die Zug um Zug der Wirklichkeit entsprechende Bildebene, die Unverständlichkeit des Geschilderten ohne einen Hinweis auf die hintergründige Wirklichkeit, die im Zusammenhang, in dem die Geschichte begegnet, gebotenen Verständnishinweise.

Berühmt ist die vom Hofpropheten Natan dem König David als oberstem Richter des Volkes vorgetragene Allegorie vom rücksichtslosen

Reichen und dem Lamm des Armen, 2 Sam 12,1-14: »In einer Stadt lebten zwei Männer; der eine war reich, der andere arm. Der Reiche besaß sehr viele Schafe und Rinder, der Arme aber besaß nur ein einziges kleines Lamm, das er sich gekauft hatte. Er zog es auf..., und es war für ihn wie seine eigene Tochter. Da kam Besuch zu dem reichen Mann, und er brachte es nicht über sich, eines von seinen Schafen oder Rindern zu nehmen, um es... zuzubereiten. Darum nahm er das Lamm des armen Mannes und bereitete es (für seinen Gast) zu. Da geriet David in heftigen Zorn... und sagte: ›So wahr der Herr lebt! Der Mann, der das getan hat, muß sterben. Er muß vierfach das Lamm ersetzen, weil er das getan und kein Mitleid gehabt hat.‹ Da sagte Natan: ›Du bist der Mann!... Du hast den Hetiter Urija mit dem Schwert erschlagen und hast dir seine Frau genommen‹.«

Diese Allegorie ist so gestaltet, daß David meint, er werde als Richter in einem Fall brutaler Ausbeutung eines hilflosen Armen angerufen, so daß er spontan das Urteil spricht, das jedoch auf ihn selbst zurückfällt, nachdem ihm Natan den Schlüssel zum richtigen Verständnis der Geschichte geliefert hat. Hieran zeigt sich, welchen Sinn verschlüsselte, bildhafte Erzählungen eigentlich haben: Sie verdichten die gemeinte Wirklichkeit im Bild und verlocken oder befähigen den uneingeweihten Hörer dazu, unvoreingenommen zu urteilen. Hätte David gewußt, was Natan mit der Geschichte wirklich wollte, wäre es nie zur ungehinderten Einsicht in die gegebene Schuld und zur uneingeschränkten Selbstverurteilung gekommen. Die verdichtete Darstellung der Bildgeschichte vermag also zu Einsichten und Folgerungen zu führen, die der Hörer von der Kenntnis des eigentlich gemeinten Sachverhalts her nicht gewonnen oder nicht angenommen hätte.

Jesus selbst hat nie reine Allegorien im Vollsinn des Wortes geprägt oder erzählt. Allerdings weisen seine Gleichniserzählungen sehr oft allegorische Züge auf, die er jüdischem Denken und der Tradition seiner Zeit entnahm und bei seinen Hörern voraussetzen konnte. Während beim Gleichnis die einzelnen vorgeprägten Bildworte einen Teil der Bilderzählung darstellen, verweisen feste allegorische Einzelzüge unabhängig vom Erzählganzen unmittelbar auf die damit gemeinte Sache oder Beziehungswirklichkeit hin.

Nicht wenige Gleichnisse Jesu, wie sie heute im Neuen Testament begegnen, wurden im Laufe der Überlieferung durch die Kirche einer *Allegorisierung* unterworfen. Dabei wurde ausgegangen von festen, statischen Bildworten, die gleichsam den Aufhänger für die allegorische Ausgestaltung bildeten. Dadurch wurden diese Gleichnisse auf die Situation der Kirche beziehungsweise der Leser der betreffenden Evangelien hin aktualisiert. Das bedeutete jedoch kein Mißverständnis der Gleichnisse Jesu oder deren Verfälschung und Überfremdung, sondern geschah unter Rückgriff auf bewährte jüdische Auslegungsmethoden heiliger Überlieferung (s. dazu *H.-J. Klauck,* Allegorie und Allegorese, S. 21-28; 67-130; 132-147; 148-361). Dabei wurden die Gleichnisse Jesu als Verschlüsselungen und Enthüllungen des Geheimnisses des Reiches Gottes verstanden (vgl. Mk 4,10-12; Mt 13,10-17; Lk 8,9f).

Ein klassisches Beispiel solcher Allegorisierung ist die »Deutung« des Sämannsgleichnisses (Mk 4,13-20). Denn hier werden nahezu alle Einzelzüge der gedeuteten Gleichniserzählung auf die gemeinte Wirklichkeit des Reiches Gottes hin ausgezogen, näherhin auf die Wirklichkeit der nachösterlichen Christengemeinden. Ursprünglich dienten die Einzelzüge des Sämannsgleichnisses jedoch dazu, den darin dargestellten Hauptgedanken herauszuarbeiten. Ähnlich verhält es sich mit der »Deutung« der Parabel vom Unkraut unter dem Weizen (Mt 13,36-43), deren spätere Herkunft sich auch dadurch verrät, daß sie durch eine Reihe von anderen Texten vom Gleichnis selbst (Mt 13,24-30) getrennt ist.

Starke allegorische Züge weisen auch die Gleichnisse von den bösen Weinbergpächtern (Mk 12,1-12), vom königlichen Hochzeitsmahl (Mt 22,1-14), von den klugen und den unklugen Jungfrauen (Mt 25,1-13) und vom anvertrauten Geld (Lk 19,12-27) auf. Die Allegorisierung von Gleichnissen ist ebenso wie die allegorische Ausdeutung von Gleichniserzählungen Jesu ein Werk der Urkirche, die auf diese Weise die Gleichnisse Jesu auf ihre Situation hin anpaßte und auslegte. Die Anwendung der allegorischen Ausgestaltung der Gleichnisüberlieferung durch die nachösterliche Kirche dient also der Aktualisierung der in den Gleichnissen enthaltenen Botschaft Jesu.

Grundsätzlich ist aber (gegen *E. Jülicher, J. Jeremias* u.a.) festzustellen, daß die allegorisierenden Ausdeutungen durch die nachösterliche Kirche, da sie mit festen Bildworten und Vergleichen arbeiten, dem Wesen der Gleichnisse Jesu nicht widersprechen, und daß zugleich die These nicht haltbar ist, Jesu Gleichnisse seien ursprünglich völlig frei von allegorischen Elementen gewesen.

Die positive Bedeutung der Allegorisierung der Gleichnisse besteht darin, »die verklungene Stimme des irdischen Jesus der glaubenden Gemeinde als viva vox (lebendige Stimme) ihres erhöhten Herrn zu Gehör zu bringen. Sie erweist sich als eine besondere, nämlich auf metaphorische Texte (d.h. Texte mit Bildvergleichen) beschränkte Ausprägung jenes Ineinanders von Historie und Kerygma (d.h. Geschichte und Verkündigung), das die gesamte evangeliare Überlieferung bestimmt und durchformt. Hier gilt als hermeneutischer (d.h. deutender) Leitsatz: ohne Interpretation keine Tradition. Auf die Gleichnisüberlieferung angewandt bedeutet dies: ohne die Allegorisierung besäßen wir die Gleichnisse Jesu heute nicht mehr« *(H.-J. Klauck,* Allegorie und Allegorese, S. 361).

Auch die *Gleichnis* oder *Parabel* genannte bildhafte Erzählung ist geprägt durch die Beziehung der Bildgeschichte auf eine geistige Wirklichkeit, die in der Erzählung einprägsam dargestellt und zugleich in bestimmter Weise aufgeschlüsselt wird. Das griechische Fachwort *parabolē,* wörtlich: das Nebeneinandergestellte, bringt diesen Sachverhalt zur Sprache. Man spricht daher auch von einer Bildhälfte und einer Sachhälfte, doch ist diese Bezeichnung mißverständlich, da man meinen könnte, beide Bereiche, die Bildgeschichte und die darin dargestellte Wirklichkeit, ließen sich säuberlich unterscheiden und das Gleichnis sich so gleichsam in zwei Teile zerlegen. Aber die gemeinte »Sache« kommt allein in der Bildgeschichte zum Ausdruck und ist darin voll enthalten.

Beim Gleichnis wird wie bei der Allegorie durch den Aufbau, die sprachliche Gestaltung und durch andere Hinweise – Einleitungs- und Schlußformeln, Vermerke im Beitext – angezeigt, daß es sich hier um eine Bildgeschichte mit einem hintergründigen, also »tieferen« Gehalt handelt.

Die Beziehung zwischen Bildgeschichte und geistiger Wirklichkeit ist jedoch grundlegend anders als bei der Allegorie. Wird dort »das Thema« Zug um Zug in die Bildgeschichte eingebracht, so entspricht hier die Bildgeschichte nur in *einer* Hinsicht, dem Grundgedanken oder Thema, der eigentlich gemeinten Wirklichkeit. Die Einzelzüge der Bildgeschichte dienen dazu, diesen Grundgedanken möglichst deutlich herauszuarbeiten, dürfen aber nicht Zug um Zug auf die dargestellte geistige Wirklichkeit übertragen werden.

Für die Erhebung des Aussagesinns ist konsequent zu beachten, daß nur der (oder die) Vergleichsgedanke(n), der sogenannte »springende Punkt« oder das tertium comparationis, wörtlich: »das Dritte des Vergleichs zwischen Bildgeschichte und geistiger Wirklichkeit«, für die Auslegung herangezogen werden darf. Im Grundgedanken beziehungsweise in der Vergleichsbeziehung allein liegt das, was das Gleichnis sagen will. Der Vergleich erstreckt sich also nur auf den Grundgedanken, den die Bildgeschichte in Hinsicht auf die religiöse Wirklichkeit, bei Jesu Gleichnissen das Reich Gottes, herausstellen will. Alle übrigen Züge der Bildgeschichte dienen nur dazu, diesen »Kern der Sache« deutlich und überzeugend hervortreten zu lassen. Dieses Baugesetz der Gleichniserzählungen ermöglicht es, auch negative, sittlich oder religiös anstößige Züge in die Bildebene einzufügen, insofern diese den Grundgedanken und damit die Aussage stärker hervortreten lassen. Darum läßt Jesus in den Gleichnissen auch Personen auftreten, die zum Teil unmoralisch handeln, um dadurch einen Zug besonders hervorzuheben, der für das rechte Verhalten gegenüber dem Reich Gottes wichtig ist. Zum Beispiel dient die Gerissenheit des untreuen Verwalters (Lk 16,1-8) der Herausstellung seiner zielgerichteten Klugheit in bedrohter Situation. In diesen Zusammenhang gehört auch das rechtswidrige Behalten des in einem fremden Acker gefundenen Schatzes durch den Tagelöhner (Mt 13,44f).

Die Gleichnisse Jesu dürfen also nicht moralisch ausgelegt werden. Sie wollen vielmehr zeigen, wie sich Israel dem Reich Gottes gegenüber richtig verhalten soll und was die Herrschaft Gottes für Israel bedeutet.

So geht es beim Gleichnis vom verlorenen Sohn nur darum, aufzuzeigen, wie Gott zu den umkehrbereiten Sündern in Israel steht. Es darf aber daraus kein Hinweis abgeleitet werden, ebenso wie der jüngere Sohn zu handeln. Beim Gleichnis vom barmherzigen Samariter darf nicht gefragt werden, was die Räuber, der Priester und Levit, der Samaritaner, was Öl und Wein, das Lasttier und die Herberge symbolisieren, sondern all diese Einzelzüge arbeiten den Aussagekern heraus, was nämlich Nächstenliebe wirklich ist: jedem, der in Not ist, ohne Rücksicht auf Volks-, Partei- und Religionszugehörigkeit, also auch dem Feind, soweit als nötig und möglich zu helfen. Unser Nächster ist jeder Mensch in Not. Das zeigt das Gleichnis am Verhalten des Samariters dem jüdischen Mann gegenüber, der ohne seine Hilfe dem Tod preisgegeben gewesen wäre.

Manche Gleichnisse entfalten den in ihnen enthaltenen Grundgedanken in verschiedener Richtung, sie akzentuieren ihn also mehrfach. Ein *Gleichnis mit zwei Schwerpunkten,* mit zwei Ausfaltungen desselben Grundgedankens, ist zum Beispiel das vom verlorenen Sohn. Hier wird an dem zu Hause gebliebenen erstgeborenen Sohn die falsche Auffassung der religiösen Führer Israels vom Verhalten Gottes gegen reumütige Sünder aufgezeigt. Nach dessen Meinung hätte der Vater nicht großzügig und unbedingt vergebungsbereit sein dürfen. Die Antwort des Vaters: »Aber dieser *dein* Bruder war tot und ist wieder lebendig geworden... Da müssen wir uns doch freuen!« unterstreicht ausdrücklich die im Verhalten des Vaters gegenüber dem verlorenen Sohn zum Vorschein gekommene Freude Gottes über die vollzogene Umkehr.

Diese Gleichnisse bezeichnet man als *zweigipflige Gleichnisse.* Der Nachdruck und damit der Schwerpunkt der Aussage eines solchen

Gleichnisses liegt dabei immer auf dem zweiten Teil der Entfaltung des Hauptgedankens. Nach *J. Jeremias* haben diese Gleichnisse »Achtergewicht« (sind also »hinten schwerer bzw. gewichtiger«).

In einer Skizze lassen sich die Beziehungen von Allegorie und Parabel zur gedeuteten Wirklichkeit gut veranschaulichen:

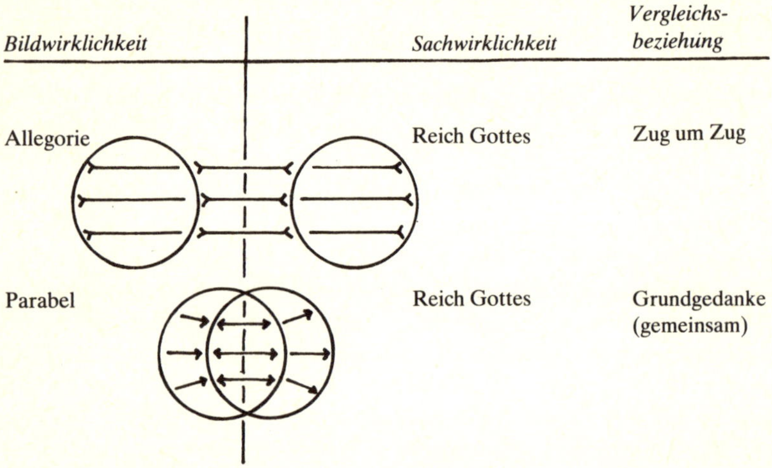

Für die nähere Bestimmung der einzelnen Parabeln Jesu hat die Wissenschaft die Bezeichnungen *Gleichnis, Parabel, Doppelgleichnis* und *Beispielerzählung* noch eingehender festgelegt.

Gleichnisse im engeren Sinn nennt man die Parabeln, die als Bildstoff, das heißt als Vergleichsmaterial, aus dem die bildhafte Erzählung aufgebaut ist, typische, allgemeingültige Vorgänge aus der Natur oder aus dem Alltagsleben der Menschen verwenden. Es sind Ereignisse oder Gegebenheiten, die ihrer Eigengesetzlichkeit nach gleichsam »immer so sind« oder »sich immer so abspielen«, wie sie im Gleichnis geschildert werden. Hierher gehören die sogenannten »Naturbeispiele« vom Säen, Aufgehen und Wachsen der Saat, von Aussaat und Ernte, von Samenkorn und Frucht, von Weizen und Unkraut, vom Fischen und Auswerten des Fangs und vom Brotbacken mit Sauerteig.

Zu dieser Gruppe zu zählen sind auch typische, immer wiederkehrende, gleichartig ablaufende Vorgänge aus dem Leben der Menschen, wie das Spiel der Kinder, das Bauen von Wohntürmen in Weinbergen, das Kriegführen; dazu gehören das übliche Verhalten von Menschen beim Verlust von Tieren und Münzen, beim Finden eines vergrabenen Schatzes, beim Angebot einer sehr kostbaren Perle, gegenüber einem unfruchtbaren Baum auf fruchtbarem Boden, gegenüber Sklaven und Dienern, gegenüber einem um Mitternacht um Brot bittenden Freund und das Verhalten einer um ihr Recht kämpfenden Witwe gegenüber einem ungerechten Richter.

Bei all diesen »üblichen« Vorgängen kann auf eine »Gesetzmäßigkeit des Reiches Gottes« geschlossen werden. Zudem wird an diesen Vergleichen deutlich, daß zwischen der Welt der Menschen als Schöpfung Gottes und dem Reich Gottes eine innere Beziehung besteht: Gott will diese Weltwirklichkeit durch seine Gnade verwandeln und vollenden, nicht zerstören. Das Reich Gottes ist also eine Wirklichkeit, die in dieser Weltwirklichkeit bereits gegenwärtig ist und wirkt.

Parabeln im engeren Sinn nennt man die Gleichniserzählungen, die als Erzählstoff das Einmalige, Überraschende, Besondere, ja sogar das Unwahrscheinliche, das sich unter Menschen ereignet, zum Vergleich heranziehen, um dadurch eine Eigenart des Reiches Gottes aufzuschließen. Diese Beispiele sind zwar ebenfalls auf das Ziel der Darstellung hin von Jesus »erfunden« beziehungsweise gefunden und geschaffen, doch beziehen auch sie ihr Material aus der Umwelt der Hörer. Einzelnen Parabeln liegen Vorkommnisse zugrunde, die sich zur Zeit Jesu ereignet haben und seinen Hörern zum Teil bekannt waren. Jesus hat sie aufgegriffen und dem Ziel seiner Aussage dienstbar gemacht. Manche Bildgeschichten übersteigen aber die übliche Wirklichkeit im Leben der Hörer Jesu, ja stehen dazu im Widerspruch und fordern deutlich die Einwände der Hörer heraus.

Zu den Parabeln im engeren Sinn sind zu rechnen: die Erzählungen vom barmherzigen Knecht, von der Entlohnung der Weinbergarbeiter, von den bösen Weinbergpächtern, vom Verbot, das Unkraut im Weizenfeld rechtzeitig auszujäten, vom Verhalten des Bräutigams gegenüber den unklugen Jungfrauen, vom Verhalten des Vaters gegenüber dem verlorenen Sohn, vom klugen Verwalter, vom königlichen Hochzeitsmahl, vom Gast ohne Festgewand, von der Entlohnung der mit Kapital ausgestatteten Knechte nach Rückkehr ihres Herrn.

Gerade in den Parabeln Jesu kommt das Neue, Andersartige, Herausfordernde, ja Anstößige und Umstürzende der Wirklichkeit des Reiches Gottes zum Vorschein, aber dennoch auf eine Weise, die für uns Menschen keineswegs unzugänglich und unverstehbar ist. Denn der Stoff dieser Bilderzählungen ist ebenfalls der menschlichen Wirklichkeit entnommen. Insofern zeigt sich auch an den Parabeln der wesenhafte Bezug der neuen Wirklichkeit des Reiches Gottes auf diese unsere Menschenwelt und deren Wirklichkeit.

Eine Sondergruppe der Parabeln bilden die sogenannten *Beispielgeschichten.* Während sich bei den Gleichniserzählungen normalerweise der Aussagesinn erst nach Anhören der ganzen Geschichte und nach dem Achten auf entsprechende Verstehenshinweise erheben läßt, werden diese Parabeln zur Erläuterung eines Grundsatzes, einer Wahrheit, einer Grundwirklichkeit des Reiches Gottes, die in Form einer vorangehenden Feststellung oder Frage ausgesprochen wird. Beispielerzählungen finden sich nur im Evangelium des Lukas. Man zählt folgende vier Parabeln zu dieser Gruppe: Die Geschichte vom barmherzigen Samariter (Lk 10,29-37; Antwort auf die Frage: Wer ist unser Nächster?); vom törichten Reichen (Lk 12,16-21; Beispiel zum Satz Vers 15: »Wenn einer auch Überfluß hat, so hat er sein Leben doch nicht aus seinem Besitz«); vom reichen Mann und vom armen Lazarus (Lk 16,19-31; Beispiel: Reichtum ist nicht nur Zeichen für Segen von Gott, sondern eine Gefahr für das Heil) und vom Pharisäer und Zöllner (Lk 18,9-14: Beispiel für rechte und falsche Frömmigkeit). Diese allgemein verständlichen Beispiele verleihen den dargestellten Grundgedanken den Charakter allgemeingültiger Wahrheiten. Dabei geht es aber vom Wesen der Gleichnisse Jesu her nicht so sehr um die Erkenntnis dieser Lebenswahrheiten, sondern um deren Anerkennung. Die Beispielerzählungen wollen also letztlich »nicht (nur) gedeutet (und verstanden), sondern angewendet werden« (*J. Schmid,* Gleichnis, LThK IV, S. 959).

Die *Doppelgleichnisse,* die sich in der Gleichnisüberlieferung Jesu finden, stellen denselben Grundgedanken durch zwei verschiedene Bilderzählungen dar, um den Aussagesinn umfassender zu beleuchten, nachhaltiger hervorzuheben und zugleich die Gültigkeit des Gesagten in ihrer Totalität zu unterstreichen. In diese Gruppe gehören die Gleichnisse vom Senfkorn und vom Sauerteig (Mt 13,31-33; Lk 13,18-21: Säen: Bereich des Mannes; Brotbacken: Bereich der Frau), vom Schatz und von der Perle (Mt 13,44-46: armer Tagelöhner – reicher Großkaufmann); von den launischen Kindern (Mt 11,16-19; Lk 7,31-35: Jungen, die Hochzeit – Mädchen, die Klageriten, Tod spielen); vom Unkraut unter dem Weizen und vom Fischnetz (Mt 13,24-30; 13,47-50: – beide gehörten ursprünglich wohl zusammen – Bauer; Fischer), vom verlorenen Schaf und von der verlorenen Münze (Lk 15,4-10: wohlhabender Herdenbesitzer – arme Frau); vom Turmbauen und vom Kriegführen (Lk 14,28-32: Privatmann – König). Wie das Erzählmaterial zeigt, kann es sich dabei um Gleichnisse wie auch um Parabeln im engeren Sinn handeln.

2. *Form und Gegenstand der Gleichnisse*

Abgesehen von den allgemeinen Baugesetzen eines Gleichnisses zeichnen sich die Gleichniserzählungen Jesu durch eine Anzahl charakteristischer Einzelzüge und Eigenarten aus.

Jesu Gleichnisse haben alle einen *Bezug zum Reich, zur Herrschaft Gottes,* das heißt zur Wirklichkeit des Erbarmens Gottes, der Gnade, deren Hereinbrechen in diese Welt Jesus ankündigt und aufdeckt und auf die hin er seine Hörer zur Entscheidung auffordert. Vergleicht man die Gleichnisse Jesu mit einem Bildwort, einer Metapher, also einem Vergleichssatz, dann bildet »das Reich Gottes« beziehungsweise »das Himmelreich« das Subjekt des Satzes, die Vergleichsformel (»ist wie«, »ist zu vergleichen mit«, »verhält sich wie«) die Kopula, das heißt das Verbindungswort, und die Gleichniserzählung das Prädikat, die Satzaussage. Dabei stellt die Aussage der Bilderzählung das Prädikat dar. Zwischen dem Reich Gottes und der Bilderzählung wird so eine Beziehung gestiftet, die neue und überraschende Einsichten in die von der Gnade Gottes »heimgesuchte« Welt schenkt. Dabei kann die Wirklichkeit des Reiches Gottes sachgemäß nicht anders ausgesagt werden als in Form von Bilderzählungen. Insofern ist die Gleichniserzählung nicht eine uneigentliche Form der Aussage, die erst in eine begriffliche Aussageweise übersetzt werden muß, um eigentlich verstanden zu werden; vielmehr ist gerade die Bilderzählung die angemessene und eigentliche, das heißt der Wirklichkeit des Reiches Gottes vollauf entsprechende Aussageform.

Das Gleichnis ist also die angemessene Weise, die neue Wirklichkeit des Reiches Gottes zu Wort zu bringen und darzustellen. Das Gleichnis ist die allein sachgemäße Methode, das Reich Gottes »abzubilden«. Zwischen dem Reich Gottes und der im Gleichnis zu Wort kommenden Wirklichkeit der Welt waltet eine neue Beziehung, die die Welt als begnadete Schöpfung und den Menschen als geliebtes Ebenbild und Kind Gottes zeigt. Das Reich Gottes wird welthaft greifbar, die Welt als von Gott geliebt und begnadet erfahrbar. »Das Gleichnis lehrt also beides: es lehrt die Gottesherrschaft mit den Augen der Welt sehen bzw. mit den Mitteln weltlicher Sprache begreifen, und es lehrt andererseits die Welt mit den Augen Gottes sehen« (*H. Weder,* Die Gleichnisse Jesu, S. 79).

Jesu Gleichnisse sprechen zugleich verdeckt von ihm selbst, von seiner Sendung und Vollmacht in bezug auf das Reich Gottes, von seiner Person und seiner Bedeutung für das Heil seiner Hörer. Sie haben also alle einen christologischen Bezug. Die Gleichniserzählungen sind schöpferische Sprachwerke Jesu, die nicht nur Jesu unmittelbarer Einsicht in die Wirklichkeit des Reiches Gottes und dessen überraschender Beziehung zur Welt des gefallenen Menschen entspringen, sondern die darüber hinaus Jesu Vollmacht als Ansager und Aufrichter des Reiches Gottes in dieser Welt voraussetzen. Denn Jesus ist der endgültige Heilbringer Gottes. Er sagt die neue Zeit an und spricht die Einladung ins Reich Gottes aus. Er überwindet in seinem Tun bereits die Herrschaft Satans. »Wenn ich die Dämonen durch den Finger Gottes austreibe, dann ist das Reich Gottes schon zu euch gekommen« (Lk 11,20).

Das Handeln Jesu bildet den Rahmen und den Auslegungsmaßstab der Gleichnisse. Die Gleichnisse sind daher mit Jesu Person und Wirken unlösbar verbunden. Die Grundmetapher und die Grundaussage der Gleichnisse münden deshalb in den nachösterlichen Bekenntnissatz: »Jesus ist der Christus« (vgl. Apg 2,36; Röm 1,4; Phil 2,11). *E. Jüngel* nannte diesen Satz die »theologische Grundmetapher« (*P. Ricœur-E. Jüngel,* Metapher, S. 117. 114. 118). Deshalb »sind die Gleichnisse Jesu im Kontext des Lebens Jesu auszulegen« (*H. Weder,* Die Gleichnisse Jesu, S. 85).

Jesu Gleichnisse nehmen ihren *Bildstoff* aus der vertrauten Umwelt und der geistigen Welt der Hörer. Sie sind geprägt durch den Alltagsbezug, den Griff in den Alltag der Angeredeten: sei es, daß sie die Welt und die Lebensbedingungen der unteren Mittelschicht des jüdischen Volkes der Zeit Jesu spiegeln, sei es, daß sie ungewöhnliche Begebenheiten dieser Umwelt aufgreifen und daran etwas Hintergründiges aufzeigen. So fühlt sich der ursprüngliche Hörer in seiner eigenen vertrauten Welt angesprochen und spürt, daß diese Geschichten ihn angehen, daß sie von seinem Leben handeln und daß sie ihm etwas entscheidend Wichtiges für sein Leben angesichts der Nähe des Reiches Gottes zu sagen haben. Deshalb sind die Gleichnisse Jesu vom Bildstoff her – im Vergleich zu jenen der Rabbinen – ausgesprochen »weltlich«, welthaft geprägt.

Doch erzählt Jesus nicht einfach das Leben von Menschen nach, um daraus religiöse oder sittliche Schlüsse zu ziehen. Er beabsichtigt keineswegs, aus allgemeinen Lebenserfahrungen Regeln für ein klug geführtes, weises Leben zu gewinnen und diese dann in seinen Gleichniserzählungen zu erläutern oder ins Anschauliche zu heben. Seine Gleichnisgeschichten sind vielmehr überlegt gestaltete und meisterlich geformte »Lehrstücke dramatischer Art«, die sich aber für den Hörer wie selbstverständlich und absichtslos entfalten, bis sie auf überraschende Weise etwas Ungewohntes enthüllen und zugleich zum Umdenken, zur Entscheidung, zum rechten Verhalten angesichts der Wirklichkeit des Reiches Gottes nötigen. Gerade die anscheinend spielerische Leichtigkeit, mit der allein das von Jesus Gewollte in der Gleichnisgeschichte zum Vorschein kommt, weist auf die meisterliche Regie des Erzählers dieser »Kurzgeschichten« und »Kleinbildgeschichten« hin.

Auf doppelte Weise kommt Jesu gestaltende Hand zum Vorschein: in der Auswahl des Stoffes und Themas der Bildgeschichte und in der Gestaltung der Szenen und handelnden Figuren. Im Verlauf der so »komponierten« Geschichte kommt die angezielte Aussage selbst zur Sprache. »Einzelszenen und Szenenfolgen, Monologe und Dialoge, führende Rollen und Nebenrollen... werden inszeniert, wie sie im Dienst der Aussage gebraucht werden. Sie sind das Material der Aussage« (s. *G. Eichholz,* Gleichnis als Spiel, S. 319).

Das Gleichnis ist eine *gezielte Geschichte,* das heißt eine besonders nachdrückliche Form der Anrede an bestimmte Hörer oder eine festumrissene Hörergruppe. Es will in eine bestimmte Situation hinein etwas Konkretes sagen. Insofern haben die Gleichnisse Jesu eine situationsbezogene Zielgerichtetheit und Konkretheit. Die Hörer werden in die Geschichte selbst einbezogen, indem ihre Fragen und Einwände aufgegriffen, ihre Standpunkte und Auffassungen von den handelnden Personen dargestellt und zum Ausdruck gebracht werden. Dadurch wird das Gleichnis Jesu zur Anrede, zum Mittel der Auseinandersetzung, zur Verständigung, zur lebendigen bewegenden Anrede. Jesus ringt in den Gleichniserzählungen um die Annahme seiner Botschaft vom Reich Gottes durch seine Hörer. Er will nicht belehren, sondern aufschließen, hinweisen, überzeugen und zu anderem Handeln und Verhalten bewegen.

In diesem Zusammenhang ist zu beachten, daß die Gleichnisse von Jesus nicht als Einzelgeschichte vorgetragen wurden, sondern ursprünglich in einen Redezusammenhang gehörten und darin die Funktion ansprechender, bewegender Einbeziehung der Hörer in seine Botschaft von der Nähe des Reiches Gottes hatten. *E. Linnemann* hat diesen Bezug auf die ursprünglichen Hörer hin »*Verschränkung*« genannt. Diese Verschränkung von Bildgeschichte und Hörerkreis zeigt, daß es im Gleichnis um Erschließung neuer Wirklichkeit und neuer Sicht der Wirklichkeit, um ein geistiges Ringen, nicht um Lehre oder um die Veranschaulichung ewig gültiger Wahrheiten geht.

Wer nicht sieht, daß das Gleichnis vom verlorenen Sohn an die Pharisäer und an selbstgerechte Juden gerichtet ist, die mit ihren Einwänden und Vorbehalten gegen das Verhalten Jesu zu den Sündern in der Gestalt des älteren Bruders zur Darstellung kommen, übersieht einen wesentlichen Zug der Aussage dieses Gleichnisses. Auch in den Gleichnissen vom Pharisäer und Zöllner und vom barmherzigen Samariter kommen die ursprünglichen Adressaten in der Bildgeschichte selbst zu Wort.

Die sogenannten *Fragegleichnisse,* die mit der Formel: »Wer von euch (Wenn einer von euch)...?« eingeleitet werden, weisen nicht nur inhaltlich, sondern auch formal ausdrücklich auf diesen Dialogcharakter der Gleichnisse Jesu hin (vgl. Lk 11,5; 14,28; 15,4; 17,7). Auf diese Weise wird das Gleichnis zur direkten Anrede und überwindet alle reflektierende, neutral beobachtende Distanz. Der Zuhörer wird zum Gesprächspartner. Er wird herausgefordert, zu der im Gleichnis zu Wort kommenden Wirklichkeit des Reiches Gottes und seiner Gnade Stellung zu nehmen.

Dem Ziel, die Hörer zum Aufhorchen, zum Mit- und Nachdenken, zum »Mitspielen« zu bringen, dient auch die Beschränkung der Bilderzählung auf das Wesentliche, die *Ökonomie der Darstellung.* Es kommt nur das zur Darstellung und zu Wort, was der Erzählabsicht, der Erschließung des Reiches Gottes und der richtigen Einstellung zur darin begegnenden, gnädigen Nähe Gottes dient.

Dies zeigt sich an der Exposition, an der einleitenden Information über die Ausgangssituation der Gleichniserzählung. Nur das, was wirklich notwendig ist für das Geschehen und für dessen rechte Aufnahme, wird von Jesus genannt: »Zwei Menschen gingen hinauf in den Tempel, um zu beten«; »ein Mann ging von Jerusalem nach Jericho und fiel Räubern in die Hände«; »Wer von euch, der einen Sklaven hat...?«; »Ein Mann hatte zwei Söhne...«. Es wird nur ein Erzählfaden durchgezogen. Die Gleichniserzählungen verfolgen immer nur einen Gesichtspunkt. Die Geschichte bleibt durchsichtig, auch die Nebenfiguren und Nebenszenen müssen dem Hauptstrang, dem Hauptgedanken dienen: Die Gleichnisse folgen dem »Gesetz der Einsträngigkeit« (*G.Eichholz,* Gleichnis als Spiel, S. 310). Der Hauptgedanke wird konsequent bis zum Ziel der Darstellung hin entfaltet. Sobald das Ziel der Darstellung erreicht ist, die Aussage klar zutage liegt, bricht die Erzählung ab, selbst dann, wenn die Hörer noch gerne über den Fortgang der Geschichte etwas erfahren würden, zum Beispiel darüber, was der Tagelöhner und der Perlenkaufmann mit ihren »Schätzen« anfingen, oder wie der Mann, der unter die Räuber fiel, sich nach seiner Rettung gegenüber dem Samariter verhielt.

Dieser Beschränkung auf je einen Hauptgedanken, eine durchlaufende Perspektive, entspricht die *Konzentration auf die Szenenfolge.* Die Bildgeschichte entfaltet sich stufenweise durch den Ablauf geschickt miteinander verknüpfter Szenen. Diese Szenen bringen Bewegung in die Geschichte, drängen dramatisch und zugleich logisch vorwärts und führen den Hörer auf das angestrebte Aussage- und Anredeziel zu. Gleichsam unausweichlich führen sie damit zu bestimmten Folgerungen und Entscheidungen hin. Beim Reich Gottes handelt es sich um eine in der wirklichen Geschichte, in der Welt der Hörer andrängende Wirklichkeit, um ein Geschehen, das es zu sehen, dem es gerecht zu werden gilt. Besonders deutlich wird dies bei den Gleichnissen vom barmherzigen Samariter, vom verlorenen Sohn, vom unbarmherzigen Knecht, von der Entlohnung der Weinbergarbeiter, vom großen Gastmahl oder vom anvertrauten Geld. Die Szenenfolge dient der Bewegung auf das Ziel der Gleichnisaussage hin: die Annahme des Reiches Gottes und seiner Wirklichkeit.

Die Szenen selbst sind nach dem *Gesetz der szenischen Zweiheit* aufgebaut: Es befinden sich immer nur zwei handelnde Personen gleichzeitig im Blickpunkt der Bilderzählung, auf der Bühne der Gleichnishandlung, des Gleichnisvorgangs; so bei der Erzählung vom Mann, der den Räubern zum Opfer fiel; so beim Schicksal des verlorenen Sohnes; so beim Vorgehen des klugen Verwalters; so auch bei der Erzählung vom Verhalten des begnadigten großen Schuldners oder bei der Schilderung der Entlohnung der Knechte, deren Herr ihnen viel Geld anvertraute. »Szenische Zweiheit wie Einsträngigkeit dienen der Straffheit und Geschlossenheit des Ablaufs der Handlung« (*G. Eichholz,* Gleichnis als Spiel, S. 310).

In den Szenen der Bildgeschichte treten sodann nie mehr als drei Personen auf. Hier zeigt sich das Gesetz erzählerischer und dramatischer Sparsamkeit. Diese Beschränkung macht die Szenen übersichtlich, führt zu klaren Verhältnissen, macht auf das Wesentliche des Geschehens aufmerksam und läßt auch den typischen Charakter der handelnden Personen und deren Bezug auf bestimmte Adressaten hin deutlicher hervortreten. Die *Dreizahl handelnder Personen* ist zudem ein Gesetz volkstümlicher Rede und baut so auf dem den Hörern vertrauten Stilmittel volkstümlichen Erzählens auf. Die Hörer werden dadurch zum aufmerksamen Zuhören bewegt.

Dramatisch zugespitzt wird diese Regie noch dadurch, daß die handelnden Personen des Gleichnisses in der Regel sich selbst charakterisieren durch Selbstgespräche oder durch entsprechende Handlungen. Sie werden so unmittelbar geistig gegenwärtig, fordern zu Stellungnahme und eigenem Standpunktbeziehen heraus. Diese *indirekte Charakterisie-*

rung spart nicht nur weitere Erklärungen, sie nötigt zur Identifikation und führt beim Hörer zur Entlarvung von vor sich selbst verdeckten Einstellungen und Haltungen. Jesus zeichnet auf diese Weise Menschen der Umwelt seiner Hörer wirklichkeitsgetreu – die Selbstdarstellungen fallen entwaffnend ehrlich aus – nach, aber er hütet sich, zu überzeichnen und Zerrbilder der Wirklichkeit zu bieten. Er will ja gerade die Wirklichkeit des Menschen, wie sie vor Gott ist, zur Sprache bringen. Diese Selbstgespräche und Schlüsselhandlungen zentraler Personen werden so zur Gewissenserforschung für die Adressaten und Hörer der Gleichniserzählung.

Klassische Beispiele dieses Stilmittels der geistigen Selbstdarstellung sind der reiche Kornbauer, der verlorene Sohn und sein selbstgerechter Bruder, der kluge Verwalter, der gottlose Richter, der Pharisäer und der Zöllner, der Knecht, der sein Talent beziehungsweise seine Mine vergräbt.

Dem Gesetz erzählerischer und dramatischer Sparsamkeit widerspricht an wichtigen Stellen die *breite Entfaltung der Szene*. Hier ist hinzuweisen auf die Maßnahmen, die der barmherzige Samariter trifft, um den halbtoten Juden am Weg zu retten; auf den Vorgang des In-Sich-Gehens des verlorenen Sohnes bei seiner Arbeit als Schweinehirt; auf den Versuch der Selbstentschuldigung des Knechts, der das anvertraute Geld vergrub. Diese breite Ausgestaltung bestimmter Einzelvorgänge dient der Hervorhebung eines wichtigen Zuges in der Bildgeschichte und will so zum Umdenken anregen und die geistige Umwandlung der Hörer vorbereiten, die durch das Reich Gottes möglich und gefordert wird.

Hinzuweisen ist sodann auf das Stilmittel der *Wiederholung* gleichartiger Aussagen oder gleicher Vorgänge. Diese Wiederholung soll dem Erzählten nicht nur Einprägsamkeit und Monumentalität verleihen, sie weist ebenso wie das Stilmittel der Selbstcharakterisierung auf Züge und Geschehenselemente hin, die für das Verständnis der Botschaft eines Gleichnisses wichtig sind. So bitten im Gleichnis vom unbarmherzigen Knecht der große und der kleine Schuldner jeweils mit den gleichen Worten um Erbarmen und Aufschub: »Habe Geduld mit mir, ich will dir alles bezahlen.« So stellen die Schlußworte beim Doppelgleichnis vom verlorenen Schaf und von der verlorenen Drachme beide Male lapidar fest: »Im Himmel ist mehr Freude über einen Sünder, der umkehrt als...« Und mit herausfordernder Direktheit wird im Doppelgleichnis vom Schatz und von der Perle zweimal festgestellt: »Er verkaufte alles, was er hatte, und kaufte...« Beim Gleichnis von der Entlohnung der Knechte, die mit dem anvertrauten Geld arbeiteten, solange der Herr abwesend war, dienen die je gleichartigen formelhaften Feststellungen: »Jeder erhielt einen Denar« beziehungsweise »Weil du weniges getreu verwaltet hast, will ich dir vieles anvertrauen« dazu, die unerwartete Wendung dramatisch vorzubereiten, die mit der jeweils letzten handelnden Person eintritt.

Zur Feststellung, daß alle Gleichnisse von der *Wirklichkeit des Reiches Gottes* reden, wie es *in dieser Welt* seit Jesu Auftreten gegenwärtig ist und wirkt, ist noch hinzuzufügen, wie Jesus die vertraute Wirklichkeit der Welt seiner Hörer zu Sprache bringt. Er tut dies auf vierfache Weise: Das Reich Gottes kommt im Typischen und Regelmäßigen des Geschehens in dieser Welt, sei es in Natur oder Gesellschaft, ebenso zum Vorschein wie im Zeichenhaften und Symbolträchtigen; außerdem aber auch im Außergewöhnlichen, Überraschenden wie im Einmaligen, Unwahrscheinlichen, Unglaubwürdigen, ja Wunderbaren.

Im ersten Fall ist hinzuweisen auf die Parabeln von Saat und Ernte, vom Brotbacken und vom Spielen der Kinder auf den Marktplätzen; im zweiten auf die Freude über das Wiederfinden von Verlorenem oder auf das Verhalten gegenüber eigenen Sklaven (Gleichnis vom unnützen Knecht); im dritten Fall auf die Aussage über das Verhalten des Vaters des verlorenen Sohnes; im vierten Fall auf das Verbot des Grundbesitzers, das Unkraut rechtzeitig zu jäten oder auf die Einladung des beleidigten Gastgebers an die Armen, die Entrechteten und Asozialen. »Immer aber bleiben (die Gleichnisse) im Bereiche dessen, was jeder versteht und tägliche oder doch mögliche Erfahrung ist... Nie sind die Gleichnisse Gleichungen mit zwei oder mehreren Unbekannten« (*M. Dibelius,* Die Formgeschichte des Evangeliums, S. 252f).

Das Reich Gottes ist nicht ohne weiteres einzuordnen in die Wirklichkeit dieser Welt, es stellt sich quer, es übersteigt und sprengt die Möglichkeiten und Realitäten, das Gängige und Übliche unserer Welt, aber es ist trotz allem eine neue Wirklichkeit, die in dieser unserer Welt anwesend ist und wirkt. Wer auf Jesu Worte hört und daraufhin seinen Blick schärft – »Wer Ohren hat, höre, wer Augen hat, sehe!« –, der kann dieser neuen, befreienden und rettenden Wirklichkeit ansichtig werden und sich ihr öffnen.

3. Das Gleichnis als literarisches Kunstwerk

Die Gleichnisse Jesu stellen literarisch gesehen Sprachkunstwerke dar, die deshalb auch in dieser Hinsicht betrachtet werden müssen, will man sie in ihrer Eigenart und Wirklichkeit voll begreifen. Der Gattung nach gehören die Gleichnisse zur Kleinliteratur, gemessen an ihrem Umfang im Vergleich mit Erzählung, Novelle, Epos, Roman oder Drama. Das schließt nicht aus, daß auch Gleichnisse den Rang hoher und höchster Sprachkunstwerke erreichen können. Nicht wenige Gleichnisse Jesu weisen diesen Rang auf, zum Beispiel die Gleichnisse vom verlorenen Sohn, vom barmherzigen Samariter, vom Pharisäer und Zöllner, vom verlorenen Schaf und der verlorenen Drachme. Denn die Gleichnisse fangen einen bestimmten Aspekt des Lebens, der Lebenswirklichkeit des Menschen in einem Erzählgerüst, einer Konfiguration, ein, die eine eigene Wirklichkeit darstellt und zugleich den Hörer in bestimmter Weise in diese Geschichte miteinbezieht, so daß sie ihn anspricht und zum Mitgehen, zum Mitspielen nötigt. Dies wäre bei der nüchternen Mitteilung einer religiösen oder ethischen Wahrheit allein nicht möglich. Der Erzählteil des Gleichnisses spricht den Hörer unmittelbar an, die innere Bewegung der erzählten Geschichte mitzuvollziehen, so daß er sich diesem Anspruch nicht entziehen kann und dabei dazu bewegt wird, eine Wahl zu treffen, Partei zu ergreifen, zu urteilen, einen Standpunkt einzunehmen und eine Entscheidung zu fällen.

Unabhängig von der Situation, in die hinein die Gleichnisgeschichten erzählt werden, haben diese Sprachwerke eine *Eigenwirklichkeit.* Sie sprechen von der Existenz des Menschen vor Gott und im Gegenüber zu Gott, der sich in die Geschichte hinein geoffenbart und sich in eine von seiner rettenden Liebe bestimmte Begegnung mit den Menschen seines Volkes, ja allen Menschen eingelassen hat. Insofern haben diese Geschichten einen wirklichkeitserhellenden und existenzerschließenden Charakter; sie zielen auf eine neue Einsicht, auf eine neue Existenzweise hin, die dem Angebot des Erbarmens Gottes entspricht. Darum eignet ihnen die Fähigkeit, einen sogenannten Erschließungseffekt, eine *Disclosure-Wirkung* hervorzubringen. Ihnen wohnt insofern ein Enthüllungselement inne. Sie bringen die Hörer dieser Geschichten dazu, die eigene Lebenssituation im Licht dieser Geschichten zu betrachten und ihr Leben vor der Wirklichkeit des Reiches Gottes entsprechend der Aussage dieser Geschichten zu beurteilen und auf Gottes Liebe hin neu zu beginnen. Die Gleichnisgeschichten bedienen sich für das Hervorrufen der Enthüllungswirkung der Symbolfunktion der Sprache, wodurch sie diese Wirklichkeit zu erfassen, zu verdichten, auszusprechen und zu erhellen vermögen. Der Enthüllungseffekt wird dabei nicht allein durch den Grundgedanken der Gleichniserzählung hervorgerufen, vielmehr wirkt daran die ganze Geschichte mit ihren Einzelelementen und mit ihrer Dynamik mit.

T. Aurelio ist in seiner Untersuchung ›Disclosures in den Gleichnissen

Jesu‹ der Frage nachgegangen, wie Menschen mit Vorstellungen und Bildern ihrer Welt zutreffend von der unweltlichen, unanschaulichen Wirklichkeit Gottes und seiner Gnade sprechen können. Dabei hat er gezeigt, daß dies dann möglich ist, wenn der, der spricht, eine besondere Einsicht in die Wirklichkeit Gottes und seines Wirkens gewann, also selbst über ein Disclosure-Erlebnis verfügt, und wenn er diese Einsicht dann mit Hilfe von Metaphern, Bildern und Bilderzählungen so zum Ausdruck bringt, daß darin etwas Neues aufleuchtet, das auf die Wirklichkeit Gottes verweist, eben Gottes Geheimnis in neuem Licht zeigt, Gottes Wollen und Wirken in diesen Bildern neu aufleuchten läßt. Der Zeuge Gottes, der seine neue Einsicht in das Wirken und die Wirklichkeit Gottes metaphorisch zur Sprache bringt, wird dabei von *T. Aurelio* als Bildspender bezeichnet, der Hörer als Bildempfänger, beide sind in der Bildgeschichte so aufeinander bezogen, daß durch diese Bilderzählung dem Bildempfänger das aufzuleuchten vermag, was der Bildspender zuerst erfuhr und nun mitteilen will. Eine solche Verständigung setzt aber Offenheit und Vertrauen beim Hörer voraus, sonst kommt es nicht zum Aufleuchten, zur Vermittlung einer neuen religiösen Einsicht.

Weil der Erschließungseffekt der Wirklichkeit der angesprochenen Menschen angesichts des Reiches Gottes das Entscheidende an der Gleichniserzählung bildet, darum bricht das Gleichnis dort ab, wo die neue Sicht der Wirklichkeit genügend deutlich hervortritt. Auf die Nachgeschichte wird verzichtet, weil der Hörer ja nicht die Geschichte selbst, sondern die erschlossene Einsicht in die Wirklichkeit, wie sie von Gottes Reich her gesehen wird, auf die eigene Situation hin weiterdenken soll.

Den Gleichnisgeschichten kommt insofern die *Eigenart eines Spiels* zu, weil der Hörer eingeladen wird, mitzuspielen und sich mit den handelnden Personen zu identifizieren oder auseinanderzusetzen. Der hintergründige Bezug des Geschehens auf den in diesen Geschichten sich zeigenden Gott und seine Heilswirklichkeit enthüllt zugleich die Situation des »normalen« und das heißt, des sündigen Menschen, der sich je und je in einem besonderen Rollenspiel gegenüber Gott befindet. Insofern kann man auf die Gleichnisse Jesu die Kategorien des Schauspiels anwenden, da auch dieses die menschliche Wirklichkeit gestaltet und auf doppelte Weise enthüllt: als Komödie und als Tragödie. Jesu Gleichnisse haben so als Nebenwirkungen – neben der Enthüllung der Wirklichkeit des Reiches Gottes – den existentiell erhellenden Charakter des *Dramas* und zwar sowohl mit gelingender als auch scheiternder Finalität, mit befreiendem oder mit zerstörendem Ende. Insofern kann man mit *D. O. Via* die Gleichnisse in tragische und komische einteilen. Auffällig ist dabei, daß in Jesu Gleichnissen der alltägliche Mensch mit seinem alltäglichen Leben und Handeln, seinem normalen Schicksal also, die Hauptrolle des Geschehens innehat, nicht der außergewöhnliche oder gar der heroische. Außerdem spielt das Element der Freiheit in Jesu Gleichnisgeschichten eine bedeutende Rolle. Es gibt kein Glück und kein Verhängnis, das unverdient und unverantwortet über die handelnden Personen hereinbricht. Vielmehr ist es der Mensch selbst, der im Gegenüber zu Gott und seiner Gnade das eigene Schicksal gestaltet. Allerdings kommt es entscheidend auf dessen Einsicht in die Spielregeln an, die Gott in der neuen Ordnung des Reiches Gottes für das Gelingen des Lebens aufgestellt hat und die Jesus durch sein Verhalten und durch seine Verkündigung aufzeigt. Diese Spielregeln – es sind die Grundelemente des Reiches Gottes, also: Erbarmen vor Gerechtigkeit – sind jedoch ganz andere, als der Durchschnittsmensch, auch der religiöse, meint.

An die Stelle der Selbstüberhebung und Vermessenheit gegenüber Gott und seinen Ordnungen, der Hybris, die im antiken Drama das Unheil herbeizieht, aber auch an die Stelle des Verhängnisses und der unausweichlichen Wirkung negativer Umstände – im antiken wie im modernen Drama – tritt in den Gleichnissen Jesu die Sünde. Sie allein bringt das Unheil hervor, das den Sünder trifft. Als falsche Lebensmotive und Lebensmaximen treten in den sogenannten *tragischen Gleichnissen* Jesu folgende hervor: das Streben nach Geltung, nach egoistisch-diesseitiger Sicherheit, nach egoistisch entworfenem Glück, nach selbstgeschaffener Bedeutung, nach eigener Sinngebung des Lebens. Das tragische Ende, das Scheitern solcher Lebensentwürfe und Lebensvollzüge enthüllt sich darum je als ein Akt des Gerichts Gottes über die Selbstgerechtigkeit, den Egoismus und die Verblendung des Menschen. Insofern setzen die Gleichnisse Jesu voraus, daß Gott im Ablauf der Geschichte, ja in der Geschichte eines jeden Menschen, wirkt. Das Leben jedes Menschen ist insofern in die Entscheidung gestellt. Jeder ist aufgerufen, die Gnade Gottes zu ergreifen und in Vertrauen und Liebe darauf zu antworten, das heißt recht zu handeln, um so das eigene Glück und Heil zu wirken. Das gilt gleichzeitig auch für das Volk Gottes als von Gott durch das Angebot des Reiches Gottes zum Handeln berufene Gemeinschaft.

Die *komischen Gleichnisse* Jesu, die an Zahl deutlich überwiegen, weisen die vielfältigen Möglichkeiten auf, die wir Menschen vor dem menschenfreundlichen, gnädigen Gott haben, der selbst in Liebe und

Gnade handelt und daher mit Wohlwollen und Großmut auf Vertrauen, Mitleid, Wahrhaftigkeit, Selbstlosigkeit, Bitte, Elend, Treue, Liebe und Umkehr antwortet. Auf diese Weise zeigt er, daß sein Erbarmen, seine Treue und Liebe, kurz seine Gnade, die eigentliche Mitte und die bewegenden Kräfte der neuen Wirklichkeit darstellen. Die Gleichnisse vom verlorenen Sohn, vom Pharisäer und Zöllner, vom unbarmherzigen Knecht, von der Entlohnung der Weinbergarbeiter, vom gottlosen Richter und der Witwe und vom anvertrauten Geld zeigen dies auf eindrückliche Weise. Der Sieg »der guten Sache«, der Triumph der Titelfigur ist also darin begründet, daß Gottes Liebe und Güte siegen, sich durchsetzen und uns Menschen zur Einsicht in das Geheimnis des Reiches Gottes bringen wollen. Wir sollen uns wandeln und die Klugheit der Kinder des Lichtes gewinnen, die wissen, daß das Geschick der Welt und des Menschen in Gottes guten Händen liegt.

Die Gleichnisse bringen das Drama des Menschen in der gefallenen und begnadeten Welt zur Sprache. Daher zielen sie nicht auf Wissen oder auf Lebensweisheit, sondern auf Betroffenheit, Erschütterung, neue Einsicht, auf Entscheidung für Gott, auf Umkehr, auf die Annahme der Gnade Gottes hin.

Das kommt vor allem im Element der *Überraschung* zum Vorschein, das ja den entscheidenden Wesenszug der Parabeln Jesu bildet. Plötzlich bricht etwas Unvorhergesehenes in die vertraute Welt ein und zeigt sie in einem völlig anderen Licht. Dieses Unvorhergesehene der rettenden Liebe und Güte Gottes stürzt die vermeintlich beständige Wirklichkeit um, entlarvt die bisherige Sicht als falsch, enthüllt die Wahrheit der Wirklichkeit, überführt der eigenen Schuld und nötigt zum Umdenken. Dieses Element der Gnade kommt deutlich zum Vorschein in den Parabeln vom unbarmherzigen Knecht, vom Pharisäer und Zöllner, vom selbstsicheren Reichen, vom reichen Mann und dem armen Lazarus, vom großen Gastmahl, von der Entlohnung der Weinbergarbeiter, vom verlorenen Sohn, vom anvertrauten Geld. In diesem Einbruch des Unvorhergesehenen zeigt sich einerseits das »ganz Andere« des Reiches Gottes und der durch seine Gegenwart bestimmten eigentlichen Weltwirklichkeit, zum anderen aber die Meisterschaft Jesu, den »naiven« Hörer des Gleichnisses gleichsam von hinten her zu treffen und ihn dadurch zu nötigen, die eigene falsche Sicht und Haltung vor Gott zu erkennen und anzuerkennen, um auf diese Weise bereit zu werden für das von Jesus geforderte Umdenken.

In die Kategorie des Dramas können nur die Parabeln im engeren Sinne einbezogen werden, da allein in ihnen das Überraschende der Gnade Gottes im Lebensvollzug des Menschen oder der Gemeinschaft des Volkes Gottes eingefangen ist.

Zu den *komischen Parabeln* sind all jene zu rechnen, in denen die Geschichte für die eigentlichen Träger des Geschehens durch den Einbruch der Gnade Gottes unerwarteterweise einen guten Verlauf nimmt. Hierher gehören: das Doppelgleichnis vom Schatz und der Perle (Mt 13,44-46); die Parabel vom großen Gastmahl (Lk 14,15-24) beziehungsweise vom königlichen Hochzeitsmahl (Mt 22,1-10); die Beispielgeschichte vom reichen Prasser und vom armen Lazarus (Lk 16,19-31); die Parabel vom klugen Verwalter (Lk 16,1-13); die Parabel von der Entlohnung der Arbeiter im Weinberg (Mt 20,1-15); das Doppelgleichnis vom verlorenen Schaf und der verlorenen Drachme (Lk 15,1-10); die Parabel vom verlorenen Sohn (Lk 15,11-32); die Parabel von den beiden Schuldnern (Lk 7,41-43); die Parabel von den zwei Söhnen (Mt 21,28-32); die Beispielerzählung vom erhörenden (bittenden) Freund (Lk 11,5-8); die Parabel vom Richter und der Witwe (Lk 18,1-8); die Beispielerzählung vom barmherzigen Samariter (Lk 10,25-37).

Zu den *tragischen Parabeln* sind jene zu zählen, in denen die handelnden Personen sich weigern, Gottes Gnadenangebot zu ergreifen: das Gleichnis von den launischen Kindern (Mt 11,16f); die Parabel vom großen Gastmahl beziehungsweise vom königlichen Hochzeitsmahl (Mt 22,1-10; Lk 14,16-24); die Parabel vom Gast ohne hochzeitliches Gewand (Mt 22,11-14); die Parabel von den bösen Winzern (Mk 12,1-12); die Beispielerzählungen vom törichten Reichen (Lk 12,16-21) und vom reichen Prasser (Lk 16,19-31); die Parabel vom anvertrauten Geld (Lk 19,12-27; Mt 25,14-30); die Parabel von den zehn Jungfrauen (Mt 25,1-13); die Beispielerzählung vom Pharisäer und vom Zöllner (Lk 18,9-14); die Parabel vom unbarmherzigen Knecht (Mt 18,23-35).

Es gibt auch Gleichnisse, in denen sich beide Möglichkeiten zeigen: Für die, die umkehren, die das Angebot Gottes und Jesu annehmen, wendet sich alles zum Guten, für die, die nicht hören, die sich verschließen, die ablehnen, wendet sich alles zum Bösen. Als Beispiel für solche *Mischgleichnisse* ist zu verweisen auf die Parabeln vom anvertrauten Geld (Lk 19,12-27; Mt 25,14-30) oder auf die Einladung zum Gastmahl (Mt 22,1-10; Lk 14,16-24).

Einige Gleichniserzählungen bleiben *offen*, da sie von den Zeitgenossen Jesu auch durch ihre Form eine Entscheidung fordern, die noch aussteht: die Parabel vom unfruchtbaren Feigenbaum (Lk 13,6-9);

die Parabel vom klugen Verwalter (Lk 16,1-8); das Gleichnis von dem mit der Aufsicht betrauten Knecht (Mt 24,45-51; Lk 12,42-46); die Parabel vom verlorenen Sohn (Lk 15,11-32: für den erstgeborenen Sohn); die Parabel vom Gang zum Richter (Lk 12,58f; Mt 5,25f).

Gleichnisse wollen die Wirklichkeit im Licht der Gnade Gottes neu erschließen und zur rechten Entscheidung führen. Darum beziehen sie die Hörer in ihre Handlung ein und leiten dazu an, die jeweilige Geschichte wertend mitzuvollziehen und auf die eigene Situation hin weiterzuspielen. Die Gleichnisse Jesu wollen letztlich nicht – wie die Allegorien – religiöse Sachverhalte nur ins Bild fassen und anschaulich machen, sie wollen die Wirklichkeit aufdecken, in der die Hörer seit dem Auftreten Jesu stehen, und zum Umdenken und zum Handeln angesichts dieser neuen Situation bewegen. Insofern kann es in der Gleichnisverkündigung und Gleichnisauslegung nicht um theoretische Glaubensvermittlung, um Vertiefung des Glaubenswissens, um Herausarbeitung eines Systems theologischer Wahrheiten gehen, sondern um das *Aktualisieren der Reich-Gottes-Verkündigung Jesu* auf die heutigen Hörer hin, um ein Fortführen des Bemühens Jesu, seine Hörer und seine Glaubensgenossen auf die neue Wirklichkeit des Reiches Gottes aufmerksam zu machen und zur rechten Entscheidung vor diesem gnädigen Gott hinzuführen. Sie wollen die Hörer also für das Reich Gottes gewinnen. Insofern heißt Auslegen ein Weitererzählen und Weiterspielen der Gleichnisgeschichten, so daß die heutigen Hörer – und Leser – mit ihrem Leben in das enthüllende Geschehen einbezogen und zur Entscheidung für oder gegen den Anspruch und das Angebot Gottes aufgerufen und befähigt werden.

Die neue Einsicht in die durch Christi Kommen veränderte Wirklichkeit dieser Welt, das Umdenken, die neue Lebensperspektive, die Umkehr, die Änderung des Lebens, die Entscheidung für ein Leben als Glaubender im Bereich der Gnade Gottes sind das eigentliche Ziel angemessener Gleichniserschließung. Das Bemühen um das von Jesus in den Gleichniserzählungen ursprünglich Gemeinte bildet dazu die nötige Voraussetzung. Die Gleichniserschließung muß neu zur Verkündigung, zu einem neuen Sprachgeschehen werden.

Dabei müssen die Gleichniserzählungen auf die Lebenssituation der heutigen Hörer hin weitergeführt und übersetzt werden. Das liegt bereits im Wesen des Gleichnisses als Sprachwerk beschlossen. Darauf weist auch die Um- und Ausgestaltung der Gleichnisse Jesu im Überlieferungsprozeß durch die nachösterlichen Christengemeinden hin. Sie gaben die Gleichnisse Jesu nicht einfach unverändert weiter, vielmehr versahen sie diese mit einleitenden und abschließenden Hinweisen auf die Situation der kirchlichen Hörer, aktualisierten sie durch leichte Überarbeitung der Gleichniserzählungen, durch Einführung neuer Figuren und Elemente, durch Herausstellung einzelner Züge, vor allem aber durch die Beifügung von Erklärungen (vgl. Mt 13,18-23; 13,24-30). Auf diese Weise wurden die Gleichnisse, die ursprünglich Anreden an die Hörer Jesu waren, zu Anreden an die Mitglieder der Kirche nach Ostern und Pfingsten. So blieben die Gleichnisse lebendiges Wort Gottes, Botschaft Christi, Verkündigung, Zuspruch und Aufforderung Gottes selbst. In der kirchlichen Ausgestaltung der Gleichnisse Jesu zeigt sich so die Wirkungsgeschichte der Gleichnisse im Leben der Kirche.

4. Die Botschaft der Gleichnisse

Alle Gleichnisse Jesu weisen auf die neue Wirklichkeit hin, die Jesus als nahe bevorstehend, ja als mit seinem Kommen und Wirken bereits anbrechend verkündigte, die Herrschaftsergreifung Gottes in dieser Welt und die dadurch bewirkte neue Gegenwart seiner Gnade in der Geschichte der Menschen, *das Reich Gottes.* Zwar steht die Vollendung und die volle Offenbarung dieser Herrschaft Gottes über alle Bereiche der Schöpfung noch aus; insofern ist dieses Reich auch für den Hörer der Gleichnisse damals und heute noch zukünftig. Man muß um sein endgültiges Kommen beten: »Dein Reich komme!« Aber in Jesu Person ist die verwandelnde Kraft, die Gnade dieser Zuwendung Gottes zur sündigen, von Gott abgefallenen Menschheit bereits mitten unter den Menschen seines Volkes gegenwärtig und wirksam, wenn auch noch verborgen. In der Weise der gnädigen, vergebenden, rettenden Liebe wirkt Gott seit Jesu Kommen und Wirken in der Welt. Dabei will Gott zuerst sein Volk sammeln, läutern und heiligen und durch sein erneuertes Volk schließlich alle Menschen retten. Von dieser neuen, unbedingten, gnädigen Zuwendung Gottes zu uns Menschen, von der Art und Weise und von dem Ziel dieser Zuwendung sprechen die Gleichnisse Jesu. Sie wollen den Blick für die neue, endgültige Wirklichkeit der Liebe Gottes zum sündigen Menschen öffnen und zur Annahme dieses Gnadenangebots aufrufen und bereiten.

Alle Gleichnisse Jesu sprechen von der in dieser Welt anwesenden Wirklichkeit des Reiches Gottes, vom Geheimnis des Reiches Gottes. Die Hinweise auf die drängende Nähe des Reiches Gottes offenbaren die gnädige Nähe des sich erbarmenden Gottes im Wort und Tun Jesu (vgl. *E. Jüngel,* Paulus und Jesus, S. 88-197). Es geht also nicht um die

Aufdeckung der allgemeinen Situation aller Menschen vor dem heiligen, zugleich aber gnädigen Gott, sondern um den Hinweis auf die durch das Kommen Jesu wesenhaft neu geprägte Situation der Menschen des Volkes Gottes gegenüber dem sich als unbedingt gnädig offenbarenden Gott. Er bietet nun sein Erbarmen an, das alle Menschen, auch die Sünder, retten will, und stellt seinen Zorn und sein Gericht über uns sündige, verlorene Menschen unbedingt zurück. Es ist Jesu Aufgabe, auf die neue Heilssituation aufmerksam zu machen und uns Menschen zum »Mitspielen« mit dem Heilsplan Gottes zu bewegen.

Eine besonders wichtige Funktion in diesem Heilandsdienst kommt dabei seinen Gleichniserzählungen zu. Jesus selbst hat die Vollmacht, diese Gnade all denen zuzuwenden, die dafür bereit sind. Die Gleichnisse Jesu waren ursprünglich an die Juden, die Glieder des Volkes Gottes, gerichtet. Sie dienten damals dazu, alle Juden zur Annahme des Gnadenangebots Gottes und zum Mitwirken an seinem Heilsplan zu gewinnen. Diese Situationsgeprägtheit und Situationsbezogenheit der Gleichnisse Jesu gilt es bei der Auslegung der Gleichnisse zu beachten. Durch den Tod und die Auferstehung Jesu wurde das Heilsangebot Gottes allen Menschen zugänglich, bis ans Ende dieser Weltzeit. Insofern sind die Gleichnisse Jesu heute Anrede und Gnadenangebot an alle Menschen.

Der Bezug auf das Reich Gottes zeigt sich zunächst in vielen *Einleitungsformeln* einzelner Gleichnisse. Bei Matthäus heißt es öfters: »Mit dem Reich der Himmel ist es wie mit...« (vgl. Mt 13,44f). »Himmel« ist jüdische Umschreibung des Namens Gottes. Die übrigen Evangelisten sagen statt dessen: »Mit dem Reich Gottes ist es wie mit...« (vgl. Mk 4,26). Da die Botschaft vom Reich Gottes die Mitte der Verkündigung Jesu bildet, haben alle Gleichnisse Jesu, auch die, bei denen eine Einleitungsformel fehlt, einen inneren, wesenhaften Bezug auf das Reich Gottes hin. Nach *E. Biser* verweisen daher alle Gleichnisse auf das Reich Gottes, oder wie er sagt: »auf das Reich der Gleichnisse«, die als Sprachwirklichkeit das Geheimnis des Reiches Gottes in sich vergegenwärtigen und für die Hörer Jesu wirksam machen. Wer sich der Botschaft der Gleichnisse öffnet, sich von ihnen die Augen öffnen läßt, das darin ergehende Wort Gottes hört und darauf antwortet, der findet das Reich Gottes, tritt in seine Wirklichkeit ein, wird in dieses Reich aufgenommen, von dessen Kräften getragen, verwandelt, gerettet und zu einem neuen Leben befreit. Zwischen der Gleichnisgeschichte und der Wirklichkeit des Reiches Gottes besteht eine wesenhafte Beziehung: erst durch die Gleichnisdarstellung hindurch wird das Reich Gottes

erkannt, wird seine Wirklichkeit faßbar und ergreifbar. Die Gleichniserzählung ist insofern Wort Gottes, weil in ihr und durch sie das Reich Gottes vergegenwärtigt und mitgeteilt wird.
E. Biser verweist deshalb auf die Haltung des Kindes als die allein angemessene Weise hin, dem Reich Gottes zu begegnen, wie es durch das Wort des Gleichnisses hindurch sich zeigt und mitteilt. Diese Wirklichkeit kann nur mitgeteilt und empfangen, nicht durch Nachdenken erkannt oder durch eigenes Bemühen gewonnen werden. Es gilt, was *E. Biser* mit einem Wort Jesu über das Wesen der Gleichnisse sagt: »Das Reich Gottes kommt nicht so, daß man es an äußeren Zeichen berechnen könnte. Man kann auch nicht sagen: Seht, hier ist es! oder: Dort ist es! Denn das Reich Gottes ist schon mitten unter euch da« (Lk 17,20f), das heißt in den und durch die Gleichniserzählungen Jesu.

Vom Bezug auf das Reich Gottes und seine Wirklichkeit hin lassen sich folgende *Gruppen von Gleichnissen* unterscheiden:

Reich-Gottes- oder Himmelreichs-Gleichnisse im engeren Sinn handeln vom Kommen, der Anwesenheit und der Durchsetzung des Reiches Gottes in dieser Welt. Dazu gehören: Die Gleichnisse vom Sämann (Mk 4,1-9 par), von der selbstwachsenden Saat (Mk 4,26-29), vom Senfkorn und Sauerteig (Mt 13,31-33 par), vom Unkraut unter dem Weizen (Mt 13,24-30), vom Schatz und von der Perle (Mt 13,44-46), vom Fischnetz (Mt 13,47-50), vom (großen oder königlichen) Gastmahl (Lk 14,15-24; Mt 22,1-14), vom (getreuen und ungetreuen) Hausverwalter (Mt 24,45-51; Lk 12,42-46), vom anvertrauten Geld (Lk 19, 12-27; Mt 25,14-30), von den Weinbergpächtern (Mk 12,1-12 par) und von den zehn Jungfrauen (Mt 25,1-13).

Die *Entscheidungs- und Gerichtsgleichnisse* bilden eine Sondergruppe der Reich-Gottes-Gleichnisse. Durch Jesu Auftreten und Verkündigung erhält die Gegenwart einen Entscheidungscharakter von endgültiger Bedeutung. Die Entscheidung gegenüber dem Ruf Jesu wird zum Gericht oder zum Heil. Durch Jesu Auftreten und Wirken wird die Geschichte für seine Zeitgenossen zur Zeit der Krisis, der Scheidung der Geister.

Zu dieser Gruppe rechnet man die Gleichnisse von den launischen Kindern (Mt 11,16f par), vom unfruchtbaren Feigenbaum (Lk 13,6-9), vom reichen Kornbauern (Lk 12,16-21), vom (getreuen und ungetreuen) Hausverwalter (Mt 24,45-51 par); vom anvertrauten Geld (Lk 19, 12-27 par), vom reichen Mann und vom armen Lazarus (Lk 16,19-31), vom klugen Verwalter (Lk 16,1-8), von der Einladung zum Gastmahl (Lk 14,15-24 par), vom Gast ohne Festgewand (Mt 22,11-14), von den zwei ungleichen Söhnen (Mt 21,28-32), von den zehn Jungfrauen (Mt 25,1-13) und vom Hausbau (Mt 7,24-27; Lk 6,47-49).

Die Wachsamkeitsgleichnisse bilden eine Sondergruppe der Reich-Gottes-Gleichnisse und verweisen auf die rechte Haltung gegenüber der erst zukünftigen Vollendung der Herrschaft Gottes. Es sind dies die Gleichnisse vom Hausverwalter (Lk 12,42-46 par), vom wachsamen Knecht (Mt 24,45-51 par), vom klugen Verwalter (Lk 16,1-8), vom anvertrauten Geld (Lk 19,12-27 par) und von den zehn Jungfrauen (Mt 25,1-13).

Von Gottes Art und Handeln, von seinem Gnadenangebot in Jesus sprechen die Gleichnisse vom Verlorenen (Lk 15), vom erhörenden Freund (Lk 11,5-8), vom Richter und der Witwe (Lk 18,1-8), vom Pharisäer und Zöllner (Lk 18,9-14), von den zwei Schuldnern (Lk 7,41-43), vom unbarmherzigen Knecht (Mt 18,23-35), von der Entlohnung der Weinbergarbeiter (Mt 20,1-16), vom Gastmahl (Lk 14,15-24 par), von den bösen Weinbergpächtern (Mk 12,1-12 par), von den launischen Kindern (Mt 11,16f), vom anvertrauten Geld (Lk 19,12-27 par), vom Unkraut unter dem Weizen (Mt 13,24-30).

Vom rechten Verhalten des Volkes Gottes und der Menschen gegenüber dem endgültigen Heilsangebot Gottes handeln die Gleichnisse vom reichen Kornbauern (Lk 12,16-21), vom Prasser und von Lazarus (Lk 16,19-31), vom klugen Verwalter (Lk 16,1-13), vom Gang zum Richter (Lk 12,58f par), vom unfruchtbaren Feigenbaum (Lk 13,6-9), vom Turmbauen und vom Kriegführen (Lk 14,28-32), von den launischen Kindern (Mt 11,16f par), vom Gast ohne Festgewand (Mt 22,11-14), vom anvertrauten Geld (Lk 19,12-27 par), von den zwei Söhnen (Mt 21,28-32), vom Knecht (Lk 17,7-10), vom Pharisäer und vom Zöllner (Lk 18,9-14), vom bittenden Freund (Lk 11,5-8), vom Richter und der Witwe (Lk 18,1-8), vom unbarmherzigen Knecht (Mt 18,23-35), vom Hausverwalter (Mt 24,45-51), von den Weinbergpächtern (Mk 12,1-12 par).

Auf das rechte Verhalten gegenüber den Mitmenschen, vor allem im Volk Gottes, weisen hin die Gleichnisse vom barmherzigen Samariter (Lk 10,25-37), vom unbarmherzigen Knecht (Mt 18,23-35), vom Unkraut unter dem Weizen (Mt 13,24-30), vom Gang zum Richter (Lk 12,58f par), vom verlorenen Sohn (Lk 15,11-32).

Die Überschneidungen dieser Aufstellung zeigen, daß sich in den einzelnen Gleichnissen verschiedene Aussageelemente und Aussageintentionen finden. Je nach Interesse, Situation und Auslegungsabsicht können die einzelnen Gleichnisse verschiedenen Aussagegruppen zugeordnet werden.

5. Der christologische Charakter der Gleichnisse

In den Gleichnissen ist im allgemeinen von Jesus selbst nicht ausdrücklich die Rede. Dort, wo auf ihn als »der Sohn« hingewiesen ist, zum Beispiel in den Gleichnissen vom königlichen Hochzeitsmahl und von den bösen Winzern, Mt 22,2; Mk 12,37 par, darf mit gutem Grund angenommen werden, daß erst die Kirche nach Ostern diesen Zug besonders herausgearbeitet hat (vgl. auch den Hinweis auf den »Bräutigam« im Gleichnis von den zehn Jungfrauen, Mt 25,1-12). Trotz dieses Sachverhalts muß aber festgestellt werden, daß kein Gleichnis ohne die Voraussetzung verstehbar und als wahr annehmbar ist, daß Jesus der endgültige Offenbarer Gottes, der vollmächtige Verkünder und Bringer des Reiches Gottes ist. Der messianische, christologische Charakter der Gleichnisse ist darin begründet, daß alle Gleichnisse voraussetzen, mit Jesu Kommen und Wirken sei die Endzeit, die endgültige Heilszeit für Israel angebrochen; Gott biete seine rettende Gnade unbedingt und endgültig seinem Volke an.

Dieses endgültige Gnadenangebot Gottes bildet den Kern der Reich-Gottes-Botschaft Jesu. Die Gleichnisse machen mit diesem Angebot bekannt und rufen dazu auf, dieses Angebot vertrauensvoll anzunehmen. Es geht nicht um das Sich-Mühen um Belohnung, sondern um die rechte Entscheidung in der durch das Wirken Jesu als endgültige Gnadenzeit bestimmten Gegenwart. Ohne diese grundlegende Voraussetzung sind die Gleichnisse Jesu letztlich nicht einsichtig.

Die Sämannsgleichnisse (Aussaat–Ernte; selbstwachsende Saat: Mk 4) weisen auf das Schicksal der durch Jesu Wirken eingeleiteten, neuen, dynamischen Wirklichkeit des Sich-Erbarmens Gottes in der Welt, das heißt auf »das Geheimnis des Reiches Gottes« hin (Mk 4,11); im Gleichnis vom Gastmahl (Hochzeitsmahl) wird vorausgesetzt, daß jetzt die Zeit ist, da Gott sein Volk in die endgültige Heilsgemeinschaft einlädt und daß Jesus es ist, der Gottes Einladung übermittelt; im Doppelgleichnis von Schatz und Perle wird beide Male angenommen, daß jetzt, da Jesus dieses Gleichnis erzählt, dem Volk Gottes und all seinen Gliedern die einmalige Gelegenheit geboten wird, ihr Glück, ihr endgültiges Heil zu ergreifen; die Gleichnisse vom Verlorenen setzen voraus, daß nun die Zeit gekommen ist, in der Gott allen Sündern gnädig nachgeht, ihre Sünden vergibt und sich über deren Umkehr freut. Gerade an der Parabel vom verlorenen Sohn läßt sich am besten ablesen, welche Rolle Person und Wirken Jesu für die Botschaft der Gleichnisse spielen. Denn Jesus begründet mit diesem Gleichnis sein Verhalten gegenüber den Sündern in Israel durch den Hinweis auf das Verhalten des Vaters gegenüber dem verlorenen Sohn. »Alle Zöllner und Sünder kamen zu ihm, um ihn zu hören. Die Pharisäer und Schriftgelehrten empörten sich darüber und sagten: ›Er läßt sich mit Sündern ein und ißt sogar mit ihnen‹«. Im Gleichnis vom verlorenen Sohn handelt aber der Vater, der Gottes Stelle unter den handelnden Personen einnimmt, genau so wie Jesus sich zu den großen Sündern in Israel verhält. Gottes Botschaft ermächtigt Jesus zu seinem anstößigen Verhalten. Es gilt darüber hinaus, daß der Vater durch »den Sohn« erbarmend, rettend, begnadend handelt. Denn Jesus ist es, der Gottes erbarmende und verzeihende Liebe den Sündern gegenüber vollmächtig übt. Überall dort, wo Jesus Sündern das Heil anbietet, Sünden vergibt und Gottes Liebe mitteilt, findet Gott als der gute Hirt seine verlorenen Schafe, begegnet er als gütiger Vater seinen verlorenen Kindern in Israel.

Wenn Jesus der ist, als den er sich ausgibt, der beauftragte, endgültige Heilbringer Gottes, der Messias, der Sohn, der Heiland, wenn er die Vollmacht hat, Sünden zu vergeben, Leben und Gnade mitzuteilen, kurz das Reich Gottes aufzurichten, wenn mit seinem Auftreten tatsächlich die endgültige Heilszeit anbricht, wenn jetzt wirklich die Zeit der Gnade, der Vergebung und der Nähe des Reiches Gottes und damit der Entscheidung für das anhebende Reich Gottes gekommen ist, wenn all diese Voraussetzungen zutreffen, dann sind die Bildgeschichten, durch die Jesus auf dieses entscheidende Geschehen hinweist, wahr, dann sind die Folgerungen, die Jesus darin nahelegt und zieht, »logisch« und einleuchtend, ja unausweichlich und zwingend. An dieser Grundbedingung hängt die Wahrheit der Gleichnisse. Sie macht die Gleichnisse für den, der diese Voraussetzung nicht anzunehmen und zu bejahen bereit ist, unverständlich und unzumutbar, anstößig und herausfordernd. Denn die *Gleichnisse setzen den absoluten Heilbringeranspruch Jesu voraus* und damit den Anbruch des Reiches Gottes, begründen ihn aber nicht. Diese »Voraussetzung« macht das Unanschauliche, Geheimnisvolle, Unbegreifliche und Unannehmbare, kurz »das Geheimnis« der Gleichnisse aus.

Jesus liefert für seinen, alle religiösen Vollmachten und überlieferten Formen sprengenden endgültigen Heilbringeranspruch, und damit für seine Reich-Gottes-Botschaft, keine eindeutigen Beweise. Im Gegenteil, sein Wirken fordert die Kritik der religiösen Führer heraus, ist anstößig und darum mißverständlich (beachte den Vorwurf, im Dienst Satans zu stehen, Mk 3,22-30). Seine Herkunft, seine Bildung, die Schar seiner Jünger, die Kritik am herkömmlichen Verständnis jüdischer Frömmigkeit und der alttestamentlichen Überlieferung (Sabbat, Speisegesetze, Gesetz), sein wohlwollend neutrales Verhalten gegenüber der heidnischen Obrigkeit (s. die Steuerfrage), seine Sympathie für gescheiterte Frauen, für Zöllner und schwere Sünder, seine Anmaßung, Sünden zu vergeben – letzteres durfte und vermochte nach jüdischer Auffassung allein Gott selbst –, dies alles sprach in den Augen der Frommen eher gegen als für Jesu Heilbringeranspruch. Dieser Anspruch bildet aber die notwendige Voraussetzung für die Wahrheit der Gleichnisse. Wird dieser Anspruch nicht akzeptiert, kann auch das, was die Gleichnisse sagen wollen, im Grundsätzlichen nicht akzeptiert werden. Die Gegner Jesu ahnten durchaus, was Jesus sagen und geltend machen wollte; aber sie konnten seinen Anspruch, der verheißene, endgültige Heilbringer zu sein, nicht annehmen. Insofern kamen seine Gleichnisse bei ihnen nicht an, obwohl er durch die Gleichnisse gerade auch auf deren Einwände zu antworten und deren Einverständnis für seine Reich-Gottes-Botschaft zu gewinnen suchte.

Dennoch gibt es Gleichnisse, die losgelöst vom Glauben an Jesus als dem letzten Offenbarer und endgültigen Heilbringer allgemein verstanden und ernstgenommen werden können. Es sind dies all jene *Gleichnisse,* die einen sozialen Aussageschwerpunkt haben und *vom neuen Verhalten der Menschen untereinander* sprechen, wie Jesus es vorlebte: vom barmherzigen Samariter, vom Murren der Arbeiter im Weinberg über die Entlohnungsweise des Weinbergbesitzers, vom Verhalten des Vaters gegenüber dem verlorenen Sohn, vom Urteil Gottes über echte und falsche Frömmigkeit, dargestellt am Beispiel vom Pharisäer und vom Zöllner, von der Torheit des Reichen, von der Bestrafung des reichen Prassers, der die Not des Lazarus nicht sieht, von der Einladung auch der Armen und der Ausgestoßenen zum großen Gastmahl. Aber die eigentlich »theologischen« Reich-Gottes-Gleichnisse, die vom rettenden, sich erbarmenden Handeln Gottes (durch Jesus) an den Menschen, gerade an Sündern, reden, sie können auf der »natürlichen Ebene« nicht verstanden oder einfachhin als gültige Deutungen der Situation Israels oder der Menschen in dieser Weltzeit angesehen werden.

Läßt sich etwa auf die durch Jesus in Gang gesetzte Bewegung der sich ausbreitenden Gemeinschaft der Glaubenden einfach das Wachstumsgesetz von Aussaat und Ernte, das heißt von kleinem Anfang und großem Ende oder das von der selbstwachsenden Saat anwenden? Widerspricht dies nicht allen geschichtlichen Erfahrungen, die darauf hinweisen, daß geschichtliche Vorgänge anderen Gesetzen folgen als »Naturgesetzlichkeiten«? Ist es vernünftig, Unkraut nicht rechtzeitig zu jäten, wie im Gleichnis vom Unkraut unter dem Weizen angeordnet? Ist es klug, neunundneunzig Schafe der Gefahr auszusetzen, um ein »blödes« Schaf zu retten, das sich von der Herde entfernt hat? Ist das listig berechnete Verhalten des klugen Verwalters wirklich vorbildlich und nachahmenswert? Ist es gerecht, den ängstlichen und antriebsarmen Knecht im Gleichnis vom anvertrauten Geld, der sein Kapital vergrub, so hart zu strafen? Hat der zurückgebliebene Sohn nicht recht mit seinen Vorwürfen gegenüber seinem mißratenen Bruder? Und ist das Verhalten des Mannes, der den in einem fremden Acker gefundenen Schatz nicht abliefert, sondern auf gerissene Weise an sich bringt, wirklich lobenswert? Ist schließlich die Aussage des Gleichnisses vom unnützen Knecht, ein Herr schulde seinem Sklaven für dessen Dienste keinerlei Dank, für uns heute nicht schreiend unsozial?

All diese Beispiele zeigen, daß nur der den Gleichnissen Jesu recht geben und ihre Aussage als wahr und gültig annehmen kann, der sich auf Jesu Standpunkt stellt und dessen Voraussetzungen vom Anbruch des Reiches Gottes im eigenen Wirken, den neuen Maßstäben des Reiches Gottes und Jesu unbedingtem Heilbringeranspruch voll und ganz zustimmt, also glaubt. Wer dies nicht tut, nicht tun will oder nicht tun kann, bei dem müssen die Gleichnisse genau das Gegenteil dessen bewirken, was sie wollen: Unverständnis statt neuer Einsicht, Abwehr statt Zustimmung, Verschlossenheit statt Einverständnis. Insofern gilt vollauf, was Jesus nach Ausweis der Evangelien feststellt: »Euch (den Jüngern) ist das Geheimnis des Reiches Gottes anvertraut; jenen aber, die draußen sind (die Nichtanhänger und Gegner Jesu), wird alles zum Rätsel; denn sie sollen mit ihren Augen sehen und doch nichts einsehen, mit ihren Ohren hören und doch nichts verstehen, damit sie sich nicht bekehren und ihnen nicht vergeben wird« (Mk 4,10-12; vgl. Mt 13,10-17; Lk 8,9f).

Dieses *Verstockungswort*, das einen Text aus dem Propheten Jesaja (6,9f) auf die Hörer und Zeitgenossen Jesu und seiner Jünger anwendet, der im Neuen Testament an zahlreichen Stellen begegnet (vgl. noch Joh 12,40 und Apg 28,26), konstatiert lediglich die Wirkung der Verkündigung Jesu, gerade auch der durch die Gleichnisse Jesu, auf die überwiegende Mehrheit seiner Volks- und Zeitgenossen. Es will aber keineswegs sagen, daß es Jesu (oder gar Gottes) Absicht war, seine Hörer schuldig zu machen, um sie verwerfen zu können. Denn nach Mk 4,33f dient die Form der Gleichnisse dazu, die religiös schwer verstehbare, unanschauliche Wahrheit und Wirklichkeit des Reiches Gottes auf die

Verstehensebene der Hörer zu übertragen und anschaulich, unmittelbar verständlich zu machen. »Durch viele Gleichnisse verkündete Jesus (den Menschen) das Wort entsprechend ihrem Fassungsvermögen (so wie sie es verstehen konnten).«

Diese Auffassung läßt sich am besten daran einsichtig machen, daß Jesus seine Gleichnisgeschichten so komponiert, daß er auch die Einwände und Fragen seiner Hörer, vor allem die seiner Gegner, in den Gleichnissen bewußt aufgreift, darin zur Sprache bringt und sie so zu überwinden sucht (beachte zum Beispiel die Gleichnisse vom Pharisäer und Zöllner, vom verlorenen Sohn, vom selbstgerechten Reichen usw.). Die Gleichnisgeschichten sind insofern Zeugnisse für das nachhaltige und kluge Bemühen Jesu, seine Gegner zum Einverständnis mit seiner Botschaft, zur Bejahung seiner Sendung und zur Annahme des Reiches Gottes zu bringen.

Daß diese Verständigungsversuche jedoch weithin erfolglos blieben, weist zum einen hin auf die Situation des gefallenen Menschen, dem ein klares, gutes Urteilsvermögen für Gott und sein Handeln fehlt, zum anderen auf die innere Verschlossenheit der religiösen Führer Israels, die Jesus bewußt ablehnten, weil sie seinen Anspruch auf Umkehr und Glaube selbst nicht akzeptieren wollten. So führten die Verständigungsbemühungen Jesu zur Entlarvung ihrer inneren Haltung gegenüber Gott und zum Gericht. Die sogenannten Verstockungsaussagen weisen auf dieses dunkle Geschehen hin, ohne bestimmen zu wollen, inwieweit menschliches Unvermögen, menschliches Nicht-Wollen und göttlicher Heilsplan sich in diesem Geschehen durchdringen. Sicher ist aber ein Verständnis dieser Aussagen abzulehnen, das die Gleichnisse als Mittel des göttlichen Verstockungs- und Gerichtswillens wertet.

Der einzigartige Heilbringeranspruch Jesu bildet also den letzten Grund dafür, daß es Jesus trotz seiner großartigen gedanklichen und formalen Darstellungskraft der neuen Wirklichkeit der Gnade Gottes mit Hilfe seiner so ansprechenden und im Bildgeschehen einleuchtenden Gleichnisgeschichten letztlich nicht gelang, die Mehrheit des jüdischen Volkes samt seinen religiösen Führern für seine Botschaft vom Anbruch des Reiches Gottes und für die Annahme seiner Sendung zu gewinnen. Sie waren nicht bereit und von ihren geistigen Voraussetzungen aus gesehen auch nicht fähig, diese Deutung der geschichtlichen Stunde, in der sie lebten und der Wirklichkeit, in der sie sich durch Jesu Kommen vor Gott befanden, anzuerkennen und das darin enthaltene Heilsangebot aufzugreifen. Sie haben Jesu Worte nicht als Wort Gottes und endgültige, vollmächtige Botschaft vom Heil anzuerkennen vermocht. Denn wer Jesu

Gleichnisse wirklich begreifen will, muß dem Anspruch Jesu glauben, daß er allein zureichend die Heilssituation zu beurteilen vermag, in der wir Menschen seit seinem Auftreten uns befinden. Jesu Gleichnisse erfordern letztlich nicht religiöse Begabung und theologische Erkenntnisfähigkeit, sondern *Zustimmung und Glaube*. Der in allen Gleichnisgeschichten enthaltene Anspruch Jesu, der endgültige Offenbarer und Heilbringer Gottes für alle Menschen zu sein, kann letztlich nicht intellektuell verstanden, er kann nur bejaht oder abgelehnt werden. Insofern wollen die Gleichnisse immer neu verkündigt, in ihrer Wirklichkeitsdeutung freigelegt, bejaht und geglaubt, nicht thematisch nur erklärt und begrifflich gedeutet werden.

Nach der Auferstehung Jesu haben seine Jünger diesen Heilbringeranspruch in den Gleichniserzählungen stärker herausgearbeitet. Jesus tritt nun in den Gleichnissen der kirchlichen Überlieferung deutlicher als der Bringer und Herr des Reiches Gottes hervor, der im Glauben anerkannt werden will. Denn die Gleichnisse Jesu sind von Anfang an wesenhaft messianisch-christologisch geprägt.

H. Weder stellt dazu folgende Regel auf: »Die Gleichnisse der Gottesherrschaft werden nachösterlich zu Gleichnissen über Jesus, weil dieser die Nähe der Basileia (Gottesherrschaft) so ansagte, daß nach der Auferweckung des Gekreuzigten die Nähe Gottes zur Welt nicht mehr unter Absehung von jener Aussage angesagt werden konnte. Die... christologische Interpretation (ist so) die notwendige Folge der geschichtlichen Wende vom Kreuz zur Auferweckung... Die Gleichnisse sind also weder theologisch (als Aussagen über Gott) noch anthropologisch (als Aussagen über das rechte Selbst- oder Existenzverständnis), sondern christologisch (als Bilder Jesu Christi bzw. der in ihm nahen Gottesherrschaft) auszulegen« (Die Gleichnisse Jesu, S. 96).

6. Die Gleichnisse in der neutestamentlichen Überlieferung

Ursprünglich bildeten die Gleichnisse einen Teil einer Argumentationskette, einer Darlegung Jesu. Insofern waren besondere Kennzeichnungen als Gleichnisse mit Hilfe von festen Einleitungs- oder Schlußformeln nicht erforderlich. Solche *Rahmenformeln* wurden erst nötig, als die Gleichnisse aus ihrem Zusammenhang gelöst und als Einzelstücke überliefert wurden. Der ursprüngliche Zusammenhang ist nur sehr selten erhalten geblieben, am deutlichsten in der Überlieferung vom Aufenthalt Jesu im Haus des Pharisäers Simon mit dem Besuch einer stadtbekannten Frau, die Jesus auf schockierende Weise ihre Dankbarkeit bezeugte, worauf Jesus das Handeln der Frau mit dem Verhalten seines Gastgebers verglich und durch eine Gleichniserzählung aufzeigte, wie dieses Geschehen beurteilt zu werden verdient (Lk 7,36-50).

Da die Gleichnisse gedanklich und formal eine abgeschlossene sprachliche Ganzheit bilden, die sich der Auflösung widersetzt, blieben die ursprünglichen Gleichniserzählungen weitgehend erhalten. Die kirchliche Überlieferung ordnete die Gleichnisse in neue gedankliche und geschichtliche Zusammenhänge ein, hob da und dort durch redaktionelle Veränderungen neue Gesichtspunkte hervor und stellte den Gleichnischarakter durch entsprechende formale Hinweise deutlicher heraus.

Nur wenige Gleichnisse beginnen ohne jeden formalen Hinweis auf die sprachliche Eigenart des überlieferten Stückes gleich mit der Bildgeschichte selbst: »Ein Mann hatte zwei Söhne…« (Lk 15,11) oder »Zwei Menschen gingen hinauf in den Tempel, um zu beten« (Lk 18,10). Die Einleitungssätze der übrigen Gleichnisse weisen eine große Vielfalt an Gestaltungen auf. Mit einer Frage beginnt Mk 4,30f: »Womit wollen wir das Reich Gottes vergleichen und durch welches Gleichnis es darstellen?« Nicht selten wird eine einfache Vergleichsformel gebraucht: »Mit dem Himmelreich ist es wie mit…« (vgl. Mt 13,44f) oder »gleich wie ein Mann, der außer Landes ging…« (Mt 25,14). Die knappe Vergleichsformel: »Das Reich Gottes (der Himmel) ist gleich einem…« oder »wie ein« will das Ganze des Gleichnisgeschehens und den darin verborgenen Grundgedanken mit der Wirklichkeit des Reiches Gottes vergleichen, nicht jedoch nur mit der zuerst nach der Formel genannten Person oder Sache. Nicht Same, Senfkorn, Sauerteig, Schatz im Acker oder Perle, zehn Jungfrauen oder der unter die Räuber gefallene Mann sind die Vergleichspunkte, sondern das Gesamtgeschehen in der Bildhälfte weist auf den entscheidenden Grundgedanken hin, der als Vergleichspunkt dient. Die Vergleichsformel ist daher immer zu übersetzen durch die Wendung: »Mit dem Reich Gottes (der Himmel) verhält es sich wie mit…«.

Oft sind den Gleichniserzählungen *Schlußfolgerungen* angefügt mit »so« oder »also« (vgl. bei den Gleichnissen vom Verlorenen die Feststellung: »So wird Freude im Himmel herrschen über…«, oder: »So wird auch euer himmlischer Vater handeln…«), oder es wird zu einr bestimmten Haltung aufgefordert: »Wacht also, denn…«. Manche dieser Schlußfeststellungen gehen auf Jesus selbst zurück; viele aber stammen aus der kirchlichen Überlieferung oder von den Evangelisten. Das läßt sich nicht selten daran erkennen, daß als Schlußsatz ein Jesuswort verwendet wird, das von den übrigen Evangelisten an anderer Stelle überliefert wird (vgl. Mt 20,26 mit 19,30; 20,16; Lk 13,30: »die Ersten werden die Letzten sein...«; oder Mt 13,12 mit Lk 8,18; 19,26; Mk 4,25: »Wer hat, dem wird gegeben werden; wer aber nicht hat, dem...«; oder Mt 6,24 mit Lk 16,13: »Kein Sklave kann zwei Herren dienen...«) oder daran, daß die Schlußfolgerung dem Grundgedanken des Gleichnisses nicht genau entspricht (s. Mt 20,16: das Wort von den Ersten und Letzten ist an das Gleichnis von der Entlohnung der Weinbergarbeiter angehängt; dort geht es aber nicht um Erste und Letzte, sondern um die Bejahung der Barmherzigkeit Gottes gegenüber Sündern; oder die mangelnde Entsprechung des Anhangs Lk 16,10-13 zu dem Gleichnis vom klugen Verwalter 16,1-8; oder den Satz Lk 18,14b: Selbsterhöhung – Erniedrigung mit dem Gleichnis vom Pharisäer und Zöllner, Lk 18,9-14a).

Aufgrund des hier Gesagten gilt es, die einzelnen Gleichnisse zunächst unabhängig vom jetzigen Zusammenhang und von den Einleitungs- und Schlußformeln zu betrachten und erst dann, wenn der darin enthaltene Aussagesinn sich dem Verstehen erschließt, auch die Ausdeutung der einzelnen Gleichnisse durch die kirchliche Überlieferung zu bestimmen.

Damit soll nicht gesagt sein, diese spätere kirchliche Auslegung sei nicht verbindliches Wort Gottes oder gleichwertiger Bestandteil der Heiligen Schrift; es muß lediglich beim Bemühen um den ursprünglichen Sinn von diesen Aktualisierungen abgesehen werden. Denn die spätere kirchliche Deutung versucht, die ursprüngliche Aussage auf christliche Hörer und Leser hin zu aktualisieren. Insofern ergänzen sich Ursinn und spätere kirchliche Deutung.

Jesus gestaltete seine Gleichnisse auf die Situation seiner Hörer, seiner Volks- und Zeitgenossen hin, um diese für die Wirklichkeit des Reiches Gottes aufzuschließen und zu dessen Annahme zu bewegen. Die Gleichnisse dienten dazu, seine Botschaft »einsichtig« zu machen und zu deren Annahme zu verhelfen. Sie spiegeln daher die Situation der ersten Hörer Jesu wider und sind insofern auch *Ausdruck des geistigen Ringens Jesu* um den Glauben seiner Volksgenossen an seine Botschaft und seine Sendung. In diesem geistigen Bemühen haben die Gleichnisse Jesu ihren ursprünglichen *»Sitz im Leben«*.

Jesus sprach vom Hereinbrechen des Reiches Gottes, und zwar in der eigenen Person und im eigenen Wirken. Dieser Anbruch der Herrschaft Gottes hatte seinen Ursprung in der gnädigen Zuwendung Gottes zu seinem Volk, vor allem zu den Sündern und den Menschen in Not, und zielte auf eine völlige Überwindung aller Arten von Unheil und Elend und auf die Vollendung der Schöpfung und der Heilsgeschichte; zugleich war darin eingeschlossen eine neue, endgültige Gemeinschaft mit Gott und eine gerechte, liebende Gemeinschaft aller Menschen untereinander.

Alles, was zur Darstellung, Verkündigung und Durchsetzung dieser Botschaft in Israel gehörte, fand auch seinen Niederschlag in den Gleichnissen Jesu.

Insofern kann festgestellt werden, daß die Botschaft der Gleichnisse der allgemeinen Verkündigung und dem Handeln Jesu, die wir unabhängig von der Gleichnisverkündigung feststellen können, entsprechen muß. Allgemeines Wirken Jesu und Gleichnisverkündigung bedingen und durchdringen sich gegenseitig. »Die Gleichnisse Jesu sind im Kontext des Lebens Jesu auszulegen« (*H. Weder,* Die Gleichnisse Jesu, S. 85). Dieses Grundgesetz gilt es bei der Gleichnisauslegung zu berücksichtigen.

Daneben ist zu fragen, ob die Aussageelemente, die in der Bildgeschichte der Gleichnisse Jesu begegnen, den sozialen und religiösen Gegebenheiten des Volkes Israel zur Zeit Jesu entsprechen. Das gilt sowohl für die darin vorausgesetzten Züge des alltäglichen Lebens wie auch für die entscheidenden Fragestellungen und Argumente.

Die auf diese Weise erschlossene *Urbotschaft der Gleichnisse Jesu* bildet den Ausgangspunkt und die Grundlage aller nachösterlichen Deutungen und Anwendungen auf die Fragen und Bedürfnisse der Kirche und ihrer Glieder hin. Da der Auferstandene der Kirche den Heiligen Geist gesandt hat, die Heilsgeschichte mit dem Tod Jesu also nicht endete, sondern in eine wesenhaft neue Epoche eintrat, bleibt nicht nur die Urbotschaft der Gleichnisse Wort Gottes an uns, sondern gehört auch die Weiterführung und Auslegung dieser Uraussage durch die Kirche der apostolischen Zeit zu diesem inspirierten Wort. Das gilt es gegen alle Ausleger der Gleichnisse Jesu festzustellen, die lediglich den – oft nur hypothetisch erschlossenen – Ursinn der Gleichnisse Jesu als allein verbindliche Botschaft Gottes für alle nachfolgenden Generationen gelten lassen wollen.

Die Urbotschaft Jesu läßt sich am besten so umschreiben: »Alle Gleichnisse Jesu zwingen den Hörer, zu seiner Person und zu seiner Sendung Stellung zu nehmen. Denn sie sind alle erfüllt von dem ›Geheimnis der Königsherrschaft Gottes‹ (Mk 4,11) – nämlich der Gewißheit der ›sich realisierenden Eschatologie‹. Die Stunde der Erfüllung ist da, das ist ihr Grundton. Der Starke ist entwaffnet, die Mächte des Bösen müssen weichen, zu den Kranken kommt der Arzt, die Aussätzigen werden rein, die große Schuld wird erlassen, das verlorene Schaf wird heimgebracht, die Tür des Vaterhauses ist aufgetan, die Armen und Bettler werden zum Mahl gerufen, ein grundlos gütiger Herr zahlt den vollen Lohn, die große Freude ergreift die Herzen. Angebrochen ist das Gnadenjahr Gottes. Denn erschienen ist Der, dessen verborgene Herrlichkeit hinter jedem Wort und jedem Gleichnis aufleuchtet, der Heiland« (*J. Jeremias,* Die Gleichnisse Jesu, S. 194).

H. Weder stellt zum Grundsinn der Gleichnisse Jesu fest: »Das Gleichnis (ist) als Abbildung der Gottesherrschaft zu interpretieren. Dies geschieht dadurch, daß die zunächst für sich analysierte Welt des Gleichnisses... in den Kontext der Gottesherrschaft gestellt und sowohl von ihr her als auch auf sie hin ausgelegt wird. Wird dieser Bezug außer acht gelassen, so kann der Eindruck entstehen, ein Gleichnis als Ganzes dramatisiere ›eine ontologische Möglichkeit..., die grundsätzlich für den Menschen als Menschen vorhanden und möglich ist‹...«. Gegenstand in diesem Fall wäre ein ›Existenzverständnis‹ *(D. O. Via)* und »das im Gleichnis zur Sprache kommende Gottesverständnis wäre nur (mythologische) Explikation des Existenzverständnisses... Jesus geht es (aber) darum, den Menschen und die Welt im Horizonte Gottes zu verstehen, nicht darum, Gott zu einer Funktion menschlicher Existenz zu machen... In den Gleichnissen Jesu kommt die Gottesherrschaft als *nahe* zur Sprache... Gott tritt in den Gleichnissen Jesu dem Menschen und seiner Welt so nahe, daß sich ein neues Menschen- und Weltverständnis geradezu aufdrängt. Im Blick auf das Selbstverständliche (bzw. das Existenzverständnis) des Hörers gilt: im Gleichnis wird ihm die Basileia (d.h. das Reich Gottes) und damit Gott selbst so verständlich, daß er zugleich sich selbst anders, d.h. angemessener verstehen lernt« (*H. Weder,* Die Gleichnisse Jesu, S. 68f).

Die nachösterliche Kirche benützte die Gleichnisse Jesu, um ihren Gliedern darzulegen, was Jesus unter dem Reich Gottes verstand und wie die Wirklichkeit des Reiches Gottes durch die Sendung des Geistes Gottes in der Kirche bereits Gegenwart geworden war. Zugleich zeigte sie mit deren Hilfe, wie man sich Gott, der Gemeinschaft der Kirche und den Mitmenschen gegenüber verhalten muß, um den Gesetzen des Reiches Gottes gemäß zu leben. Durch diese Ausrichtung der Gleichnisse auf die nachösterliche Kirche, deren Wirklichkeit, deren Hoffnungen und Aufgaben, gewannen die Gleichnisse Jesu einen anderen Sinnakzent, einen anderen Sinnzusammenhang. Der *»Sitz im Leben der Kirche«* verkirchlichte die Gleichnisse Jesu.

Die *Faktoren dieser Umprägung* waren näherhin:

a) die neue heilgeschichtliche Situation: die Wirklichkeit der Kirche nach Ostern und Pfingsten sowie die endgültige Ablehnung Jesu als Messias und Heilbringer durch das Volk Israel;

b) der Wechsel der Adressaten: die Glieder der Kirche, alle Christusgläubigen anstelle der Volks- und Religionsgenossen Jesu;

c) die Bedürfnisse der kirchlichen Verkündigung und des kirchlichen Lebens angesichts der sich verzögernden Wiederkunft Christi und der damit verbundenen Erschlaffung;

d) die Auseinandersetzung der Kirche mit den Juden über die Frage, wer nach der Auferstehung Jesu das wahre Volk Gottes ist sowie

e) der neu eröffnete Weg der Mission unter den Heiden. Das erforderte eine Übersetzung der Verkündigung Jesu aus dem Aramäischen ins Griechische und eine Ausrichtung derselben auf heidenchristliche Fragen, Erwartungen und Einwände hin.

All diese Faktoren führten zu einer *Akzentverschiebung* in der Verkündigung und zu einer Umgestaltung der Gleichnisse Jesu.

So tritt zum Beispiel an die Stelle der Aufforderung, an Jesus und seine Botschaft zu glauben, die Mahnung an Christen, der Glaubensentscheidung für Jesus unbedingt treu zu bleiben; an die Stelle des Aufrufs, die Stunde des Heilsangebotes Gottes rechtzeitig zu nützen, der Appell, die Lebenszeit recht zu nützen und den Geboten und Weisungen Jesu gewissenhaft zu folgen; an die Stelle des Weckrufs, sich auf den für bald zurückerwarteten Herrn und sein Reich zu rüsten, der Mahnruf, immer bereit zu sein, nicht müde zu werden, auf die eigene Vergänglichkeit zu schauen und das Gericht nach dem Tod ernst zu nehmen und daraufhin im Glauben treulich auszuharren und sich zu bewähren.

Die Ausrichtung der ursprünglichen Botschaft Jesu auf die Situation der Kirche tritt auf verschiedene Weise in Erscheinung. Zum einen werden bisher unbetonte Einzelzüge der Gleichnisse stärker hervorgehoben, die Gleichnisse selbst dabei neu ausgestaltet; zum anderen werden die Gleichnisse durch Deutungen auf die Situation der Kirche hin allegorisch angereichert; schließlich werden die Gleichnisse in neue Fragestellungen und Gedankengänge eingereiht und durch Einleitungs- und Schlußsätze der neuen Situation angepaßt.

Instruktiv sind für diesen Prozeß die Parabeln vom guten und vom schlechten Hausverwalter, Lk 12,35-48; Mt 24,45-51, in denen betont wird, der Herr könne auch erst während der dritten Nachtwache kommen (man teilte die Nacht in vier Wachabschnitte ein!). Daher wird aus einem Hinweis, auf das Kommen des Reiches Gottes sich vorzubereiten, eine Mahnung zur Treue und zum Ausharren bis zur Ankunft Christi in Vollmacht: »Wenn der Hausverwalter aber denkt: ›Der Herr kommt noch lange nicht zurück!‹ und die Knechte und Mägde schlägt; wenn er schwelgt und sich berauscht, dann wird der Herr an einem Tag kommen, an dem der Knecht es nicht erwartet…« (Lk 12,45f). In der Parabel von den zehn Brautjungfern, Mt 25,1-13, werden nun die Mädchen als unklug entlarvt, die nicht mit einer Verzögerung des Kommens des Bräutigams gerechnet haben. Ähnliches gilt für die Parabeln vom anvertrauten Geld (Lk 19,12-27; Mt 25,14-30), bei denen das lange Ausbleiben des Eigentümers eine entscheidende Rolle spielt.

Durch die Einreihung dieser Gleichnisse in Redeeinheiten, die vom Ende der Welt und der Wiederkunft Christi handeln, wird zudem der Schwerpunkt der Aussage auf die eschatologischen Züge dieser Gleichnisse verlegt, diese Gleichnisse also als Lehrstücke über das rechte Verhalten gegenüber dem Endgeschehen gedeutet (vgl. Lk 12,13-59; Mt 24,1-25,46). Ursprünglich sollten diese Gleichnisse vorbereiten auf den als unmittelbar bevorstehend angekündigten vollen Anbruch der Herrschaft Gottes. Nun wurde dieses Element der Vorbereitung neu bezogen auf das endgültige Kommen Christi in Vollmacht und Herrlichkeit. Der Christusbezug wurde neben dem Bezug auf das Ende nachhaltig herausgearbeitet.

Auch die in der nachösterlichen Zeit vollzogene Hinordnung der Hinweise auf das bevorstehende Gericht über Israel auf den einzelnen Menschen und auf dessen Lebensende, die Herausarbeitung der sogenannten individuellen Eschatologie, ist der Hand der Kirche zuzuschreiben. Das beste Beispiel dafür ist die Parabel vom klugen Verwalter, Lk 16,1-8a. Der Verwalter im Gleichnis verkörpert ursprünglich das Volk Israel, dem Gott seine Heilsgaben übertrug. Die Verse 8b-13 legen das Gleichnis aber auf die einzelnen Christen und deren Lebensende hin aus. Dabei wird das Geben von Almosen als besonders wichtiges Mittel der Heilssicherung empfohlen (V. 9). Davon ist in der Parabel selbst aber nicht die Rede, im Gegenteil, jener Verwalter sichert sich auf gerissene Weise seine irdische Zukunft.

Auf allegorische Weise legen die »Deutungen« einzelne Reich-Gottes-Gleichnisse auf die Situation der Kirche hin aus, so die Deutung der Sämannsparabel (Mk 4,13-20 par) und jene vom Unkraut unter dem Weizen (Mt 13,36-43). Entgegen dem Aufbaugesetz der Gleichnisse werden die zugrundeliegenden Gleichnisse Zug um Zug auf die kirchliche Wirklichkeit hin gedeutet. Dabei wird nach Mk 4,17 vorausgesetzt, daß die Kirche um ihres Glaubens willen verfolgt wird, wovon das ursprüngliche Gleichnis selbst nichts sagt. In der Deutung der Unkrautparabel wird als Feind des Bauern der Satan namhaft gemacht, die Erntearbeiter sind die Engel, das Feuer für die Spreu wird auf die Hölle bezogen; das Gleichnis selbst warnt aber lediglich davor, bereits in dieser Welt Gott ein heiliges Volk aus eigener Kraft schaffen zu wollen.

Daneben sammelte die Urkirche aus katechetischer Absicht Gleichnisse mit gleichartiger Thematik und ordnete sie zu einer Ganzheit zusammen. So wurden die Gleichnisse vom Reich Gottes zu einer Einheit zusammengefaßt (vgl. im Evangelium des Markus das Kapitel 4 und parallel dazu Mt 13,1-53), die als Lehrstück über das Reich Gottes und die Kirche als dessen irdische Ausdrucksform dienen soll.

Zwar müssen diese kirchlichen Deutungen vom ursprünglichen Aussagesinn der Gleichnisse Jesu unterschieden werden, um Spannungen, Sinnverschiebungen und Fehldeutungen zu vermeiden. Aber die Aktualisierung der Botschaft Jesu durch die Kirche auf die eigene Situation nach Ostern und Pfingsten ist auch für die heutige Gleichnisauslegung von richtungsweisender Bedeutung. Zunächst zeigt dieses Vorgehen, daß die Gleichnisse nicht allein historisch verstanden werden dürfen, sondern je und je neu als Wort Gottes verkündet und gehört werden wollen. Dazu hat Jesus die Kirche durch sein Wort und seinen Geist bevollmächtigt, so daß sie bei diesem Vorgehen im Sinne Jesu handelt. »Macht alle Menschen zu meinen Jüngern... und lehrt sie alles zu befolgen, was ich euch geboten habe. Und ich bin bei euch alle Tage bis zur Vollendung der Welt« (Mt 28,18-20). »Ihr werdet die Kraft des Heiligen Geistes empfangen... und ihr werdet meine Zeugen sein... bis an die Grenzen der Erde« (Apg 1,8).

»Ich werde euch einen anderen Beistand geben, damit er immer bei euch bleibt. Es ist der Geist der Wahrheit..., der bei euch bleibt und in euch sein wird« (Joh 14,16f). »Wenn der Beistand kommt, den ich euch vom Vater senden werde, der Geist der Wahrheit, der vom Vater herkommt, dann wird er Zeugnis für mich ablegen. Auch ihr seid Zeugen, weil ihr von Anfang an bei mir seid« (Joh 15,26f). »Wenn der Geist der Wahrheit kommt, wird er euch in die volle Wahrheit führen... Er wird mich verherrlichen; denn von dem, was mein ist, wird er nehmen und euch verkünden« (Joh 16,13-15).

Darum ist die Deutung der frühen Kirche auch für uns von Bedeutung, weil darin der Geist Christi sich ausspricht. *H. Weder* führt dazu aus: »Die... wirklich lebensentscheidenden und existenzbestimmenden Kräfte in einer Überlieferung... zeigen sich... keineswegs nur im Rekurs auf ihre Ursprungsgestalt..., sondern gerade auch darin, wie die Ursprungsgestalt im Laufe ihrer Geschichte gewirkt und die Welt mitgestaltet hat. Dieses Vorgehen legt sich bei den Gleichnissen Jesu besonders nahe, da sie... wesentlich auf Geschichte ausgerichtet sind, indem sie – die alte Welt deutend – Erfahrung in sich aufnehmen und – eine neue Welt stiftend – Erfahrung aus sich entlassen. Die Gleichnisse Jesu haben eine Geschichte und machen Geschichte, ... Die ›allegorische‹ Auslegung integriert Erfahrung ins Gleichnis, die Allegorie dagegen differiert Erfahrung oder Vision in Bildern, sie integriert das Bild ›in die Sache‹« (Die Gleichnisse Jesu, S. 74f).

Sodann werden wir dazu angeleitet und ermutigt, die Gleichnisse ebenfalls auf die heutige Kirche und unsere Situation als kirchlich geprägte Christen hin zu bedenken und mit prophetischem Blick auszulegen.

Diese kirchenbezogene Auslegung soll jedoch methodisch sauber geleistet werden, das heißt sie muß all das berücksichtigen, was die Bibelwissenschaft an Erkenntnissen über das Wesen, die Formen, die Aussageinhalte und die Gesetze der Gleichnisüberlieferung gewonnen hat. Nur so kann vermieden werden, verschiedene Auslegungsschichten miteinander zu verwischen, falsche Methoden anzuwenden und Gedanken in die Gleichnisvorlagen einzutragen, die darin nicht enthalten sind. Gottes Wort fordert als geschichtliche Größe auch sauberes methodisches Verstehen. Willkürliches Vorgehen vergewaltigt und verfälscht die Botschaft der Gleichnisse und täuscht uns über das Heilsangebot Gottes in unserer Geschichtsstunde.

Zuletzt gilt es die Deutung zu beachten, welche die Evangelisten den Gleichnissen Jesu gaben. *In den einzelnen Evangelien* erhielten die Gleichnisse Jesu ebenfalls einen *neuen Sitz im Leben.* Denn die Evangelisten gingen je verschieden vor bei der Überlieferung von Gleichnissen. Sie wählten Gleichnisse nach ihren Absichten aus, ordneten dieselben in neue Zusammenhänge ein und gestalteten sie nach ihrem eigenen Verständnis auf ihre eigenen Aussageabsichten hin vorsichtig um. Diese redaktionell verschiedene Verwendung und Zuspitzung der Gleichnisse Jesu durch die einzelnen Evangelisten läßt sich auf doppelte Weise feststellen:

Erstens durch den Vergleich der Gleichnisüberlieferung der einzelnen Evangelisten miteinander; dies läßt sich besonders gut bei den ersten drei, den synoptischen Evangelien feststellen, da diese einerseits auf das Markusevangelium zurückgreifen, andererseits aber Matthäus und Lukas über Markus hinaus aus gemeinsamer Überlieferung schöpfen, einer Sammlung von Worten und Reden Jesu, der sogenannten Quelle *Q* (Q = Abkürzung für Quelle, Überlieferung). Zwar ist uns diese Sammlung von Jesusworten nicht mehr unmittelbar zugänglich; sie kann aber aus den Stücken erschlossen werden, welche Matthäus und Lukas über Markus hinaus gemeinsam haben, zum Beispiel die Bergpredigtüberlieferung, das Vaterunser, dazu die Gleichnisse vom verlorenen Schaf, vom Gastmahl, vom guten und schlechten Hausverwalter, vom anvertrauten Geld.

Zweitens durch die Einordnung der ausgewählten Gleichnisse in das einzelne Evangelium und durch das Aufspüren von Grundgedanken des einzelnen Evangelisten, die auch in den einzelnen Gleichnissen hervorgehoben werden und darin zum Vorschein kommen.

So ist das Gleichnis vom barmherzigen Samariter bei Lukas durch die Einordnung in einen »Katechismus des christlichen Lebens« (Lk 10,21 – 11,13), der auf die Hauptelemente des christlichen Lebens hinweist, nicht zuerst als Darlegung über Eigenart und Reichweite der Nächstenliebe im Sinne Jesu zu verstehen, sondern als das Hauptstück dessen, was notwendig ist, »um das ewige Leben zu erlangen« (so lautet der einleitende Fragesatz des Gleichnisses Lk 10,25). Denn auf die Frage nach dem Gewinn des ewigen Lebens antwortet bei Lukas das Gleichnis. Die Frage nach dem Wesen echter Liebe ist ein Teilelement der erstgenannten Generalfrage.

Das aus der Quelle *Q* stammende Gleichnis vom verlorenen Schaf steht bei Lukas im Ganzen der drei Gleichnisse vom Verlorenen, die Gottes Freude über die Umkehr der Sünder darstellen (Kapitel 15). Matthäus ordnet dieses Gleichnis ein in eine Jüngerbelehrung über das rechte Verhalten in der Kirche Christi (Mt 18,1-35). Näherhin will Matthäus durch das Gleichnis (18,12-14) sagen, daß niemand, auch »die Kleinen«, in der Kirche nicht verlorengehen dürfen. »Kleine« sind arme, niedrige Christen, die den untersten Schichten angehören und deshalb auch in der Kirche nicht besonders angesehen sind. Darum hat der Evangelist das Gleichnis an den Satz angeschlossen: »Hütet euch davor, einen von diesen Kleinen zu verachten!« (Mt 18,10).

Daneben gestalteten die Evangelisten je nach ihren Überzeugungen und Absichten die einzelnen Gleichnisse vorsichtig um, so daß sich an der jeweiligen Sondergestaltung deren besondere Absichten ablesen lassen. Lukas verdeutlicht zum Beispiel die Auslegung des Sämannsgleichnisses gegenüber den Parallelüberlieferungen der anderen synoptischen Evangelisten durch die Zusätze von den »Lüsten des Lebens« (8,14), »dem edlen und guten Herzen« und vom »Fruchtbringen in Beharrlichkeit« (8,15; vgl. dazu Lk 6,45; 21,19). Matthäus jedoch gliedert in seiner Überlieferung desselben Sämannsgleichnisses den Fruchtertrag je »teils–teils« auf (dreißig-, oder sechzig-, oder hundertfach, 13,23), was unter Berücksichtigung von Mt 25,15 sagen will, daß die Gnadengaben Gottes nicht auf gleiche Weise den Christen zugeteilt werden.

Über die *redaktionelle Bearbeitungsweise der Gleichnisüberlieferung* durch die Evangelisten Matthäus und Lukas hat die Bibelwissenschaft festgestellt:

a) *Lukas* liebt es, die Gleichnisse Jesu ethisch auszuwerten durch die Anfügung bestimmter Mahnworte und Aufforderungen; vgl. Lk 12,21 (»So geht es jedem, der für sich selbst Schätze sammelt, aber vor Gott nicht reich ist«); 14,33 (»Keiner von euch kann mein Jünger sein, wenn er nicht auf seinen ganzen Besitz verzichtet«); 16,9 (»Macht euch

Freunde mit dem ungerechten Mammon«); 18,8b (»Wird der Menschensohn... auf Erden noch Glauben antreffen?«); dazu noch 17,22-37; 18,14b.

b) *Matthäus* neigt dazu, die Bildhälfte der Gleichniserzählungen auf Israel und die Kirche hin zu reflektieren und allegorisch auszugestalten (vgl. Mt 13,36-43, bsd. die Wendung von den »Engeln des Menschensohnes«, die sich nur noch in Mt 16,27 und 24,31 im Neuen Testament findet, auch die von Matthäus stammende Vorstellung vom »Reich des Menschensohnes«, das heißt der Kirche; beachte auch den Hinweis auf das Gericht an »der Stadt der Mörder« im Gleichnis vom königlichen Hochzeitsmahl [Mt 22,7] oder die Verbindung des Gleichnisses vom Gast ohne Festgewand mit dem Gleichnis vom Hochzeitsmahl [Mt 22,11-14]).

Die Deutung durch die Evangelisten, die sich nur je von Fall zu Fall näher bestimmen läßt, da sich die verschiedenen Schichten der Überlieferung gegenseitig durchdringen, hat ebenfalls maßgebliche Bedeutung für uns heutige Leser und Hörer der Gleichnisse. Denn Gott erwählte diese Menschen und inspirierte sie, um die Jesusüberlieferung zu sammeln, gläubig neu zu bedenken, neu zu ordnen und so zu gestalten, daß je und je eine besondere Sicht der Heilsbotschaft hervortritt, die für den Glauben und das Leben der Kirche und ihrer Glieder nötig und bedeutsam ist. Auch ihr Zeugnis gehört zu dem Christus- und Heilszeugnis der Kirche der apostolischen Zeit, das für den Glauben und die Verkündigung aller christlichen Generationen maßgebliche Bedeutung hat. Ihr Zeugnis muß aber methodisch zuverlässig festgestellt, im Rahmen des urchristlichen Gesamtzeugnisses abgewogen und auf die heutige Situation der Kirche und des einzelnen Christen hin bedacht werden. Auf diese Weise erst kommt der Reichtum des Evangeliums in den Evangelien in den Blick.

Die in diesem Werkbuch gebotenen *Auslegungshilfen* zu einzelnen Gleichnissen und Gleichnisgruppen versuchen, wo möglich, alle drei Stufen der Gleichnisverkündigung sichtbar werden zu lassen, um sie auf diese Weise für das heutige Verstehen fruchtbar zu machen. Allerdings lassen sich nicht in jedem Fall alle drei Stufen klar feststellen und voneinander scheiden. Doch werden neben der Hinführung zum Text und Hinweisen für das Freilegen des ursprünglichen Aussagesinnes jeweils unter dem Stichwort »Rahmen« Hinweise auf die urkirchliche Auswertung und auf die schriftstellerische Ausgestaltung durch die Evangelisten geboten. Es bleibt zu hoffen, daß auf diese Weise wahr wird, was nach Mt 13,51f von allen Christen gelten soll, daß sie wie die ersten Jünger Jesu »alles verstehen«, was Christus verkündet hat und heute uns durch die Kirche verkünden will: daß das Reich Gottes bereits in unserer

Welt da ist, alle Menschen begnaden und verwandeln will und hindrängt auf die endgültige Vollendung der Welt.

Jeder Christ ein »Schriftgelehrter«! Das ist Aufgabe, aber auch Auszeichnung eines jeden mündigen Christen (vgl. Mt 13,51f).

Bereits die *Urkirche* ordnete gleichartige Gleichnisse zusammen und überlieferte sie in *Sachgruppen,* die durch das gleiche Thema, verwandtes Bildmaterial oder gleichen Aufbau bestimmt waren. Die Evangelisten übernahmen dieses Verfahren und bauten es aus. So finden sich in den einzelnen Evangelien verschiedene Gleichniskompositionen. Dieser Tatbestand weist zugleich darauf hin, daß in den meisten Fällen die Situation nicht mehr feststellbar ist, in der das Gleichnis zuerst ausgesprochen wurde. Die in den einzelnen Evangelien angegebenen Hinweise auf Ort, Zeit und Umstände der ursprünglichen Gleichnisrede sind daher in jedem Fall daraufhin zu überprüfen, ob und inwieweit diese Notizen durch das redaktionelle Interesse des Evangelisten bestimmt sind.

Bei *Markus* finden sich folgende Gleichnisse:

Das Gleichniskapitel 4 mit drei Reich-Gottes-Gleichnissen und einer Deutung: Sämann (4,3-9), selbstwachsende Saat (4,26-29), Senfkorn (4,30-32); Deutung (der Sämannsparabel 4,13-20); eingeleitet ist dieses Kapitel mit einer Situationsangabe (4,1f), die zugleich darauf hinweist, daß die gebotenen Gleichnisse nur eine typische Auswahl, eine Auslegungshilfe für die Gleichnisse Jesu allgemein bilden; eingeschoben zwischen Sämannsgleichnis und Deutung sind das Wort über Ziel und Wirkung der Gleichnisreden (4,10-12: Verstockungswort), der Hinweis auf die rechte Deutungsmethode durch die Jünger (4,13) und die Anleitung zum rechten Hören der Gleichnisse (4,21-25). Abgeschlossen wird das Gleichniskapitel durch eine doppelte Schlußbemerkung (4,33f): Gleichnisse sollen das Verstehen erleichtern, und: die Jünger erhalten je eine eigene Sonderbelehrung über den Sinn, »das Reich-Gottes-Geheimnis«, der einzelnen Gleichnisse.

Außerhalb dieses Kapitels findet sich bei Markus nur noch die Parabel von den bösen Weinbergpächtern (Mk 12,1-9). Das Gleichnis von der selbstwachsenden Saat wird nur von Markus überliefert.

Matthäus hat das Gleichniskapitel des Markus über das Reich-Gottes durch Beifügung weiterer Gleichnisse zu einem »Himmelreichszyklus« mit sieben Gleichnissen und zwei Deutungen in Kapitel 13 erweitert. Diese Erweiterung der Markusüberlieferung, die ihm wohl schriftlich vorlag, läßt sich einerseits daran erkennen, daß er dem Aufbau des

Markus folgt, anderersets daran, daß er wie Markus eine erste Schlußnotiz nach dem Gleichnis vom Senfkorn (und Sauerteig) einfügt (Mt 13,34f), danach aber noch die Deutung der Parabel vom Unkraut unter dem Weizen und zwei weitere Gleichnisse anhängt. Erst dann folgt die endgültige Schlußbemerkung über den rechten Schriftgelehrten, die Matthäus gestaltet hat (Mt 13,51f). Matthäus hat dabei über Markus hinaus den Gegensatz zwischen den Jüngern Jesu und dem Volk Israel herausgearbeitet: jenen »ist es gegeben, die Geheimnisse des Himmelreichs zu erkennen, diesen aber nicht« (13,11). Er läßt auch die Bemerkung des Markus weg, Jesus habe sich durch die Gleichnisreden der Fassungskraft seiner Hörer angepaßt (Mk 4,33). So dienen die Gleichnisse Jesu dazu, das Nicht-Hören-Wollen des Volkes ans Licht zu bringen, zugleich aber Verstockung, das heißt Nicht-Mehr-Glauben-Können, als Strafe über das zum Glauben an Jesus berufene Volk zu bewirken. »An ihnen erfüllt sich die Weissagung Jesajas: Mit den Ohren werdet ihr hören und nicht verstehen... Denn das Herz dieses Volkes ist verhärtet..., damit sie... sich nicht bekehren und ich sie nicht heile« (Mt 13,14f; Jes 6,9f). Israel kann Jesus also nicht verstehen. Das ist der Grund für seinen Unglauben. Vom Jünger Jesu aber wird gesagt: »Euch ist es gegeben, die Geheimnisse des Himmelreichs zu erkennen...«. »Wohl euch, denn eure Augen sehen und eure Ohren hören« (13,16, vgl. 13,11). Darum läßt Matthäus in seiner Schlußbemerkung feststellen: »(Jesus fragte die Jünger): Habt ihr das alles verstanden? Sie antworteten: Ja. Da sagte er zu ihnen: Jeder Schriftgelehrte also, der ein Jünger des Himmelreiches geworden ist, gleicht einem Hausherrn, der aus seinem reichen Vorrat Altes und Neues hervorholt« (13,51f).

Bemerkenswert für die Auffassung des Matthäus ist auch der durch ihn in das Himmelreichskapitel eingefügte Hinweis, in den Gleichnissen Jesu komme die Heilsoffenbarung Gottes zu ihrem Höhepunkt und Abschluß. »Jesus redete nur in Gleichnissen zu den Menschen. Damit sollte sich das Wort des Propheten erfüllen: ›Ich will meinen Mund auftun und in Gleichnissen reden; ich will verkünden, was seit der Schöpfung verborgen war‹« (13,34f; Ps 78,2).

Das Himmelreichskapitel nimmt im Matthäusevangelium einen zentralen Platz ein. Das weist auf die grundlegende Bedeutung dieses Lehrstücks in der christlichen Unterweisung der Urkirche und im Glauben der Christen hin. Näherhin finden sich folgende Gleichnisse und Gleichnisdeutungen vor:

Das Gleichnis vom Sämann (13,3b-9) und die Parabel vom Unkraut unter dem Weizen (13,24-30). Zu diesen beiden Gleichnisreden werden eigene Deutungen geboten: zum Sämann, 13,18-23; zum Unkraut,

13,36-43. Weiter begegnen die Gleichnisse vom Senfkorn (13,31f) und vom Sauerteig (13,33); das Doppelgleichnis vom Schatz und von der Perle (13,44-46) und das Gleichnis vom Fischnetz (13,47-50).

Ein weiteres Gleichnis bringt Matthäus in Kapitel 11: die Parabel von den launischen Kindern (11,16f); in der Rede über die rechte Ordnung im Jüngerkreis Jesu, Kapitel 18, überliefert er das Gleichnis vom verlorenen Schaf (18,12-14) und die Parabel vom unbarmherzigen Knecht (18,23-35). In Kapitel 20 bietet er die Parabel von der Entlohnung der Weinbergarbeiter (20,1-16). In Kapitel 21, das von der Auseinandersetzung Jesu mit seinen Gegnern in Jerusalem handelt, finden sich die Parabel von den ungleichen Söhnen (21,28-32) und die Parabel von den bösen Weinbergpächtern (21,33-46). Dazu gehört auch die Parabel vom königlichen Hochzeitsmahl (22,1-14).

Die Endzeitbelehrung Kapitel 24f verwendet folgende Stücke: das Gleichnis vom wachsamen Knecht (24,45-51), die Parabel von den zehn Jungfrauen (25,1-13) und vom anvertrauten Geld (25,14-30). Durch die Zusammenstellung der Gleichnisreden vom Knecht und den Jungfrauen, die je verschiedene Haltungen der Glaubensüberzeugung gegenüber dem Zeitpunkt der Wiederkunft Christi zur Diskussion stellen, gelingt es Matthäus, die Frage nach dem Zeitpunkt der Parusie (früh oder spät?) offen zu lassen und damit zu »vergleichgültigen«. Wie bei Lukas schließt die Bergpredigt auch bei Matthäus mit dem Schlußgleichnis vom Hausbau auf verschiedenen Fundamenten ab (Mt 7,24-27 = Lk 6,47-49).

Die Gleichnisüberlieferung dient bei Matthäus dazu, die heilsgeschichtliche Stellung des Jüngerkreises, der Kirche Jesu, gegenüber dem jüdischen Volk zu klären und die Wirklichkeit wie auch die Vollmacht und Aufgabe der Kirche als des wahren Volkes Gottes deutlich herauszuarbeiten. Daneben will Matthäus mit Hilfe der Gleichnisse aufzeigen, was es heißt, als Glied der Kirche zu glauben und zu leben.

Lukas überliefert in seinem Evangelium über Markus und Matthäus hinaus die größte Anzahl von Gleichnissen, darunter die schönsten und bedeutendsten der Evangelien des Neuen Testamentes. Obwohl Lukas das Markusevangelium kennt und auswertet, stellt er nicht wie Markus ein eigenes Reich-Gottes-Kapitel zusammen, sondern ordnet sein Sondergut in den Rahmen des sogenannten Reiseberichts (Lk 9,51-19,27) ein. Reisebericht nennt man diesen Abschnitt deshalb, weil Lukas darin immer wieder erwähnt, Jesus befände sich auf dem Weg zum Todespascha in Jerusalem (vgl. 9,51.57; 10,1.38; 13,22; 17,11; 18,31; 19,1.11.28). Dabei achtet Lukas darauf, je thematische Einheiten mit dem Zusammenhang zu schaffen, in den er die einzelnen Gleichnisse einfügt. Ihm geht es nicht so sehr um eine Belehrung über den heilsgeschichtlichen Weg der Kirche oder über das Verhältnis von Judentum und Kirche oder über das Wesen und das Kommen der Herrschaft Gottes; er ist vielmehr am rechten Lebensvollzug der Christen interessiert und bietet daher vor allem für das Leben der Christen bewegende und anziehende Beispiele. Insofern sind die Gleichnisse für ihn Illustrations- und Motivationsgeschichten, Beispielgeschichten im Rahmen eines Katechismus des christlichen Lebens. Wie die von ihm stammenden Einleitungs- und Schlußbemerkungen der Gleichnisgeschichten zeigen, wertete er die Jesusüberlieferung religiös und ethisch, nicht so sehr historisch und theologisch aus. Der einzelne Christ, ja jeder unverbildete, religiös offene Mensch ist dabei der Adressat dieser Lebensbelehrungen, nicht das Volk Israel nur oder die Kirche als ganze.

Mit Markus und Matthäus gemeinsam hat er die Gleichnisse vom Sämann (Lk 8,4-8) samt Deutung (Lk 8,11-15) und von den bösen Weinbergpächtern (Lk 20,9-19). Bei der Deutung der Sämanns-Parabel fällt auf, daß hier Lukas die Wendung vom »guten und edlen Herzen« einfügt und damit das Ideal der Griechen vom edlen Menschen, die sogenannte »Schöngutheit« *(Kalokagathia)*, in das Evangelium einführt. Damit wird deutlich darauf abgehoben, daß sich das Evangelium an alle Menschen »guten Willens« richtet. Zugleich aber entsteht dadurch die Gefahr des Mißverständnisses, als könne die Gnade Gottes nur bei jenen Menschen wirken, die entsprechende natürliche Voraussetzungen aufweisen, näherhin über eine edle menschliche Grundhaltung verfügen. Lukas will aber durch die Übernahme jener Wendung nur missionarisch zum Ausdruck bringen, erst durch das Evangelium könne der edle Mensch verwirklicht werden, den die griechischen Philosophen und Erzieher als Ideal aufgewiesen und angestrebt haben.

In Kapitel 8 greift Lukas die wesentlichen Stücke des Gleichniskapitels Mk 4 auf und aktualisiert sie nach seinen Zielsetzungen: das Wort Jes 6,9 über Grund und Absicht der Gleichnisse (8,9f), die Deutung der Sämanns-Parabel (8,11-15) und das Wort vom rechten Hören (8,16-18). Das Verstockungswort Jes 6,9 wird nur verkürzt geboten, wobei der Unterschied »Jünger – andere« wie bei Matthäus deutlich herausgestellt wird; im Unterschied zu Matthäus werden »die anderen« nicht mit den jüdischen Volksgenossen Jesu in eins gesetzt, die Jesus in Verschlossenheit und Abwehr begegnen. »Euch ist es gegeben, die Geheimnisse des Reiches Gottes zu erkennen. Zu den anderen (Menschen) wird nur in Gleichnissen geredet; denn sie sollen sehen und doch nicht sehen, hören und doch nicht verstehen« (8,10). Dem entspricht dann die Aufforderung im Hinweis auf das rechte Hören: »Gebt also acht, daß ihr richtig zuhört!« (8,18).

Angeschlossen an diesen Abschnitt hat Lukas das Wort von den wahren Verwandten Jesu, das bei Markus und Matthäus in einem anderen Zusammenhang begegnet. Lukas hat außerdem dieses Wort auf den Zusammenhang vom rechten Hören der Botschaft Jesu hin redaktionell abgestimmt. Während es bei Markus heißt: »Wer nach dem Willen Gottes handelt, der ist für mich Bruder, Schwester und Mutter« (3,35), lautet die Aussage nach Lukas: »Meine Mutter und meine Brüder sind die, die das Wort Gottes hören und befolgen« (8,21). Es gilt also, die Botschaft der Gleichnisse nicht nur zu hören und zu verstehen, sondern das Leben ist danach auszurichten, dann gehört man zur Familie Gottes, zum Reich Gottes. Es geht Lukas demnach entscheidend um ein Leben als Bürger des Reiches Gottes. Verstehen heißt nicht wie bei Matthäus glauben, sondern handeln, das heißt im Geiste Jesu neu leben. Die Schlußfolgerung, die das Gleichnis vom barmherzigen Samariter abschließt, gilt es demnach auf alle Gleichnisse anzuwenden: »Geh und handle genauso!« (10,37).

Mit Matthäus allein hat Lukas folgende Gleichnisse gemeinsam, die er also aus der sogenannten *Q*-Quelle übernahm: Die Parabel von den launischen Kindern (7,31f); vom treuen und ungetreuen Hausverwalter (12,41-48; vgl. Mt 24,45-51); vom Senfkorn und vom Sauerteig (13,18-21; Mk 4,31f findet sich nur das Gleichnis vom Senfkorn!); vom großen Gastmahl (14,15-24; vgl. Mt 22,1-14); vom verlorenen Schaf (15,3-7); vom anvertrauten Geld (19,11-27).

An *Sondergut* finden sich folgende Gleichnisse: Von den zwei Schuldnern (Lk 7,41-43); vom barmherzigen Samariter (10,30-37); vom bittenden Freund (Lk 11,5-8); vom törichten Reichen (Lk 12,16-21); vom unfruchtbaren Feigenbaum (13,6-9); vom Turmbauen und vom Kriegführen (14,28-32); von der verlorenen Drachme (15,8-10); vom verlorenen Sohn (15,11-32); vom klugen Verwalter (16,1-13); vom Reichen und vom armen Lazarus (16,19-31); vom Knecht (17,7-10); vom Richter und der Witwe (18,1-8); vom Pharisäer und Zöllner (18,9-14).

In Kapitel 15 bietet Lukas eine ganze Gleichnisgruppe zu dem Thema: Vom Verhalten Gottes gegenüber den Verlorenen (verlorenes Schaf, verlorene Drachme, verlorener Sohn). Gerade in diesem Themenkreis enthüllt Lukas sein besonderes Anliegen, in Jesus den Heiland der Armen, der Geringen und der Verlorenen sichtbar werden zu lassen.

Bei *Johannes* finden sich nur zwei Stücke, die man der Gruppe der Gleichnisse zurechnen kann: das Gleichnis vom guten Hirten (10,1-5.11-13), wobei die Erzählung von Bildreden unterbrochen ist, die für das Johannesevangelium eigentümlich sind, sowie der Vergleich mit Not und Freude einer Mutter (16,21). Bei der Rede vom Weinstock und von den Rebzweigen (15,1-6) handelt es sich um eine Bildrede, nicht um ein Gleichnis. Sonst finden sich noch Vergleiche (3,8; 5,35) und Bildworte (3,29; 4,37f; 8,35; 11,9f; 12,24; 13,16), die alle nicht zur Gattung der Gleichniserzählung gehören.

7. *Die Einteilung der Gleichnisse nach Form und Inhalt*

Die Gleichnisse Jesu lassen sich nach verschiedenen Gesichtspunkten einteilen, nach (a) *formalen* und nach (b) *inhaltlichen.*

(a) Die Bilderzählung schildert Gegebenheiten, die sich immer so verhalten, wie im Gleichnis vorausgesetzt. Diese Gruppe läßt sich je nach der Herkunft des Bildstoffes noch unterscheiden in Bildwirklichkeiten aus dem Leben der Natur und in solche, die dem Menschenleben entstammen. Zu den *Naturgleichnissen* gehören: Sämann (Mk 4,3-9 par); von der selbstwachsenden Saat (Mk 4,26-29); vom Sauerteig (Mt 13,33 par); vom Senfkorn (Mk 4,30-32 par).

Zu den *Gleichnissen aus dem menschlichen Bereich* gehören: das vom Fischnetz (Mt 13,47-50); vom Schatz und der Perle (Mt 13,44-46); von den launischen Kindern (Mt 11,16f); von dem mit der Aufsicht betrauten Knecht (Mt 24,45-51 par); von den zwei Schuldnern (Lk 7,41-43); vom Turmbauen und vom Kriegführen (Lk 14,28-32); vom verlorenen Schaf und der verlorenen Drachme (Lk 15,3-10; vgl. Mt 18,12f); vom Hausbau (Mt 7,24-27; Lk 6,47-49); vom Knecht (Lk 17,7-10); vom bittenden Freund (Lk 11,5-8); vom Richter und der Witwe (Lk 18,1-8).

Eine Sondergruppe der Gleichnisse im engeren Sinn bilden die *Fragegleichnisse.* Sie werden alle durch die Frage eingeleitet: »Wer von euch...?« und zwar im Sinn von: »Ist es denkbar, daß einer von euch... sich so verhielte?« Die Antwort ist immer eine unbedingte Verneinung der zur Frage gestellten Verhaltensweise im Sinne von: »Undenkbar«, vgl. Mt 7,7-9 und Lk 11,11-13; Mt 12,11; Lk 13,5. Hierher gehören: das Gleichnis vom bittenden Freund (Lk 11,5-8); vom verlorenen Schaf und der verlorenen Drachme (Mt 18,12f; Lk 15,3-10); vom Knecht (Lk 17,7-10).

Im Gleichnis vom bittenden Freund wird dabei noch – ebenso wie im

Gleichnis vom gottlosen Richter und der Witwe (Lk 18,1-8) – das *Stilmittel des Schlusses vom Kleinen auf das Größere (a minore ad maius)* angewendet, das heißt vom Verhalten des je um Hilfe Angegangenen wird auf Gott hin eine Schlußfolgerung gezogen, und zwar entweder in einlinigem Vergleich, also in Form der einfachen Überbietung oder im Kontrastvergleich, also in der gegensätzlichen Überbietung: entweder Gott erhört sicher und sofort, also besser als der um Hilfe angegangene Freund, oder er erhört bereitwillig, ganz im Gegensatz zum gottlosen Richter. Dadurch wird die einleitende Frage also noch erheblich verstärkt und das dadurch Herausgestellte unterstrichen und unwiderruflich festgestellt.

Eine weitere Gruppe sind *Parabeln im engeren Sinn.* Die Bildhälfte bietet Erzählstoffe, die nur einmalig, zum Teil ausnahmsweise, einzigartigerweise so sind, wie sie geschildert werden. Dazu sind zu rechnen die Bilderzählungen vom Unkraut unter dem Weizen (Mt 13,24-30), vom unfruchtbaren Feigenbaum (Lk 13,6-9), vom großen Gastmahl (Lk 14,15-24) beziehungsweise vom königlichen Hochzeitsmahl (Mt 22,1-10), vom Gast ohne Festgewand (Mt 22,11-14), von den bösen Weinbergpächtern (Mk 12,1-12 par), vom klugen Verwalter (Lk 16,1-13), vom Gang zum Richter (Lk 12,58f par), vom anvertrauten Geld (Lk 19,12-27; Mt 25,14-30), von den zehn Jungfrauen (Mt 25,1-13), von der Entlohnung der Arbeiter im Weinberg (Mt 20,1-16), vom verlorenen Sohn (Lk 15,11-32), von den zwei Söhnen (Mt 21,28-32), vom unbarmherzigen Knecht (Mt 18,23-35).

Die *Beispielerzählungen* bilden eine Sondergruppe unter den Parabeln. Dazu werden gerechnet: die Erzählungen vom barmherzigen Samariter (Lk 10,25-37), vom törichten Reichen (Lk 12,16-21), vom reichen Mann und vom armen Lazarus (Lk 16,19-31), vom Pharisäer und Zöllner (Lk 18,9-14).

(b) Die Einteilung der Gleichnisse nach inhaltlichen Gesichtspunkten unterscheidet nach dem im Gleichnis angesprochenen Thema. Hier sind an Einzelthemen zu nennen:

Die *Saat- und Erntegleichnisse.* Hierher gehören die Bildgeschichten vom Sämann (Mk 4,3-9 par), von der selbstwachsenden Saat (Mk 4,26-29), vom Senfkorn (Mk 4,30-32 par), vom Unkraut unter dem Weizen (Mt 13,24-30), auch jene vom unfruchtbaren Feigenbaum (Lk 13,6-9).

Die Gleichnisse von der Arbeit. Dazu sind zu rechnen die Gleichniserzählungen vom Sauerteig (Mt 13,33 par), vom Fischnetz (Mt 13,47-50), vom Schatz und der Perle (Mt 13,44-46), vom Hausbau (Mt 7,24-27; Lk 6,47-49), von den bösen Weinbergpächtern (Mk 12,1-12 par), vom klugen Verwalter (Lk 16,1-13), vom anvertrauten Geld (Lk 19,12-27), von dem mit der Aufsicht betrauten Knecht (Mt 24,45-51), von den Arbeitern im Weinberg (Mt 20,1-16), von den zwei Söhnen (Mt 21,28-32), vom Knecht (Lk 17,7-10).

Die Knechtsgleichnisse. Dazu können gezählt werden die Gleichnisreden von den bösen Weinbergpächtern (Mk 12,1-12 par), vom großen Gastmahl beziehungsweise vom königlichen Hochzeitsmahl (s. die einladenden Knechte, Lk 14,15-24; Mt 22,1-14), vom unbarmherzigen Knecht (Mt 18,23-35), vom unnützen Knecht (Lk 17,7-10), vom Türhüter (Lk 13,25-30), von den wachenden Knechten (Lk 12,35-48), von dem mit der Aufsicht betrauten Knecht (Mt 24,45-51 par), vom anvertrauten Geld (Lk 19,12-27 par).

Die Gleichnisse vom Verlorenen. Diese finden sich bei Lukas zu einem Ganzen zusammengeordnet in Kapitel 15: Vom verlorenen Schaf (15,4-7; vgl. Mt 18,12-14; auch Joh 10,11f), von der verlorenen Drachme (15,8-10), vom verlorenen Sohn (15,11-32). In ihnen wird die mitreißende Freude geschildert, die jemand empfindet, der Verlorenes wieder gefunden hat.

Die Gleichnisse von begnadeten Schuldnern. Dieses Thema behandeln die Gleichnisreden vom unbarmherzigen Knecht (Mt 18,23-35), von den zwei Schuldnern (Lk 7,41f), vom verlorenen Sohn (Lk 15,11-32).

Die Gleichnisse mit Frauen als handelnden Personen. Hier sind zu nennen die Erzählungen vom Sauerteig (Mt 13,33 par), von den zehn Jungfrauen (Mt 25,1-13), von der verlorenen Drachme (Lk 15,8-10), von den zwei Schuldnern samt Rahmenerzählung (Lk 7,36-50), vom Richter und der Witwe (Lk 18,1-8), auch das von den launischen Kindern (Mt 11,16f par).

Die Gleichnisse, die von Reichtum und Geld handeln. Hierher gehören die Bilderzählungen vom törichten Reichen (Lk 12,16-21), vom reichen Mann und dem armen Lazarus (Lk 16,19-31), vom klugen Verwalter (Lk 16,1-13), vom anvertrauten Geld (Lk 19,12-27; Mt 25,14-30), vom verlorenen Schaf (Lk 15,3-7), vom Schatz und der Perle (Mt 13,44-46).

Die Gleichnisse mit sozialen Perspektiven. Ausgesprochen soziale Motive finden sich in den Gleichniserzählungen vom großen Gastmahl (Lk 14,15-24) beziehungsweise vom königlichen Hochzeitsmahl (Mt 22,1-10), vom törichten Reichen (Lk 12,16-21), vom reichen Mann und dem armen Lazarus (Lk 16,19-31), vom Gang zum Richter (Lk 12,58f par), vom anvertrauten Geld (Lk 19,12-27, Mt 25,14-30), von dem mit der Aufsicht betrauten Knecht (Mt 24,45-51 par), von den Arbeitern im Weinberg (Mt 20,1-16), vom verlorenen Sohn (Lk 15, 11-32), von den zwei Schuldnern (mit Rahmen: Lk 7,36-50), vom Pharisäer und Zöllner (Lk 18,9-14), vom unbarmherzigen Knecht (Mt 18, 23-35), vom barmherzigen Samariter (Lk 10,25-37), vom bittenden Freund (Lk 11,5-8) und vom Richter und der Witwe (Lk 18,1-8).

Die Parusie- oder Wiederkunftsgleichnisse. Auf die Ankunft Christi in Vollmacht sind bezogen die Gleichnisse vom anvertrauten Geld (Lk 19,12-27; Mt 25,14-30), vom Türhüter (Lk 12,35-40), von dem mit der Aufsicht betrauten Knecht (Mt 24,45-51; Lk 12,42-46), vom Dieb (Mt 24,43f; Lk 12,39f), von den zehn Jungfrauen (Mt 25,1-13), von den Arbeitern im Weinberg (Mt 20,1-16).

In diese Gruppe gehören auch die Beispielerzählungen vom törichten Reichen (Lk 12,16-21), vom reichen Mann und dem armen Lazarus (Lk 16,19-31) und vom Gang zum Richter (Lk 12,58f; Mt 5,25f).

Die Entscheidungs- und Gerichtsgleichnisse. Von der durch Christi Kommen eingetretenen Entscheidungs- und Krisiszeit, zunächst für Israel, sprechen die Gleichnisse und Parabeln von den launischen Kindern (Mt 11,16f par), vom Turmbauen und Kriegführen (Lk 14,28-32), vom unfruchtbaren Feigenbaum (Lk 13,6-9), vom großen Gastmahl (Lk 14,15-24) beziehungsweise vom königlichen Hochzeitsmahl (Mt 22,1-10), vom Gast ohne Festgewand (Mt 22,11-14), von den bösen Weinbergpächtern (Mk 12,1-12 par), vom klugen Verwalter (Lk 16,1-13).

Es sind zwar noch weitere Einteilungsmöglichkeiten gegeben; die hier aufgeführten Gesichtspunkte dürften jedoch genügen, um die wichtigsten *Verkündigungsmotive* der Gleichnisse zu erfassen und so deren Botschaft für heute freizulegen.

Der Aufbau dieser Einführungshilfe wird die Gleichnisse nach ihrem Hauptthema ordnen, der Botschaft vom Reich Gottes. Dabei lassen sich wegen der differenzierten Thematik der einzelnen Gleichnisse und wegen der vielfältigen Ausgestaltung durch die Kirche Überschneidungen oft nicht vermeiden. Deshalb darf diese Gliederung nur als Hilfe zum Verstehen und Auslegen, nicht aber als streng und unbedingt gültiges Gliederungsgerüst verstanden werden.

Diese Auslegungshilfe wird darum auch darauf bedacht sein, bei den einzelnen Gleichnisstücken die verschiedenen Aussagen und Aussagerichtungen aufzuzeigen, um so das einzelne Gleichnis vielfältig auswerten zu können. Darum soll sich der Benützer dieser Verstehenshilfe durch die gewählte Großgliederung nicht abschrecken lassen, die einzelnen

Gleichnisauslegungen auch unter anderen Gesichtspunkten zu befragen, als unter den in diesem Buch gewählten. Die in diesem Abschnitt gebotenen Verstehens- und Einteilungshilfen können dabei von Nutzen sein.

Zu beachten ist, daß die verschiedenen Überlieferungsschichten der einzelnen Gleichnisse verschiedene Aspekte der ursprünglichen Gleichnisgeschichte herausstellen, und daß so die einzelnen Gleichnisse in der heute vorliegenden Form nicht nur einlinig ausgelegt werden können.

Dieses Werkbuch will helfen, die überlieferten Gleichnisse Jesu in ihren verschiedenen Schichten sachgemäß zu verstehen und auf die heutigen Leser und Hörer und ihre Fragen hin methodisch angemessen auszulegen.

Nach einer allgemeinen *Hinführung,* die auf den ursprünglichen Aussagesinn des jeweiligen Gleichnisses hinweist und damit auf die Zuordnung zu einer bestimmten Gruppe folgen *Hinweise auf die Gattung,* ob Gleichnis, Parabel, Beispielerzählung; dann *Hinweise auf den formalen Aufbau,* auf die Stilelemente und die Gedankenführung; dabei werden auch die Unterschiede der Überlieferung in den einzelnen Evangelien aufgezeigt. Anschließend werden *Erläuterungen zur Bildgeschichte* geboten, das heißt Erklärungen zur vorausgesetzten Situation, zu Begriffen und Wendungen, dazu Beispiele und Material aus der damaligen Zeit, welche die Bildgeschichte auf die Absicht des Erzählers hin durchsichtig und verstehbar machen; hierauf werden *Verstehenshinweise für die Botschaft,* die Aussage der Gleichnisgeschichte: a) im Munde Jesu, b) in der Verkündigung der jungen Kirche und c) in der Deutung durch die einzelnen Evangelien aufgeführt. Für die letztgenannte Gruppe ist wichtig, auf den *Rahmen* zu achten, in dem der Evangelist ein Gleichnis überliefert. Denn der Zusammenhang akzentuiert und verändert den Aussagesinn der Gleichnisse. Zuletzt werden *Anleitungen und Überlegungen zur Auslegung heute in Form von Fragen* geboten, die für die Arbeit mit den Gleichnissen in Schule, Bibelkreis, Liturgie, aber auch für die eigene Beschäftigung mit den Gleichnissen als Anstöße und Einstiege dienen können.

8. Zur Arbeit mit den Gleichnissen

Das letzte *Ziel der Auslegung* kann nicht allein das Verstehen dessen sein, was Jesus, was die Urkirche, was die Evangelisten durch das einzelne Gleichnis ihren Hörern und Lesern damals sagen wollten, sondern vielmehr das, was Jesus und die frühen Christen mit diesen Gleichnissen letztlich erreichen wollten: den Glauben an die darin enthaltene Botschaft vom Reich Gottes, die Begegnung mit Jesus Christus, dem Heilbringer, und die Verwandlung des Lebens im Geiste Jesu. Die Gleichnisse wollen nicht nur verstanden, sie wollen ernstgenommen, ihre Botschaft beantwortet, ins Leben übersetzt, gelebt werden. Darum darf die Bemühung um den Aussagesinn eines Gleichnisses nicht im Gedanklichen, im intellektuellen Verstehen stehen bleiben, sie muß weiterschreiten zur geistigen Verarbeitung und Umsetzung auf das eigene Leben hin.

Dabei darf die gläubige Erschließung nicht auf die wissenschaftliche und das heißt methodisch sachgemäße Vorarbeit verzichten, sonst wird der Willkür Tür und Tor geöffnet und damit der Verfälschung der eigentlichen Botschaft der Weg bereitet. Es gilt, die Botschaft zu hören, die der unter Gottes Geist entstandene Text uns mitteilen will, nicht das, was wir selbst uns ersinnen oder wünschen.

Über die sachgemäße *Auswertung der Gleichnisse im Unterricht* hat *K. H. Sorger* eine wichtige, wirklich praktische Hilfe vorgelegt: ›Gleichnisse im Unterricht.‹ Er weist darin auf die Elemente hin, die für die methodisch richtige Erschließung der Gleichnisse im Unterricht wesentlich sind:

Die exegetische Erhebung des Aussagesinns eines Gleichnisses mit folgenden Stufen: Die Prüfung und Sichtung des Textes. Als Text kann nur eine möglichst wortgetreue Übersetzung in Frage kommen, die zugleich gut deutsch ist.

Anschließend müssen die Form, der Aufbau und die Gedankenführung (»Regie«), der Rahmen und die spätere Ausgestaltung durch die Kirche und den Evangelisten festgestellt werden.

Mit Hilfe von historischem Vergleichsmaterial gilt es, den Aussagesinn der Gleichnisgeschichte auf den verschiedenen Ebenen zu erheben. Die so gewonnenen Aussagen sind sodann in knappen Stichworten oder Sätzen sprachlich auszudrücken. Der Freilegung des exegetischen Aussagegehalts folgt die didaktische Analyse.

Für die *didaktische Analyse* sind folgende Überlegungen und Schritte nötig: Zuerst die Frage nach dem größeren religiösen Gedanken- und Wertzusammenhang, den die Gleichnisse profilieren und ausfüllen sollen; dann das Nachdenken über die Bedeutung, die das einzelne Gleichnis oder eine Gleichnisgruppe für die betreffende Klasse beziehungsweise die jeweiligen Schüler und deren Glaubenswissen haben; anschließend das Aufspüren von Mißverständnissen, Voreinstellungen und Hindernissen, aber auch das Aufdecken von Ansatzpunkten und förderlichen Gegebenheiten auf seiten der Schüler.

Auf jeden Fall muß vermieden werden, Gleichnisse moralisch auszuwerten.

Sodann ist *methodisch zu planen,* wie das einzelne Gleichnis im Unterricht ausgelegt werden kann. Dazu sind folgende Überlegungen nötig:

In welchem Umfang soll das Gleichnis ausgelegt werden? Welche Arbeitsmethode bietet sich an für die Arbeit am Text, bei der Anwendung von Arbeits- und Unterrichtsmitteln? Wie soll begonnen, in das Gleichnis »eingestiegen« werden? Welche Vorgegebenheiten müssen erläutert, welche Begriffe und Wendungen erklärt werden? Wie kann vom Gleichnis her die Situation der Schüler angesprochen werden? Wie kann die Botschaft des Gleichnisses existentiell und erlebnismäßig erfahrbar gemacht werden?

Beispiele für das Gesagte, auch ausgeführte Katechesen, bietet das genannte Werkbuch. Natürlich können auch Methoden aufgegriffen und verwendet werden, die für die Arbeit im Bibelkreis oder für die persönliche Aneignung vorgeschlagen werden.

Für die Auslegung im Bibelkreis oder im biblischen Arbeitskreis sind folgende Schritte erforderlich:

Der Leiter muß zuerst die *Frage nach dem größeren religiösen Gedanken- und Wertzusammenhang* klären, in den hinein Gleichnisse ausgelegt werden sollen, zum Beispiel die Botschaft Jesu vom Reich Gottes oder vom Wesen und Handeln Gottes oder von den neuen Verhaltensweisen des Christen. Es ist wenig fruchtbar, Gleichnisse um ihrer selbst willen aufzuschließen. Ziel muß auch hier der Glaube und das Leben aus dem Glauben bei den Teilnehmern sein.

Er muß sodann – wie in der Schule – fragen nach der Bedeutung der einzelnen Gleichnisse für die Teilnehmer, nach Hindernissen, nach Anknüpfungspunkten, nach dem rechten Einstieg.

Die Auslegung muß auf die *Situation der Teilnehmer* hin erfolgen. Von deren Bildungsstand und von der Eigenart des Kreises her muß die beste Arbeitsmethode ausgewählt werden – ob mehr die Form der Darlegung oder mehr die Form der Arbeitsgemeinschaft sich empfiehlt.

Ausgegangen werden muß auch hier *vom Text,* von Gattung und Form, vom zeitgeschichtlichen Hintergrund, vom Rahmen, in dem das Gleichnis jetzt steht.

Von den vorgegebenen Aussagen her muß dann die *Brücke* geschlagen werden *zum Leben* der Kirche und zum Leben der Teilnehmer. Das Gleichnis soll das Leben erhellen, bewegen und verändern auf die

Wirklichkeit des Reiches Gottes hin. Dabei ist es hilfreich, die gefundene Botschaft einprägsam zu formulieren und durch Beispiele aus der heutigen Welt zu profilieren.

In der *Meditation und der religiösen Auswertung von Gleichnissen* geht es vor allem darum, sich den geistlichen Gehalt eines Gleichnisses lebendig zu eigen zu machen, angefangen von den in der Geschichte verwandten Bildern über die einzelnen Szenen bis zum religiösen Anruf, der in einem Wort, im Aussagesinn, in einer formelhaften Zusammenfassung des Aussagesinnes enthalten ist. Folgende *Stufen* der sachgemäßen Durchführung religiöser Meditationsvollzüge sind zu beachten:

1. Der Leiter muß sich zuerst mit *Text,* Gattung, Aufbau, Bildstoff und ursprünglichem Aussagesinn hinreichend beschäftigen, um willkürliche Auswertungen zu vermeiden;

2. am Beginn jeder religiösen Erschließung muß zuerst der Text gelesen und durch eine knappe Information in seinem ursprünglichen Sinn erschlossen werden;

3. dann soll angegeben werden, welcher *Teilaspekt* des Gleichnisses besonders herausgestellt werden und in welcher Weise dies geschehen soll, also genaue, reflektierte *Zielangabe*;

4. die Einzelerschließung muß einem übergeordneten theologischen und geistlichen *Zusammenhang* eingeordnet sein, zum Beispiel dem Gottesbild, dem Christusbild, dem Menschenbild, der Wirklichkeit der Gnade im Aufbau und Vollzug der Gleichnisse. Als Schlüsselfrage kann hier dienen: Was sagen die Gleichnisse über das Leben des verlorenen und zugleich begnadeten Menschen vor Gott?

5. Förderlich ist nach der Einführung in die geistliche Botschaft eines Gleichnisses ein *Glaubensgespräch* über den gewählten besonderen geistlichen Aspekt;

6. dann kann als Medium der geistlichen Begegnung mit der Botschaft des Textes gewählt werden: die stille, besinnliche Lesung, das freie Gebet in der Gruppe (»soziales Beten«), das Anhören einer Sprechschallplatte oder eines Tonbandes mit dramatischer oder besinnlicher Darbietung des ausgewählten Textes und anschließender Stille, das Betrachten künstlerischer Darstellungen, die den gewählten Text geistlich erschließen.

7. Jede geistliche Vergegenwärtigung der Botschaft eines Gleichnisses sollte abgeschlossen werden mit einem *Gebet* (frei oder gebunden) oder einem Lied. Dabei sollte dieses Beten die Form einer Antwort an den Gott haben, von dessen Gnade, Erbarmen und Liebe die Gleichnisse handeln.

8. Als Hilfen sind Schallplatten und Tonbänder zu Gleichnissen oder auch Dias und entsprechende Textvorlagen zu wählen (s. Anhang).

Die Gleichnisse Jesu eignen sich vorzüglich für *die persönliche geistliche Schriftlesung, die Betrachtung und das persönliche Beten.*

Auch dazu ist es erforderlich, sich zunächst mit dem *Text* zu beschäftigen, ihn intensiv zu lesen und eine *Verstehenshilfe* heranzuziehen, um die verschiedenen Aussagesinne zu erkennen (s. die Hinweise im Anhang).

Dann folgt das *betrachtende Lesen,* und zwar unter der Voraussetzung: »Rede, Herr, dein Diener hört« oder: »Was willst du mir sagen, Herr?« Dabei soll man so lange an einzelnen Worten, Aussagen, Einzelzügen des gewählten Gleichnistextes verweilen, wie man davon angesprochen wird. Das kann längere Zeit hindurch fortgesetzt werden, solange die geistige Ausstrahlung des Textes dauert.

Ziel der geistlichen Begegnung mit dem Text ist das persönliche Gespräch mit Christus, *das freie Beten.* Christus der Auferstandene will uns durch die Worte des Textes hindurch ansprechen, uns aufrufen, mahnen, trösten, leiten, stärken, mit Glaube, Hoffnung und Liebe erfüllen. Ihm gilt es zu antworten, mit ihm gilt es zu sprechen im persönlichen Gebet. Darin soll unser Leben ehrlich zu Wort kommen.

Das Gleichnis hilft dabei, *uns selbst in die Geschichte,* in das erzählte Geschehen *einzubeziehen,* indem wir uns mit den handelnden Personen identifizieren und indem wir uns das ganze Geschehen auf uns hin erzählt vorstellen. Insofern der Mensch, der konkrete Mensch unserer Welt und Umwelt in den Gleichnissen Jesu erscheint, kann jedes Gleichnis leicht auf jeden von uns heutigen Menschen hin umgesetzt, verlebendigt, konkretisiert werden.

Ohne ein paar eigene Worte mit Christus, ohne persönliches Gebet bleibt jedoch die Begegnung mit dem Text im Gedanklichen stehen, wird das Gleichnis nicht zum Wort der Anrede Christi, nicht zum Wort Gottes an uns. Es können wenige Worte sein. Sie sollen aber echt, persönlich und ehrlich sein.

Es kann hilfreich sein, diese Worte laut oder halblaut zu sagen. Dadurch wird die Aussage klarer, gewinnt sie Ausdruck und Farbe, kann sie Kraft und Tiefenwirkung entfalten.

Das letzte Ziel aller Bemühung um das Verstehen der Gleichnisse Jesu ist *die Begegnung mit Christus selbst,* dem lebendigen, auferstandenen Herrn und durch ihn *mit Gottes Liebe und Gnade.* Denn dort, wo wir Gottes Gnade erkennen und am Werk sehen, dort begegnen wir dem Reich Gottes.

II. Die Auslegung der Gleichnisse

Der praktischen Zielsetzung dieses Werkbuchs entsprechend werden Hilfen für das rechte Verstehen und die sachgerechte Auslegung der Gleichnisse Jesu auf die heutige Situation der Kirche oder auf den einzelnen Leser und Hörer dieser Bildgeschichten geboten. Wer sich darüber hinaus mit den Ergebnissen der heutigen Gleichnisforschung und den durch sie gebotenen Deutungen befassen will, sei auf die Übersicht im Anhang *(Hilfen für die Arbeit mit Gleichnissen)* verwiesen.

1. *Das Gleichnis vom Sämann*

Das Reich Gottes: bedrohte Aussaat – große Ernte
(Mk 4,1-9; Mt 13,1-9; Lk 8,4-8)

Mit diesem Gleichnis leitet der Evangelist *Markus* sein »Gleichniskapitel über das Reich Gottes« ein (Mk 4,1-34). Da gesagt wird, daß Jesus viele Gleichnisse erzählte (Mk 4,2), diesem Gleichnis aber dann das Wort über den Sinn der Gleichniserzählungen (Mk 4,10-12) und noch eine Deutung für die Jünger angeschlossen sind (Mk 4,13-20), soll dieses Gleichnis nach Auffassung des Evangelisten samt seiner »Deutung« ein Schlüsselbeispiel für das rechte Verstehen der Gleichniserzählungen Jesu darstellen. Markus will damit einen Einblick bieten in die Art der Verkündigung Jesu und die rechte Bereitschaft, diese aufzunehmen, zugleich will er auf das Schicksal dieser Botschaft bei den Juden hinweisen.

Matthäus und *Lukas* haben die Ordnung des Markus übernommen. Sie schließen sich damit der Absicht des Markus an. Um den ursprünglichen Sinn des Gleichnisses festzustellen, muß man die Bildgeschichte für sich selbst untersuchen und von der gebotenen Deutung absehen. Denn diese legt das Gleichnis nicht als Gleichnis aus, sondern deutet es allegorisch auf die Situation der nachösterlichen Kirche hin aus.

Nach Markus 4,11 ist den Jüngern Jesu »das Geheimnis des Reiches Gottes anvertraut«. Demnach kommt in diesem Gleichnis die Mitte der Botschaft Jesu, das Reich Gottes, auf überzeugende Weise zum Ausdruck. Es ist also ein Musterbeispiel der Reich-Gottes-Predigt Jesu.

Auch bei Matthäus und Lukas wird betont, daß es den Jüngern gegeben sei, »die Geheimnisse des Reiches Gottes zu verstehen« (Mt 13,11: »Reich der Himmel«; Lk 8,10).

Form
Es handelt sich um ein *Gleichnis im engeren Sinn,* da das, was in der Bildgeschichte erzählt wird, sich immer so verhält.

Aufbau
Der Struktur nach werden im Gleichnis zwei einander entgegengesetzte Situationen geschildert: Aussaat und Ernte. Bei der Aussaat werden drei Hindernisse genannt, die einem Gelingen der Saat entgegenstehen (VV. 4–7): Weg und Vögel, flache Ackerkrume und Hitze sowie guter Boden mit Dornen und Disteln. Diese drei Beispiele (beachte auch die drei Verben) – drei ist die Zahl der »kleinen Ganzheit« (sieben ist die große Ganzheit) – stehen für alle möglichen Bedrohungen und Hindernisse, die dem Gelingen der Saat entgegenstehen (z. B. Pilzbefall, Dürre, Heuschrecken usw.).

Demgegenüber hebt der letzte Vers (V. 8) das Schicksal der Saat hervor, die gute Wachstumsbedingungen hatte, ebenfalls mit dreifacher Steigerung, welche die Wirkung der drei Hindernisse überbietet. Insofern handelt es sich um ein *Kontrast- oder Gegensatzgleichnis.* Dabei ist der Kontrast auch formal so gestaltet, daß es geradezu eine Ausnahme, ein Wunder ist, wenn aus der Aussaat etwas herauskommt. Vom Aufbau her müßte also das Thema lauten: Bedrohte Aussaat – erstaunliche Ernte.

Von dem Verlauf der Geschichte her spielt der Sämann nur eine Nebenrolle, indem er den Wachstumsprozeß in Gang bringt. In der Mitte des Geschehens steht die Frage nach dem Schicksal der Saat als ganzer, nicht des einzelnen Samenkorns. Von hier aus müßte die Überschrift lauten: Das Gleichnis vom Schicksal der Aussaat, oder: das Gleichnis von der bedrohten Aussaat und erstaunlich guter Ernte, oder: von Aussaat und Ernte.

Bildfeld
Das Gleichnis setzt die damaligen Gegebenheiten in Galiläa voraus. Nach der Frühjahrsernte im Mai/Juni blieb der Acker bis zur Saatzeit im November oder Dezember brach liegen. Meist wurde gleich nach der Ernte der Boden umgepflügt. Unmittelbar vor dem Säen wurde aber nicht gepflügt, sondern man teilte das Brachfeld in Saatstreifen ein, die sofort nach dem Säen umgepflügt wurden, damit die gierig wartenden Vögel, vor allem Sperlinge, nicht zu viel Samen wegpicken konnten.

Der Weg ist ein Trampelpfad durch den Acker. Auch das nach der Ernte aufgeschossene Unkraut und Gestrüpp, oft Dornen, das bis zu zwei Meter hoch werden konnte, ist vor der Aussaat in der Hitze verdorrt und wird, wie der Trampelpfad, untergepflügt. Nicht selten ist die Humusschicht dünn, so daß sie in der starken Sonnenbestrahlung rasch die Feuchtigkeit verliert. Die Äcker sind auch meist mit Kalkgestein durchsetzt.

Durchschnittlich trug die Ähre damals 35 Körner; nicht selten wurden auch 60 und in besonders guten Jahren und bei Spaltung des Halmes manchmal bis zu 100 Körnern gezählt. 30-, 60-, ja 100facher Ertrag – die Dreizahl ist ein beliebtes Steigerungsmittel der Aussage, vgl. Sir 41,4 – entspricht in etwa dem damals üblichen Ertrag.

Zum Bild vom Samen und seinem Schicksal vgl. im Alten Testament Jes 55,10f; Hos 10,12; Ps 1,3; 126,5f.

Der *Grundgedanke* liegt in dem Gegensatz von kleinem, bedrohtem Anfang unter widrigen Umständen und großem Erfolg. Zwar geht sehr viel Same verloren, aber der wenige, der auf guten Boden fällt, bringt trotz der widrigen Umstände, die seinem Keimen und Fruchtbringen entgegenstehen, reichen Ertrag. Trotz aller Bedrohungen und Widerstände setzt sich der Same durch, und die Aussaat lohnt sich. Der Ertrag übersteigt die Aussaat.

Botschaft

Jesus sprach dieses Gleichnis *wohl am Ende seines Wirkens in Galiläa,* als sich der Widerstand der führenden religiösen und politischen Kreise in Israel, vor allem in Galiläa, und damit seine endgültige Ablehnung deutlich abzeichneten. Er hat wenig Glauben, dagegen Unverständnis in seiner Verwandtschaft (Mk 3,21: »Er ist von Sinnen«), Ablehnung (Mk 6,3f), bittere Feindschaft und böswillige Verdächtigung (Mk 2,6; 3,6.21-30: Gehilfe des Beelzebul) erfahren. Der kommende Mißerfolg wirft seinen Schatten voraus (vgl. Mk 2,19; 3,6). Gegen die Einwände, sein so armselig beginnendes Werk in Galiläa (beachte die Herkunft und soziale Stellung seiner Anhänger und Mitarbeiter und die eigene umstrittene Herkunft) müsse scheitern, weist Jesus mit Hilfe der Verschränkung auf das Beispiel von Saat und Ernte hin: Allen Widerständen zum Trotz ereignet sich das Wunder der Ernte jährlich neu, die Aussaat gelingt (normalerweise) und bringt reiche Frucht.

Ebenso wird es mit dem Reich Gottes sein. Durch Jesu Wirken hebt es in der Geschichte Israels an und wird allen Widrigkeiten zum Trotz in Israel und in der Welt Erfolg haben.

Mit diesem Gleichnis antwortet Jesus auf die Einwände seiner Gegner und bringt seine Gewißheit zum Ausdruck, daß sein Werk, besser Gottes Gnade, sich gegen alle Hindernisse erfolgreich durchsetzen wird.

Gerade weil der Anfang so bedroht ist, wird das Ende groß und herrlich sein.

In diesem *»Dennoch« der Gewißheit Jesu* liegt etwas Uneinsichtiges und Unbeweisbares beschlossen: Lassen sich Abläufe der Geschichte einfach vergleichen mit Naturprozessen? Sind nicht viele religiöse Bewegungen im Lauf der Geschichte gescheitert, auch solche, die größer und strahlender begannen als die Bewegung Jesu?

Als Jesus dieses Gleichnis sprach, war keineswegs sicher, daß Jesu Aussaat gelingen wird. Insofern ist dieses Gleichnis keine logisch zwingende Widerlegung der erhobenen Einwände, sondern eine Aussage persönlicher Gewißheit und ein Appell an den Glauben der Hörer. Darin spricht sich das Sendungsbewußtsein Jesu und sein Wissen um die mit seinem Kommen beginnende Wirklichkeit des Reiches Gottes aus. Am Wort Jesu scheiden sich deshalb die Geister in solche, die Jesus glauben, und in solche, die ihn ablehnen und seinen Anspruch nicht ernst nehmen.

Rahmen

Die Angabe der Situation, in der das Gleichnis zuerst erzählt wurde, die Verwendung als Musterbeispiel für die Reich-Gottes-Verkündigung in Form von Gleichnissen, das Wort vom Sinn und Zweck der Gleichniserzählungen und deren Wirkung, die Deutung für die Jünger als Auslegungshilfe für die Kirche und die angeschlossene Aufforderung zum Hören waren *Markus* als feste Überlieferungsganzheit wohl schon vorgegeben gewesen. *Matthäus* und *Lukas* sind Markus hier im wesentlichen gefolgt. Dadurch wird sichtbar, daß die Gleichnisse seit der Auferstehung Jesu als Wort der Kirche begegnen und sich zuerst an Gläubige wenden. Nur im Mitleben mit der Kirche können sie voll verstanden werden.

Arbeit der Evangelisten

Die Urkirche hat dieses Gleichnis gedeutet (s. die »Deutung«), es aber in seinem Grundbestand nicht verändert. Doch haben die beiden anderen synoptischen Evangelisten, die dieses Gleichnis bei Markus vorfanden, die Bildgeschichte leicht verändert und auf ihre Vorstellung vom Reich Gottes hin abgestimmt. Hier soll nur auf diese Veränderungen hingewiesen werden, die den ursprünglichen Aussagesinn des Gleichnisses selbst aber nicht verändern. Die hinter den Änderungen stehende Absicht wird sich deutlich erst bei der Bearbeitung der »Deutung« durch die Evangelisten fassen lassen.

Mt 13,1-9: Er hat den Ertrag des Samens, der auf guten Boden fiel, differenziert und die Folge des Markus umgestellt:

»Er (trug) teils 100fach, teils 60fach, teils 30fach«. Aus einer volkstümlichen Steigerung wurde hier eine auf den Boden, das heißt die Wachstumsbedingungen abgestimmte Beschreibung des Ertrags, wobei der höchste Ertrag an den Anfang gestellt wurde.

Lk 8,4-8: Lukas hat die Markus-Vorlage gestrafft und sprachlich verbessert. Auffallend ist, daß er die steigernde Beschreibung von Mk 4,8 ersetzt durch die Feststellung:

Der Same auf gutem Boden »brachte 100fache Frucht« (8,8). So ist der Kontrast zwischen Verlust und Ertrag in seinem absoluten Gegensatz unmißverständlich herausgearbeitet.

Anregungen zur Auslegung heute

1) Wie ist das Gleichnis nach Markus zu verstehen, als Einzelgleichnis oder als grundlegendes Beispiel für alle Reich-Gottes-Gleichnisse? (Beachte den redaktionellen Rahmen VV. 4,2f.9.10-13.)
2) In welchem Zustand befindet sich der Acker bei der Aussaat?
3) Liegt das Interesse des Erzählers auf der Person des Sämanns, auf der Bedeutung des Bodens für das Gelingen der Aussaat oder auf dem Schicksal der Aussaat?
4) Wird im Bild der Erzählung ein Wachstumsprozeß geschildert oder wird der Zustand bei der Aussaat stärker betont (breiter dargestellt) als das Ergebnis der Saat?
5) Ist der Erfolg der Aussaat selbstverständlich oder ist er angesichts der Widerstände erstaunlich?
6) Welche Beziehung besteht zwischen dem Wirken Jesu und der Aussaat des Gleichnisses?
7) Welche Einwände gegen Jesu Anspruch, mit seinem Wirken beginne das Reich Gottes, lassen sich aus dem Gleichnis erschließen? Welche aus dem Evangelium des Markus (vgl. 2,6.19; 3,6.21-30; 6,5)?
8) Kann man am sich alljährlich ereignenden Beispiel von Aussaat und Ernte allein den sicheren Erfolg des Wirkens Jesu ablesen? Welche Rolle spielt in diesem Gleichnis die Überzeugung Jesu, er sei der verheißene Verkünder und Mittler des Reiches Gottes? Hat sich Jesu Überzeugung bewahrheitet?
9) Inwiefern ist es erstaunlich, daß Jesu Wirken Erfolg hatte in der Geschichte? (Bestimme die Dauer seines Wirkens; zähle die Hindernisse und Widerstände auf, die seinem Werk entgegenstanden.)
10) Vergleiche die heutige Situation der Christenheit, der Kirche, mit

den Schwierigkeiten, die dem Reich Gottes bzw. dem Wirken der Gnade Gottes entgegenstehen: Welche Beziehungen bestehen zwischen dem Werk Jesu damals und der Lage und dem Wirken der christlichen Kirchen heute?

11) Was will Christus, der auferstandene Herr, heute durch dieses Gleichnis denen sagen, die an ihn glauben?

12) Formuliere eine neue Überschrift für das Gleichnis oder fasse seine Botschaft für uns Christen heute in einem Merksatz zusammen.

2. *Die »Deutung« des Gleichnisses vom Sämann*

Die Christen und der Same des Wortes Gottes
(Mk 4,13-20; Mt 13,18-23; Lk 8,11-15)

Nach Mk 4,10 (vgl. Mt 13,10 und Lk 8,9, die Markus folgen) fragten »die Jünger und die Zwölf« (letztere Gruppe nur bei Markus eigens erwähnt) »nach den Gleichnissen«, nach deren Eigenart und Sinn (Mt: »warum er in Gleichnissen zu ihnen redete«; Lk: »was dieses Gleichnis bedeute«). Aufgrund der Antwort Jesu, die bei allen drei Evangelisten in weithin gleicher Form überliefert wird: »Euch ist das Geheimnis des Reiches Gottes (Mt: »der Himmel«) anvertraut (Mt/Lk: »Euch ist es gegeben, die Geheimnisse zu verstehen«), denen draußen (Mt: »jenen«; Lk: »den übrigen«) wird alles nur in Gleichnissen zuteil« (Mt: »ist dies nicht gegeben«; Lk: »in Gleichnissen«), hätten die Jünger seine Gleichnisse verstehen müssen. Aber deren Sinn öffnete sich für sie erst voll nach Ostern und Pfingsten. Doch dürfen wir annehmen, daß die Jünger Jesu Botschaft vom Reich Gottes wenigstens in ihrem Kern begriffen, wenn sie auch diese Botschaft zunächst mit ihren Vorstellungen von der irdischen Herrschaft des Messias verbanden. Dies legt sich auch deshalb nahe, weil das Wort vom Nichtverstehen der Führer Israels und des Volkes die Jünger als solche darstellt, die Jesu Botschaft wenigstens im Kern verstanden und ihr glaubten.

Die Ausführungen über die *Verstockung Israels* durch die Gleichnisse, Mk 4,10-12 (Mt 13,10-17; Lk 8,9f), blicken jedoch bereits auf den Mißerfolg der Verkündigung Jesu zurück und können daher nicht von Jesus selbst stammen. Sie bringen vielmehr das Urteil der frühesten Kirche zum Ausdruck. Zugleich zeigt dieses Urteil auf, daß die im Anschluß daran gebotene Deutung ursprünglich nicht mit dem Gleichnis zusammen überliefert worden war, sondern ebenfalls erst durch die frühe Kirche angefügt wurde. Diese Deutung soll nach Mk 4,13 als Modellbeispiel für die kirchliche Auslegung »aller anderen Gleichnisse« dienen.

Form

Die »Deutung« legt nicht den Grundgedanken offen, sondern legt das Gleichnis vom Sämann Zug um Zug auf die Kirche hin aus. Diese *allegorische Auslegung* zeigt bereits, daß die Deutung nicht von Jesus selbst stammen kann. Denn das, was der Same hervorbringt, wird mit einzelnen Gruppen von Hörern des Evangeliums identifiziert, der Same selbst mit »dem Wort« (Mt: »vom Reich«; Lk: »Gottes«).

Folgende *Hörergruppen* werden bei *Markus* beschrieben:

»Solche, die das Wort hören, denen der Satan aber sofort den in sie gesäten Samen raubt«; »solche, die als Augenblicksmenschen keine Wurzel in sich haben« und daher zur Zeit »der Bedrängnis oder der Verfolgung um des Wortes willen sofort zu Fall kommen«; »solche, bei denen die Sorgen dieser Welt, der Trug des Reichtums und die übrigen (irdischen) Begierden das Wort ersticken und es so um die Frucht bringen« und schließlich »solche, die das Wort hören, aufnehmen und Frucht bringen…«.

Matthäus individualisiert die Deutung. Vergleichspunkte sind Typen von Menschen, die je für verschiedene Gruppen stehen. Er charakterisiert diese Typen so:

»Der, der das Wort vom Reich nicht versteht und dem der Satan das ins Herz gesäte Wort raubt«, »der Augenblicksmensch ohne Wurzel in sich, der freudig gläubig wird, der aber bei Bedrängnis oder Verfolgung um des Wortes willen sofort zu Fall kommt«; »der, dem die Sorge dieser Welt und der Trug des Reichtums das Wort ersticken und es so um die Frucht bringen«; zuletzt »der, der das Wort hört und versteht und Frucht bringt, und zwar der eine 100fach, der andere 60fach, der dritte 30fach«.

Auch *Lukas* vergleicht die vier Wachstumssituationen mit Menschengruppen und folgt hier der Vorlage des Markus. Er vermeidet das Wort »Augenblicksmenschen« bei der zweiten Gruppe, charakterisiert aber gleich wie Markus. Allerdings ersetzt er »Bedrängnis« und »Verfolgung um des Wortes willen« durch »Versuchung«, »zur Zeit der Versuchung fallen sie ab«.

Bei der dritten Gruppe fügt er zu »den Sorgen und dem Reichtum« noch »die Freuden des (diesseitigen) Lebens« hinzu, die bewirken, daß der Same »erstickt und nicht ausreift«. Die vierte Gruppe beschreibt er so: »Sie hören das Wort mit einem guten und edlen Herzen, halten es fest und bringen Frucht durch ihre Ausdauer.«

Es handelt sich also um eine Auslegung des Aussaatgleichnisses auf die Situation der nachösterlichen Kirche hin, die durch Allegorisierung der einzelnen Züge des Gleichnisses vollzogen wird. Diese Auslegung geht auf die nachösterliche Kirche zurück, da alle drei Evangelien je auf ihre Weise diese Auslegung übernehmen.

Aufbau

Dadurch, daß der Standpunkt der Fragenden sich verändert hat, verschiebt sich der Schwerpunkt der Aussage. Nicht die Hörer Jesu erheben ihre Fragen, seine Gegner ihre Einwände, sondern Christen fragen nach dem Schicksal des Werkes Jesu. Anstelle von: »Wird sich Jesu Wirken, die Gnade Gottes, durchsetzen?« wird nun gefragt: »Warum setzt sich das Wort Jesu, die Glaubensbotschaft der Kirche, nicht bei allen Christen durch?«. Aus einer Frage nach dem »Ob« wird eine *Frage nach dem »Wie«*. Unter welchen Bedingungen kann sich Jesu Wort in Menschen durchsetzen? Dabei wird nicht auf Gottes Kraft abgehoben, die hinter Jesu Werk steht, sondern auf die Bedingung, die Jesu Wort bei den einzelnen Christen vorfindet. Nicht die Kraft des Samens, sondern der Boden, auf den er fällt, ist nun für den Ertrag entscheidend. Aus einer Verheißung für das Werk Jesu wird eine Gewissenserforschung und Mahnung für Christen. Die Auslegung geschieht aus pastoralem Interesse.

Bildfeld

Die verschiedenen Deutungen verweisen auf eine *Kirche*, deren Situation bei Markus und Matthäus geprägt ist durch Mission, Mitläufertum, Verfolgung und Schikane, bei Lukas durch Erschlaffung. Die Deutung zeigt so auf einprägsame Weise, wie die neue Hörerschaft den Aussagesinn des Gleichnisses verändert.

Botschaft

Es fällt auf, daß die frühe Kirche nicht beabsichtigte, neue Gleichnisse zu schaffen, sondern sich bemühte, die überlieferten Gleichnisse innerkirchlich zu nützen. Aus einer Verkündigung an Israel wurden die Gleichnisse Jesu zur *Anrede an die Kirche*. Dabei ist bemerkenswert, wie behutsam die Gleichnisvorlage pastoral genutzt wird. Der Aufbau wird nicht geändert; der Kontrast zwischen den ersten drei Gruppen und der Schlußgruppe bleibt bestehen.

Vorausgesetzt wird bei dieser Deutung, daß Jesu Werk die Kraft hat, sich gegen alle Widerstände durchzusetzen. Statt »Aussaat, Same«, also einem Bild für das gesamte Wirken Jesu, wird nun neu »das Wort« eingesetzt. In der Verwendung des Begriffs *»das Wort« (ho logos)* tritt uns zugleich die urchristliche Worttheologie entgegen, die zuerst bei Paulus greifbar ist. Er setzt die Verkündigung Jesu als abgeschlossen voraus und faßt diese unter dem Begriff »das Wort« zusammen. Zugleich schließt dieser Begriff die Verkündigung der Kirche im Namen Jesu mit ein, die auf der Botschaft Jesu aufbaut und diese aufgrund der neu gewonnenen Glaubenseinsicht nach Ostern fortführt. So heißt es bereits im ältesten Paulusbrief, im 1. Brief an die Thessalonicher: »Ihr habt ›das Wort‹ trotz vieler Bedrängnis mit Freude aufgenommen, die der Heilige Geist gibt.« »Von euch aus ist ›das Wort des Herrn‹ nicht nur nach Mazedonien und Achaia gedrungen, sondern überall ist euer Glaube an Gott bekannt geworden.« »Wir danken Gott unablässig dafür, daß ihr ›das Wort Gottes‹, das ihr durch unsere Predigt empfangen habt, nicht als Menschenwort, sondern ›als Gottes Wort‹ angenommen habt, was es in Wahrheit ist. Und jetzt ist es in euch, den Gläubigen, wirksam« (1,6.8; 2,13). Die Urkirche also hat diese Worttheologie geprägt und dann in reichem Maße ausgebaut (vgl. Mk 16,20; Lk 1,2; Apg 4,4; Hebr 1,1-4; 4,12; Kol 3,16; Joh 1,1.14; 1 Petr 1,23; Offb 1,2f; 19,13).

Die Deutung des Sämannsgleichnisses setzt die Entfaltung dieser Worttheologie voraus, kann also nicht sofort nach Ostern in Jerusalem entstanden sein, sondern hat sich erst entwickelt, als ein namhafter Teil griechischsprachiger Christen zur Kirche gehörte. Dieser Verschiebung auf die Mission und das Wirken der Kirche hin entspricht die Betonung des »Hörers« des Wortes, der christlichen Verkündigung (vgl. Mk 4,15. 16.18.20).

Auf späte Entstehung verweist auch die Bemerkung, daß es bereits Verfolgungen »um des Wortes willen« gibt, das heißt wegen des christlichen Bekenntnisses und der christlichen Mission. Diese Situation ist aber erst unter Kaiser Nero deutlich (54–68 n. Chr.) gegeben. Daß die Hindernisse als »Endzeitbedrängnisse« gedeutet werden (so Mk/Mt), zeigt, daß die Christen das Ende der Welt noch als nahe bevorstehend ansehen.

Ebenfalls auf eine kirchlich fortgeschrittene Zeit weist der Zustand der Erschlaffung hin, in dem die alten Mächte Geld und Genuß den christlichen Glauben langsam ersticken. Auffällig ist, daß der »Sämann« nicht mit Christus identifiziert wird. Dies hat wohl darin seinen Grund, daß dabei an die vielen christlichen Zeugen und Missionare gedacht wurde, durch die sich »das Wort vom Reich«, »das Wort Gottes« damals so rasch ausbreitete.

Ob dieses »Wort« in einem Menschen Wurzel fassen und in dessen Leben auf Dauer Frucht zu bringen vermag, das hängt von diesem Menschen ab, das heißt von seiner Offenheit (Hören), seiner Ausdauer (Festhalten) und seinem Leben nach »dem Wort« (Fruchtbringen). Jeder Christ wird durch diese Deutung nachhaltig gemahnt, weder »Weg« noch »Augenblicksmensch« noch »Weltmensch« zu sein, damit die Kraft des Glaubens an Christus, die Kraft der Gnade, des Reiches Gottes sein Leben reich und fruchtbar machen kann.

Bearbeitung durch die Evangelisten

Die Evangelisten Matthäus und Lukas haben sowohl beim Gleichnis wie auch bei der Deutung die Vorlage des Markus bewußt verändert. Ihre Redaktionstätigkeit erlaubt Rückschlüsse auf ihre theologischen Auffassungen und Absichten.

Matthäus wendet sich in seiner Bearbeitung an jeden einzelnen Christen (»jeder, der« V. 19). Jeder ist für sich und sein Schicksal vor Gott selbst verantwortlich. Als die entscheidende Gefahr für den Glauben sieht er an, daß ein Christ nicht recht begreift, um was es sich beim »Wort vom Reich« handelt, um das schlechthin einzigartige Angebot Gottes zum Heil, dessen Abweisung Tod und Unheil nach sich zieht. Darum betont er in 13,19 und 13,23, also einleitend und abschließend, daß es auf das »Verstehen« ankommt. Grundsätzlich aber kann jeder Christ verstehen, um was es im Glauben geht, das stellt Matthäus sowohl in 13,11 (»Euch ist es gegeben, die Geheimnisse des Himmelreiches zu erkennen«) wie auch in 13,51f, am Schluß des Gleichniskapitels, ausdrücklich fest.

Die Differenzierung des Fruchtertrags sowohl im Gleichnis wie in der Deutung (teils-teils: 13,8 und 13,23) weist auf die Überzeugung des Evangelisten hin, daß es verschiedene Formen und Grade von Glauben und Glaubensreifung gibt. Das hängt sowohl von den verschiedenen Gnadengaben Gottes ab, wie auch von der gestuften Mitwirkung des Glaubenden mit der Gnade.

Diese Vermutung wird bestätigt durch die Bearbeitung, die sich bei diesem Evangelisten (Mt 25,14-30) in der Parabel vom anvertrauten Geld zeigt. Im Unterschied zur Parabelgestaltung des Lukas (Lk 19,12-27) erhalten die Knechte bei Matthäus je verschiedene Summen ausgehändigt: 5 Talente, 2 Talente oder 1 Talent, und zwar jeder nach seiner Fähigkeit. Bei vollem Einsatz vermochte jeder der Knechte die ihm anvertraute Geldsumme zu verdoppeln, also um 100% zu mehren. Demnach qualifizieren Gnade und persönliche Mitwirkung mit der Gnade den Ertrag »des Wortes Gottes« in jedem Gläubigen, und zwar in je entsprechender Weise. Matthäus will also sagen: Wirke einsichtig und aus voller Kraft mit der dir verliehenen Gnade mit. Dann wirst du das Maß an christlicher Reife erreichen, das dir zugemessen ist.

Lukas hat an die Stelle von Verfolgung und Endbedrängnis »Versuchung« eingesetzt, sodann den Gefahren der Sorge und des Reichtums die »Lüste des (irdischen) Lebens« hinzugefügt und an beiden Stellen vermerkt, daß dadurch der Glaube im Christen nicht Wurzel zu fassen und nicht auszureifen vermag. Nach Lukas droht die entscheidende Gefahr für den Glauben nicht von Verfolgung und sozialer Bedrängnis, sondern vom Hang des gefallenen Menschen, sich in der Welt und in den Sorgen und Lüsten des diesseitigen Lebens zu verlieren. Die Erschlaffung des bürgerlichen Christentums und die darin wurzelnden Fehlentwicklungen stellen für ihn die Hauptbedrohung des Christentums dar. Hier tritt die Situation eines bereits ins bürgerliche Leben eingeordneten Heidenchristentums am Ende des 1. Jahrhunderts in den Blick, eine Situation, die der heutigen der Kirche in den westlichen Ländern in vielem gleich ist.

Dagegen ist nur anzugehen, wenn jeder Christ sich ehrlich bemüht, sein Leben im Geiste Christi zu führen und beharrlich an der Entscheidung für Christus festzuhalten. »Ausdauer, Beharrlichkeit, Standhaftigkeit, Geduld«, *hypomonē,* ist ein Schlüsselwort für den Christen Lukas. Darum heißt es bei ihm in der Endzeitrede Jesu: »Durch eure Standhaftigkeit werdet ihr das Leben gewinnen« (21,19). Diese aber gilt es im Alltag, also »täglich« zu bewähren (beachte die Einfügung von »täglich« in das Wort vom Kreuztragen bei Lk 9,23 gegenüber Mk 8,34 und Mt 16,24).

In 8,15 findet sich eine Wendung, die Lukas aus der griechischen Philosophie übernahm: »das gute und edle Herz«. Die *Kalokagathia,* die »Schöngutheit«, kurz der edle und tugendhafte Mensch war das Ideal der griechischen Kultur und Erziehung. Indem Lukas diese Wendung mit der hebräischen Vorstellung vom Herzen als der Mitte des Menschen verband, zeigte er auf, daß dieses Ideal sich allein durch »das Wort Gottes«, durch den Glauben an Christus und ein Leben nach dessen Vorbild verwirklichen läßt. Eine kühne Aussage, die den Blick öffnet für das Leitbild des gebildeten griechischen Heidenchristen Lukas. Das Menschsein im Geiste Christi, die christliche Existenz ist nach ihm die Erfüllung all dessen, was das Griechentum an Edlem und Großem für den Menschen erstrebte.

Zugleich weist Lukas darauf hin, daß auch der Glaube seine menschlichen Voraussetzungen hat: ein gutes und edles Herz, ein Herz, das sich nach Güte, Reinheit, Vollkommenheit, Heiligkeit sehnt. Solche Menschen sind offen für das Angebot und den Ruf des Evangeliums. Das Christentum will die guten Werte menschlicher Kulturen und Religionen nicht beiseite schieben oder gar verächtlich machen, sondern läutern, verwandeln und vollenden.

Die Aussage vom edlen Herzen darf aber nicht dahin verstanden werden, als sei die Botschaft Christi nur an gute und edle Menschen zu richten, keineswegs an Sünder. Eine solche Auffassung würde dem Wollen und Wirken Jesu entgegenlaufen. Die Botschaft Christi will alle Menschen treffen und retten, und sie hat auch die Kraft dazu. Außerdem sagt das Evangelium des Lukas deutlich, daß alle Menschen Sünder sind und des Heils bedürfen, auch die guten und edlen. Aber ohne Offenheit für das Wort Christi, die Verkündigung der Kirche, kann Gottes Gnade nicht in einem Menschen wirken.

Im Unterschied zu Matthäus sagt Lukas, der Same habe überall dort, wo er auf guten Boden fiel, hundertfach Frucht getragen. Er hat die dreifache Steigerung des Markus weggelassen und stellt ohne Umschweife fest, daß der Same des Wortes Gottes die menschlichen Gegebenheiten zur Fülle, zur vollen Verwirklichung zu bringen vermag. Hundert soll hier die Hochform menschlicher Möglichkeiten ausdrücken (vgl. Mk 10,30). Vielleicht dachte Lukas dabei an die Aussage Gen 26,12: »Und Isaak säte in dem Land, und er erntete hundertfältig in dem Jahr, und der Herr segnete ihn.«

Zieht man die Parabel vom anvertrauten Geld (Lk 19,11-27) heran, wie Lukas sie überliefert, fällt auf, daß er im Unterschied zu Matthäus betont, daß jedem Knecht die gleiche Summe anvertraut wurde, eine Mine. Demnach ist es Lukas wichtig zu betonen, daß jeder Mensch von Gott her in der Substanz die gleiche Möglichkeit für das Heil angeboten erhält. Insofern liegt es in der Hand eines jeden, der dem Evangelium begegnet, sein Heil zu wirken. Er muß nur offen sein dafür. Dies betont Lukas ausdrücklich in der Einleitung zur Deutung der Sämannsparabel, indem nur er feststellt: »der Teufel reißt denen, die einem (festgetretenen) Weg gleichen, den Samen aus dem Herzen, damit sie nicht glauben und nicht gerettet werden« (8,12). Gottes Wort vermag alle zu retten, die sich seinem Wirken öffnen und mit der Glaubensgnade beharrlich mitwirken.

Anregungen für die Auslegung heute

Auszugehen ist vom Text des Markus, da dieser die Vorlage für Matthäus und Lukas bildet.

1) Ist die Deutung unmittelbar an das Gleichnis angeschlossen? In welchem »Rahmen« steht die Deutung?
2) Stellt die Deutung den Hauptgedanken des Gleichnisses heraus? Wie legt sie das Gleichnis aus? Wie nennt man eine Deutung, die Zug um Zug die Bildwirklichkeit auf die Sachebene überträgt? (Allegorische Auslegung, Allegorese.)
3) Wie viele Menschengruppen werden in der Deutung dargestellt? Haben all diese Menschen das Wort Gottes gehört? Was sind es also: Juden, Heiden, Christen?
4) In welcher Situation befinden sich diese Menschen?
5) Inwiefern kann man von diesen Menschen auf die Situation der urchristlichen Kirche schließen? In welcher Situation befindet sie sich (nach Markus, nach Matthäus, nach Lukas)?
6) Geht es der Deutung darum zu zeigen, daß Jesu Werk, das Reich Gottes, sich allen Widerständen zum Trotz erfolgreich durchsetzen wird oder um die menschlichen Bedingungen, unter denen sich das Reich Gottes in den Menschen durchsetzen kann, die die christliche Glaubensbotschaft hören?
7) Ist die Deutung ihrer Eigenart nach eine Verheißung, ein Wort der Gewißheit für das Werk Jesu, eine Gewissenserforschung oder eine Mahnung?
8) Wie paßt die Aussage dieser Deutung mit den Rahmenstücken zusammen, zwischen denen sie bei Markus und Lukas steht?
9) Wie hat Matthäus die Vorlage des Markus bearbeitet? Was ist ihm besonders wichtig für das Leben eines Christen?
10) Wie hat Lukas die Vorlage des Markus bearbeitet? Welche Gefahren bedrohen das Christsein? Was ist nach ihm besonders wichtig für das Leben eines Christen?
11) Was hat diese Deutung uns Christen heute zu sagen? Was die »bearbeitete« Deutung des Matthäus und des Lukas?
12) Formuliere mit eigenen Worten, was die »Deutung« und ihre Interpretationen durch Matthäus und Lukas uns sagen wollen. Wie kann man das Christsein in Anlehnung an diesen Text und seine Beurteilung durch Matthäus und Lukas knapp umschreiben?
13) Formuliere Gebete, die auf diese Mahnrufe der frühen Kirche und der Evangelisten an die Christen antworten!

3. *Das Gleichnis von der selbstwachsenden Saat*

Die Kraft des Reiches Gottes
(Mk 4,26-29)

Dieses Gleichnis wird allein von Markus überliefert. Auch dieses Gleichnis veranschaulicht die Wirklichkeit des Reiches Gottes am Zusammen von Saat und Ernte. Doch ist der Gesichtspunkt ein anderer als im Gleichnis vom Sämann. Geht es dort um die Frage, ob dem bedrohten Anfang des Reiches Gottes im Wirken Jesu ein Erfolg beschieden sein wird, so hier, ob der bescheidene Beginn weltweite Wirkung haben könne und sicher in die Vollgestalt des Reiches Gottes einmünde.

Form
Die vergleichende Erzählung kann als *Gleichnis im engeren Sinne* bestimmt werden, da es sich um ein je und je gleichbleibendes Geschehen handelt: dem unscheinbaren Anfang einer Aussaat entspricht normalerweise immer eine erstaunlich große Ernte.

Aufbau
Auch hier handelt es sich ursprünglich wohl um ein *Gegensatzgleichnis* (Kontrastgleichnis): der Aussaat wird die Ernte gegenübergestellt. Ein zweiter Kontrast bildet das Verhalten des Mannes, dem der Acker gehört und das Verhalten des ausgestreuten Samens: Während der Mann lediglich den Samen auf den Acker wirft, drängen der Same und die Erde zur Ernte, ohne daß der Sämann etwas dafür tut oder gar tun kann; ja er versteht nicht einmal, wie das geschieht. Nicht der Wachstumsprozeß ist ursprünglich betont, sondern es wird auf die Kraft hingewiesen, die das Geschehen des Wachstums und der Ernte unwiderstehlich hervorbringt.

Schlüsselwörter des Geschehens sind: »von selbst, automatisch *(automatē)* bringt die Erde ihre Frucht« – »der Mann weiß nicht wie«.

Wenn der Same einmal auf die Erde geworfen ist, kann niemand den eingeleiteten Reifungsprozeß aufhalten. Jeder Aussaat folgt notwendigerweise eine Ernte, denn Gott hat dies so geordnet. Darauf weist besonders das Zitat aus dem Propheten Joël hin, mit dem Vers 29 das Gleichnis abschließt.

Bildfeld

Für den antiken Menschen war das Wachsen und Reifen ein je neues, staunenerregendes Wunder des Schöpfers. Daß aus einem kleinen Samenkorn etwas hervorgeht, das dieses Korn an Schönheit und Größe weit übertrifft und das zugleich wieder die Fähigkeit hat, sich selbst fortzupflanzen, ist auch für den nachdenklichen Menschen der Gegenwart ein wunderbares Geschehen.

An vielen Stellen weist die Bibel auf das Wunder des Wachstums hin. Im 1. Schöpfungsbericht heißt es: »Gott sprach: ›Das Land lasse Grünes wachsen, alle Arten von Pflanzen, die Samen tragen und von Bäumen, die auf der Erde Früchte bringen, mit ihrem Samen darin.‹ So geschah es« (Gen 1,11).

Paulus schreibt im 1. Korintherbrief: »Was du säst, ist nicht der Leib der Pflanze, die entstehen wird; es ist nur ein nacktes Samenkorn, zum Beispiel ein Weizenkorn oder ein anderes. Gott gibt ihm die Gestalt, die er vorgesehen hat, jedem Samen eine andere« (15,37f). Damit weist er auf das Wunder der Auferstehung des Leibes hin.

Im 1. Clemensbrief (um 96 n. Chr.) wird das Sämanns-Gleichnis in freier Form dargestellt und als Hinweis auf die sichere leibliche Auferstehung verstanden: »Nehmen wir die Früchte; wie und auf welche Weise geschieht die Aussaat? Es ging der Sämann aus und warf jedes der Samenkörner auf die Erde; diese fallen trocken und nackt auf die Erde und lösen sich auf; aus der Auflösung läßt sie dann die großartige Fürsorge des Herrn auferstehen, und aus dem einen erwachsen viele und bringen Frucht« (24,4f). Aus diesem Vergleichsmaterial geht hervor, daß das Wunder des Fruchtbringens trockener Samenkörner von den Zeitgenossen Jesu als Hinweis auf das Geheimnis des Lebens verstanden wurde.

Botschaft

Jesus veranschaulichte am Wunder des Wachsens und Reifens einen Wesenszug des Reiches Gottes. Ist der Wachstumsprozeß einmal eingeleitet, dann drängt die Saat aufgrund des Schöpfungswillens Gottes unaufhaltsam der Ausgestaltung der Frucht, der Ernte zu. Darauf verweist Jesus in Hinsicht auf sein Wirken. Er hat den Samen ausgestreut. Damit hat die Herrschaft Gottes ihr Wirken begonnen. Seither drängt diese Wirklichkeit mit unwiderstehlicher Kraft der Ernte, der Vollgestalt des Reiches Gottes zu. Dies kann aber nur der bemerken, der sich von Jesus die Augen öffnen läßt.

Jesus antwortet mit diesem Gleichnis auf Fragen seiner Hörer und auf Einwände seiner Gegner. Aufgrund der Argumentation Jesu lassen sich diese beschreiben als Zweifel am Erfolg des Wirkens Jesu. Wie soll aus diesen bescheidenen Anfängen, aus dem Wirken des unbekannten Mannes von Galiläa und aus seiner unbedeutenden Anhängerschar etwas Großes erwachsen, das die gesamte Menschheit umfassen soll? Wie soll die Bewegung Jesu alle Menschen verwandeln und das Reich Gottes heraufführen können?

Die Juden erwarteten vom Kommen des Messias einen völligen Umbruch nationaler und kosmischer Art. Diese Erwartung sahen sie – und sehen sie bis heute – als nicht erfüllt an.

Wichtig ist zu sehen, daß Jesus zunächst nicht auf den Wachstumsprozeß abhebt – also nicht eine Schilderung der Kirchengeschichte geben will. Es geht vielmehr darum, zu zeigen, daß jeder *Aussaat* ein Reifen und damit notwendigerweise eine *Ernte* folgen muß. Dies gelte auch für sein Werk. Allerdings schließt er damit einen Wachstums- und Reifeprozeß nicht aus. Ein solcher kann aber – siehe das Verhalten des Sämanns – nicht berechnet und durchschaut werden.

Auch hier ist festzustellen, daß von Naturvorgängen nicht auf geschichtliche Vorgänge geschlossen werden darf. Nur insofern ist der Vergleich Jesu überzeugend, als er wußte, daß hinter seiner Person und seinem Wirken der Wille und die Kraft Gottes – ebenso und noch wunderbarer als hinter den Lebensprozessen der Schöpfung – standen.

Indem die Urkirche nach dem Tod Jesu dieses Gleichnis weitererzählte, konnte sie bereits auf die erste Bewahrheitung der Aussage Jesu durch die Geschichte selbst hinweisen. Dabei hob sie dann stärker auf den bereits eingetretenen Wachstumsprozeß ab, in dem sie selbst sich eingeschlossen sah.

Rahmen

Die Gleichnisse des Reich-Gottes-Kapitels des Markus sind alle der Natur entnommen und veranschaulichen an den Lebensprozessen der Schöpfung die Kraft und das von Gott gewollte Wachsen und Reifen des Reiches Gottes in der Geschichte. Von allen gilt, daß nur der diese Wirklichkeit zu sehen vermag, der als Glaubender im Geschick der

Kirche etwas vom Wirken des Reiches Gottes zu erkennen vermag. Für die Kirche war dieses Gleichnis Verheißung und Bekenntnis zugleich: Verheißung, daß Gott durch die Kirche auch dann seinen Heilsplan verwirklichen wird, wenn die Verantwortlichen der Kirche dies nicht voll verstehen; Bekenntnis, daß die Kirche sich weltweit ausdehnen wird, auch wenn die Umstände und die bescheidene Situation der Kirche dies nicht als wahrscheinlich erscheinen lassen.

Arbeit des Evangelisten

Die Arbeit des Evangelisten ist am Gleichnistext selbst nicht nachzuweisen. Wie er das Gleichnis verstand, ist nur dadurch zu ergründen, daß wir es hineinstellen in die Aussagen seines Evangeliums. Die Situation der Christen ist danach geprägt durch Mißverständnis, Ablehnung, Feindschaft und Verfolgung: »Ihr werdet von allen gehaßt werden um meines Namens willen« (Mk 13,13). Zugleich aber erfahren sie schon die Kraft des Reiches Gottes, das sich in der Welt ausbreitet und durchsetzt. »Von denen, die hier stehen, werden einige nicht sterben, bis sie gesehen haben, daß das Reich Gottes in seiner Macht gekommen ist« (Mk 9,1). Noch steht zwar aus, was Mk 13,10 sagt: »Bei allen Völkern muß das Evangelium verkündet werden!« Aber für Markus, der sein Evangelium sehr wahrscheinlich in Rom schreibt, ist dieses Wort teilweise schon Wirklichkeit. Die Kirche war bereits Weltkirche aus Juden und Heiden und erfuhr ein ungewöhnliches Wachstum in der Mission. So tritt für Markus und die Kirche das Element der Wachstumsstufen in den Vordergrund. Dies betonen die vielen Zeitangaben, die den Wachstumsablauf gliedern: zuerst – dann – dann – sobald.

So wie die Mission der Kirche unaufhaltsam sich durchsetzt in der antiken Welt, so sicher wird das Reich Gottes in seiner Vollgestalt kommen: »Lernt aus dem Vergleich mit dem Feigenbaum: Sobald seine Zweige saftig werden und Blätter treiben, wißt ihr, daß der Sommer nahe ist... Himmel und Erde werden vergehen, aber meine Worte werden nicht vergehen!« (13,28-32). So ist dieses Gleichnis ein *Wort der Hoffnung* und der Ermutigung für die verfolgten Christen, daß das Reich Gottes sicher in seiner Vollgestalt kommen wird.

»Schwingt die Sichel, denn die Ernte ist reif... Der Tag des Herrn ist nahe... Der Herr brüllt vom Zion her..., so daß Himmel und Erde erbeben. Doch für sein Volk ist der Herr eine Zuflucht... Dann werdet ihr erkennen, daß ich der Herr, euer Gott, bin« (Joël 4,13-17).

Anregungen zur Auslegung heute

1) Wem ist die Ernte zu danken, dem Sämann, dem Samen, der Erde? Bestimme die Anteile der verschiedenen Elemente am Wachstum. Welche Rolle spielt Gottes Schöpfungsmacht beim Wachstum in der Natur?
2) Entsprechen der Aussaat normalerweise ein Wachstumsprozeß und eine Ernte? Was will Jesus durch das Gleichnis über das Schicksal seines Wirkens, das Schicksal des Reiches Gottes sagen? Wird das Reich Gottes sich in der Welt durchsetzen?
3) Welche Fragen und Einwände gegen Jesu Anspruch, das Reich Gottes aufzurichten, lassen sich aus dem Gleichnis erschließen?
4) Wer wird das Reich Gottes in der Welt durchsetzen: Gott oder der Mensch? Welche Aufgabe kommt der Kirche für die Ausbreitung des Reiches Gottes zu (beachte die Rolle des Sämanns)?
5) Was will der Evangelist Markus den Christen seiner Zeit sagen durch das Gleichnis? (Welche Situation der Kirche läßt sich aus seinem Evangelium erschließen? Vgl. Mk 4,35-41; 6,6-13; 8,34-9,1; 13,5-13. 24-36; 16,6f.)
6) Warum hebt das heutige Gleichnis vor allem auf den Wachstumsprozeß des Werkes Jesu ab (vgl. die Verse 4,28f)? An welcher Stelle sah sich die Urkirche im Gleichnis selbst vorhergesagt?
7) Was will das Gleichnis uns Christen heute sagen? (Beachte die Situation der Kirche heute in West und Ost.) Wie sollen wir Christen uns der Zukunft gegenüber verhalten?
8) Schließt die Sorge Gottes für das Kommen seines Reiches die Mitsorge von uns Menschen aus? Was können wir für die Ausbreitung des Reiches Gottes tun? (S. das Gleichnis; dann die Bitten des Vaterunsers.)
9) Dürfen wir uns als Christen auf das Ende der Welt und das Kommen des Reiches Gottes in seiner Vollendung freuen? (Warum?)

4. *Das Gleichnis vom Senfkorn*

Das Reich Gottes: kleiner Anfang – großes Ende
(Mk 4,30-32; Mt 13,31f; vgl. Lk 13,18f)

Ein weiteres »Saatgleichnis« bietet Markus in seinem Reich-Gottes-Kapitel. Matthäus und Lukas überliefern es auch, doch greifen sie dabei nicht allein auf Markus zurück, sondern auf die gemeinsame Quelle *Q*, in der dieses Gleichnis mit dem Gleichnis vom Sauerteig zu einem *Doppelgleichnis* verbunden war. In diesem Gleichnis wird das Reich Gottes unter einem neuen Gesichtspunkt beschrieben, dem von sehr kleinem Beginn und überaus großem Ende oder von unscheinbar kleiner Ursache und erstaunlich großer Wirkung.

Form
Auch in dieser Bildgeschichte greift Jesus auf ein Beispiel der Natur zurück. Insofern handelt es sich hier um ein *Gleichnis im engeren Sinne.* Wieder ist dabei der Bereich des Wachstums gewählt. Die Anwesenheit des Reiches Gottes enthüllt sich darin als eine Wirklichkeit, die durch Jesu Wirken beginnt und sich dann kraftvoll entfaltet auf ein Ziel, auf die Vollendung der Schöpfung zu.

Aufbau
Wieder wählt Jesus einen *Kontrast,* um die Wirklichkeit des Reiches Gottes zu veranschaulichen. Bei der Aussaat ist das Senfkorn das kleinste Samenkorn – daraus geht eine Senfstaude hervor, die größer ist als alle anderen Gartengewächse. Matthäus und Lukas bezeichnen diese Staude als einen Baum, um so dessen Größe noch mehr hervorzuheben. Der Gegensatz: kleinster Anfang – sehr großes Ende; winzige Ursache – rie-

sige Wirkung ist demnach charakteristisch für den Anfangs- und den Endzustand des Reiches Gottes. Das Zitat aus Ps 104,12 (vgl. Dan 4,9.18; Ez 17,23; 31,6) beschreibt den Endzustand als ein großes Reich, das vielen Menschen Geborgenheit und Heimat schenkt.

Bei *Markus* ist die Wirklichkeit des Reiches Gottes lebendig geschildert, *Lukas* skizziert das Wesentliche der Aussage sehr knapp, *Matthäus* stellt eine Art Mischform zwischen Markus und der Vorlage des Lukas dar.

Bildfeld

Bei den Juden galt zur Zeit Jesu das stecknadelkopfgroße Samenkorn der Senfstaude (0,9–1,6 mm Durchmesser beim schwarzen Senf, 1,8–3,2 mm beim weißen Senf, 1–2 mg Gewicht) als das kleinste Samenkorn, ja als die sprichwörtlich kleinste Sache (vgl. Mt 17,20; Lk 17,6: »ein Glaube wie ein Senfkorn«). Wir kennen heute allerdings kleinere Samenkörner, zum Beispiel Mohnsamen, auch bedeutend kleinere Quantitäten.

Die Staude, die im Lauf eines Jahres aus dem Senfsamen hervorwächst, wird am See Genesaret 3 bis 4 Meter hoch und übertrifft alle ähnlichen Pflanzenarten an Größe. In ihren Zweigen nisten sogar Vögel, vor allem Finken.

Die Wendung: »so daß in seinem Schatten die Vögel des Himmels wohnen können« nimmt ausdrücklich das alttestamentliche Bild von einem mächtigen Reich auf, das seinen Untertanen Geborgenheit (Schatten) und Heimat schenkt (vgl. dazu Ri 9,8-15; Ez 17,22-24; 31,1-9; Dan 4,10-12.17-23; Klgl 4,20). Dieses Reich umspannt dabei die ganze Erde (»Vögel des Himmels«).

Botschaft

Der Kontrast: kleiner Anfang – großartiges Ende bildet den Schlüssel zum Verständnis. So wie nach dem Willen des Schöpfers bei der Senfstaude aus dem kleinsten Samenkorn die größte Gartenstaude hervorwächst, so bringt das unscheinbare, geschichtlich wenig auffällige Wirken Jesu das Reich Gottes hervor, das einmal die ganze Welt umspannen wird.

Wieder gilt, daß diese Aussage ihre Wahrheit nicht in der Analogie des Reiches Gottes zum Naturgeschehen hat, sondern im Heilswillen Gottes, der auch hinter Jesu Wirken steht und ihm diesen wunderbaren Erfolg schenken wird. Jesus ist Gottes Bote, Gottes Beauftragter, Gottes Bevollmächtigter, um dessen Plan, alle Menschen zu retten, zu verwirklichen. Das Bild vom Reich, das Schutz und Heimat schenkt, weist auf eine Wirklichkeit hin, die geschichtlich in Erscheinung treten und die irdische Wirklichkeit prägen und überformen wird.

Rahmen

Bei *Markus* und *Matthäus* steht das Gleichnis im Lehrstück über das Reich-Gottes, das bei Markus nur sogenannte Wachstumsgleichnisse bietet. *Lukas*, der dieses Gleichnis aus der *Q*-Quelle übernahm, schließt damit die Mahnungen ab, die Zeichen der Zeit zu erkennen, der Botschaft Jesu zu glauben und sich auf das endgültige Kommen des Reiches Gottes vorzubereiten (12,4-13,9). Er versteht es als ein Motiv, diese Mahnungen ernstzunehmen.

Die umständliche *Einleitungsformel* des Markus stammt wohl aus der Überlieferung; sie entspricht dem Stil der Rabbinen, Vergleiche und Rätselworte einzuleiten. Die des Matthäus stammt aus *Q;* Lukas hat Elemente von *Q* und Markus miteinander verbunden.

Arbeit der Evangelisten

Matthäus folgt im wesentlichen Markus, wenn er auch mit diesem Gleichnis jenes vom Sauerteig verbindet und gemeinsam überliefert.

Lukas folgt *Q,* wie ein Vergleich mit Matthäus und Markus deutlich zeigt. Eine Sinnverschiebung liegt aber zwischen den beiden überlieferten Formen nicht vor. Zu beachten ist, daß beide Fassungen Übersetzungen einer aramäischen Vorlage sind, die wir nicht mehr besitzen.

Bei beiden Überlieferungsträgern, Markus und *Q,* können wir voraussetzen, daß die Wirklichkeit der nachösterlichen Kirche mit ihren großen Missionserfolgen das Verständnis des Gleichnisses insofern mitprägte, als sie die Gegenwart der Kirche bereits als Teilerfüllung des Gleichnisses verstand. »Die Kirche als Platzhalterin der Herrschaft Gottes verbirgt, auch in ihrer unscheinbaren Kümmerlichkeit, die herrliche Vollendung« *(R. Pesch,* Das Markusevangelium, I, S. 264).

Anregungen zur Auslegung heute

1) Vergleiche die beiden Fassungen des Markus und des Lukas untereinander: Stelle die Gemeinsamkeiten und die Unterschiede fest.
2) Wie ist das beiden Fassungen zugrundeliegende Urgleichnis aufgebaut: Ist der Kontrast zwischen Anfang und Ende oder der Wachstumsprozeß das Entscheidende?
3) Wie sind Anfang und Ende näher bestimmt (vgl. Mk 4,31 mit 4,32)?
4) Worin liegt der Vergleichspunkt zwischen der Bildgeschichte und dem Reich Gottes? Welcher Bezug besteht zwischen Anfang und Ende?
5) Auf welche Fragen und Einwände gegen seinen Anspruch, der Bringer des Reiches Gottes zu sein, antwortete Jesus damit?
6) Woher nahm Jesus die Gewißheit für seine Aussage?

7) Hat sich diese Überzeugung bewahrheitet? (Siehe die Situation der nachösterlichen Kirche, die das Gleichnis überliefert! Beachte die Situation der Kirche Christi heute).
8) Was kann dieses Gleichnis uns Christen heute sagen? (Beachte die Lage der Christenheit in kommunistischen und nichtchristlichen Ländern!)

5. *Das Gleichnis vom Sauerteig*

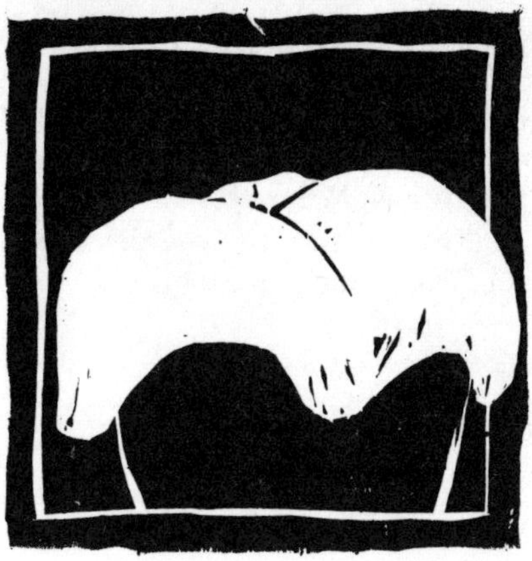

Das Reich Gottes: kleine Ursache – große Wirkung
(Mt 13,33; Lk 13,20)

Matthäus und *Lukas* schließen an das Gleichnis vom Senfkorn das Gleichnis vom Sauerteig an. Es ist der Struktur und der Sachaussage nach deutlich mit jenem verwandt. Ursprünglich gehörten beide Gleichnisse wohl zusammen und bildeten ein *Doppelgleichnis*, das denselben Grundgedanken im Bereich des Mannes (Säen) und der Frau (Brotbacken) darstellte. Markus hat das Gleichnis vom Sauerteig vermutlich deshalb weggelassen, weil es seinen Bildstoff nicht aus dem Bereich von Aussaat und Ernte (»Wachstumsgleichnisse«) bezieht, wie es die übrigen Stücke seines Gleichniskapitels über das Reich Gottes tun.

Form
Auch diese Bildgeschichte gehört zur Gruppe der *Gleichnisse im engeren Sinn,* näherhin zu den *Kontrastgleichnissen.*

Aufbau
Wie beim Gleichnis vom Senfkorn wird einem kleinen, unscheinbaren Beginn ein erstaunlich großes Ende gegenübergestellt, und zwar im Verhältnis des Bezugs von *Ursache* und *Wirkung*. Wieder geht aus einer geradezu winzigen Ursache unvermerkt und unbegreiflich für den Betrachter eine überwältigende Wirkung hervor. Der Prozeß zwischen Ausgangs- und Endpunkt ist dabei ausdrücklich Gegenstand der Beobachtung und des Interesses, wenn auch ein Wachstumsprozeß nicht gänzlich ausgeschlossen werden darf. Es wird auch keineswegs versucht, das Geschehen mit irgendwelchen Naturgesetzen zu erklären. Ziel der

Aussage ist das Erstaunen über das Wunder eines solch überraschenden Geschehens, daß einem winzigen Beginn ein solches Ende, einem unscheinbaren Anfang eine solche Wirkung zu verdanken ist.

Bewußt beabsichtigt ist als weiterer Kontrast zum Senfkorngleichnis, daß dort ein Mann, hier eine Frau die handelnde Person darstellt. Beide also, Mann und Frau, werden durch das Reich Gottes gleichermaßen angesprochen und betroffen.

Bildfeld

Ein Saton (griechisch) entsprach dem hebräischen Hohlmaß *Sea* und faßte eine Menge von 13,13 Liter. 3 Sata sind also 39,39 Liter Mehl. Eine unvorstellbar große Menge Mehl soll hier zu Teig verarbeitet werden. Man konnte daraus rund 50 »Laibe« Fladenbrot herstellen. Die Tagesration Brot für einen Erwachsenen betrug damals 3 Fladenbrote. Die angegebene Menge übersteigt also das, was eine Hausfrau zu jener Zeit bei *einem* Backvorgang verarbeitete, bei weitem.

Dieser Masse Mehlteig steht die Handvoll Sauerteig gegenüber, welche die Frau in dieser Masse »verbarg«, wie es wörtlich heißt. Der Sauerteig verschwindet geradezu in dieser großen Menge.

Nach dem Kneten des Teiges und der Zufügung von Sauerteig wurde das Backgefäß, gewöhnlich eine große tönerne Schüssel, mit einem Tuch bedeckt und längere Zeit, meist eine Nacht lang, in einer genügend warmen Umgebung stehen gelassen. Verblüffend war dann beim Aufdecken des Gefäßes, daß der Sauerteig nach entsprechender Zeit den ganzen Teig zu durchsäuern und so für den Backvorgang vorzubereiten vermochte.

Botschaft

Der Aussagesinn ist derselbe wie beim Gleichnis vom Senfkorn: Aus einer unscheinbaren, winzigen Ursache geht eine überwältigend große, eindrucksvolle Wirkung hervor. »Aus einem Nichts für menschliche Augen schafft Gott seine Königsherrschaft« (*J. Jeremias,* Gleichnisse, S. 130). Die überaus große Menge Teig weist auf das Besondere der angezielten Wirklichkeit hin: »Es handelt sich um eine Realität Gottes« *(J. Jeremias)*. Die das bewirkende Kraft ist nicht ein Naturgesetz, sondern Gottes Macht und Wille. Weil der antike Mensch Gottes Walten auch in der Natur mit Staunen als wunderbar erkannte, darum konnte Jesus mit diesem Gleichnis aus dem Bereich naturhafter Vorgänge ebenfalls auf die Wirklichkeit des Reiches Gottes hinweisen. Gottes schöpferische Kraft kann deshalb als Vergleichspunkt zwischen der erzählten Wirklichkeit und dem Wesen des Reiches Gottes herangezogen werden.

Auch dieses Gleichnis versucht, Fragen in Hinsicht auf Jesu Reich-Gottes-Botschaft zu begegnen. Diese wiesen wohl auf die kümmerlichen, wenig eindrucksvollen Umstände des Wirkens Jesu hin: Wie soll aus dem unscheinbaren Wirken Jesu in Galiläa und der sozial und religiös armseligen Anhängerschar Jesu das Reich Gottes hervorgehen?

Jesus verweist demgegenüber auf Gottes Heilswillen, der hinter seinem Wirken steht und diesem Wirken einen Erfolg bescheren wird, der alle menschlichen Vergleichsmöglichkeiten weit übertreffen wird.

Als Jesus dieses Gleichnis zuerst erzählte, war diese Wirkung noch nicht abzusehen. Als die Kirche dieses Gleichnis überlieferte, zeigte sich bereits etwas vom Geheimnis des Reiches Gottes in den erstaunlichen Erfolgen der christlichen Mission bei den Heidenvölkern. Insofern denken Matthäus und Lukas die Erfahrungen mit den erstaunlichen Missionserfolgen der Kirche (s. die Apostelgeschichte) bei der Überlieferung des Gleichnisses bereits mit, betonen also den Gedanken des Wachstumsprozesses.

Rahmen

Matthäus hat dieses Gleichnis an jenes vom Senfkorn angeschlossen und seinem Himmelreichskapitel eingeordnet. Er will es also wie die übrigen Reich-Gottes-Gleichnisse als Aussage über das Wesen und die Kraft dieses Reiches verstanden wissen. Dann fügt er einen ersten redaktionellen Schluß an durch den Hinweis darauf, Jesus habe nur in Gleichnissen zum Volk gesprochen, und dadurch sei die Offenbarung Gottes über das Heil zu ihrer Vollendung gekommen. »Damit sollte sich das Wort des Propheten erfüllen: ›Ich will meinen Mund auftun und in Gleichnissen reden; ich will verkünden, was seit der Schöpfung verborgen war‹ (Ps 78,2)«. Danach fügt er drei weitere Gleichnisse beziehungsweise Gleichnisdeutungen an, um die Siebenzahl, die Zahl der Vollendung, zu erreichen und um auch durch andere, sachlich passende Gleichnisse die Wirklichkeit des Himmelreichs zu beschreiben.

Lukas hat dieses Gleichnis zusammen mit dem vom Senfkorn, die er als ursprüngliches Doppelgleichnis versteht (beachte die Einleitungsformeln), in die Jüngerunterweisung 10,23-13,21 als abschließendes Stück eingeordnet. Er will damit dieser Unterweisung einen einprägsamen Abschluß geben. Vom Zusammenhang her will er unterstreichen, daß das Reich Gottes sich mühsam gegen Widerstände durchsetzen muß; aber dies spricht nicht dagegen, daß es am Ende großartig dastehen wird. Im Gegenteil, an diesen Widerständen erweist sich die hinter diesem Reich stehende Macht Gottes. »Ich bin gekommen, um Feuer auf die Erde zu werfen« (Lk 12,49). »Warum könnt ihr die Zeichen der Zeit nicht deuten?« (Lk 12,56). »Fürchte dich nicht, du kleine Herde! Euer Vater hat beschlossen, euch das Reich zu geben« (Lk 12,32). Lukas weiß (s. die Apostelgeschichte) bereits um die ungeheure Expansivkraft des Evangeliums (s. die Erfolge der Heidenmission), aber auch um die Widerstände, die dieses Wachstum hervorbringt. So mahnt er seine Leser, auszuharren und zu vertrauen auf den Sieg des Evangeliums und damit der Kirche.

Arbeit der Evangelisten

Matthäus und *Lukas* haben das Gleichnis vom Sauerteig der gemeinsamen Vorlage *Q* entnommen, wo dieses in Verbindung mit jenem vom Senfkorn als Doppelgleichnis überliefert wurde. Die gemeinsame Einleitungsformel dürfte gelautet haben: »Mit dem Reich Gottes (der Himmel) verhält es sich wie mit...«. Lukas hat diesen Einleitungssatz zu einer Frage umgeformt und durch die Wendung erweitert: »und womit soll ich es vergleichen?« Der knappe Text des Gleichnisses wurde von den Evangelisten nicht verändert.

Anregungen zur Auslegung heute

Zunächst sollte der ursprüngliche Sinn des Gleichnisses aus Form und Aufbau erschlossen werden. Dann muß diese Aussage auf die heutige Situation »der Sache Jesu in der Welt« übertragen werden. Dabei ist je nach der angestrebten Auslegungsabsicht der Text des Evangeliums in dem jeweiligen Zusammenhang (Rahmen) zu erarbeiten, der am besten der gewählten Fragestellung entspricht, zum Beispiel der Zukunft der Kirche angesichts der heutigen Situation des bedrohten Christentums in den meisten Ländern marxistischer Ordnung oder der Situation der missionarisch müde gewordenen »christlichen« Völker.

Fragen:

1) Wie ist das Gleichnis aufgebaut? Wie verhalten sich Anfang und Ende zueinander (Ursache–Wirkung)?
2) Ist die geschilderte Wirkung selbstverständlich oder erstaunlich? (Berechne die Menge des Teiges.)
3) Wie verhalten sich demnach Anfang und Ende des Reiches Gottes zueinander?
4) Auf welche Fragen anläßlich seiner Botschaft vom Anbruch des Reiches Gottes in seinem Wirken versucht Jesus durch dieses Gleichnis zu antworten?
5) Worin liegt der Vergleichspunkt zwischen dem Prozeß der Durchsäuerung des Mehls und dem künftigen Prozeß des Reiches Gottes:

in der gleichen »Naturordnung« oder in der hinter beiden Prozessen wirkenden Kraft Gottes?

6) Wie läßt sich das Reich Gottes im Bild dieses Gleichnisses beschreiben?
7) Inwiefern enthalten die Gleichnisse vom Senfkorn und vom Sauerteig dieselbe Aussage? Inwieweit ergänzen sie sich gegenseitig? (»Doppelgleichnis«! Beachte die handelnden Personen.)
8) Warum spricht die unscheinbare Wirklichkeit des Reiches Gottes in dieser Welt nicht gegen seine Kraft und seine Zukunft?
9) Was kann das Gleichnis vom Sauerteig (bzw. das Doppelgleichnis vom Senfkorn und Sauerteig) uns heute sagen:
   a) angesichts der prozentual stärkeren Zunahme der nichtchristlichen Bevölkerung in der Welt?
   b) angesichts der Verfolgung und Unterdrückung der Christen in vielen Staaten marxistischer Prägung?
   c) angesichts der immer schwierigeren Missionsarbeit?
   d) angesichts des lautlosen Abfalls von Christus und der Erschlaffung vieler Christen in den »alten christlichen« Völkern und Ländern?
10) Formuliere knapp und einprägsam die Botschaft dieses (-r) Gleichnisses (-e) auf die Situation der Kirche in unserem Volk hin.

6. *Die Parabel vom Unkraut unter dem Weizen*

Die Langmut Gottes
(Mt 13,24-30)

Allein *Matthäus* überliefert diese Bilderzählung, für die er dann in 13,36-43 eine eigene Deutung anführt. Auch hier muß diese Bildgeschichte für sich selbst ausgelegt und unabhängig von der »Deutung« verstanden werden.

Form
Es handelt sich um eine *Parabel,* da es zur Zeit Jesu in Palästina üblich war, das Unkraut rechtzeitig auszujäten. Das gegenteilige Verbot ist ungewöhnlich.

Aufbau
In diesem »Saatgleichnis« werden Aussaat und Ernte nicht unmittelbar einander gegenübergestellt, obwohl auch in dieser Bildgeschichte die beiden Situationen den Rahmen für das erzählte Geschehen bilden. Ein anderer Kontrast jedoch prägt das Geschehen: das Schicksal der guten Saat angesichts der Gegenbewegung einer bösen Saat. Beide Bewegungen drängen auf das Ende hin, dort erst wird sich zeigen, welche Saat siegt.

Der Schwerpunkt der Aussage liegt auf der Frage, wie die Jünger Jesu vor dem Endgericht, dem endgültigen In-Erscheinung-Treten des Reiches Gottes, sich dem Unkraut gegenüber verhalten sollen. Die Antwort wird vom Ende her gegeben: Erst das Ende wird enthüllen, wer wirklich zum Reich Gottes gehört.

Bildfeld
Daß unter dem Weizen sich auch Unkraut befindet, ist üblich; hier geht es darum, daß sich *ungewöhnlich viel Unkraut* unter dem Weizen breit macht. Daß die Knechte des Grundbesitzers das so spät merken, liegt daran, daß es sich hier um Weizen- oder Taumellolch handelt, eine giftige Queckenart, die zur gleichen Pflanzenfamilie wie der Weizen gehört, mit diesem zugleich aufschießt und dem Weizen, wenn er noch klein ist, sehr ähnlich sieht.

Daß Menschen Nachbarn, mit denen sie verfeindet sind, aus Haß und Bosheit des Nachts Unkrautsamen unter den Weizen säen, ist in Palästina und Ägypten zu damaliger Zeit mehrfach belegt. Der Eigentümer weiß denn auch gleich, daß dafür sein Feind verantwortlich ist.

Der Vorschlag der Knechte, das Unkraut auszujäten, ist durchaus sachgemäß. Wenn der Weizen etwa eine Spanne hoch war, wurde das Unkraut, auch der Lolch, ausgejätet. Man jätete damals sogar mehrmals hintereinander. Ein jüdisches Sprichwort aus der Zeit Jesu sagt: »Wer gejätet hat, hat noch mehr als der Pflüger getan.« Daher lautet die Antwort des Ackerbesitzers überraschend und ist für die Knechte unverständlich. In dieser Antwort ist der Schlüssel zum Verständnis gegeben.

Die Ernte ist Bild für das Endgericht (vgl. Jes 17,5; Joël 4,13; Mt 3,12; Mk 4,29; Offb 14,14-20). Für die Ernte wurden noch zusätzliche Arbeitskräfte als Schnitter eingestellt. Beim Ernten mit der Handsichel sortierte der Schnitter das Unkraut aus und ließ es am Boden liegen. Nach dem Einsammeln des Weizens wurde das Unkraut ebenfalls gesammelt und gebündelt. Es diente im holzarmen Palästina als Brennmaterial. Mit den Körnern des Taumellolchs wurden die Hühner gefüttert.

Botschaft
Unter den Anhängern Jesu, nach Ostern unter den Gliedern der Kirche, gab es viele Sünder und Menschen mit schlechtem Ruf, da sich Jesus vornehmlich diesen zuwandte. »Ich bin nur zu den verlorenen Schafen des Hauses Israel gesandt« (vgl. Mt 15,24; vgl. Lk 15,2: »Die Pharisäer und Schriftgelehrten empörten sich über Jesus und sagten: ›Er läßt sich mit Sündern ein und ißt mit ihnen‹«; Mt 11,19: »Dieser Freund der Zöllner und Sünder«). Dies führte bei den Gegnern Jesu zu der vorwurfsvollen Feststellung: Wie kann dieser bunt zusammengewürfelte Haufe das neue Volk Gottes, der Kern des Reiches Gottes sein? Dabei ist zu beachten, daß sowohl die Pharisäer (d.h. »die Abgesonderten«) wie auch die Glieder der Gemeinschaft von Qumran (die sog. Essener) bestrebt waren, nur Gerechte im Sinne der Gesetzesbeobachtung und

nur Gesunde in ihre Reihen aufzunehmen und sich energisch von den Sündern abzusetzen.

In der frühen Kirche kam daher im Ringen mit den damaligen, vor allem heidnischen Lastern (s. die Lasterkataloge im Neuen Testament, z.B. 1 Kor 5,10f; Röm 1,18-32; 2,17-24; Eph 5,3-8; Gal 5,19-21) das Bestreben auf, Gott ein reines Volk zu schaffen durch die Einführung von Kirchenzucht und durch Exkommunikation, aber auch durch die Einführung eines Bußinstituts (vgl. Mt 18,15-20: »Wenn dein Bruder sündigt, dann...«; Joh 20,22f: »...welchen ihr die Sünden behaltet«; 1 Kor 5,1-5: »...einen solchen Menschen wollen wir dem Satan übergeben«; s. auch die Erzählung von Hananias und Saphira, Apg 5,1-11).

Gegenüber den Bestrebungen, eine reine Kirche zu schaffen, griff die frühe Kirche unter anderem auf dieses Gleichnis zurück. Darin nimmt Jesus zu ähnlichen Zielsetzungen des Pharisäismus auf doppelte Weise Stellung. Einmal: »Reißt nicht mit dem Unkraut auch Weizen aus«; das Unkraut ist mit den Wurzeln des Weizens so vermischt, daß eine Anzahl Weizen ebenfalls ausgerissen würde. Gott will alle retten. Kein Mensch weiß, wer Weizen und wer Unkraut ist. Allein Gott kennt die wahren Glieder des Reiches Gottes. Sodann: »Laßt beides wachsen bis zur Ernte.« Erst das Endgericht wird die endgültige Scheidung der Geister und die endgültige Ausrottung der Bösen bewirken. Gott hat schon jetzt den Zeitpunkt des Endgerichts festgelegt. Bis dahin gilt es, unverdrossen Geduld zu üben, Gottes Urteil und Wohlwollen zu vertrauen und allem falschen Eifer unter den Jüngern Jesu abzusagen.

Damit soll jedoch nicht einer verantwortungslosen Gleichgültigkeit gegenüber der Sünde das Wort geredet werden. Es geht vielmehr um das rechte Zusammenwirken von göttlicher Barmherzigkeit, menschlicher Verantwortung und Vertrauen in Gottes Führung.

Auch mit dieser Parabel antwortet Jesus auf Fragen und Einwände aus dem Kreis seiner Zeitgenossen, näherhin aus der Gruppe der Pharisäer. Sie nahmen Anstoß an Jesu Umgang mit Sündern. »Die Pharisäer... sagten zu seinen Jüngern: ›Warum ißt euer Meister mit Zöllnern und Sündern?‹ Jesus hörte es und sagte: ›Nicht die Gesunden brauchen den Arzt, sondern die Kranken‹« (Mt 9,11f). Er weist in dieser Parabel darauf hin, daß Gott alle Sünder retten will und darum Geduld mit ihnen hat und daß die letzte Entscheidung erst im Endgericht fallen wird. Dort wird sich auch zeigen, wer wirklich zum Reich Gottes gehört.

Für die Führer der nachösterlichen Kirche diente das Gleichnis als Mahnung, im Ringen um die Überwindung der Sünde in der Kirche Verständnis und Geduld aufzubringen gegenüber den einzelnen Christen, und als Aufforderung, dem Wirken der Gnade Gottes in den Getauften zu vertrauen. Gott übt Langmut gegenüber allen Menschen und gibt ihnen bis zuletzt die Chance zur Umkehr. Daran hat sich die Kirche ebenso wie der einzelne Christ an seinem Urteilen und Verhalten auszurichten.

Rahmen

Matthäus hat diese »Saatparabel« an der Stelle in das Kapitel über das Himmelreich eingefügt, wo sich bei *Markus* das Gleichnis von der selbstwachsenden Saat findet. Warum er dieses Gleichnis aus Markus nicht übernahm, läßt sich nicht eindeutig beantworten. Auf jeden Fall ist die Parabel vom Unkraut ihm deshalb wichtig, weil sie etwas Entscheidendes über die Wirklichkeit der *Kirche* sagt. Sie ist eine *Gemeinschaft von begnadeten Sündern*, die Gott retten will. Das Reich Gottes ist in der Form der rettenden Liebe Gottes in dieser Welt, näherhin in der Kirche, gegenwärtig und wirksam. Der Kraft dieser Gnade gilt es zu vertrauen und ihr den Raum zum Wirken zu öffnen.

Das bringt Matthäus auch dadurch zum Ausdruck, daß er an die Parabel vom Unkraut unter dem Weizen noch das Doppelgleichnis vom Senfkorn und vom Sauerteig anfügt. Erst dann bringt er die Deutung der Parabel vom Unkraut.

Arbeit des Evangelisten

Da die anderen Evangelisten keine Parallele bieten, läßt sich eine etwaige Bearbeitung der überlieferten Vorlage durch den Evangelisten nicht genau bestimmen. Sie kann aber kaum erheblich gewesen sein, da die vom Evangelisten stammende »Deutung«, 13,36-43, den heutigen Parabeltext voraussetzt.

H. Weder vertritt die Auffassung, die ursprüngliche Parabel Jesu habe etwa folgendermaßen gelautet: »(13,24b) Mit dem Himmelreich ist es wie mit einem Mann, der Samen in seinen Acker säte. (26) Als die Saat aufging und sich die Ähren bildeten, kam auch das Unkraut zum Vorschein. (30b) Zur Erntezeit kamen die Schnitter und fuhren den Weizen in die Scheune, das Unkraut banden sie in Garben zum Verbrennen« (Die Gleichnisse Jesu, S. 120–128), und habe so ein Gegenstück zum Gleichnis vom Fischnetz, Mt 13,47-50, gebildet. Beide Male werde betont, wenn auch das Reich Gottes in der Anhängerschar Jesu und in der Kirche noch Sünder umfasse, am Ende, bei der vollen Verwirklichung des Reiches Gottes finde eine endgültige Scheidung zwischen Guten und Bösen statt. Die Verse 13,25.27.28.29 und 30b seien erst durch die kirchliche Redaktion eingefügt worden. Dagegen aber spricht, daß ohne das überraschende Auftauchen einer großen Menge Unkraut, also die

Verse 25f, die Parabel ihre Pointe verliert. Wie die »Deutung« 13,36-43 zeigt, setzt Matthäus die Parabel mit dieser Pointe als Überlieferungsstück voraus.

Anregungen für die Auslegung heute

1) Bestimme die Situation der Knechte aufgrund der Erzählung: Entspricht das Verbot, das Unkraut rechtzeitig auszujäten, der normalen Praxis der Bauern damals (s. das Verhalten der Knechte; beachte auch die heutige Praxis in unserem Land)?
2) Wie begründet der Gutsherr im Gleichnis sein Verbot? Welche Motive spielen dabei eine Rolle?
3) Übertrage dieses Verbot auf die Wirklichkeit des Reiches Gottes in dieser Welt, also näherhin auf den Jüngerkreis Jesu und auf die frühe Kirche: Was soll dadurch abgewehrt, was ermöglicht werden?
4) Welche Einwände gegen den Anspruch Jesu und der Kirche, das Reich Gottes sei bereits unter den Anhängern Jesu anwesend und wirksam, sollen durch die Parabel abgewehrt werden?
5) Welche Urteile über die Kirche und ihre Geschichte fußen heute auf denselben oder ähnlichen Vorwürfen?
6) Inwiefern ist die Kirche Christi immer auch Kirche der Sünder? (Beachte das Verhalten Jesu!)
7) Wozu fordert die Parabel die heutigen Christen und ihre Führer auf: zu Gleichgültigkeit gegenüber der Sünde und den Geboten Gottes; zu gütiger Nachgiebigkeit gegenüber unchristlichen Lebensmaximen; zu Vertrauen auf die Barmherzigkeit Gottes und auf das Wirken seiner Gnade; zu Langmut, Verständnis und Geduld gegenüber den Sündern in der Kirche, auch gegenüber den eigenen Schwächen?
8) Wer allein kann und darf über den Heilszustand und die Heilszukunft von Menschen urteilen?
9) Ist die Botschaft dieser Parabel eine frohmachende, tröstliche oder eine unbefriedigende, enttäuschende?
10) Wie verhalten sich Reich Gottes und Kirche zueinander nach Ausweis dieser Parabel? (Sind beide identisch? Stehen sich beide gegenüber? Ist das Reich Gottes in der Kirche bereits anwesend? Wenn ja, wie?)

7. *Die »Deutung« der Parabel vom Unkraut unter dem Weizen*

Mahnung, das Gericht Gottes ernst zu nehmen
(Mt 13,36-43)

Wie zum Gleichnis vom Sämann findet sich bei *Matthäus* auch zur Parabel vom Unkraut eine Deutung. Auch sie ist nur an die Jünger gerichtet (V. 36) und sucht wie jene zum Sämannsgleichnis die Parabel auf die Wirklichkeit der Kirche hin auszulegen.

Form

Da diese Deutung im 1. Teil (13,37-39) jeden Einzelzug der Parabel auf die Wirklichkeit der nachösterlichen Kirche im Spannungsfeld zwischen Christus und Satan hin anwendet, wird deutlich, daß es sich um eine *allegorische Aktualisierung* durch die Kirche handelt. Dabei arbeitet die Deutung mit zeitgenössischen religiösen Vorstellungen: Menschensohn, Satan, Engel, Söhne des Bösen, Söhne des Reiches, (ewiges) Feuer, Ende der Welt. Die Deutung ist vorwiegend auf das Ende der Welt hin ausgerichtet, insofern kann man sie als eine *apokalyptische Deutung* bezeichnen. Die Apokalyptik beschäftigt sich mit den Vorgängen am Ende der Welt und im dann anbrechenden Reich Gottes.

Die Schilderung des Gerichts und die Belohnung der Gerechten lehnt sich deutlich an Dan 12,3 an: »Die Verständigen werden strahlen, wie der Himmel strahlt; und die Männer, die viele zum rechten Tun geführt haben, werden immer und ewig wie die Sterne leuchten.« Auch dies zeigt, daß hier eine kirchliche Deutung vorliegt, die bewußt auf das Alte Testament und deren endzeitliche Aussagen zurückgreift.

Aufbau

Die Deutung besteht aus zwei Teilen: der *allegorischen Deutung* der Wirklichkeit der Kirche (des Matthäus), VV. 37-39, und der *apokalyptischen Beschreibung* der Vorgänge am Ende der Welt, VV. 40-43.

Der Schwerpunkt liegt deutlich auf dem zweiten Teil, der Schilderung des Endgerichts. Daraufhin ist diese Deutung ausgerichtet. Sie ist als eschatologische Mahnung an die Kirche und an deren Glieder zu verstehen, sich so zu verhalten, daß jeder Christ und die Kirche als ganze im Gericht Gottes zu bestehen vermögen.

Bildfeld

Diese Einteilung ist nicht ganz sachgemäß, da die »Deutung« ja die Bildgeschichte auf die gemeinte Sachebene übertragen soll. Doch läßt sich aus der Deutung auf die religiösen Vorstellungen schließen, welche die religiöse Auffassung des Verfassers der Deutung prägen.

Der Sämann ist der »Menschensohn«. Der Acker ist die Welt, nicht die Kirche; der Same sind »die Söhne des Reiches«, nicht das Evangelium, das Wort Gottes. Der Feind ist der Satan. Das Unkraut sind »die Söhne des Bösen«, die Ernte ist das Ende der Welt in Verbindung mit dem Endgericht über Gute und Böse; die Erntearbeiter sind die Engel, das Feuer ist die Qual der Verdammten, die »Scheunen« (s. Parabel) sind »das Reich des Vaters«.

Demnach stehen »Welt«, »Reich des Menschensohns« einerseits und »Reich des Vaters« andererseits einander gegenüber. »Welt« und »Reich des Menschensohnes« gehören zusammen. Beide werden am Ende der Welt durch das Reich des Vaters« (und »die Hölle«) endgültig abgelöst. Der »Menschensohn« herrscht also von Aussaat bis Ernte. Nach dem Endgericht überträgt er seine Herrschaft dem Vater.

Botschaft

Aus einem Hinweis auf die Wirklichkeit des Reiches Gottes in der gegenwärtigen Welt (es ist die Kraft der Sünderliebe Gottes, die in dieser Zeit der Gnade unter den Menschen, speziell im Anhängerkreis Jesu wirkt) und aus einer daraus abgeleiteten Aufforderung (Vertrauen und Geduld zu haben und die Anhängerschar Jesu, die Kirche, weder abzuwerten noch radikal zu »verbessern«, – so die Parabel –) ist in der Deutung eine *Mahnung* geworden, die Langmut Gottes und seine Sünderliebe nicht zu mißbrauchen. Es kommt die Zeit des Gerichts, dann wird die endgültige Scheidung zwischen Guten und Bösen getroffen werden. Jeder wird dann den Lohn für seine Entscheidung erhalten. Diese Mahnung wird mit alttestamentlich-jüdischen und judenchristlichen Vorstellungen ausgestaltet und ist an alle gerichtet, welche die Langmut Gottes mißbrauchen. Angesprochen sind nicht jüdische Gegner Christi oder nichtchristliche Kritiker, auch nicht ungeduldige und eifernde Kirchenführer, sondern Christen, welche die Verantwortung für ein heiliges Leben nicht ernst nehmen und auf die Langmut Gottes hin sich unverantwortlich, ja böse verhalten.

Mitten in der Kirche Jesu Christi finden sich »Söhne des Bösen (Satans), Gottlose und Verführer« (V. 38.41), genauer »Skandale (das heißt Anstöße zum Fall) und Leute, die das Böse tun«, also bewußt die Gebote Gottes und Christi übertreten und dadurch zum Anstoß für andere Christen, zur Glaubenskrise, zum Ärgernis und zum Abfall vom Glauben werden. Dieses düstere Bild von der Kirche, das bereits im Jüngerkreis Jesu Ansätze für eine negative Sicht der Wirklichkeit des Reiches Gottes fand (Judas; aber auch Petrus und die um gute Positionen kämpfenden Zwölf), bildet den Anlaß für die vom Gericht her argumentierende Mahnung, die Langmut Gottes nicht zu mißdeuten. Aus einem Verweis auf die langmütige Barmherzigkeit Gottes in der Parabel ist hier eine ernste *Mahnung unter Hinweis auf das Gericht des Menschensohnes* geworden: Wenn Gott auch gütig ist gegen alle Sünder, jeder der diese Güte mißbraucht, wird zuletzt doch Gottes Gericht verfallen! Das unterstreicht die Deutung auch formal durch den abschließenden Weckruf: »Wer Ohren hat, der höre!«

Auffällig ist bei dieser Deutung die In-Eins-Setzung von Kirche und *»Reich des Menschensohnes«*. »Der Menschensohn«, Jesus Christus, erscheint hier als der Herr der Kirche. Diese Kirche ist eine »gemischte Gesellschaft« aus Guten und Bösen, in der auch Satan noch wirkt und seine Anhänger, Helfer und Mitarbeiter hat. Die Kirche ist insofern nicht nur Ort der Gnade, Gemeinschaft des Heils, sondern auch Ort der Versuchung, der Verführung und des Unheils. Die Kampflinie zwischen »Welt« und »Reich des Menschensohnes« verläuft mitten durch die Kirche.

Theologisch bedeutsam ist die Unterscheidung zwischen »Reich des Menschensohnes« und »Reich des Vaters«.

Die Kirche ist einbezogen in das Reich Gottes. Dieses umfaßt beides: das »Reich des Menschensohnes« und das »Reich des Vaters«, das heißt das Reich Gottes in seiner Vollgestalt. Das Reich Gottes ist zwar in der Kirche gegenwärtig und wirksam, übersteigt aber deren Bereich sowohl räumlich als auch zeitlich. Reich Gottes und Kirche gehören zusammen, sind aber nicht deckungsgleich. Die Kirche bereitet auf das Reich Gottes vor, dieses ist in ihr bereits wirksam; aber das Reich Gottes in seiner Vollgestalt löst am Ende der Zeit die Kirche endgültig ab und vollendet das in der Kirche Begonnene. So lassen sich *zwei Stufen des Reiches Gottes* deutlich unterscheiden: die gegenwärtige, teilweise verborgene, unvollkommene und die künftige, endgültige, vollendete. Das ist der Grund, weshalb Jesus seine Jünger anleiten kann, um das Kommen seines Reiches im Vaterunser zu beten, obwohl das Reich Gottes in seiner Person und in seinem Wirken bereits »da« ist in der Welt.

In der Vollgestalt des Reiches Gottes wird das Böse endgültig entmachtet sein; die Vollendeten aber, die sich bewährt haben, werden als Auferstandene in vollendeter Gestalt und in vollkommener Gemeinschaft mit Gott in dessen Herrlichkeit leben. Dann wird die Verheißung Dan 12,3 ihre endgültige Erfüllung finden.

Da die Wendung »Reich des Menschensohnes« im Neuen Testament nur noch an einer Stelle, Mt 16,28, sich findet, kann angenommen werden, daß die Unterscheidung »Reich des Menschensohnes« – »Reich des Vaters« von Matthäus stammt und dessen theologische Auffassung ausdrückt. Diese Annahme wird dadurch unterstützt, daß sich viele Worte und Stilformen dieser Deutung als von Matthäus stammend nachweisen lassen.

Rahmen

Mit 13,36 beginnt im »Himmelreichskapitel« des Matthäus die Jüngerbelehrung: »Seine Jünger kamen zu ihm und sagten: ›Erkläre uns das Gleichnis vom Unkraut auf dem Acker‹«. Dann folgt die »Deutung«. Diese soll also *nach Matthäus* als *Beispiel* dafür dienen, wie die Gleichnisse Jesu auf die Situation der Kirche hin anzuwenden und auszulegen sind. Die Aktualisierung der Gleichnisse Jesu auf die jeweilige Situation der Kirche hin ist also sachgemäß und vom Neuen Testament, näherhin von der Praxis der Kirche der apostolischen Zeit her, gefordert.

Die Jüngerbelehrung endet mit der das Himmelreichskapitel abschließenden Frage Jesu an seine Jünger: »Habt ihr das alles verstanden?« (13,51). Jesu Gleichnisse sind nach Auffassung des Evangelisten erst dann verstanden, wenn man sie als lebendiges Wort Gottes, als Anruf Christi an die Kirche in ihrer jeweiligen Situation und an die Glieder der Kirche begreift.

Zur Jüngerunterweisung gehören sodann noch die der »Deutung« angeschlossenen Gleichnisgeschichten vom Schatz und der Perle und vom Fischnetz. Die Botschaft des letztgenannten Gleichnisses trifft mit jener der »Parabel vom Unkraut« inhaltlich zusammen.

Erst im Endgericht wird sich also zeigen, wer die Gleichnisse Jesu und damit das Geheimnis des Himmelreiches richtig verstanden hat.

Arbeit des Evangelisten

Die Bibelausleger sind der Überzeugung, daß *Matthäus* selbst die Deutung geschaffen hat. Dabei baute er wohl auf einer allegorisierenden Vorstufe auf (»Söhne des Reiches«), die er vor allem im zweiten Teil, in der Gerichtsschilderung, näher ausgestaltete.

Matthäische Prägung verraten der formelhafte Satz vom »Heulen und Zähneknirschen« der aus dem Reich Gottes Ausgeschlossenen (13,42; vgl. Mt 8,12; 22,13; 24,51; 25,30) und die Aussage 13,41: »Der Menschensohn wird seine Engel aussenden und sie werden aus seinem Reich alle Verführer und Gottlosen zusammenholen« (vgl. Mt 25,31 f).

Diese »Deutung« stellt daher ursprünglich eine *Predigt des Evangelisten* an seine Hörer und Leser, vor allem an die Kirche seiner Zeit, besonders die Kirche von Syrien und Palästina (um 80 n. Chr.) dar.

Anregungen zur Auslegung heute

1) Bestimme die Eigenart der Deutung: Handelt es sich dabei um einen Hinweis auf den Grundgedanken der Parabel vom Unkraut oder um eine allegorische Auslegung?
2) Wie ist diese Auslegung aufgebaut (bestimme die beiden Teilelemente)? Liegt der Schwerpunkt der Aussage auf der allegorischen Deutung der Bildhälfte oder auf dem Hinweis auf das Endgericht?
3) In welcher Situation befindet sich die Kirche Christi nach Aussage dieser Deutung? Ist die Kirche nur Ort der Gnade oder auch Ort der Versuchung und des Kampfes? Handelt es sich bei den »Söhnen des Bösen« (»der Böse« = der Satan!) um Christen oder um Nichtchristen (vgl. Mt 18,6.15-20)?
4) In welchem Verhältnis stehen: »Reich des Menschensohnes« und »Reich des Vaters« zueinander (zeitlich, räumlich, inhaltlich)? In welchem Verhältnis: »Kirche« – »Reich des Menschensohnes« – »Reich des Vaters«?
5) Wie lassen sich diese Wirklichkeiten dem »Reich Gottes« zuordnen? Ist das Reich Gottes nur eine künftige oder auch eine gegenwärtige Wirklichkeit? Wie verhalten sich Gegenwart und Zukunft zueinander?
6) Ist diese Deutung eine Verheißung, ein Trostwort, eine seelsorgerische Mahnung zu Geduld und Güte im Umgang mit Sündern oder eine Mahnung, die Langmut Gottes nicht zu mißdeuten und das Endgericht ernst zu nehmen? Wie läßt sich die Aussage dieser »Deutung« knapp und einprägsam formulieren? Inwiefern will diese Mahnung einem Mißverstehen der Parabel vom Unkraut wehren?
7) Hat diese Mahnung auch der Kirche unserer Gegenwart Wichtiges

zu sagen (Begründung)? Welche »Ärgernisse und Verführer« bedrohen den Glauben nicht weniger Christen heute (Beispiele)?

8) Kann die christliche Verkündigung heute darauf verzichten, auf das Endgericht hinzuweisen? Wie kann dieser Hinweis auf personal bewegende, positive Weise erfolgen?
9) Was für eine Rolle spiele ich als Glied der Kirche, als Christ in meiner Umwelt? Gebe ich anderen Ärgernis oder bin ich hilfreich für deren Glauben und Leben?
10) Wie kann die Macht des Bösen in der Kirche, im eigenen Leben erkannt und abgewehrt werden?

8. Das Gleichnis vom Fischnetz

Das Himmelreich als Angebot und Anruf an alle
(Mt 13,47-50)

Mit der Parabel vom Unkraut unter dem Weizen ist thematisch verwandt das Gleichnis vom Fischnetz. Vielleicht bildete es ursprünglich zusammen mit jenem ein Doppelgleichnis. Mit diesem Gleichnis beschließt *Matthäus* sein Himmelreichskapitel.

Form
Daß in einem Fischnetz sich immer Fische verschiedenster Art und Größe verfangen, so daß der Fang zuletzt verlesen werden muß, gehört zum Alltag des Fischfangs. Es handelt sich bei dieser Bilderzählung daher um ein *Gleichnis im engeren Sinn.* Zu übersetzen ist auch hier: »Mit dem Himmelreich verhält es sich wie mit...« dem geschilderten Geschehen. Nicht das Netz ist Vergleichspunkt, sondern das, was das Netz bewirkt und was mit seinem Inhalt sodann geschieht.

Aufbau
Deutlich ist eine *Zweiteilung* zu unterscheiden: der Vorgang des Fischens bis zur Auswertung des Fanges (VV. 47f) und die angeschlossene Deutung (VV. 49f). Diese Deutung ist unmittelbar an die Bilderzählung angefügt, nicht wie bei der Parabel vom Unkraut von dieser getrennt. Die Gleichnisgeschichte ist auch hier für sich selbst zu betrachten, um den ursprünglichen Sinn feststellen zu können.

Zwei Phasen des Fangvorgangs werden hervorgehoben: das Auswerfen und Einziehen des Netzes und die Auswertung des Fangs. Jedes Netz fängt zunächst alles, was eingefangen werden kann, für den Fang verwertet werden aber nur bestimmte Fische.

So sind auch beim »Reich der Himmel« zwei Phasen zu unterscheiden: die des »Einfangens« von Menschen und die der Beurteilung und Scheidung der »Eingefangenen«. Nicht alles, was im Netz ist, gehört auch endgültig zum »Reich der Himmel«. Das läßt sich erst am Ende, bei der Auswertung des Fanges sagen.

Bildfeld

Das Gleichnis setzt die Verhältnisse am See Genesaret voraus. Im Umkreis des Sees wurde es auch zum ersten Mal erzählt. Bei dem Netz handelt es sich um ein Schleppnetz, das entweder zwischen zwei Booten ausgehängt und gezogen oder mit Hilfe eines Bootes ausgelegt und dann mit langen Seilen ans Land gezogen wurde. Man kann diese Fangart nur dort anwenden, wo ein See in Ufernähe verhältnismäßig flach ist und keine Klippen oder große Steine aufweist, damit das Netz sich nicht festhängen und dadurch zerreißen kann. Die Schleppnetze waren etwa 200 bis 250 Meter lang.

Die Auswertung des Fangs erfolgte unmittelbar nach dem Fang am Strand. Jeder »gute«, das heißt eßbare und zugleich reine und damit erlaubte Fisch wurde meist mit einem lauten Ruf begrüßt und in einen Bottich oder großen Behälter geworfen; jeder »schlechte« aber – oft mit einer verächtlichen Bemerkung – weggeworfen (nicht in den See zurück; in den See warf man lediglich zu kleine »gute« Fische). Als gute galten reine und eßbare Fische; zu den schlechten *(ta sapra)* rechnete man alle nicht eßbaren Wassertiere, zum Beispiel Krabben, die als ungenießbar galten, und alle schuppenlosen Fische, die als unrein angesehen wurden, zum Beispiel den aal- oder schlangenförmigen Barbut (vgl. Mt 7,10; Lk 11,11). Über reine und unreine Fische führt das Buch Levitikus aus: »Alle Tiere, die im Wasser leben, dürft ihr essen, alle Tiere mit Flossen oder Schuppen... im Meer oder in den Flüssen. Aber alles, was in Meeren oder Flüssen lebt... und keine Flossen oder Schuppen hat, das sollt ihr verabscheuen!« (11,9-12). Man zählte zur Zeit Jesu im See Gennesaret 24 Arten von Fischen.

Botschaft

Zum Wesen des Fischfangs gehört, daß – je nach Maschengröße des Netzes – alle Arten von Wassertieren gefangen werden. Dies gilt auch von der durch Jesus in Gang gesetzten Bewegung: sie zieht alle Arten von Menschen an. »Die neue Regung dehnte sich und erfaßte und riß mit sich und brachte zusammen ›aus jeglicher Gattung‹: apokalyptische

Träumer und heißblütige Zeloten, zornmütige Zebedaiden und Stille im Lande, bloß Heilung Suchende und solche, die nach nichts hungerten und dürsteten als nach der Gerechtigkeit, Leute des am *ha ᶜares* (des armen Volkes vom Land) und strenge Gesetzesjünger, Halbproselyten und reinblütige Juden, Leute, die mit Jesu Namen nur zaubern wollten, und solche, die fragten nach dem höchsten Gut, bußfertige Johannesjünger und die Sünder und Zöllner, ehrbare Leute und weinende Sünderinnen...« (*R. Otto,* Reich Gottes und Menschensohn, S. 100f). Zu beachten ist in diesem Zusammenhang, daß Vers 47, wörtlich übersetzt, nicht sagt, daß das »Schleppnetz ins Meer geworfen wurde, um Fische aller Art zu fangen«, sondern »daß es Fische aller Art zusammenfing«. Erst unter dieser Voraussetzung ist der Vorgang der späteren Scheidung und Auslese verständlich. Die Gnade Gottes, die Jesus offenbarte, zielt zwar darauf, alle Menschen zu erfassen und zu retten. Wer von denen, die sich im Netz Jesu, im Netz der Kirche befinden, wirklich und endgültig zum Reich Gottes gehören wird, wird erst das Endgericht entscheiden und an den Tag bringen.

Mit dem Wirken Jesu begann die Zeit des »Fischfangs«, der »Menschenfischerei«, das heißt der Mission und der Seelsorge. Die Apostel und die spätere Kirche (s. das Bild vom Menschenfischen Mk 1,17; Mt 4,19; Lk 5,10) führen diese Aufgabe fort. Mit dem Endgericht folgt die endgültige Scheidung der Geister durch Gott und gewinnt das »Reich der Himmel« seine Vollgestalt.

Jesus antwortet mit diesem Gleichnis wohl auf Einwände gegen seinen Sendungsanspruch als endgültiger Bringer des Heils, die auf die bunt zusammengewürfelte Schar der Anhänger Jesu hinwiesen und feststellten, daß diese Schar nichts mit den Vollkommenen und Gerechten zu tun haben könne, die allein ins Reich Gottes eingehen dürfen. »Den Heiligen Gottes wird Gnade und Erbarmen zuteil. Belohnung seinen Auserwählten; die Frevler aber werden für ihre Pläne bestraft« (Weish 3,9f). »Die Bösen werden ausgetilgt, die aber auf den Herrn hoffen, werden das Land besitzen« (Ps 37,9).

Jesus ist dazu gesandt, allen, auch den Sündern, das Heil anzubieten. Darum fordert er auf, Geduld zu haben und die Sache des Reiches Gott anheimzustellen. Er wehrt zugleich alle Versuche enger Frommer ab, nur Gute und Fromme in seinem Anhängerkreis zu dulden. Damit hält er sowohl die Möglichkeit offen, daß der von seiner Botschaft Angerufene sich besinnen und ändern kann, andererseits wahrt er Gottes Freiheit, in seiner Güte an den Sündern zu wirken, wie er will. So wie Gott in seiner Güte jetzt schon für Gerechte und Ungerechte sorgt (vgl. Mt 5,45), so läßt er auch in der Zeit der Sammlung der Menschen in das Reich Gottes Gnade vor Recht ergehen und sorgt sich besonders um die Sünder.

Dieser Grundsatz wird von der apostolischen *Kirche* nach Ostern bei ihrer Sorge um alle Menschen gewahrt und gegen alle Versuche, aus eigener Kraft Gott ein vollkommenes Volk zu schaffen, verteidigt. Doch wird es zugleich nötig, den Hinweis auf das Endgericht zu verstärken. Die Zeit der Gnade darf nicht mißbraucht werden. Wer als Glied der Kirche keine Entscheidung trifft, wird der Scheidung Gottes beim Endgericht zum Opfer fallen. Die von *Matthäus* stammende Deutung des Gleichnisses in den Versen 49-50 baut auf dieser nachösterlichen Akzentuierung auf. Das Gleichnis, mit dem Jesus seine Sünderliebe und damit seine Auffassung vom Reich Gottes verteidigte, wird so zum *Mahnwort* an Christen, welche die Botschaft von der Barmherzigkeit Gottes mißdeuten und die Umkehr nicht ernsthaft vollziehen.

Die »*Deutung*« selbst geht wieder *allegorisch* vor, indem sie (lediglich) die Auslese der Fische – beachte die damit vollzogene Sinnverlagerung – Zug um Zug deutet: die Fischer sind Bild für die Gerichtsengel, die Auslese ist das Gericht am Ende der Welt, die guten Fische sind die Gerechten, die schlechten die Bösen, das trockene Land, auf das die schlechten Fische geworfen werden, oder auch das Feuer, in das man diese warf, wird mit »dem Feuerofen«, der Hölle, gleichgesetzt. Dabei wird lediglich das Los der Bösen herausgestellt, nicht auch das Schicksal der Guten, wie es in der Parabel geschieht und auch in der Deutung der Parabel vom Unkraut (s. V. 43). Damit tritt der Mahncharakter dieser »Deutung« für die Kirche deutlich hervor.

Wenn Gott in der Zeit der Kirche noch Gnade walten läßt gegenüber unentschiedenen, ja als Sünder lebenden Christen, einmal wird diese Zeit enden. Dann gibt es kein Entrinnen mehr vor dem Gericht Gottes. In der Kirche ist das Reich Gottes bereits wirksam und anwesend, aber Reich Gottes und Kirche sind nicht identisch. Das Reich Gottes steht in seiner vollendeten Gestalt noch aus.

Rahmen

Matthäus hat mit Bedacht dieses Gleichnis samt Deutung an das Ende seines Himmelreichkapitels, näherhin an das Ende der Jüngerbelehrung (Beginn: 13,36) gestellt. Er macht dadurch den Gliedern einer durch Sünde und Verführung von innen bedrohten Kirche klar, daß die Kirche Christi zwar die Gnade Gottes zu verkünden und anzubieten hat, daß aber niemand von ihren Gliedern das Recht hat, diese Gnade zu mißbrauchen. Wer nicht ehrlich umkehrt und neu lebt, wird auch als Christ dem Gericht Gottes am Ende der Zeit verfallen. Die Zugehörigkeit zur

Kirche sichert noch nicht die Zugehörigkeit zum Reich Gottes. Jetzt ist dieses Reich verborgen gegenwärtig in der Weise der Heilsgnade, welche die Kirche zu vermitteln hat; Gott allein weiß, wer in dieser Zeitepoche wirklich zu seinem Reich gehört. Aber jeder hat die Möglichkeit, dieser Gnade gemäß zu leben. Am Ende dieser Heilszeit wird endgültig offenbar werden, wer zu den Geretteten gehört.

Arbeit des Evangelisten

Ein Vergleich der »Deutung« 13,49f mit der »Deutung« der Parabel vom Unkraut zeigt deutlich, daß die Verse 49f von *Matthäus* stammen (beachte die sachlichen und wörtlichen Übereinstimmungen zwischen Mt 13,41f und 13,49f: Ende der Welt, Gerichtsengel, Scheidung zwischen Bösen und Gerechten, Feuerofen, Heulen und Zähneknirschen der Verworfenen). Dabei hat Matthäus *gedanklich* zwischen der Deutung der Unkrautparabel und der Deutung des Fischernetzgleichnisses *variiert.* Während er dort die Deutung mit dem Hinweis auf das Los der Gerechten (V. 43) enden läßt, so hier mit dem Hinweis auf das Los der Verworfenen. Damit hat er den Mahncharakter der Jüngerbelehrung über die Gleichnisse (13,36-52) ausdrücklich verstärkt.

Zugleich hat er die *Schlußformel* beider Deutungen verschieden gestaltet. Während er in Vers 43 mit dem Mahnruf schließt: »Wer Ohren hat, der höre!«, läßt er auf Vers 50 die Frage folgen: »Habt ihr das alles verstanden? Sie antworteten: Ja« (V. 51). Die Apostel und Urjünger Jesu sind damit als Vorbild für alle Christen herausgestellt, die sich richtig entscheiden wollen. Daneben wird betont, daß allein die Christen die Botschaft vom Himmelreich verstehen können, im Unterschied zu den Juden und allen, die nicht an Jesus glauben. Richtig »verstehen« heißt bei Matthäus jedoch, sich richtig entscheiden, nämlich als Christ nach den Weisungen Jesu entschlossen zu leben.

Anregungen für die Auslegung heute

Siehe dazu die Anregungen zur Auslegung bei der Parabel vom Unkraut unter dem Weizen und bei deren Deutung (Nr. 6 und 7), die analog auch auf das Gleichnis vom Fischnetz übertragen werden können.

Fragen:

1) Bestimme den Aufbau der Bildgeschichte: Wie weit geht die Bilderzählung? Wo fängt die »Deutung« an?
2) Handelt es sich um ein Gleichnis oder um eine Parabel?
3) Welche Phasen des Fischfangs werden beschrieben?

4) Wie lassen sich die Phasen des Fischfangs auf die Stufen des Reiches Gottes übertragen?
5) In welchem Verhältnis stehen Fischfang und Auswertung des Fangs zueinander? (Voraussetzung – Erfolg; Anfang – Ende; Beginn – Ziel?)
6) Welche Bedeutung kommt dem Endgericht für die Zugehörigkeit der Christen zum Reiche Gottes zu?
   a) Wer allein kann darüber entscheiden?
   b) Wann wird diese Entscheidung sichtbar?
   c) Was hat das für Folgen für das Urteil über die einzelnen Christen heute?
7) Auf welche Fragen und Einwände antwortet Jesus mit diesem Gleichnis?
8) Vergleiche die Deutung 13,49f mit der Deutung der Parabel vom Unkraut, 13,37-43!
   a) Stelle die Parallelen (gedankliche – formale) fest;
   b) von wem stammt diese Deutung?;
   c) endet die »Deutung« vom Fischnetz positiv oder negativ?;
   d) wie also versteht Matthäus das Gleichnis: als Information oder als Mahnung?
9) Was heißt für Christen, nach Mt 13,51 die Gleichnisse vom Himmelreich »verstehen« (s. besonders den Abschnitt 13,36-50)? Ist das theoretisch oder existentiell gemeint?
10) Was ergibt sich aus der Methode der »Deutung« der Gleichnisse Jesu durch Matthäus (und die apostolische Kirche) für die Verkündigung der Kirche heute: Darf die Kirche die Jesusüberlieferung neu auslegen? Darf sie die Botschaft Jesu vom Reich Gottes, das heißt von der Sünderliebe und dem Erbarmen Gottes auch als seelsorgliche Mahnung und als religiösen Appell auswerten?

9. *Das Doppelgleichnis vom Schatz und der Perle*

Das Reich Gottes als die einmalige Gelegenheit zum Heil
(Mt 13,44-46)

Im Himmelreichskapitel des *Matthäus* findet sich noch ein Doppelgleichnis, das weder der Gruppe der Saatgleichnisse zugehört, noch inhaltlich verwandt ist mit dem Gleichnis vom Fischnetz. Es gehört zum *Sondergut* des Matthäus; die anderen Evangelien enthalten keinen Hinweis auf dieses Gleichnis. Da Matthäus in Kapitel 13 an der Siebenzahl liegt – Zahl der Ganzheit –, läßt sich feststellen, daß er das Doppelgleichnis als *ein* Gleichnis zählte.

Im Mittelpunkt beider Bildgeschichten steht das Verhalten zweier Personen, eines Reichen und eines Armen. Das macht den Reiz dieses Doppelgleichnisses aus. Der Thematik nach gehört es zur Gruppe der Entscheidungsgleichnisse, die zeigen, wie man sich dem Reich Gottes gegenüber verhalten soll.

Form

Da das Verhalten der Personen im Mittelpunkt der Bildgeschichten steht, denen sich je auf ihrer Ebene unerwarteterweise die große Gelegenheit bietet, ihr Glück zu machen, nicht aber der Schatz oder die Perle als solche, handelt es sich je um *Gleichnisse im engeren Sinn.* Denn die Bildgeschichten zeigen auf, daß es angesichts dieser »Zufälle« normalerweise nur *eine* vernünftige Verhaltensweise unter den Menschen gibt, nämlich die jeweilige Gelegenheit entschlossen zu nützen. Die glücklichen »Zufälle« bilden je die Voraussetzung für den Ablauf beider Geschichten.

Beide Bildgeschichten bildeten wohl bereits ursprünglich ein *Doppel-*

gleichnis. Matthäus hat dieses Doppelgleichnis als Einheit übernommen.

Aufbau

Beide Geschichten sind *parallel* aufgebaut. Sie setzen voraus, daß der je genannten Person die einmalige Gelegenheit sich bietet, auf ihrer Lebensebene das Glück zu machen. Und beide Geschichten zeigen auf, daß beide Personen, der Arme ebenso wie der Reiche, diese Gelegenheit freudig ergreifen und entschlossen nützen.

Bildfeld

Einen vergrabenen *Schatz* zu finden, war der Wunschtraum vieler, vor allem armer Menschen im Altertum. Der Möglichkeiten gab es viele, da es damals, vor allem in Palästina, als sichersten Schutz des Vermögens gegen Plünderung, aber auch Diebstahl, nur das Mittel des Vergrabens gab (vgl. Mt 25,18.24f). Die Lehmhäuser in Palästina boten entschlossenen Dieben kein ernstliches Hindernis; sie gruben einfach die Wände durch (vgl. Mt 6,19f). Einbrechen heißt daher hebräisch und griechisch – wörtlich übersetzt – »durchgraben«. Nicht selten kamen Besitzer vergrabener Schätze in den vielen Kriegswirren und durch Räuber um, ehe sie die Kenntnis vom Versteck eines Schatzes weitergeben konnten. Daher gab es damals viele Schatzsucher, die sich auf solche vergessenen Schätze spezialisierten. Ihnen gab man die Spitznamen »Erdaufwühler«, »Wandabklopfer« und »Balkenaufbrecher« (das heißt nach Hohlräumen spürend). Aus der Zeit Jesu wird von einem Rabbi berichtet, dessen Kuh beim Pflügen in einen Hohlraum einbrach, in dem sich ein Schatz befand, wobei sie sich den Fuß brach. An diesem Beispiel machten die Rabbinen klar, daß Gott dann, wenn er Frommen etwas Böses zustoßen läßt, dieses auf vielfältige Weise wieder gut macht (s. das deutsche Sprichwort: »Wenn Gott eine Tür zuschlägt, macht er daneben ein Tor auf«). Diese Schatzauffindungsgeschichte wurde also »moralisch« und »apologetisch« (Gottes Handeln verteidigend) ausgelegt.

Der Finder des Schatzes im Gleichnis ist offenbar ein armer Tagelöhner, der auf fremdem Acker auf einen Schatz stößt. Die näheren Umstände sind nicht berichtet; vielleicht stieß er mit der Pflugschar auf ein Gefäß mit wertvollen Münzen oder brach das Zugvieh in ein Schatzversteck ein. Sein ganzer Besitz reicht dabei nur aus, den Acker später zu erwerben.

Nach jüdischem und römischem Recht stand der Schatz dem Besitzer des Ackers zu. Der Finder hilft aber auf gerissene Weise seinem Glück nach, indem er den Schatz so lange verbirgt, bis der Acker ihm gehört.

Dieser Zug unterstreicht die Aussageabsicht: Wem sich eine solche einmalige Gelegenheit bietet, aus seinem Elend herauszukommen, wird sie selbstverständlich entschlossen und mit Freude nützen. Daher muß angenommen werden, daß er diesen Schatz später verkaufte. Wovon hätte er sonst leben sollen?

Bei dem Kaufmann handelt es sich dem griechischen Wort des Urtextes nach um einen Großhändler in Sachen *Perlen,* die er wohl bei Perlenfischern oder auch von kleinen Perlenhändlern erwarb. Perlen wurden damals durch Taucher aus dem Roten Meer gewonnen. Sie galten neben Gold als höchste Kostbarkeit (vgl. Offb 17,4; 18,12.16; 21,11.18-21; auch 1 Tim 2,9). Auch dieser Reiche nützt die Gelegenheit, diese »eine, sehr kostbare (nicht »die eine kostbare«) Perle« zu kaufen, um durch Verkauf einen besonders großen Gewinn zu erzielen.

Botschaft

In beiden Erzählungen wird vorausgesetzt, daß sich die ersehnte einmalige Gelegenheit, das eigene Glück zu machen, unerwarteterweise plötzlich bietet. In diesem »Zufall« zeigt sich das unfaßliche und unbeeinflußbare Angebot der Gnade Gottes, der Hereinbruch des Reiches Gottes. Aber diese Gegebenheit wird in den Bildgeschichten vorausgesetzt. Die Bildgeschichten wollen zeigen, wie man sich angesichts des Angebots des Reiches Gottes richtig verhält. Wer erkennt, was in der Botschaft und im Handeln Jesu und später der Kirche sich den Menschen bietet, wird – wenn er »normal« ist – dieses Angebot freudig und entschlossen nützen, so wie es die handelnden Personen der Gleichnisgeschichten zeigen. »Voll Freude« tat dies der Tagelöhner; und bei beiden, dem Armen und dem Reichen, ist betont: »jeder verkaufte alles, was er besaß und erwarb« das, was sich zu seinem Glück bot. Dies war aber kein Opfer, sondern ein kluger Einsatz, der sich vollauf lohnte.

Im Bild der Gleichnisgeschichten enthüllt sich das *Reich Gottes* als *»die einmalige Gelegenheit«*, das eigene Heil zu erwerben. Diese Gelegenheit, die sich allen Menschen – der Arme und der Reiche stehen für die Ganzheit aller Menschen – durch Jesus und seine Beauftragten bietet, gilt es, entschlossen und zielbewußt zu nutzen.

Das Doppelgleichnis appelliert also zunächst an die Führer Israels und an Jesu Volks- und Zeitgenossen, das in ihm begegnende, verheißene und sehnsüchtig erwartete, endgültige Heil freudig und entschlossen zu ergreifen. »Das Reich Gottes ist nahe herangekommen, die einmalige Gelegenheit zum endgültigen Heil (»Glück«) ist nun allen gegeben; nützt diese Gelegenheit ohne Vorbehalt und unter Einsatz all eurer

Möglichkeiten!« Das ist es, was Jesus durch dieses Doppelgleichnis seinen Volksgenossen sagen will.

Die *Kirche* führte diese Botschaft weiter und machte mit Hilfe dieser Bildgeschichten ihren Gliedern klar, die Heilsgnade erfordere den vollen Einsatz eines Menschen. Darum ist nur einmal bemerkt, »voll Freude« hätte der Taglöhner die Gelegenheit genützt und ihr sogar noch »klug nachgeholfen«, beide Male aber betont, daß alles verkauft werden mußte, um das kostbare Angebot zu erwerben.

Rahmen

Matthäus hat dieses Doppelgleichnis wohl deshalb in sein Gleichniskapitel eingerückt und der »Deutung« der Parabel vom Unkraut unter dem Weizen angeschlossen, weil darin auf die Bedingungen abgehoben wird, die von seiten der Menschen zu erfüllen sind, damit das Angebot des Reiches Gottes diesen zum Heil – nicht zum Unheil – gereicht. Insofern rückt bei ihm durch die Rahmung (voraus die »Deutung« vom Unkraut und anschließend das Gleichnis vom Fischnetz mit der »Deutung«, »die Bösen [würden am Ende] in den Ofen geworfen«) der Akzent auf die beiden Abschlußsätze: »jeder verkaufte alles, was er besaß und kaufte«. Das Doppelgleichnis wird so zur *Mahnung* an alle Christen, sich ganz einzusetzen, um der Gnade Gottes würdig zu sein und so das verheißene und angebotene Heil endgültig zu gewinnen.

Eine matthäische Bearbeitung der Bildgeschichten läßt sich nicht nachweisen. Die variierenden Einleitungssätze »Mit dem Himmelreich ist es wie mit einem Schatz, den...«, »ist es wie mit einem Kaufmann, der...« wollen beide Male auf das Verhalten der handelnden Personen angesichts der je gegebenen »Voraussetzung« abheben, nicht aber das Reich Gottes mit einem Schatz oder einer Perle vergleichen. Deutungen wie: »Das Reich Gottes ist ein kostbarer Schatz«, »ist eine besonders kostbare Perle«, sind also unangemessen.

Anregungen zur Auslegung heute

1) Welche Vorteile bietet ein Doppelgleichnis in Hinsicht auf die Lebendigkeit der Darstellung und auf den Aussagesinn, die Botschaft der Bilderzählungen?
2) Was will die Wahl eines Armen und eines Reichen für die Tragweite und Bedeutung des Doppelgleichnisses sagen? (Wer also ist von diesem Gleichnis betroffen?)
3) Was bildet in beiden Geschichten die Voraussetzung für den Ablauf der Handlung der dargestellten Personen?

4) Wie reagieren die dargestellten Personen auf das unerwartete, doch ersehnte Angebot?
5) Was will Jesus, was die Kirche über die mit Jesu Kommen und Wirken eingetretene Situation sagen? Was über das rechte Verhalten der Hörer dieser Botschaft angesichts des darin enthaltenen Angebots?
6) Wie kann man das Reich Gottes im Bild dieser Geschichten umschreiben: als »Schatz« und »kostbare Perle« oder als die einmalige Gelegenheit, das eigene Glück (Heil) zu erwerben?
7) Ist die entschlossene Wahrnehmung dieser Gelegenheit ein Akt des Opfers oder selbstverständliche Klugheit? Inwiefern geht es dabei um eine freudige Angelegenheit (s. V. 44)?
8) In welchem Verhältnis stehen Glück und Heil für uns Menschen im Licht dieses Gleichnisses? (Beide bedingen und durchdringen sich gegenseitig; ohne Gottes Heil gibt es kein dauerndes Glück für uns Menschen.)
9) Warum betont das Doppelgleichnis in der heutigen Form beide Male, alles, was der Mensch besitze, gälte es einzusetzen für den Gewinn des Reiches Gottes? (Beachte auch den Rahmen bei Matthäus!)
10) Wie kann man Christsein im Rahmen der Bilder dieses Gleichnisses in Form eines knappen Satzes beschreiben?
11) Wie verhalten sich Angebot, Wahrnehmung des Angebots und künftiges Heil in bezug auf das Reich Gottes zueinander (gegenwärtiges Angebot, rechtzeitige Wahrnehmung dieses Angebots, zukünftige endgültige Vollendung des jetzt erworbenen Angebots bei der Wiederkunft Christi)?
12) Welchen Wert gewinnen in der Perspektive dieses Gleichnisses mein Glaube als Christ, meine Gliedschaft an der Kirche Christi, mein Besitz, alle möglichen irdischen Werte?
13) Welches Wort Jesu spricht das im Gleichnis Dargestellte offen aus? (Mt 6,33f: »Euch muß es zuerst um das Reich Gottes und seine Gerechtigkeit gehen; dann wird euch alles andere dazugegeben!«; – vgl. Lk 10,41f).
14) Was sagt Paulus Phil 3,4-15 über seinen Weg zu Jesus Christus?
15) Ist das Christsein im Bild dieses Gleichnisses eine freudige Sache? (Wie stehe ich zu Christus, zur Kirche, zum Heilsangebot Gottes?) Verstehe ich dieses Gleichnis als kritischen Maßstab für meine Wert- und Lebensordnung?

10. Das Gleichnis von den spielenden Kindern

Das Reich Gottes als Einladung zur Mitwirkung an Gottes Heilsplan
(Mt 11,16f; Lk 7,31f)

Das kleine Gleichnis findet sich nur bei *Matthäus* und *Lukas,* die es samt dem Rahmen (Mt 11,7-19; Lk 7,24-35) aus der sogenannten *Q*-Überlieferung entnahmen. Dabei zeigen sich kleine Unterschiede zwischen den beiden Evangelisten: Mt 11,16: »die anderen zurufen«; Lk 7,32: »die einander zurufen«; Mt 11,17: ...»ihr habt euch nicht an die Brust geschlagen«; Lk 7,32: ...»ihr habt nicht geweint«; Mt 11,18: »Johannes ißt nicht und trinkt nicht, und sie sagen...«; Lk 7,33: »Johannes der Täufer... ißt kein Brot und trinkt keinen Wein, und ihr sagt...«; Mt 11,19: »Und doch hat die Weisheit durch die Taten, die sie bewirkt, recht bekommen«; Lk 7,35: »Und doch hat die Weisheit durch alle ihre Kinder recht bekommen«. Diese sind aber für die Aussagen nicht von Bedeutung. Da das Gleichnis zwei Bildgeschichten beinhaltet, Hochzeit und Totenklage, kann man es genauer als ein *Doppelgleichnis* bestimmen.

Form

Man kann darüber streiten, ob eine Parabel oder ein Gleichnis vorliegt. Geht man davon aus, daß es bei Kindern deshalb oft nicht zum Zusammenspiel kommt, weil sich einige aus Launenhaftigkeit und Eigenwillen heraus mit den anderen nicht auf ein gemeinsames Spiel einigen können, kann man diese Bildgeschichte mit gutem Recht als ein Gleichnis, näherhin ein *Doppelgleichnis im engeren Sinn* bezeichnen.

Bildfeld
Das Gleichnis setzt Szenen voraus, die sich täglich auf den staubigen Straßen und Plätzen der Orte in Palästina abspielten, wo Kinder Hochzeit oder Beerdigung spielten. Die Musik, die Lieder und Tänze bei der Hochzeit waren Sache der Jungen, die Klagelieder und Klageriten Sache der Mädchen. Die einen hatten sich demnach im Kreis niedergesetzt und wollten die Gesänge, das Flötenspiel und das rhythmische Klatschen übernehmen, die anderen sollten die Reigentänze beziehungsweise die Klageriten wie Haareraufen, Kleiderzerreißen, die Schreie, das Händeringen und Sich-Verrenken zum Ausdruck der Trauer und der Klage vollziehen.

Da diese Teile die anstrengenderen auf den heißen Plätzen waren, wollten sie die anderen nicht übernehmen. Daher fallen nun die einen über die anderen her. So rufen die Knaben ihren Kameraden zu: »Wir wollten Hochzeit spielen, aber ihr habt nicht mitgemacht!«, die Mädchen, die das Singen und das Klatschen übernehmen wollten, ihren Gefährtinnen: »Wir wollten Beerdigung spielen, aber ihr hattet keine Lust dazu!«

Botschaft
Jesus wirft, wie der Rahmen zeigt, mit diesem Gleichnis seinen Volksgenossen vor: »Ihr seid wie diese rechthaberischen und launischen Kinder! Euch kann es Gott nicht recht machen! Die Boten Gottes, die den Anbruch des Reiches Gottes verkündigen und euch darauf vorbereiten sollen, passen euch nicht, mögen sie auftreten, wie immer sie wollen. Weder der Aufruf zu Umkehr und Buße noch das Angebot der Gnade und der Vergebung der Sünden kommen bei euch an! Aber Gottes Heilsplan und Weisheit wird sich trotz eures Verhaltens in der Geschichte der Menschen durchsetzen. Versteht ihr denn nicht die Zeichen der Zeit zu deuten?« (vgl. Lk 12,54-56). »Merkt ihr nicht, es liegt etwas in der Luft?« *(J. Jeremias)*.

Mit diesem Gleichnis will Jesus auf das Einmalige der Situation der Heilsgeschichte hinweisen, die mit des Täufers und seinem Kommen und Wirken für Israel (und die Menschheit) eingetreten ist. Gott bietet das verheißene endgültige Heil an, aber die dazu Berufenen lehnen unter Kritik, ja Protest ab. So ist dieses Gleichnis ein Aufruf, den Ruf der Stunde zu erkennen und das Angebot der Gnade Gottes bereitwillig anzunehmen.

Rahmen
Wie der gleichartige Aufbau bei Matthäus und Lukas zeigt, in denen dieses Gleichnis begegnet, war der Rahmen bereits *in der gemeinsamen Überlieferung* fest vorgegeben: Täuferanfrage (Mt 11,2-6; Lk 7,18f.22f), Zeugnis Jesu über den Täufer (Mt 11,7-15; Lk 7,24-28; 16,16), das Gleichnis von den spielenden Kindern (Mt 11,16f; Lk 7,31f) mit Deutung auf den Täufer und »den Menschensohn«, je abgeschlossen mit einem Hinweis auf die Weisheit Gottes, die sich durchsetzen wird (Mt 11,18f; Lk 7,33-35). Dabei ist davon auszugehen, daß die Deutung auf den Täufer und den Menschensohn ursprünglich zum Gleichnis Jesu gehörte, so daß es sich hier um eine originale Interpretation eines Gleichnisses durch Jesus selbst handelt. Dem Hinweis auf den Täufer und das eigene Wirken entspricht die Frage Jesu an die religiösen Führer der Juden nach der göttlichen Sendungsvollmacht des Täufers, Mt 21,23-27; Mk 11,27-33; Lk 20,1-8, welcher jene ausweichen:

»Wenn wir antworten: Vom Himmel!, so wird er zu uns sagen: Warum habt ihr ihm dann nicht geglaubt? – Wenn wir antworten: Von den Menschen!, dann müssen wir uns vor den Leuten fürchten; denn alle halten Johannes für einen Propheten. Darum antworteten sie Jesus: Wir wissen es nicht.« Deshalb verweigert Jesus, ihnen Auskunft über seine eigene Vollmacht zu geben.

Dieselbe Frage stellten nach der Auferstehung Jesu die Jünger Jesu erneut den jüdischen Behörden. Das Gleichnis gibt uns also Einblick in das Ringen Jesu um die Annahme seiner Reich-Gottes-Botschaft.

Arbeit der Evangelisten
Die Differenzen der beiden Stücke gehen nicht nur auf die Evangelisten zurück, sondern dürften zum Teil bereits in verschiedenen Fassungen der Vorlage begründet gewesen sein. Von *Lukas* stammen wohl die Verdeutlichungen 7,33: »nicht Brot essend und Wein trinkend« und 7,35: »gerechtfertigt wurde die Weisheit durch alle ihre Kinder« (statt »Werke«). Er denkt hier an die Christen, die Anhänger Jesu, die Gottes Heilswillen durch ihren Glauben zustimmen und ihn so bejahen.

Anregungen zur Auslegung heute
1) Welche beiden Spiele und welche vier Spielgruppen sind bei dem Doppelgleichnis zu unterscheiden?
2) Warum kommt es beide Male nicht zum Spiel?
3) Welchen Grundgedanken über das Schicksal des Reiches Gottes bei seinen Volksgenossen bringt Jesus durch das Doppelgleichnis zum Ausdruck (vgl. die Deutung Mt 11,18f; Lk 7,33f)?

4) Warum paßte den Zeitgenossen Jesu das Heilsangebot Gottes durch den Täufer und durch Jesus nicht (beachte die »Deutung«)?
5) Wie standen die Juden zur Sendung und Botschaft des Täufers nach Mt 21,23-27 par?
6) Inwiefern gehören die Sendung des Täufers und die Sendung Jesu nach dem Plan Gottes zusammen (vgl. Mt 3,1-12.13-17; Lk 3,3-9. 15-17.21 f; Mk 9,11-13; Mt 17,10-13; Mt 21,23-27 par)?
7) Auf welche »Werke« (Zeugnisse) Gottes beruft sich Jesus nach Matthäus und Lukas für seine Sendungsvollmacht (vgl. Mt 11,4f; auch 8,10-12; 9,18-26.32-34; 12,22-37; Lk 11,14-23; 12,54-57)?
8) Warum können die Zeitgenossen die durch das Auftreten des Täufers und Jesu eingetretene Heilssituation nicht verstehen? (Welche falschen Voreinstellungen wirft ihnen Jesus vor?)
9) Wie hat die Urkirche die Botschaft des Täufers und Jesu fortgeführt (vgl. neben dem Traditionsstück Mt 11,2-19; Lk 7,18-35 noch Mt 3,1-17; Lk 3,7-22; Mt 21,23-27; Lk 20,1-8; Apg 10,37-43)?
10) Inwiefern »rechtfertigen« die Christen den Heilsplan Gottes (vgl. Lk 7,35)?
11) Welche Einwände bestehen heute gegen die Heilsbotschaft der Kirche? (Beachte den Doppelcharakter der kirchlichen Verkündigung als Ruf zur Umkehr und zum Glauben, s. Apg 2,38f; 3,19-26; 10,42f; 13,38f.)
12) Wie stehe ich selbst zur Heilsbotschaft der Kirche? Welche Einwände habe ich? Was paßt mir nicht am Evangelium Jesu Christi? Greife ich das Heilsangebot der Kirche freudig und dankbar auf?
13) Suche in der Apostelgeschichte Beispiele für die Annahme und für die Ablehnung der Heilsbotschaft der apostolischen Kirche!

11. Das Doppelgleichnis vom Turmbauen und Kriegführen

Die Mitarbeit am Reich Gottes erfordert kluge Überlegung und festen Entschluß
(Lk 14,28-33)

Das durch die zweimalige Frage: »Wer von euch?« miteinander verbundene Doppelgleichnis verweist auf Gegebenheiten, die immer so sind. Dabei wird das je vorausgesetzte menschliche Grundverhalten gegenüber der Wirklichkeit des Reiches Gottes am Handeln eines Privatmannes und eines Königs einsichtig gemacht.

Form
Die zweimalige Frage kann nur bejaht werden. Es handelt sich also je um eine Bekräftigungsaussage, die ein bestimmtes Verhalten als allein angemessen einsichtig macht. Wegen seiner voraussehbaren Verhaltensmuster handelt es sich bei den beiden Bildgeschichten um ein *Doppelgleichnis im engeren Sinn.*

Aufbau
Auf die je mit der gleichen Formel eingeleiteten Fragen wird je ein bestimmtes Verhalten dargelegt und dessen Einsichtigkeit durch entsprechende Hinweise auf negative Folgen bei gegenteiligem Vorgehen nachhaltig unterstrichen.

Bildfeld
Beim Turm ist wohl an ein turmähnliches, mehrgeschossiges Privathaus gedacht oder an ein an das Wohnhaus angebautes Wirtschaftsgebäude, das ebenfalls so genannt werden konnte. Möglich ist auch der Bau eines

turmähnlichen Sommerhäuschens im freien Feld oder im Weinberg. Es handelt sich um ein kostspieliges Unterfangen, da die Fundamentierung teuer war, ebenso der Einzug von Zwischendecken. Der Grund für einen solchen Bau durch einen Privatmann lag vorwiegend darin begründet, das eigene Ansehen und das der Familie auf diese Weise zu erhöhen. Beim Scheitern des ehrgeizigen Vorhabens hatte der Betreffende mit dem scharfen Spott seiner Umgebung zu rechnen, der im Orient gerne und rücksichtslos geübt wurde und der Ansehen, Stellung und Einfluß eines Mannes in der Öffentlichkeit völlig zu vernichten vermochte. Einer, der zum Gespött geworden war, war praktisch »erledigt« (s. dazu die Hinweise in den Psalmen 5,10; 35,15f.19; 38,17; 41,6-10; 42,10f; 44,14f; 52,4; 57,5 u.ö.).

Die vielen (kleinen) Könige im Orient (beachte die Zahlen der Krieger) waren immer darauf bedacht, ihren Nachbarn Land und Ortschaften wegzunehmen und reiche Beute zu machen. In unserem Fall wird vorausgesetzt, daß ein mit dem Angriff eines anderen Königs rechnender König überlegt, ob er dem in seiner Größe bekannten Heer des Gegners genügend Truppen entgegenstellen kann oder ob es besser ist, rechtzeitig um Friedensbedingungen zu bitten, um die Gefahr zu vermeiden, alles zu verlieren.

Botschaft

In beiden Fällen geht es um große Vorhaben, die es rechtzeitig und reiflich zu überlegen gilt, will man dabei die Gefahr vermeiden, gänzlich zu scheitern.

Im Fall des Privatmanns ist deutlich, daß er die Freiheit hat, das Vorhaben zu beginnen oder darauf zu verzichten; im Fall des Königs scheint der, auf den im Gleichnis verwiesen wird, bereits unter Zugzwang zu stehen. Er muß handeln, ob er will oder nicht.

In beiden zur Debatte gestellten Fällen scheint der Grundgedanke so bestimmt werden zu können: Große Vorhaben darf man nicht leichtfertig wagen; »halber Anfang ist schlimmer als gar kein Anfang« *(J. Jeremias);* lieber nicht wagen, als alles verlieren (Gegenteil: »Frisch gewagt, ist halb gewonnen«); ganz – oder gar nicht.

Überträgt man diesen Grundgedanken auf die Verkündigung vom Reich Gottes, so ist einerseits klar, daß die geforderte Entscheidung mit dem Herankommen des Reiches Gottes zu tun hat. Insofern kann man das Doppelgleichnis als Aufforderung verstehen, dem Ruf der neuen Heilsstunde überlegt und entschlossen zu entsprechen. Andererseits aber ist die Annahme des Heilsangebots Gottes durch Jesus für jeden Menschen heilsnotwendig. Insofern kann das Gleichnis nicht so verstanden werden, als sei es notfalls besser, das Heilsangebot Gottes abzulehnen als daran durch fehlende Mitwirkung mit der Gnade Gottes zu scheitern. Das widerspräche völlig der Verkündigung Jesu, nach der die Zurückweisung des Angebots der Gnade Gottes zur Schuld wird und zum Scheitern führt.

Hier gilt es, auf den Rahmen zu achten, nach dem dieses Doppelgleichnis an solche gerichtet ist, die zur besonderen Nachfolge als Jünger und Mitarbeiter Jesu berufen sind. Insofern handelt es sich um ein Wort an solche, die in den Mitarbeiterkreis Jesu eintreten wollen. Ihnen gibt Jesus zu bedenken, daß ein solches »großes« Vorhaben reifliche Überlegung fordert, ob auch die Kräfte ausreichen, den schweren Weg Jesu mitzugehen, und daß dazu ein fester Entschluß nötig ist. Die Wirklichkeit des Reiches Gottes ermöglicht und fordert von denen, die von Gott berufen sind, solche Entscheidungen. Von hier aus wird auch verständlich, warum im einen Fall die Vergleichsperson frei entscheiden kann (der Privatmann), im anderen Fall die Vergleichsperson auf eine neu eingetretene Situation zu reagieren hat (der König); im einen Fall geht die Initiative zur Mitarbeit am Reich Gottes von dem betreffenden Menschen aus, im anderen Fall von Jesus, der Menschen zur besonderen Jüngernachfolge berief (vgl. Lk 9,57-62; 18,18-30).

Rahmen

Das Doppelgleichnis steht im Ganzen einer Aufzählung von Bedingungen zur Nachfolge Jesu als Jünger, Lk 14,25-33. Entgegen dem von Lukas stammenden Einleitungssatz 14,25 geht es in diesem Stück nicht um den gläubigen Anschluß an Jesus, sondern um die *Bedingungen für die Mitarbeit an der Sendung Jesu* (vgl. die Parallelüberlieferungen Mt 10,37-39; auch Lk 9,57-62; Mt 8,18-22). Jesus gibt dabei denen, die selbst die Absicht hatten, in den Mitarbeiterkreis Jesu einzutreten, zu bedenken, wie schwierig diese Aufgabe ist, in die sie eintreten, und fordert sie zu kritischer Selbstprüfung und zu klarer Entscheidung auf. (Zur Nachfolge Jesu vgl. *O. Knoch,* Einer ist euer Meister, S. 94–125.)

Da es um Mitarbeit an der Sendung Jesu geht (vgl. die Aussendungsreden Mt 10,5-15; Mk 6,8-11; Lk 9,2-5; 10,1-12), hat auch dieses Doppelgleichnis Bezug zum Reich Gottes (s. die Verse Lk 9,2: »Er sandte sie aus mit dem Auftrag, das Reich Gottes zu verkünden und zu heilen«; Lk 10,9: »Heilt die Kranken, die dort sind, und sagt den Leuten: Das Reich Gottes ist euch nahe!«).

Anregungen zur Auslegung heute

1) Vergleiche die Einleitungsformeln und den Aufbau der beiden Bildgeschichten miteinander! Handelt es sich um ein Doppelgleichnis oder eine Parabel im engeren Sinn?
2) Wie kann man die Aussage beider Bildgeschichten bestimmen: Geht es darum, große Aufgaben und Vorhaben nicht leichtfertig und unüberlegt zu wagen oder große Vorhaben überhaupt nicht zu wagen?
3) An wen ist dieses Doppelgleichnis ursprünglich gerichtet nach Ausweis des Rahmens: an alle Menschen, die an Jesus Christus glauben wollen oder an Menschen, die in den Mitarbeiterkreis Jesu, in die besondere Nachfolge, eintreten wollen? (Hilfsfrage: Ist es in das Belieben eines jeden Menschen gestellt, die Gnade Gottes anzunehmen oder abzulehnen?)
4) Was gibt Jesus den Menschen zu bedenken, die den Wunsch und die Absicht haben, in den Mitarbeiterkreis Jesu einzutreten (vgl. Lk 9,57-62)?
5) Inwiefern stehen die (besonderen) Jünger Jesu im Dienst am Reich Gottes (vgl. Lk 9,2-5; 10,1-12)?
6) Was wollte der Evangelist Lukas durch den Rahmen 14,25-33 seinen Lesern sagen (beachte bsd. 14,25)?
7) Bin ich als Christ bereit, dem Glauben an Jesus Christus und dem Dienst am Reich Gottes alle anderen Bindungen und Werte bereitwillig unterzuordnen (beachte die Jüngerbedingungen Lk 14,25-27.33)?
8) Was verheißt Jesus denen, die die Sorge um das Reich Gottes (die Gemeinschaft mit Gott) allen anderen Sorgen und Vorhaben voranstellen (vgl. Mt 6,19-33; Lk 12,22-34; 18,18-30)?

12. *Die Parabel vom unfruchtbaren Feigenbaum*

Gottes Heilsangebot hat seine Zeit und Stunde
(Lk 13,6-9)

Diese Parabel gehört zum *Sondergut des Lukas.*

Das Bild vom unfruchtbaren Feigenbaum als Symbol für das ungläubige Israel begegnet auch bei Markus (11,12-14.20-25) und bei Matthäus (21,18-22). Lukas hat wohl deshalb, weil er diese Parabel überliefert, die Geschichte von der Verfluchung eines unfruchtbaren Feigenbaumes beim letzten Zug Jesu nach Jerusalem weggelassen.

Der Vergleich der Nähe des Hereinbruchs der Endzeitwehen mit dem sprossenden Feigenbaum ist bei allen synoptischen Evangelisten überliefert (Mt 24,32; Mk 13,28f; Lk 21,24-31).

Form
Die auf Bitten des Gärtners um ein Jahr verschobene Entscheidung, den unfruchtbaren Feigenbaum zu roden, ist ungewöhnlich. Insofern handelt es sich um eine *Parabel,* die einen besonderen Zug der Reich-Gottes-Botschaft Jesu enthüllt.

Bildfeld
Feigenbäume, die bei guter Feuchtigkeit auch auf steinigem Boden gedeihen, wurden in Palästina gerne auch in Weingärten angepflanzt. Die Weinstöcke konnten am Stamm emporranken. Die dichten, buschigen Blätter boten guten Schatten. Da viele Leute die heißen Sommernachmittage in ihren Gärten verbrachten, wo sie zum Teil turmartige Steinhäuschen errichtet hatten (vgl. Mk 12,1; Mt 21,33), bildete sich die Redensart: »Unter dem Weinstock und dem Feigenbaum wohnen«

(vgl. 1 Kön 5,5; Mi 4,4), das heißt im Schatten, in angenehmem Frieden wohnen und die Früchte des Landes genießen. Im Schatten der Feigenbäume wurde auch das Alte Testament studiert, wurde meditiert und gebetet (vgl. Joh 1,48).

Der Platz in einem Weingarten mit seiner guten Ackerkrume war für den anspruchslosen Feigenbaum eine Bevorzugung. Nach alttestamentlicher Vorschrift (Lev 19,23) wurden junge Feigenbäume erst ab dem 4. Jahr abgeerntet. Da der Besitzer seit 3 Jahren vergeblich auf Früchte wartet, sind demnach 6 Jahre seit der Pflanzung des Baumes vergangen.

Der Feigenbaum trägt in Palästina zweimal im Jahr Früchte, im Juni die saftigen, grünen Frühfeigen, im August die blauen, süßen Sommerfeigen. Feigen gehörten damals zur Hauptnahrung der Bevölkerung.

Weingärten wurden damals nur selten gedüngt, Feigenbäume normalerweise nicht. Daß der Gärtner eigens düngen und den Boden über den Wurzeln des unfruchtbaren Feigenbaums lockern will, ist ungewöhnlich.

Botschaft

Beim Feigenbaum der Parabel handelt es sich um einen völlig unfruchtbaren Baum. Daß der Gärtner es trotz dessen drei- bis vierjähriger Unfruchtbarkeit noch einmal versuchen und dem Baum die besten Bedingungen für das Hervorbringen von Früchten verschaffen will, ist unüblich und zeigt, daß für den Baum und seine Zukunft das Letztmögliche getan wird. Und der erstaunlich geduldige Besitzer gewährt trotz begründeter äußerster Skepsis wider alle Hoffnung noch einmal einen Aufschub. Aber einmal »hat auch die liebevollste Geduld ein Ende« *(J. Weiß)*. Wird die unverdient gewährte Gnadenfrist nicht genützt, dann wird der Baum umgehauen.

So tritt als Grundgedanke deutlich hervor: *Die Gnadenzeit*, die mit Christi Auftreten und Wirken angebrochen ist (vgl. Lk 4,16-21), *dauert noch an*. Das Gnadenangebot Gottes besteht noch fort, obwohl es das Volk Gottes, vertreten durch seine Führer, bisher unbegreiflicherweise noch nicht angenommen hat. Die Früchte der Umkehr, der Glaube an Jesu Sendung und die Annahme seiner Heilsgaben, stehen noch aus. Auf Bitten Jesu (s. den Gärtner in der Parabel!) verlängert Gott noch die Gnadenzeit, um Israel eine letzte Frist zur Umkehr zu gewähren.

Die Botschaft der Parabel lautet also: Nützt das Gnaden- (bzw. Heils-) angebot Gottes, ehe es zu spät ist!

Rahmen

Die Parabel steht bei *Lukas* als Abschluß einer Mahnung Jesu an seine Volksgenossen, sich rechtzeitig abzuwenden von ihrer religiösen, sozialen und völkischen Politik und auf seine Botschaft zu hören. Dabei beruft sich Jesus auf zwei Vorkommnisse, die Ermordnung von Galiläern, wohl Zeloten, bei der Vorbereitung ihrer Opfer im Tempelvorhof durch Häscher des römischen Statthalters Pilatus und auf den Einsturz eines Turms der Stadtmauer von Jerusalem beim Schiloachteich, bei dem 18 Menschen erschlagen wurden (13,1-9). Es gibt keinen begründeten Einwand gegen die Glaubwürdigkeit der Überlieferung. Jesus wendet sich dabei gegen die Auffassung, jene Todesopfer seien die Folge der Sünden jener Menschen. Er will aber unter Hinweis auf jene jäh ums Leben Gekommenen auf die Katastrophe hinweisen, die Israel droht, wenn seine Botschaft und Sendung abgelehnt werden (s. die Vorhersage des Untergangs Jerusalems Lk 19,41-44 und 21,7-24). »Ihr alle werdet genauso umkommen, wenn ihr euch nicht bekehrt!« (13,3). Insofern ist die Parabel als eine *Mahnung in letzter Stunde* zu verstehen, das angebotene Heil zu ergreifen, ehe es zu spät ist.

Die Kirche des Lukas blickt auf den Fall Jerusalems und das schreckliche Schicksal des Volkes Israel nach der Niederschlagung des ersten jüdischen Aufstandes von 66–70 n. Chr. zurück und sieht dadurch Jesu Worte beglaubigt. So wird diese Parabel zusammen mit dem Hinweis auf das Schicksal Israels zur nachhaltigen Mahnung an die Christen, ihrer Entscheidung für Christus trotz aller Widrigkeiten treu zu bleiben, das Erbarmen Gottes nicht zu mißbrauchen und so das volle Heil zu gewinnen (vgl. Apg 20,18-32). Dabei gilt es, mit der Heilsgnade mitzuwirken und »gute Früchte hervorzubringen« (Lk 6,43-46). »Jeden Baum erkennt man an seinen Früchten… Was sagt ihr zu mir: ›Herr, Herr!‹, und tut nicht, was ich sage?«

Anregungen für die Auslegung heute

1) Was steht im Mittelpunkt der Parabel: die Unfruchtbarkeit des Feigenbaumes oder die aus dem Zusammen aller Faktoren sich ergebende Hoffnung und Mahnung; die unbegreifliche Geduld des Weinbergbesitzers oder die Sorge und Fürbitte des Gärtners?
2) Welche Elemente in der Parabel weisen auf die Wirklichkeit des Reiches Gottes hin (der Standort des Feigenbaums »im Weinberg«; die Geduld des Eigentümers; die Fürbitte des Gärtners und dessen verstärkte Sorge um den Feigenbaum)?
3) Welche festen Bildvergleiche (Einzelzüge) finden sich in dieser Parabel (s. Eigentümer, Gärtner, unfruchtbarer Feigenbaum)?

4) Was sagt die Parabel über die mit Jesu Kommen und Wirken eingetretene Situation? Was über die sich daraus ergebende Konsequenz für Israel?
5) Ist Gottes Heilsangebot an Israel bedingt oder unbedingt? Inwiefern ist es nach Aussage der Parabel bedingt (vgl. dazu Lk 19,41-44)?
6) Kann es auch ein »zu spät« vor Gott geben (vgl. Lk 19,41-44)?
7) In welchem Rahmen steht die Parabel? Was will Lukas seinen christlichen Lesern und Hörern mit dieser Parabel sagen? (Welche Funktion nimmt dabei der Hinweis auf das Schicksal Jerusalems ein; vgl. Lk 21,5-36; Apg 20,18-32?)
8) Gibt es auch im Leben des einzelnen Christen Gnadenstunden, die es rechtzeitig zu nutzen gilt, sollen sie nicht verstreichen (vgl. z. B. die Aussagen über den reichen jungen Mann, Lk 18,18-30; über Judas im Neuen Testament oder über König Herodes Antipas und sein Verhalten gegenüber dem Täufer, Mk 6,17-29; Mt 14,3-12; Lk 3,19f)?
9) An welchen »Früchten« im Leben eines Christen (vgl. Lk 6,43-46, dazu die Weisungen der »Feldrede«, 6,20-49, auch Gal 5,19-26) läßt sich ablesen, ob das Gnadenangebot Gottes gut genutzt wurde?
10) Wie kann ich selbst mithelfen, daß andere Menschen Gottes Gnadenangebot ergreifen? (Zeugnis bzw. helfendes Wort am rechten Platz, Gebet, auch Gebet um gute Sterbestunde.)
11) Welche Bedeutung kommt einer guten Beichte vor dem Hintergrund dieser Parabel zu?
12) Was läßt sich von dieser Parabel her über den Sinn der christlichen Völkermission sagen?
13) Suche Stellen im Neuen Testament, wo Menschen das Gnadenangebot Gottes rechtzeitig nützten (vgl. Lk 19,1-10)!
14) Stelle die Aussagen des Neuen Testaments zum Stichwort »Frucht, Früchte« (als Wirkung des Verhaltens von Menschen verstanden) zusammen. Was läßt sich daran für die Auswertung der Parabel ablesen?

13. Die Parabel vom großen Gastmahl

Aufruf, die Einladung in Gottes Reich nicht auszuschlagen
(Lk 14,15-24; vgl. Mt 22,1-10)

Die Parabel ist bei Lukas (als Gastmahl eines Reichen) und bei Matthäus (als Hochzeitsmahl eines Königs für seinen Sohn) in je verschiedener Weise überliefert. Beide Fassungen gehen auf eine *gemeinsame Überlieferung* zurück, deren Grundform am treuesten bei Lukas erhalten geblieben ist (s. dazu *H. Weder,* Die Gleichnisse Jesu, S. 177–193). Beiden Überlieferungen ist gemeinsam, daß alle zum Mahl Geladenen plötzlich, als das Mahl beginnt, absagen und daß statt ihrer andere zum Mahl geladen werden. So stellte die Grundparabel ursprünglich einen Aufruf Jesu dar, die durch ihn übermittelte Einladung zum endzeitlichen Freudenmahl des Reiches Gottes nicht auszuschlagen. Gleichzeitig stellte er seinen Hörern vor Augen, welche Folgen eine Ablehnung der Einladung nach sich ziehen werde.

Die *Parabel Jesu* dürfte ursprünglich wohl folgendermaßen gelautet haben (vgl. dazu *H. Weder,* Die Gleichnisse Jesu, S. 185f): »Ein Mann veranstaltete ein großes Festmahl. Als das Fest beginnen sollte, schickte er seinen Diener und ließ den Gästen, die er eingeladen hatte, sagen: ›Kommt, es steht alles bereit!‹ Aber auf einmal ließ einer nach dem anderen sich entschuldigen. Der erste ließ ihm sagen: ›Ich habe einen Acker gekauft und muß jetzt gehen und ihn besichtigen. Bitte, betrachte mich als entschuldigt!‹ Der nächste sagte: ›Ich habe 5 Ochsengespanne gekauft und bin auf dem Weg, sie mir genauer anzusehen. Bitte, betrachte mich als entschuldigt.‹ Der dritte sagte: ›Ich habe (gerade) geheiratet und kann deshalb nicht kommen.‹ Der Diener kehrte zurück und berichtete alles seinem Herrn. Da wurde der Herr zornig und sagte zu seinem Diener: ›Geh schnell auf die Straßen und Gassen der Stadt und hol herein, wen du findest.‹ Der Diener tat, wie ihm aufgetragen war, und das Haus wurde voll. Der Herr aber sagte (oder: Jesus sagte): ›Keiner von denen, die eingeladen waren, wird (hat) an meinem (seinem) Mahl teilnehmen (teilgenommen)!‹«

Form
Wegen des ungewöhnlichen, strengen orientalischen Regeln der Höflichkeit und des Anstands widersprechenden Verhaltens der Eingeladenen und des unerwarteten Verlaufs des Mahles handelt es sich um eine *Parabel.*

Bildfeld
Die Parabel erzählt von einem Mann (ohne zu sagen, wer es ist), der zu einem großen festlichen Mahl eingeladen hat. Solche Mähler wurden in Palästina am späten Nachmittag oder nach Sonnenuntergang am Abend gehalten, wenn der abendliche Westwind vom Mittelmeer Kühle brachte, und zogen sich oft bis Mitternacht hin. (Beachte: Neben dem kärglichen Frühstück kannten die Juden zur Zeit Jesu kein Mittagessen, die Hauptmahlzeit fand am Abend statt.) Zu einem Mahl eingeladen zu werden, bedeutete eine große Ehre. Der Gastgeber der Parabel folgt einer in den vornehmen Kreisen Jerusalems üblichen Sitte, er sendet nach Beendigung der umfänglichen Vorbereitungen (s. das Schlachten und Braten von Tieren) einen Diener, um die geladenen Gäste auf den Beginn des Mahles aufmerksam zu machen: »Kommt, es ist jetzt alles bereit!«

Es war möglich, bei wichtigem Anlaß erst bis zum Ende des Vortischs zu erscheinen. Dann wurde ein am Haus des Gastgebers angebrachtes Zeichen entfernt, wodurch angedeutet wurde, daß keine weiteren Gäste mehr erwünscht waren. Es galt als grobe Mißachtung eines Gastgebers, eine Einladung anzunehmen, dann aber ohne außergewöhnlichen Grund dem Gastmahl fernzubleiben.

Zwar klingen die vorgebrachten Gründe plausibel, aber bei allen Geladenen – beachte die Dreizahl, d.h. die genannten Gründe stehen für alle möglichen Entschuldigungen – ist vorauszusetzen, daß sie um die Einladung wußten und sie auch angenommen hatten. Bei dem, der sich mit seiner Heirat entschuldigt, handelt es sich um einen, der seine Frau nicht allein lassen wollte. Denn Frauen wurden zu Gastmählern nicht geladen.

Durch das unerwartete und allgemeine Fernbleiben aller Geladenen vom Mahl ist der Zorn des Gastgebers verständlich. Ob er durch die

Einladung von sozial wenig Angesehenen den Gästen nur einen »Denkzettel« (so *E. Linnemann*) erteilen oder grundsätzlich mit den Erstgeladenen brechen wollte, läßt sich aus der Bildgeschichte heraus nicht sicher entscheiden. Letzteres ist wahrscheinlicher. »Einladen« hieß im Orient Niedergestellten gegenüber »nötigen«, weil diese sich aus Höflichkeit so lange sträuben mußten, bis »sie bei der Hand genommen und mit sanfter Gewalt ins Haus gezogen wurden« *(J. Jeremias).*

Botschaft

Das Festmahl war Bild für die Freudenzeit, die der Messias bringen wird, die Zeit der Herrschaftsaufrichtung Gottes (vgl. Jes 25,6; auch Mt 8,11; 26,20-29; Lk 22,29f; Offb 19,9.17). Die Parabel setzt voraus, daß mit dem Wirken Jesu die Zeit der Einladung zur endgültigen Heilsgemeinschaft mit Gott angebrochen ist (vgl. Joh 2,1-12; 6,1-15; bsd. 6,15). Dem entspricht Jesu Verhalten, sich gerne zum Mahl einladen zu lassen oder einzuladen und diesen Mählern Heilscharakter zuzuerkennen (vgl. Mk 2,13-17; Mt 9,9-13; Lk 5,27-32; auch Lk 7,36-50; die Überlieferung vom Mahl in der Steppe mit der wunderbaren Brotvermehrung, Mk 6,30-44; 8,1-10; Joh 6,1ff, und die Stiftung seines Gedächtnisses in Form eines Mahles, Mk 14,17-25; Lk 22,14-23; 1 Kor 11,23f).

In der Parabel begegnet nun als entscheidender Zug – »aufgrund der Verschränkung« *(E. Linnemann)* mit der Wirklichkeit – die plötzliche Weigerung, der Einladung zum fertigen Mahl auch zu folgen. Dieser Zug weist auf das ablehnende Verhalten der jüdischen Zeitgenossen hin, Jesu Wirken als Einladung zur bereits anhebenden Freudengemeinschaft mit dem Gott Israels anzuerkennen und ernst zu nehmen.

Die Parabel soll ihnen die fatalen Folgen ihres Verhaltens vor Augen führen und sie in letzter Stunde aufrufen, der Einladung zur endgültigen Heilsgemeinschaft mit Gott zu folgen, ehe es zu spät ist, das heißt ehe Gott ihre Plätze an andere vergibt, die bereit sind, seiner Einladung ohne Vorbehalte und sofort Folge zu leisten.

Insofern ist die Parabel ein *Appell in letzter Stunde,* die Zeichen der Zeit zu erkennen und Gottes Heilsangebot ohne zu zögern anzunehmen. *Jetzt* beginnt die Zeit des messianischen Mahles, *jetzt* ist die Zeit, die Einladung anzunehmen und ihr zu folgen. Die Zeit der Gnadengemeinschaft mit Gott ist bereits angebrochen. Jesus ist der letzte Bote Gottes. Wer seine Einladung ablehnt, schließt sich selbst von der endgültigen Gemeinschaft mit Gott aus (s. das Bild von der verschlossenen Tür, Lk 13,24-30).

Rahmen
Die Parabel steht bei Matthäus und Lukas in je verschiedenem Rahmen. Bei *Lukas* findet die Darlegung im Haus eines angesehenen Pharisäers statt (14,1) und wird ausgelöst durch den Ausruf eines Mahlteilnehmers: »Selig, wer im Reich Gottes am Mahl teilnehmen darf!« (14,15). Er sieht diesen Zeitpunkt in noch unbestimmter Zukunft liegen.

Bei den Pharisäern galt es als fromme Sitte, sich beim Mahl über religiöse und sittliche Fragen zu unterhalten. Der Zwischenruf will dementsprechend einen Vorschlag für eine solche Unterhaltung unterbreiten. Jesus weist demgegenüber durch die Parabel darauf hin, daß mit seinem Wirken die messianische Zeit bereits angebrochen ist.

Bei *Matthäus* steht die Parabel im Ganzen einer Komposition, die im Rahmen des letzten Wirkens Jesu in Jerusalem das Gericht über die jüdischen Führer ausspricht, weil sie Jesus abgelehnt haben und für seinen Tod verantwortlich sind (Mt 21,12-22,14).

Während das Gleichnis von den ungleichen Söhnen den jüdischen Führern vorwirft, »ihr habt dem Täufer nicht geglaubt und nicht bereut«, im Unterschied zu Zöllnern und Dirnen, spricht die Parabel von den bösen Winzern bereits das Urteil Gottes über diese Führer aus: »Das Reich Gottes wird euch weggenommen und einem Volk gegeben werden, das die erwarteten Früchte bringt« (21,43). Die Parabel vom königlichen Hochzeitsmahl kündigt schließlich die Ausführung des Gerichtes Gottes über diese bösen Führer und ihre Stadt an: »Da wurde der König zornig; er schickte sein Heer, ließ die Mörder töten und ihre Stadt in Schutt und Asche legen« (22,7).

Diese Akzentverschiebung gilt es bei der Auslegung zu beachten.

Arbeit der Evangelisten
Die erheblichen *Unterschiede* der beiden Parabelfassungen, die Lukas und Matthäus überliefern, gehen auf die *Hand der Evangelisten* zurück, die diese Parabeln dadurch ihrer Evangelienverkündigung dienstbar machen.

Der sozialen Absicht des *Lukas* entspricht die nähere Bestimmung der anstelle der Erstgeladenen gebetenen Gäste als »Arme, Krüppel, Blinde und Lahme« und als sozial aus der Gemeinschaft Ausgestoßene, die außerhalb der Orte an den Straßenkreuzungen wohnen oder die als Wohnsitzlose von Ort zu Ort ziehen. An anderer Stelle der Gastmahlszenen, in Kapitel 14, bietet allein Lukas die Mahnung Jesu: »Wenn du ein Essen gibst, dann lade Arme, Krüppel, Lahme und Blinde ein. Du wirst selig sein, denn sie können es dir nicht vergelten; es wird dir vergolten werden bei der Auferstehung der Gerechten« (14,12-14).

Insofern gibt er der Parabel einen sozialen Sinn und versteht sie als Aufforderung an die Christen seiner Zeit, Menschen in sozialer Not einzuladen und ihnen auf jede mögliche Weise zu helfen.

Ursprünglich war aber dieser Zug in der Parabel unbetont. Es war ja auch nicht so, daß nur Menschen in sozialer Not zu Jesus fanden, wenn auch die vielfach heimgesuchten Menschen der unteren Schichten Galiläas in besonders großer Zahl zu Jesus kamen, der sich besonders an Arme (s. Lk 6,20f) und an Notleidende wandte (vgl. Lk 5,27-32). Die zweimalige Aussendung der Knechte (14,21 und 14,23) soll nach Lukas wohl noch auf den Weg der Kirche zur Weltmission hinweisen (1. Einladung: alle Juden, gerade auch die Armen und die Sünder, 2. Einladung: die Samariter und die Heiden).

Matthäus hat viel nachhaltiger in die Struktur der Parabel eingegriffen. Bei ihm ist der Gastgeber ein König, der zur Hochzeit seines Sohnes einlud, und zwar mehrfach (22,3f). Das Bild von der Hochzeit war Symbol der messianischen Gnaden- und Freudenzeit (vgl. Hos 2,21; Jes 54,4ff; Ez 16,7ff). Jesus und das Neue Testament verwendeten mehrfach Elemente dieses Bildes (vgl. Mt 25,1ff: Brautjungfern; Mk 2,19: Christus als Bräutigam; Joh 2,1-12: Jesus als Spender des Hochzeitsweins als erstes messianisches Zeichen; auch Offb 19,7ff).

Die Hochzeit war das schönste Familienfest für einen Israeliten. War die Braut eine Jungfrau, dauerte das Fest 7 Tage, wobei Essen und Trinken, Singen Tanzen, Rätselaufgaben und Geselligkeit einander abwechselten. Beim Fest waren Männer und Frauen voneinander getrennt. Musik und Tänze waren Sache der jungen Männer, der Freunde des Bräutigams. Normalerweise fanden die Feierlichkeiten im Haus des Bräutigams statt. Dorthin wurde die Braut aus dem Haus ihrer Eltern am Abend des ersten Festtages vom Bräutigam, seinen Freunden und einem großen Gefolge, darunter die Freundinnen und Verwandten der Braut, geleitet. Nach Eintreffen des Hochzeitszuges – die Braut wurde mit den weiblichen Gästen ins Brautgemach geführt – begann das Fest im durch viele Lampen beleuchteten Haus. Es gab kein eigentliches Hochzeitsgewand, doch war festliche Kleidung für alle Beteiligten selbstverständlich.

Die Ablehnung der Geladenen zu Beginn der Hochzeit fällt gegenüber Lukas geradezu rücksichtslos, gewalttätig, ja brutal aus. »Die Geladenen kümmerten sich nicht um die Einladung, der eine ging auf seinen Acker, der andere in seinen Laden« – die Entschuldigungsgründe sind also wirklich fadenscheinig; sie haben einfach keine Lust, der Einladung zu folgen, ja sie ist ihnen lästig –, »wieder andere fielen über seine Diener her, mißhandelten sie und brachten sie um« (22,6).

Daraufhin vollzieht der König eine Strafaktion gegenüber den Mördern und ihrer Stadt! (s. 22,7). (Sie wohnen alle in derselben Stadt, d.h. Jerusalem.) »Dann sagte er zu seinen Dienern: ›Das Hochzeitsmahl ist vorbereitet, aber die Gäste waren der Einladung nicht würdig‹.« Damit ist das Verwerfungsurteil über die Erstgeladenen ausgesprochen. »Geht also hinaus auf die Straßen und ladet alle, die ihr trefft, zur Hochzeit ein. Die Diener gingen auf die Straßen hinaus und holten alle zusammen, die sie trafen, Böse und Gute, und der Festsaal füllte sich mit Gästen« (22,9f).

Matthäus hat also aus einem Aufruf an Israel, die Zeichen der Zeit zu erkennen und sich der Einladung in die endgültige Heilgemeinschaft mit Gott (durch Jesus) nicht zu verweigern, eine *heilsgeschichtliche Betrachtung* über den Weg des Gnadenangebots Gottes an Israel, vor allem an seine jüdischen Führer gemacht. Er denkt dabei an die Propheten, besonders den Täufer und an Jesus (s. Mt 21,33-43). Nach deren Ablehnung ergeht dieses Heilsangebot an alle Menschen, Juden wie Heiden, Fromme und Gute ebenso wie Gottlose und Böse. Dabei wird der Untergang Jerusalems im Jahr 70 n. Chr. und das Ende der Priesteropfer und des priesterlichen Einflusses bereits vorausgesetzt. Der König ist Gott selbst, der Kronprinz, sein Sohn, ist Jesus Christus. Die Erstgeladenen waren unwürdig, die religiösen Führer Israels wurden dabei endgültig verworfen und bestraft.

Die Hochzeit, das heißt die messianische Zeit, wird aber dennoch gefeiert. Nun allerdings mit Menschen aus dem Juden- und dem Heidentum, Guten und Bösen. Der Hochzeitssaal, in dem sich Böse und Gute finden, ist die Kirche. Diese Auffassung wird gedeckt durch die Deutung der Parabel vom Unkraut unter dem Weizen, wonach sich im Reich des Menschensohnes, das heißt der Kirche des Auferstandenen, »Söhne des Reiches« und »Söhne des Bösen«, »Gesetzlose« finden, Mt 13,37-43. Die Diener, die alle, die sie finden, zur Hochzeit einladen, sind die Missionare der Kirche.

Diese Betrachtung dient Matthäus als *Warnung an die Christen* der Kirche seiner Zeit, auf das Gericht über Israel zu achten und sich der Einladung als würdig zu erweisen. Aus einem Hinweis auf das Gnadenangebot des Reiches Gottes wird so eine Mahnung, dieses Gnadenangebot ernst zu nehmen und nicht zu verscherzen.

Um diesen Gedanken zu unterstreichen, schloß Matthäus unmittelbar an die Parabel vom königlichen Hochzeitsmahl die *Parabel vom Gast ohne hochzeitliches Gewand* an, 22,11-14. Diese Parabel weist denselben Grundgedanken auf. Sie soll aber eigens behandelt werden, da sie ursprünglich für sich selbst überliefert wurde.

Am deutlichsten spricht die Schlußsentenz Mt 22,14 die Aussageabsicht des Matthäus aus: »Viele sind gerufen, aber wenige auserwählt«. Dieser von Matthäus stammende Grundsatz (s. Mt 7,14) bildet den Schlüssel zum heutigen Verständnis: Müht euch darum, eurer Berufung würdig zu sein, und bleibt eurer Berufung treu! Berufen sind alle Menschen, leider aber folgen nur wenige dieser Berufung und halten an ihr fest.

Anregungen für die Auslegung heute

1) Wie deutet Jesus in dieser Parabel die durch sein Wirken geprägte Situation Israels? (Zeit der Einladung zur Freudengemeinschaft mit Gott.)
2) Welche Bedeutung erkannte Jesus seiner Teilnahme an Mählern mit allen möglichen Menschen des Volkes Israel zu? (vgl. Mt 9,9-13; 11,19; Mk 6,30-44; 8,1-10; Joh 6,1-15; Mk 10,45; Lk 7,36-50; 10,38-42; 19,1-10; Mk 14,17-25; Lk 22,14-30; 1 Kor 11,23-25). (Sie hatten Heilscharakter und nahmen die künftige Heilsgemeinschaft mit Gott bereits zeichenhaft vorweg; vgl. noch Lk 14,15; 22,16-18. 25-30.)
3) Welches Verhalten Israels gegenüber der Einladung zum Freudenmahl im Reich Gottes zeichnet sich nach Ausweis der Parabel bereits ab?
4) Wozu will Jesus unter Hinweis auf die Konsequenzen einer Ablehnung der Einladung Gottes auffordern?
5) Warum beschreibt Jesus die noch zukünftige, endgültige Heilsgemeinschaft mit Gott unter dem Bild eines festlichen Mahles? (Vgl. Mt 8,11 f; Mt 25,10; Lk 12,35-38; 14,15-24; 22,30.)
6) Formuliere ohne Bild die Aussage der Parabel!
7) Warum hat Lukas in Vers 14,21 und 14,23 eigens auf Arme, Notleidende und sozial Ausgestoßene als die von Jesus eingeladenen Gäste hingewiesen? (Vgl. Lk 6,20f.24f; 6,32-35; 14,12-14; auch 10,25-37.)
8) Warum berichtet die Parabel des Lukas von zwei Einladungsaktionen, 14,21 und 14,23? Auf welche Stufen der Mission der Urkirche weisen diese beiden Sendungen hin? An wen ist die Kirche demnach gesandt – an eine bestimmte Gruppe von Menschen oder an alle, auch Arme, Krüppel, Ausgestoßene und Sünder?
9) Wie hat Matthäus die Parabel umgestaltet? (Vergleiche die Fassung des Matthäus mit jener des Lukas und stelle die Unterschiede und damit die Eigentümlichkeiten der Parabel des Matthäus fest!)
10) Was sagt die Wahl eines Königs und einer Hochzeitsfeier über das

Verständnis der Parabel durch Matthäus? (Von wem handelt die Parabel?)

11) Wer sind die ursprünglich Eingeladenen? (Wo wohnen sie? Welche Entschuldigungen bringen sie vor? Sind diese Entschuldigungen stichhaltig?)
12) Wieviel Aussendungen von Dienern zur Einladung an die Geladenen finden statt? (Vgl. diese Aussendungen mit jenen der Winzerparabel Mt 21,33-46!) An welche Sendungen von Boten Gottes denkt Matthäus? (Täufer, Jesus, christliche Missionare.)
13) Welche Rolle spielt der Untergang Jerusalems (70 n. Chr.) für die Deutung der Parabel durch Matthäus (22,7)? Dauert die Einladung an die Führer Israels noch fort oder hat Israel die Einladung verscherzt?
14) Wer sind nach der Zerstörung Jerusalems (70 n. Chr.) die Leute auf der Straße: Juden, Heiden oder alle Menschen der damaligen Welt? (Letzteres.)
15) An welche Gemeinschaft denkt Matthäus beim Bild vom Hochzeitssaal mit guten und bösen Gästen? (Vgl. dazu Mt 13,38-42.)
16) Welche Rolle spielt die Kirche Christi bei der Einladung zur Festgemeinschaft der begnadeten Menschheit mit Gott?
17) Welches Bild von der Kirche zeigt sich in Mt 22,10: ein ideales oder ein realistisches?
18) Wie versteht Matthäus die Parabel: als Aufruf an Juden, die Einladung zur endgültigen Heilgemeinschaft mit Gott nicht auszuschlagen und zu mißachten oder als Mahnung an Christen, der ergangenen Einladung unbedingt zu folgen, sich durch nichts abhalten zu lassen und mit der Kirche mitzuleben auf die endzeitliche »Hochzeit« Gottes mit seinem Volk nach der Parusie hin?
19) Was sagt der von Matthäus beigefügte Schlußvers 22,14 über das Verständnis, das Matthäus mit dieser Parabel verbindet?
20) Welche Folgerungen ziehe ich aus den verschiedenen Fassungen der Parabel für mein Leben als Christ? (Hilfsfragen: Verstehe ich die Einladung zum Glauben und zur Gemeinschaft mit Gott in der Kirche als unverdientes Geschenk oder als Last? Ist mir die Einladung zu Gottesdienst und Eucharistiefeier manchmal oder oft lästig? Welchen Rang nehmen in meinem Leben Arbeit, Vergnügen, Geld, personale Bindungen gegenüber Gottesdienst und Gebet ein? Bedeuten die Liebe und Gnade Gottes wirklich einen Wert in meinem Leben? Freue ich mich auf die endgültige Gemeinschaft mit Gott und Jesus Christus im vollendeten Reich Gottes?)

14. *Die Parabel vom Gast ohne Hochzeitsgewand*

Wer mitfeiern will, muß sich auf das Fest vorbereiten
(Mt 22,11-13)

Matthäus hat die ursprünglich selbständige Bilderzählung untrennbar fest mit der Parabel von der königlichen Hochzeit verbunden, indem er jeden Hinweis auf einen Übergang oder einen neuen Anfang vermied und mit dieser Erzählung jene Parabel so weiterführte, als handle es sich um eine Gleichniserzählung mit zwei Schwerpunkten (zwei »Gipfeln«). Beide Erzählungen können aber deshalb nicht ursprünglich zusammengehört haben, weil sie einander widersprechende Aussagen machen. Wird in der Parabel vom Hochzeitsmahl jeder eingeladen, den die Diener treffen, ob gut oder böse, sagt unsere Parabel, daß nur solche Gäste mitfeiern dürfen, die der Feier würdig sind oder die sich doch darauf entsprechend vorbereiten. Insofern will also Matthäus durch die Zufügung der Bildgeschichte vom Gast ohne Hochzeitsgewand einem möglichen Mißverständnis der Parabel vom Hochzeitsmahl bereits im Keim wehren. Sie stellt also im Sinn des Matthäus eine *Ergänzung* dieser Parabel dar.

Unsere Auslegungshilfe wird beides aufzudecken suchen, den ursprünglichen Sinn der Bilderzählung und die Deutung, die Matthäus ihr durch den Anschluß an die Parabel vom Hochzeitsfest gab.

Form

Das erstaunliche Verhalten eines zu einer (königlichen) Hochzeitsfeier (Festmahl) eingeladenen Gastes, ohne sauberes, festliches Gewand zu kommen und die dadurch veranlaßte Entfernung aus dem Festsaal zeigen, daß es sich bei dieser Erzählung um eine *Parabel* handelt.

Aufbau

Die ursprüngliche Geschichte setzt voraus, daß ein zu einem Festmahl Geladener im staubigen, ungepflegten Alltagsgewand dort erschien und damit den Gastgeber beleidigte, die übrigen Gäste aber herausforderte. Wer sich so verhält, muß damit rechnen, daß er daraufhin aus dem Festsaal und der Festgesellschaft verwiesen wird. Der Reich-Gottes-Bezug ist darin gegeben, daß Jesus jeden in Israel zur Festgemeinschaft mit Gott einlud, auch Unfromme und Sünder, daß er aber erwartete, daß ein ohne Vorbedingung Geladener dann weiß, wie er sich beim Fest zu verhalten hat, um weder den Gastgeber zu beleidigen noch das Fest zu stören. Demnach ging es bei der ursprünglichen Parabel um einen Hinweis darauf, daß jeder, der ohne Vorbedingungen in die Gnadengemeinschaft mit Gott eingeladen wird, daraufhin umzukehren hat, um des Festes würdig zu sein. Die Parabel vom verlorenen Sohn ist also im Grundgedanken der ursprünglichen Parabel vom Gast ohne festliches Gewand verwandt.

Bildfeld

Bei festlichen Mählern im Orient war es möglich, daß der Gastgeber erst dann den Raum betrat, in dem sich die Gäste sammelten, wenn alle eingetroffen waren oder daß er erst nach Beginn des Mahles den Speisesaal betrat, um die Gäste zu begrüßen und sich den Gästen zu widmen. Da Matthäus das Mahl als Hochzeitsmahl deutet, ist ersteres hier anzunehmen.

Es gab keine eigentlichen Hochzeitsgewänder, doch war es selbstverständliche Pflicht des Anstands, daß die Gäste in einem sauberen, festlichen, dem Anlaß angemessenen Gewand erschienen (vgl. Offb 19,7f; 22,14: »Wohl denen, die ihre Kleider gewaschen haben...« »für die Hochzeit des Lammes!«). Gerade im Orient achtete man – damals wie heute – streng auf die Einhaltung solcher allgemein verbindlichen Höflichkeitsregeln.

Mit »Freund« redete man jemand an, dessen Namen man nicht kannte, zu dem man aber doch einen gewissen, durch die Umgebung und Situation gegebenen näheren Bezug hatte. Nach Ausweis der Stellen im Neuen Testament, wo diese Anrede begegnet, liegt in dieser Anrede Wohlwollen und Vorwurf zugleich beschlossen: »Mein Lieber! Wie kannst Du es wagen...?« (vgl. Mt 22,12; 26,50).

Botschaft

Der Sinn ergibt sich leicht, wenn man den Vorwurf des Gastgebers aufgreift: »Mein Lieber, ich habe dich eingeladen aus Großmut und Wohlwollen. Wie kannst du es wagen, dann die Höflichkeit so sehr zu verletzen und in einem solchen Aufzug zu kommen?«

Eine besondere Betonung des Zeitfaktors gewinnt die Parabel durch *zwei rabbinische Gleichnisse*, die kurz nach der Zeit Jesu entstanden sind und die – wie viele Gleichnisse Jesu – von der Erwartung des nahen Anbruchs der messianischen Zeit geprägt sind.

Rabbi *Jochanan ben Zakkai* (um 80 n. Chr.) sagte: »Ein König lud zum Gastmahl, ohne die Stunde zu bestimmen. Die Klugen putzten sich, die Törichten gingen an ihre Arbeit. Plötzlich erging der Ruf zum Mahl. Die, die schmutzige Kleider hatten, wurden nicht zugelassen. (Und bis sie sich vorbereitet hatten, war es zu spät.)«

Rabbi *Jehuda* sagte ein Gleichnis: »Gleich einem König, der ein Gastmahl veranstaltete und dazu einlud. Er sprach: ›Geht, badet euch, säubert euch, salbt euch, wascht eure Kleider und bereitet euch zum Gastmahl.‹ Er setzte aber eine bestimmte Zeit für sie fest... Die Klugen hielten sich bereit, die Törichten gingen zur Arbeit. Als man dann plötzlich einlud und dabei zur Eile antrieb, durften nur die in Festgewändern am Mahl teilhaben, die anderen mußten zusehen und bekamen nichts. So wird es auch sein in Zukunft« (vgl. Jes 65,13). (Beide Beispiele sind dem »Kommentar zum Neuen Testament. Aus Talmud und Midrasch«, hrsg. von *H. Strack und L. Billerbeck,* Bd. 1, entnommen.)

Demnach soll gesagt werden: Gott läßt alle Glieder des Volkes Israel, auch die Sünder, durch Jesus zur festlichen Gemeinschaft im Reich Gottes einladen, und zwar aus reiner Güte und Gnade. Wer aber ohne eigenes Verdienst eingeladen worden ist, darf diese Einladung nicht mißbrauchen, sondern er muß ihr durch rechtzeitige Umkehr entsprechen, um den Gastgeber zu ehren und seiner Einladung würdig zu werden.

Rahmen

Matthäus hat diese Parabel deshalb der Parabel vom königlichen Hochzeitsmahl ohne formale Überleitung angeschlossen, weil sie ebenfalls eine Einladung auch der Sünder zur Endzeitgemeinschaft mit Gott im Bild eines Fest- oder Hochzeitsmahls voraussetzt. Diesen Aspekt verstärkt er noch durch die überleitende Bemerkung (22,10): »Und die Diener brachten herbei, wen sie fanden, Böse und Gute. Und der Hochzeitssaal füllte sich mit Gästen.« Die Feststellung 22,13 b: »Draußen aber wird man heulen und mit den Zähnen knirschen« stammt ebenso wie die Schlußsentenz 22,14 vom Evangelisten Matthäus (vgl. Mt 8,12; 13,42-50; 24,51 und 25,30) und zeigt an, wie er die Parabel gedeutet wissen will: als *Mahnwort an Christen,* die nicht bereit sind, ihr sündiges Leben aufzugeben und die voll Vermessenheit die Erlösungsgnade Gottes mißbrauchen.

Arbeit des Evangelisten

Vom Evangelisten *Matthäus* stammen die Verknüpfung mit der Parabel vom königlichen Hochzeitsmahl, die Einordnung in den oben beschriebenen Rahmen (Mahnwort an Sünder) und die Übersteigerung der Strafe des unverschämten Gastes, Vers 13: Er wird nicht lediglich aus dem Saal verwiesen, sondern er wird gefesselt und »in die Finsternis draußen (außerhalb des festlich erleuchteten Saales) geworfen, die vom Klagegeschrei und Zähneknirschen erfüllt ist«. Damit verweist Matthäus auf die endgültige Verwerfung beim Jüngsten Gericht in den Ort der Verdammnis. Insofern ist aus einem Aufruf Jesu an Israel, der Einladung Gottes in sein Reich durch rechtzeitige Umkehr sich würdig zu erweisen, ein *Mahnruf an Christen*, die dem Ruf Christi folgten aber nicht bereit sind, ihr altes Leben aufzugeben, geworden, der Berufung zum Heil sich würdig zu erweisen. »Wenn du auch als Sünder zum Heil berufen wurdest, hast du kein Recht, Sünder zu bleiben. Sonst gereicht diese Berufung dir zum endgültigen Verderben!«

Anregungen für die Auslegung heute

1) Wie mußte das Verhalten des Gastes auf den Gastgeber der Parabel wirken, ohne saubere und festliche Kleidung zum Festmahl zu erscheinen?
2) Worin liegt der Bezug dieser Bildgeschichte zum Reich-Gottes: in der bedingungslos ausgesprochenen Einladung zur messianischen Freudenzeit oder in der Voraussetzung, daß ein zur endgültigen Gemeinschaft mit Gott eingeladener Mensch sich dieser Einladung würdig erzeigen muß?
3) Wodurch erweist sich ein zum Reich-Gottes-Berufener der Berufung würdig? (Vgl. Mt 4,17; 21,28-32; 23,27f.) Vergleiche die Aussage dieser Parabel mit der Parabel von der Umkehr des verlorenen Sohnes (Lk 15,11-24)!
4) Matthäus verband diese Parabel mit der von der Einladung zum königlichen Hochzeitsmahl; welchem Mißverständnis jener Parabel wollte er dadurch wehren? (Vgl. bsd. 22,9 f.)
5) Wie verstand Matthäus nach Ausweis der Schlußformeln 22,13f diese Parabel: Als Aufruf, der Einladung der Kirche in die Gnadengemeinschaft mit Gott bereitwillig zu folgen oder als Mahnung, sich als Christ der Einladung Gottes durch energische Abkehr vom Bösen würdig zu erweisen?
6) Wie ist also die Parabel vom königlichen Hochzeitsmahl mit diesem Schluß im Sinne des Matthäus richtig zu verstehen?
   Formuliere die Aussage in knappen Sätzen! (Z.B.: Gott hat dich als

Mensch ohne Vorbedingung in die endgültige Gemeinschaft seiner Liebe berufen. Die Kirche stellt diese Gemeinschaft der Eingeladenen dar, die Gottes Ruf gefolgt sind. Aber Taufe und Glaube allein genügen nicht. Du mußt dem Bösen absagen und umkehren, sonst wird dir deine Erwählung zum Gericht!)

7) Wie bezeichnet man heute den Teil der Christen, der zwar getauft ist und noch zur Kirche gehört, aber nicht nach den Weisungen Gottes lebt? (Taufschein- oder Namenschristen.)
Genügt es im Sinne Jesu, als Christ an der Glaubenslehre nicht zu zweifeln und der Kirche anzugehören? Wird dadurch dem Angebot Gottes zu persönlicher Gemeinschaft angemessen entsprochen? Wie haben sich göttliches Gnadenangebot und menschliches Verhalten richtig zu entsprechen? (Mitwirkung mit Gottes Gnade!)

8) Fragen an jeden Christen: Genügt es schon für das Heil, getauft zu sein oder ruft die Taufe auch nach einem neuen Leben? Ist Christsein ohne echte Umkehr zu Gott möglich? Stimmt die Meinung, daß Gott viel großzügiger ist als die Kirche, als Christus hier sagen? Darf man darauf vertrauen, im Alter genügend Zeit zu haben, um religiös zu leben »und die eigene Sache mit Gott in Ordnung zu bringen«? Lebe ich unbekümmert um Gottes Ruf mein Leben, so als käme Gottes Einladung an mich keine (besondere) Bedeutung zu? Wie kann ich mich Gottes Einladung in meinem Leben würdig erweisen?

9) Lies, was die Bibel über das neue oder das hochzeitliche Gewand sagt! (Vgl. Jes 61,10; Mk 2,21 f; Mt 9,16f; Lk 5,36-38; 15,22; Offb 1,13; 3,4f.18; 6,11; 7,9.14; 16,15; 22,14; auch Mt 17,2; 22,11 f; Mk 16,5.)

15. Die Parabel von den bösen Weinbergpächtern

Letzte Warnung vor böswilliger Verweigerung
(Mk 12,1-12; Lk 20,9-19; Mt 21,33-46)

Auch mit dieser erschütternden Bilderzählung sucht Jesus die Führer des auserwählten Volkes (s. Mk 11,27; 12,1.12; Mt 21,23.45f; Lk 20,19) zur Annahme des Heilsangebotes Gottes und zur Anerkenntnis seiner Sendung in letzter Stunde zu bewegen. Dabei knüpft Jesus an ein Bild an, das allen Juden bekannt war, das Bild von Israel als dem Weinberg beziehungsweise dem Weinstock Jahwes (vgl. Jes 5,1f; auch Hos 10,1; Jer 2,21; 12,10; Ps 80,9-17).

Weil die Bildgeschichte auf den (geliebten) Sohn des Weinbergbesitzers hinweist und von dessen Ermordung spricht, außerdem das Zitat aus Ps 118,22f vom verworfenen Stein, der zum Eckstein des Gottesbaus wurde, auf die Verwerfung Israels hinweist (vgl. Apg 4,11; Röm 9,32f; Eph 2,20; 1 Petr 2,4ff), nehmen manche Ausleger an, die Parabel stamme nicht von Jesus, sondern von der Urkirche. Doch sprechen gute Gründe dafür, daß der Kern der Parabel von Jesus stammt, aber sowohl von der Urkirche wie auch von den Evangelisten nach dem Tod und der Auferstehung Jesu auf die nachösterliche Situation hin bearbeitet wurde.

Form
Die Weigerung der Weinbergpächter, die vereinbarte Pacht zu zahlen und der Versuch, durch Ermordung des Sohnes des Besitzers den Weinberg in die eigene Hand zu bringen, ist auch für die damaligen Verhältnisse in Galiläa ungewöhnlich. Demnach handelt es sich um eine *Parabel.*

Aufbau
Scheidet man die eindeutig nachjesuanische Verhältnisse voraussetzenden Zusätze Mk 12,10-12; Mt 21,41-46; Lk 20,17-19 aus und legt an die Abfolge der Sendungen die auch sonst an den Gleichnissen Jesu zu beobachtenden Gesetze volkstümlicher Rede (Dreistufigkeit) an, beachtet man zudem die Logik der sich entfaltenden Handlung und den Bezug der Bildgeschichte auf die zur Zeit Jesu gegebenen Verhältnisse, schält sich folgende *Grundstruktur der ursprünglichen Parabel* Jesu heraus:

»Ein Mann legt einen Weinberg an (s. Jes 5,1), verpachtete ihn an Winzer und reiste in ein anderes Land. Als die Zeit dafür gekommen war, schickte er einen Knecht zu den Winzern, um bei ihnen seinen Anteil an den Früchten des Weinbergs holen zu lassen. Sie aber packten und prügelten ihn und jagten ihn mit leeren Händen fort. Darauf schickte er einen anderen Knecht zu ihnen; diesem schlugen sie den Kopf blutig und beschimpften ihn. Als er einen dritten schickte, brachten sie ihn um.

Zuletzt sandte er seinen Sohn zu ihnen, denn er sagte (zu) sich: ›Vor meinem Sohn werden sie Achtung haben‹. Die Winzer aber sagten zueinander: ›Das ist der Erbe. Auf, wir wollen ihn töten, dann gehört sein Erbgut uns!‹ Und sie packten ihn und brachten ihn um und warfen ihn aus dem Weinberg hinaus. Was wird nun der Besitzer des Weinbergs tun?«

Diese Form der Parabel beschränkt die Sendungen der Knechte auf drei, die je in sich steigernder Weise abgefertigt werden; die Sendung des Sohnes ist deshalb nötig, weil nur durch diesen Zug die Tötungsabsicht der Winzer motiviert werden kann; die Parabel selbst mündet in eine Frage – der Ausgang ist also für die Winzer noch offen.

Insofern steht das *Verhalten der Winzer gegenüber dem Weinbergbesitzer im Mittelpunkt* der Parabel. Die Parabel selbst arbeitet mit der Erörterung der Möglichkeit der Ermordung des Sohnes des Weinbergbesitzers durch die Pächter des Weinbergs und will den Hörern die Folgen eines solchen Verhaltens eindringlich vor Augen stellen, offenbar um sie vor einem solchen Verhalten zu bewahren.

Bildfeld
Die Anlage eines Weinbergs erforderte im meist steinigen Berg- und Hügelland Palästinas viel Mühe. Ein Zaun, oft ein Steinwall, war nötig zur Abwehr von Tieren, aber auch von Dieben. Die Kelter wurde gleich im Weinberg angelegt. Der Wachtturm oder das Wachthaus, meist aus unbehauenen Steinen, wurde in der Zeit der Traubenreife ständig be-

setzt – man wohnte zur Zeit der Ernte im Weinberg –, um die Ernte vor Diebstahl zu bewahren.

Der Grundbesitz in Galiläa befand sich zur Zeit Jesu zu einem Großteil in der Hand des Königs, der es oft an Beamte oder Freunde zur Nutzung übergab, oder in der Hand von Großgrundbesitzern, oft landfremden, die ihren Besitz durch Verwalter und Angestellte betreuen ließen oder es an einheimische Bauern und Winzer gegen einen erheblichen Teil des Ertrags verpachteten. Zahlungsunwilligkeit und Aufsässigkeit der Pächter, die gerade in Galiläa oft zelotisch, das heißt revolutionär beeinflußt waren, waren damals daher recht häufig. Auch das Beschimpfen, Prügeln und Hinauswerfen von Dienern, die die Pacht einheben sollten, ist in zeitgenössischen Texten belegt.

Der erste Termin für Pachteinhebung oder Pachteintreibung war nach Lev 19,23-25 das fünfte Jahr nach Pflanzung von Bäumen, Sträuchern oder Reben.

Die Pächter der Parabel deuten wohl die Zurückhaltung und Geduld des Besitzers, der nach der Abweisung des ersten Knechts nicht mit Hilfe der örtlichen Rechts- und Sicherheitskräfte gegen die Pächter vorgeht, als Schwäche.

Vielleicht nahmen sie beim Erscheinen des einzigen Sohnes des Besitzers an, dessen Vater sei vielleicht gestorben, so daß sie hofften, nach Beseitigung des Sohnes sich in den Besitz des Weinbergs setzen zu können. Nach den Bestimmungen über den Besitz von Proselyten (und Heiden), die ohne Erben verstarben, konnte sich jeder deren Hinterlassenschaft aneignen. Wer als erster die Besitzergreifung vollzog (durch Abzäunung eines kleinen Stücks), dem fiel das betreffende Gut zu.

Zum Bild vom Eckstein, Ps 118,22, ist zu sagen, daß dabei wahrscheinlich an einen Eckstein im Fundament gedacht ist, der zwei Grundmauern verbindet; der Hinweis auf den Schlußstein im Gewölbe über dem Tempeltor ist weniger wahrscheinlich.

Botschaft

Die abschließende Frage nach dem Verhalten des Weinbergbesitzers zeigt, daß die in der Bildgeschichte geschilderten Vorgänge den ersten Hörern zur Stellungnahme vor Augen gestellt werden, um sie vor den angedeuteten Konsequenzen einer strikten, ja bösartig aggressiven Verweigerung der eingegangenen Verpflichtungen eindringlich zu warnen. Die Parabel setzt also voraus, daß die ursprünglichen Adressaten der Parabel bereits so weit gegangen sind, daß mit einer Ermordung des Sohnes des Weinbergbesitzers zu rechnen ist, falls der Besitzer durch den Sohn sein Anrecht auf den vereinbarten Pachtertrag geltend machen sollte. Insofern dürfte die Parabel wohl beim letzten Ringen Jesu mit den Führern Israels bei seinem Aufenthalt in Jerusalem kurz vor seinem Tod gesprochen worden sein. Als Adressaten sind diese Führer anzunehmen.

Der Reich-Gottes-Bezug liegt in der Übergabe des Weinbergs in die Obhut der Pächter und in dem langmütigen Bemühen um eine gütliche Bereinigung der Angelegenheit beschlossen. Jesus will durch diese Parabel die Führer Israels in letzter Stunde, als deren Wille, ihn zu beseitigen, immer deutlicher hervortrat, dazu bewegen, die Folgen eines solchen Handelns zu bedenken: die Verwerfung Israels und den Verlust der Erwählung als Volk Gottes und die darin eingeschlossene Anwartschaft auf das volle Heil.

Als »Knechte«, die Jesus vorausgingen, sind wohl die Propheten, vor allem der Täufer zu denken. Wer die Boten Gottes ablehnt, vor allem »den Sohn (Gottes)«, lehnt Gott selbst ab und hat daher mit dessen Ablehnung zu rechnen. »So wiederholt die Parabel mit letzter Eindringlichkeit den schon in der ganzen Geschichte Israels erkenntlichen Versuch Gottes, Israel von seinem Nein zu ihm abzubringen und es zu einem Ja zum endgültigen Boten Gottes zu bewegen« (*H. Weder,* Die Gleichnisse Jesu, S. 158).

Rahmen

In den Evangelien des *Markus* und *Lukas* begegnet die Parabel im Ganzen der fünf Streitgespräche Jesu mit den jüdischen Führern beim letzten Aufenthalt Jesu in Jerusalem, als er noch einmal energisch versuchte, diese zur Annahme seiner Sendung zu bewegen. Diese Zeit- und Situationsangabe ist ebenso wie die Nennung der Hohenpriester (Sadduzäer), Schriftgelehrten und Ältesten, also vor allem der Mitglieder des Hohen Rates, als Adressaten der Parabel und deren Reaktion (Mk 12,12f) historisch glaubwürdig.

Matthäus dagegen hat die Parabel eingereiht in eine Gruppe von Gleichnissen, die von der endgültigen Ablehnung des Heilsangebots Gottes durch die Führer Israels und vom Gericht über Israel handeln: die Parabel von den zwei ungleichen Söhnen, 21,28-32 (»Ihr habt nicht geglaubt«) und die Parabel vom königlichen Hochzeitsmahl, 22,1-14 (»die Eingeladenen waren nicht würdig«). Daran zeigt sich, daß Matthäus diese Parabel als Ankündigung des Gerichts über die ungläubigen Führer Israels versteht und zugleich als eine Mahnung an die Christen, diesem Beispiel nicht zu folgen.

Bearbeitung durch die Urkirche und die Evangelisten

Die *Kirche* stellt nach dem Tod und der Auferstehung Jesu den christologischen Bezug deutlicher heraus: der Sohn (Mk 12,6) bildet den Abschluß der Sendung der Propheten (Mk 12,5) und wird in das Schicksal der Propheten eingereiht. Dadurch wird diese Parabel zu einer *heilsgeschichtlichen Betrachtung* über den Weg der Erwählung des Volkes Gottes der Endzeit, die Kirche, über die Verwerfung des alten Volkes Gottes, Israel, hinweg. Dem dient die volle Anführung des Zitats Jes 5,1f zu Beginn der Parabel (Mk 12,1b), und zwar nach der griechischen Übersetzung des Alten Testaments, der sog. Septuaginta; sodann die Aussage über das Gericht Gottes an den mörderischen Winzern, Mk 12,9b, die durch das Zitat von Ps 118,22f, ebenfalls aus der Septuaginta, prophetisch begründet wird. »Was Gott mit Israel vorhatte, ist am Nein seines Volkes gescheitert; Gottes Vorhaben wird künftig einen neuen Adressaten haben: die christliche Gemeinde« (*H. Weder,* Die Gleichnisse Jesu, S. 159).

Von *Markus* wurde lediglich die Bedeutung der Sendung des Sohnes durch die Beifügung »(der) geliebte (Sohn)« hervorgehoben (vgl. Mk 1,11; 9,7), damit die Parabel zugleich als prophetische Todesansage Jesu verstanden und dieser Tod als heilsgeschichtliche Wende herausgestellt wird.

Matthäus erweitert in 21,34-36 die Zahl der Knechte und unterscheidet zwei Sendungen derselben von der Sendung des Sohnes, wobei bei jeder Sendung Boten Gottes auch getötet werden. Damit ordnet er die Sendung des Sohnes als dritte und abschließende Sendung in die Sendungen der Propheten ein und stellt Israel als ein widerspenstiges Volk dar, das zu jeder Zeit durch seine Führer die Boten Gottes ablehnte, mißhandelte und tötete (vgl. dazu Am 3,7; Jer 7,25; 25,4; Sach 1,6; 1 Kön 18,13; 22,27; 2 Chr 24,20f; 36,15f; Jer 37,15; Mt 5,12; Apg 7,52; Hebr 11,32ff). In Kapitel 23,29-38a hat Matthäus deutlich ausgesprochen, wie er die Geschichte Israels im Licht der Ablehnung und Kreuzigung Jesu (beachte die Bemerkung, daß »der Sohn« außerhalb des Weinbergs erst getötet wurde, vgl. dazu Mt 27,31; Joh 19,16; Hebr 13,11-13) betrachtet: »Ich sende Propheten, Weise und Schriftgelehrte zu euch; ihr aber werdet einige von ihnen töten, ja sogar kreuzigen, andere... auspeitschen und verfolgen. So wird all das unschuldige Blut über euch kommen, das auf Erden vergossen worden ist, vom Blut Abels... bis zum Blut des Secharja, dem Sohn des Barachias (eigentlich: Jojada, s. 2 Chr 24,20-22). Jerusalem..., du tötest die Propheten..., die zu dir gesandt sind... Darum wird euer Haus von Gott verlassen.«

Matthäus hat daher das Gericht Gottes an Israel verdeutlicht in 21,41 und 43: »Das Reich Gottes wird euch weggenommen und einem Volk gegeben werden, das die erwarteten Früchte bringt.« Dieser Hinweis auf die »Früchte« zeigt zugleich, daß Matthäus diese Parabel benützt als *Mahnrede an die Christen*, dem Willen Gottes, wie ihn Jesus verkündet hat, vor allem in der Bergpredigt (Mt 5-7) und in der Frage nach dem wichtigsten Gebot (Mt 22,34-40; vgl. auch den Hinweis auf das Endgericht Mt 25,31-46), voll zu entsprechen. Der Gabe des Reiches Gottes hat sich die Kirche als neues Volk Gottes vollauf würdig zu erweisen.

Lukas spricht von drei Sendungen je eines Boten, wobei die Winzer diese Boten mißhandeln und entehren, aber nicht töten. Auch er bezeichnet den Sohn als »(den) geliebten (Sohn)« und verdeutlicht so den christologischen Charakter der Parabel, auch weist er in 20,15 darauf hin, daß die Tötung des Sohnes außerhalb des Weinbergs erfolgt. Vers 18 bildet den Schlüssel der lukanischen Bearbeitung: »Jeder, der auf diesen Stein (Jesus Christus) fällt, wird zerschellen; auf wen der Stein aber fällt, den wird er zermalmen.« Der Auferstandene wird zur Scheidung der Geister. In der Entscheidung ihm als dem geliebten Sohn Gottes gegenüber liegt die Zugehörigkeit zum Volk Gottes der Endzeit beschlossen. Insofern ist die Parabel eine *Aufforderung an Israel und an alle Menschen*, sich dem Heilsanspruch Jesu zu öffnen (vgl. Lk 2,34f: »Er wird ein Zeichen sein..., durch das die Gedanken vieler Menschen offenbar werden«).

Beachtenswert ist, daß Lukas die Aussage vermeidet, ganz Israel sei durch die Tötung Jesu verworfen (s. die Tilgung des Zitats Jes 5,2.5 in Vers 9 und den Ausruf des Volks 20,16: »Das darf nicht geschehen!«). Verantwortlich für den Tod Jesu sind die Führer des Volkes (20,19), nicht das Volk Israel als ganzes. Und auch diese Führer waren verblendet (vgl. das Gebet Jesu am Kreuz Lk 23,34).

Die Parabel wird so nach der Auferstehung Jesu erneut zum Anruf an die Juden, sich für das Heilsangebot Jesu Christi (durch die Verkündigung der Kirche) zu entscheiden.

Anregungen zur Auslegung heute

Zur Parabel Jesu

1) Die ursprüngliche Parabel Jesu umfaßte wohl die Verse Mk 12,1a.c. 2-5a.6-9a (s. oben) und endete mit einer Frage nach der Reaktion des Weinbergbesitzers auf die in der Bilderzählung vorgestellte Möglichkeit der Ermordung seines Sohnes. An wen ist diese Parabel ursprünglich gerichtet? (Beachte den Rahmen, Mk 11,27; 12,1.12.)

2) Worauf spielt der Hinweis auf den Weinberg, den ein Mann pflanzte und verpachtete, Mk 12,1 = Jes 5,1f, an? Um was handelt es sich bei diesem Bildvergleich wirklich? Wer sind die Pächter (Winzer)? (Vgl. noch Hos 10,1; Jer 2,21; 12,10; Ps 80,9-17.) (Die Erwählung zum Volk Gottes, die Übergabe des Landes Kanaan an das Volk Israel und die Verheißung des endgültigen Heils in der messianischen Zeit.)
3) Was will Jesus durch den Hinweis auf die Folgen einer Ablehnung, ja Tötung »des Sohnes« des Weinbergbesitzers den Führern Israels vor Augen stellen?
4) Unter welcher Voraussetzung nur kann diese Parabel gesprochen sein? (Als Jesus mit seinem gewaltsamen Tod rechnete.)
5) Inwiefern ist auch diese Parabel noch Gnadenbotschaft vom Reich Gottes? (Hinweis auf die Sendung »des Sohnes«, d.h. des Messias; Appell in letzter Stunde, sich Gottes endgültigem Heilsangebot nicht zu verweigern!)
6) Was wirft Jesus den Weinbergspächtern vor? (Was haben sie für Gründe für ihr unmögliches Verhalten?)
7) Welche Parabeln Jesu haben dasselbe Aussageziel? (Die Parabeln vom unfruchtbaren Feigenbaum und vom großen Gastmahl bzw. königlichen Hochzeitsmahl.)

Zur Bearbeitung der Urkirche

8) Vermochte Jesus durch diese und andere ähnliche Parabeln die endgültige Ablehnung seiner Sendung durch die jüdischen Führer zu verhindern?
9) Welche neue Situation spiegeln die auf die Urkirche zurückgehenden Zusätze der Antwort auf die Frage nach dem Verhalten des Weinbergbesitzers bei Ermordung seines Sohnes (Mk 12,9b; Mt 21,41; Lk 20,16) und der Hinweis auf das Zitat Ps 118,22f wider? (Vgl. Apg 4,11; Röm 9,32f; Eph 2,20; 1 Petr 2,4ff.) Was sagen diese Zusätze über das Schicksal Israels und seiner Führer? Was sagen sie über das Schicksal »des Sohnes«?
10) Wer ist nun das wahre Volk Gottes? Wem ist jetzt der Weinberg Gottes (das Reich Gottes) anvertraut?
11) Welche Deutungsrichtungen sind zu erkennen? (Eine christologische und eine heilsgeschichtlich-kirchliche.)

Zur Bearbeitung des Evangelisten Matthäus

12) Welche Unterschiede weist die Fassung der Parabel bei Matthäus gegenüber der des Markus auf?

13) Wieviel Sendungen von Knechten finden statt?
14) Wie werden diese Knechte behandelt?
15) Was sagt Mt 23,29-38 über diese Boten Gottes?
16) Wie wird Gott die Zurückweisung, Mißhandlung und Tötung dieser Boten beantworten?
17) Welche Folgen haben die Abweisung, Mißhandlung und Tötung der Boten Gottes, vor allem »des Sohnes« für Israel? (Beachte Mt 21,41.43; auch 23,37f.)
18) Warum betont Matthäus das Fruchtbringen? An welche »Früchte« denkt er dabei? (Vgl. Mt 3,8-10; 5,20; 7,12; 7,15-23; 22,34-40; 23,23; 25,14-30.31-46.)
19) Inwiefern kann man die Parabel des Matthäus eine heilsgeschichtliche Betrachtung nennen? (Beachte die Verse 21,34-37.41.43.)
20) Was will Matthäus mit dieser Parabel den Christen seiner Zeit und allen Christen sagen? (Beachte Mt 5,20 und deren Hinweis auf das »Fruchtbringen«, s. oben Frage 18.)

Lukas

21) Stelle die Unterschiede der lukanischen Fassung gegenüber jener des Markus und des Matthäus fest!
22) Wie verlaufen die Sendungen der Boten? Warum vermeidet Lukas die Aussage, Israel hätte schon immer die Propheten Gottes getötet? Was soll der Ausruf der jüdischen Zuhörer Jesu, Lk 20,16, in diesem Zusammenhang sagen? (Beachte auch die Sonderüberlieferungen der lukanischen Passionsgeschichte, Lk 23,27-31 und 23,34). Wer ist demnach für die Ermordung »des geliebten Sohnes« verantwortlich: das Volk Israel oder dessen verblendete Führer?
23) Warum hebt Lukas die Aussage 20,18 im Ganzen seiner Bearbeitung als Schlüssel für sein Verständnis so deutlich hervor? (Vgl. dazu Lk 2,34f!) Welche Funktion hat so »der geliebte Sohn« für Israel und für alle Menschen?
24) Wie wird diese Funktion durch die Kirche verwirklicht? (S. die Christusverkündigung der Kirche, z.B. Apg 2,36; 3,11-26; 4,8-12; 5,30-32.)
25) Was will Lukas durch diese Parabel a) den Juden, b) den Heiden, c) den Christen sagen?

Zur Auslegung heute

26) Welche Boten Gottes fordern uns Christen heute auf, »Früchte« des Geistes Gottes zu bringen?
27) Was sagen Aussagen des Neuen Testaments wie die Bergpredigt

Jesu (vgl. Mt 5-7; Lk 6,20-49), das Hauptgebot (Mk 12,28-34 par), die Parabel vom barmherzigen Samariter (Lk 10,25-37), die Erzählung vom Endgericht (Mt 25,31-46) oder Gal 5,1-26 über diese Früchte?

28) Sind mir die Mahnungen der Kirche, umzukehren und nach den Weisungen Jesu Christi zu leben, lästig oder richte ich mich nach ihnen, auch wo sie meinen Interessen und Neigungen entgegenstehen? (Z.B. Ehescheidung, Ausschweifung, Sonntag, Hilfe für Arme, Wiedergutmachung von Schaden, Verzeihung von Bösem und Bitte um Vergebung.)

29) Wie lange will ich warten mit meiner Umkehr?

16. Das Gleichnis vom sprossenden Feigenbaum

Die Heilszeit kündigt sich bereits an
(Mk 13,28f; Mt 24,32f; Lk 21,29-31)

Das bei allen synoptischen Evangelisten begegnende Gleichnis Mk 13,28 par gehörte ursprünglich nicht zur Endzeitrede, sondern wurde von Markus in diesen Zusammenhang eingeordnet. Dabei hat Markus Vers 29 als Übergangsvers gebildet, um so das Gleichnis in die Aussage der vorausgehenden Redeeinheit einzupassen. Ursprünglich wies dieses Gleichnis auf die durch Jesu Wirken eingetretene heilsgeschichtliche Situation hin. Gegen die Herkunft des Gleichnisses von Jesus bestehen keine begründeten Einwände.

Form
Da es sich bei dem genannten Vorgang um ein naturgesetzliches Geschehen handelt, liegt ein *Gleichnis im engeren Sinn* vor.

Aufbau
Mk 13,28 par gibt den ursprünglichen Text wieder. Der Vergleich war dabei durch den Rahmen gegeben, der den Bezug auf das Reich Gottes enthielt. Vielleicht lautete die ursprüngliche Eingangsformel: »Womit soll ich das Reich Gottes vergleichen?« (vgl. Mk 4,30ff).

Bildfeld
Im Unterschied zu den übrigen Bäumen Palästinas (zur Zeit Jesu) verliert der Feigenbaum (neben dem Weinstock) im Herbst seine Blätter und sieht aus wie verdorrt. Insofern läßt sich gerade an den Zweigen und Trieben des Feigenbaums der Eintritt der warmen, trockenen Jahreszeit,

der Zeit des Reifens und der Ernte ablesen. Der sprossende Feigenbaum wird so zum Zeichen für »den Einbruch des Lebens in den Bereich des Todes« (*J. Manek,* ...und brachte Frucht, S. 34).

In Palästina geht die Regenzeit unvermittelt ohne eine Frühjahrszeit in die warme Zeit über. Insofern deutet der sprossende Feigenbaum auf den Anbruch des Sommers hin.

Botschaft

Beim Propheten Joël (2,22) wird von der Heilszeit gesagt: »Feigenbaum und Weinstock bringen ihren Ertrag« (vgl. dazu das negative Bild Jer 8,13: »Will ich bei ihnen – d.h. dem Königreich Juda und seinen Verantwortlichen – ernten, so sind keine Trauben am Weinstock, keine Feigen am Feigenbaum und das Laub verwelkt«). Demnach bezog Jesus diesen Vergleich auf die durch sein Wirken anbrechende Heilszeit (vgl. Mt 11,4f; Lk 7,20f; Jes 29,18; 35,5f; 61,1). So wie die Knospen, die jungen Blätter und die Triebe des Feigenbaums auf den nahen Sommer hinweisen, so weist das Wirken Jesu auf den nahen Anbruch der Herrschaft Gottes hin. Lk 12,54-57 spricht den Grundgedanken offen aus: »Das Aussehen der Erde und des Himmels könnt ihr deuten. Warum könnt ihr dann die Zeichen dieser Zeit nicht deuten?«

Rahmen

Der ursprüngliche Rahmen, in dem dieses Gleichnis gesprochen wurde, ist nicht erhalten.

Markus bezog das Gleichnis durch den Vers 13,29 in die Endzeitrede 13,3-37 ein und deutete so den Sommer als die Zeit der Ernte und des Gerichts (vgl. 13,27). Dabei hielt er durch die Aussage 13,30 an der Naherwartung dieses Endes fest (vgl. Mk 9,1). Insofern wurde aus einer Heilsankündigung und einer Aufforderung, die Zeichen der Zeit zu erkennen und Jesu Heilsangebot anzunehmen, eine *Mahnung an Christen*, bereit zu sein für das bevorstehende Ende, die Vollendung des Reiches Gottes, das in der Kirche bereits gegenwärtig ist, und nicht abzufallen.

Matthäus folgte darin Markus (vgl. Mt 24,3-44).

Lukas hat dieses Gleichnis zwar auch in seine endzeitliche Mahnrede 21,7-36 eingeordnet, hat aber einige Änderungen des Rahmens vorgenommen. Zunächst wies er in 21,29 – entgegen den Gegebenheiten in Palästina – auch »auf die anderen Bäume« hin, um so die allgemeine Gültigkeit der Gleichnisaussage zu unterstreichen, sodann verdeutlichte er in 21,31 das Bild vom Sommer durch »Reich Gottes«.

In Verbindung mit der Aussage 21,32: »diese Generation wird nicht vergehen, ehe alles eintrifft«, ist die Ansage der Nähe des Gottesreiches doppelt zu verstehen: es ist bereits durch die Ausgießung des Geistes Gottes über alles Fleisch« in der Kirche nahe (vgl. Apg 2,17-21), andererseits muß aber die Kirche noch im Vaterunser um die Vollendung des bereits anwesenden Heils bitten (vgl. Lk 11,2 und 21,36).

Anregungen zur Auslegung heute

1) Das ursprüngliche Gleichnis Jesu ist in Mk 13,28 erhalten und war zunächst nicht auf das Ende der Welt bezogen. Was wollte Jesus mit diesem Gleichnis in Hinsicht auf sein Wirken seinen Volksgenossen sagen? Welche Gleichnisse Jesu sprechen den gleichen Grundgedanken aus? (S. Mk 4,26-29.30-32.)
2) Mit welchen alttestamentlichen Worten deutet Jesus in den Evangelien des Matthäus und Lukas sein Wirken als Erfüllung der prophetischen Heilsverheißungen? (S. Mt 11,5; Lk 7,22.)
3) Ist die Verdeutlichung des Bildes vom Sommer durch »Reich Gottes« bei Lk 21,31 sachgemäß?
4) Auf welches Ereignis bezog Markus das Bild vom Sommer durch die Einordnung in die Endzeitrede Mk 13? (Vgl. 13,29.)
5) Wie versteht daher Markus (und mit ihm die beiden anderen synoptischen Evangelisten) dieses Gleichnis: als Ankündigung der Heilszeit oder als Mahnung, mit der bevorstehenden Parusie Jesu zu rechnen?
6) Welche Bedeutung mißt Lukas dem Gebet für das Kommen des Reiches Gottes (in Fülle) und der Bereitschaft für dieses Kommen zu? (Vgl. Lk 11,2 und 21,36.)
7) Inwiefern ist das Reich Gottes in der Kirche Jesu Christi ab dem ersten Pfingstfest bereits angebrochen? (Vgl. Apg 1,6-8; 2,1-4.17-21; 3,19-26.)
8) Was sagt 2 Petr 3,8 (s. Ps 90,4) über die Nähe des Kommens Christi zur Vollendung seines Heilswerks?
9) Wie steht die Urkirche nach Aussage von Mk 13,27; Mt 24,31 und Lk 21,28 der Parusie gegenüber, voll Angst oder voll Vertrauen?

17. *Die Parabel vom klugen Verwalter*

Aufruf zu entschlossenem Handeln in letzter Stunde
(Lk 16,1-13)

Diese bildhafte Erzählung gehört in den Zusammenhang: Ruf der Stunde – drohendes Gericht, da über die Hauptperson dieser Geschichte das Urteil bereits gefällt ist, dieser aber die ihm noch verbleibende Frist zum Handeln entschlossen nützt, um seine Zukunft zu sichern.

Form
Dem Ablauf des Geschehens nach handelt es sich um eine *Parabel im engeren Sinn.* Jesus knüpfte dabei wohl an eine Begebenheit an, die ihm vermutlich voll Entrüstung erzählt worden war. Zum Erstaunen seiner Zuhörer lobte Jesus dabei den gerissenen Verwalter und nötigte seine Zuhörer so, ihre eigene Situation im Spiegel dieser Parabel zu sehen und entsprechend zu handeln.

Aufbau
Die Aufforderung eines reichen Mannes an seinen Verwalter, Rechenschaft über seine Verwaltung abzulegen, und seine Absicht, ihn zu entlassen, setzen das zielbewußte und zugleich skrupellose Handeln dieses Verwalters in Gang. Dessen Verhalten steht im Mittelpunkt der Bildgeschichte und fordert zum Urteilen darüber heraus.

Das unerwartet positive Urteil Jesu über das Handeln dieses Mannes, Lk 16,8, bildet den Kontrapunkt der Erzählung. In ihm liegt der Schlüssel zum Verständnis der Parabel verborgen.

Bildfeld

Die fruchtbaren Ländereien um den See Genesaret befanden sich zur Zeit Jesu zum größten Teil in der Hand nichtjüdischer Großgrundbesitzer, zum Teil in Händen der herodianischen Herrscher und ihrer Anhänger. Viele dieser Großgrundbesitzer lebten im Ausland und ließen ihre Güter durch Verwalter bewirtschaften. Der Verwalter der Gleichnisgeschichte wird der Veruntreuung und Verschleuderung der Einkünfte des Besitzes angeklangt und zur Rechenschaftslegung über diese Einkünfte, also zur Vorlage von Schuldscheinen, Gutschriften usw. aufgefordert. So hatte dieser Verwalter noch Gelegenheit, in der ihm verbliebenen Frist bis zum Antritt eines neuen Verwalters für seine Zukunft vorzusorgen.

Das Selbstgespräch des Mannes enthüllt, daß die beiden Möglichkeiten zu »ehrlichem« Broterwerb für ihn nicht in Frage kommen: graben, das heißt schwere körperliche Arbeit, und betteln, das heißt die Bitte an andere, bisher zum Teil Abhängige, um Unterstützung. Denn der Verwalter rechnet nicht damit, nach seiner Absetzung wieder angestellt zu werden. Er unternimmt auch keinerlei Versuch, seine Unschuld zu beweisen. Offenbar hält er dies für aussichtslos.

Der Ausweg, auf den er verfällt, offenbart seine Skrupellosigkeit. Er macht durch Schuldennachlaß die Schuldner seines Herrn – Pächter mit noch ausstehenden Naturalabgaben oder Großhändler, die Lieferungen gegen Schuldschein erhalten haben – zu seinen Schuldnern. Denn er behält die ursprünglichen Schuldverschreibungen, um sie später dann, wenn nötig, präsentieren zu können.

100 Bat Öl (36,5 hl) entsprechen dem Ertrag von 140 Ölbäumen und einer Schuldsumme von ca. 1000 Denaren (1 Denar war, s. Mt 20,1-15, der Tageslohn eines Arbeiters). 100 Kor Weizen (364,4 hl = 550 Zentner), der Ertrag von etwa 42 ha Ackerland, entsprechen einer Schuldsumme von ca. 2500 Denaren. Es handelte sich also um hohe Schulden. Der Nachlaß (18 hl Öl, 73 hl Weizen), etwa 20 % der Gesamtsumme, war wertmäßig in etwa gleich (je 500 Denare), da Öl teurer war als Weizen. Die beiden genannten Schuldner stehen dabei als Beispiele dafür, wie der Verwalter mit allen Schuldnern seines Herrn verfuhr.

Bei dem »Herrn«, der das Handeln des betrügerischen und gerissenen Verwalters lobte, kann es sich nur um Jesus handeln (beachte auch die bereits ausgesprochene Absetzung des Verwalters durch seinen Herrn!). Lukas spricht auch an anderen Stellen vom historischen Jesus als »Herr« (vgl. 5,8.17; 7,13; 9,54.61; 10,1.17; 11,1; 18,6 u.ö.). »Söhne des Lichtes« sind Menschen, die sich vom Wort Gottes leiten lassen (vgl. Joh 12,36; Eph 5,8). »Klug« heißt hier zielbewußt handeln.

Botschaft
Auszugehen ist vom Bild des Verwalters, das mit dem Bild der Pächter des Weinbergs Gottes verwandt ist (Lk 20,9-19). Demnach ging es ursprünglich um die Aufgabe der Führer Israels, denen Gott sein Volk anvertraut hatte, nicht um ein Wort an die Jünger, wie die Einleitung des Lukas, 16,1, nahelegt. Von der Israel anvertrauten Verwaltung der Heilsgaben Gottes handelt auch das Gleichnis von dem mit der Hausverwaltung betrauten Knecht für die Zeit der Abwesenheit des Herrn, Lk 12,41-46. Insofern ist die Parabel als *Aufforderung an die Führer Israels* zu verstehen, in letzter Stunde, bevor ihnen die Verantwortung für das Volk Gottes genommen wird, sich für das endgültige Heilsangebot zu entscheiden, das Gott durch Jesus Christus an sie ergehen läßt, um so die verheißene Zukunft des Reiches Gottes in seiner Fülle zu gewinnen.

In dieser Hinsicht ist die Parabel mit jener vom unfruchtbaren Feigenbaum, Lk 13,6-9, verwandt (vgl. Mt 21,43).

Rahmen
Lukas läßt dieses Gleichnis an die Jünger Jesu, also an alle Christen gerichtet sein. Dem entspricht der Vers Lk 16,9, der die Parabel als Anweisung an jeden Christen deutet, durch Almosen sich Gott zum Freund zu machen. Lukas versteht diese Parabel als Mahnung an Christen, Geld und Besitz (»Mammon«) sinnvoll auf die Zukunft bei Gott (»ewige Wohnungen«) hin einzusetzen.

Er hat also die Parabel individualisiert und ethisiert auf den Gewinn des ewigen Lebens hin. »Almosen errettet vom Tod« (Tob 4,10; 12,9; vgl. Jak 2,13). Angeschlossen hat Lukas weitere Mahnungen zum Thema: Christ, Besitz und zielgerichtete (d.h. auf das Reich Gottes ausgerichtete) Klugheit.

Die *Verse 16,10 und 12* benützen die Parabel als negatives Beispiel für gutes christliches Verhalten gegenüber Geld und Besitz. Wer im Kleinen gewissenhaft ist, dem kann man auch größere Aufgaben anvertrauen; wer sich im eigenen Bereich gegenüber Besitz und Geld bewährt, dem kann man auch fremdes Gut anvertrauen. Hier ist wohl auch an Aufgaben in den Gemeinden gedacht. Es handelt sich demnach um christliche Gemeinde- und Lebensregeln.

Beim Gegensatzpaar *»das Fremde« – »das Wahre«* handelt es sich wohl um Aussagen über das Diesseitige, näherhin Geld und Besitz, und die Gnadengaben des Reiches Gottes (»das Wahre«).

Lk 16,13 schließt die Mahnung für rechtes Verhalten gegenüber dem Besitz in der Ordnung des Reiches Gottes, das heißt der Kirche, mit einem Einzelwort Jesu ab, das auch an anderer Stelle des Neuen Testaments begegnet (Mt 6,24). Darin wird auf einen Sklaven hingewiesen, der zwei Herren gehört und es deshalb keinem recht machen kann. Er wird sich daher am besten auf die Seite dessen schlagen, der ihm größere Vorteile bietet, und sich dem anderen zu entziehen versuchen. Dennoch aber wird er auf die Dauer von beiden ausgenützt werden.

Das Wort »*Mammon*«, das in Lk 16,9.11.13 begegnet, mit der Beifügung »ungerecht«, schließt in sich die hebräische Wurzel *amán,* d.h. das, worauf man vertraut. Die Wendung: »Mammon der Ungerechtigkeit« ist eine aus dem Hebräischen abgeleitete Aussage, die im Sinne des Lukas jeden Besitz als »ungerecht« abwertet und zwar angesichts der ungeheuren sozialen Nöte der unteren Schichten der damaligen Welt. Gerade der Evangelist Lukas weist auf diese Nöte hin und weckt die Verantwortung der Christen für die Armen der damaligen Welt (vgl. Lk 14,12-14; 11,41; 16,19-31).

Anregungen zur Auslegung heute

1) In welcher Hinsicht handelte der Verwalter unrecht und skrupellos, in welcher klug?
2) Wozu will Jesus die Führer des jüdischen Volkes durch diese Parabel auffordern? (Entscheidung für das endgültige Heil Gottes, das Jesus anbietet.)
3) Welche Gefahr droht den Führern Israels, wenn sie sich Jesu Heilsangebot in letzter Stunde verschließen? (S. die Ankündigung des Grundbesitzers.)
4) An wen richtet Lukas diese Parabel nach Ausweis von Lk 16,1 und 16,9? Wodurch soll der Christ sein endgültiges Heil sichern? (Wen soll der Christ durch den Einsatz seines Besitzes sich zum Freund machen?)
5) Was soll der Christ von »den Kindern dieser Welt« lernen? (Ernstnahme seiner im Glauben bejahten Lebensziele.)
6) Wie schätzt Lukas den Besitz des Christen ein nach Aussage von 16,9.11.13 und 12,13-21.33f; 14,12-14.33; 16,19-31; 18,18-30; 19,24?
7) Wie deuten die Anhänge 16,10f; 16,12 und 16,13 die Parabel, als positives oder negatives Beispiel? Welche Erfahrungen der ersten Christen mit Geld und Besitz stecken in diesen Regeln? Warum kann ein Christ nicht Gott und dem Geld zugleich gerecht werden? (Beachte das Bild vom Sklaven zweier Herren!)
8) Was bedeutet die Gemeinschaft mit Gott durch Christus und die Kirche für mein praktisches Leben? Ist die endgültige Gemeinschaft mit Gott nach dem Tod mein energisch angestrebtes Lebensziel?

9) Setze ich auch meinen Besitz zielbewußt für jenes »höchste Gut« ein?
10) Bin ich in den Augen Gottes klug in Hinsicht auf meine Lebensführung?
11) Welche Möglichkeiten bieten sich heute, sich Gott mit Hilfe der eigenen Möglichkeiten »zum Freund zu machen«?
12) Denke ich daran, daß auch ich einmal Rechenschaft über die »Verwaltung« des mir anvertrauten Lebens ablegen muß?

18. *Das Gleichnis von dem mit der Aufsicht betrauten Knecht*

Verheißung und Mahnung angesichts des Kommens des Reiches Gottes (Mt 24,45-51; Lk 12,42-46)

Matthäus und *Lukas* überliefern dieses Gleichnis, bei dem das Verhalten eines mit der Aufsicht über ein Hauswesen während der Abwesenheit seines Herrn betrauten Knechts für den Fall zur Diskussion gestellt wird, daß sein Herr früher als erwartet zurückkehrt. Dieses Gleichnis stammt aus der sogenannten Quelle *Q* und war, wie der Zusammenhang zeigt, in dem es bei beiden Evangelien steht, bereits in dieser Vorlage mit dem vorausgehenden Bildwort vom Dieb verbunden (Mt 24,43f; Lk 12,39f). Beide Evangelisten haben es in den Rahmen einer Mahnung in Hinsicht auf das Endgericht eingeordnet. Zunächst aber gilt es auch hier, das überlieferte Gleichnis für sich selbst auf seinen ursprünglichen Aussagesinn hin zu untersuchen. Da es wie die Parabel vom klugen Verwalter von den Elementen Knecht, Naherwartung und Reich Gottes geprägt ist, wird es hier in diesem Zusammenhang besprochen.

Form
Da die üblichen Konsequenzen zweier Verhaltensweisen zur Diskussion gestellt werden, mit deren Hilfe zum rechten Verhalten aufgefordert werden soll, handelt es sich um ein *Gleichnis im engeren Sinn.*

Aufbau
Das Gleichnis besteht aus zwei Teilen, in denen je das positive oder negative Verhalten eines Knechts gegenüber seinem Auftrag als Hausverwalter während der Abwesenheit seines Herrn vorgestellt und zur Beurteilung der Konsequenzen aufgefordert wird, wenn sein Herr plötz-

lich zurückkommt und ihn bei seinem Verhalten überrascht. Insofern hat dieses zweiteilige Gleichnis Ähnlichkeit mit dem Gleichnis vom Hausbau (Mt 7,24-27; Lk 6,47-49) und der Parabel von den anvertrauten Geldern (Mt 25,14-30; Lk 19,11-27).

Den Gesetzen der inneren Logik nach dürfte die Form des *Matthäus* ohne folgende Zusätze der *Urform* des Gleichnisses im Munde Jesu am nächsten kommen: Mt 24,48 »schlecht« (Urform also: »Wenn aber der Knecht denkt: ...«) und Mt 24,51b (»und ihm seinen Platz unter den Heuchlern zuweisen. Dort wird er heulen und mit den Zähnen knirschen«).

Bildfeld

Im Orient war es üblich, in einem wohlhabenden Haus oder einem Wirtschaftsunternehmen einen Sklaven zum Aufseher über die Mitsklaven zu ernennen und – falls er als zuverlässig galt – ihm auch das Hauswesen oder das Unternehmen während der Zeit kurzer Abwesenheit des Besitzers ganz anzuvertrauen. Als Beispiel dafür kann bereits die Josefsgeschichte (Gen 39; 41,37-45) dienen. Dort wird ebenfalls gesagt, daß sowohl Potifar wie auch der Pharao Josef später über ihr ganzes Haus, ja über ganz Ägypten setzten, weil er sich bewährt hatte. Insofern liegt auch die in Aussicht gestellte Belohnung (»Verwalter seines ganzen Vermögens« zu werden, Mt 24,47) durchaus im Rahmen des Üblichen. Ebenfalls sind drakonische Strafen an Sklaven bekannt, die ihrem Auftrag nicht entsprachen oder ihre Möglichkeiten mißbrauchten.

Botschaft

Ursprünglich handelte es sich nicht um eine Mahnung, stets bereit zu sein für die Wiederkunft Christi und das Endgericht, sondern um einen *Hinweis auf die durch das Wirken Jesu eingetretene Situation.* Das Gottesreich steht unmittelbar vor der Tür, jeder Israelit ist aufgefordert, sich für Jesu Botschaft zu öffnen und ihr zu glauben, damit ihm der volle Anbruch der Herrschaft Gottes nicht zum Unheil, sondern zum Heil werde. Jesus erwartet diesen Anbruch für den Zeitpunkt, an dem die Führer Israels seinen Messias- und Heilbringeranspruch anerkannten. »Sagt der Tochter Zion: Siehe, dein König kommt zu dir!« (Jes 62,11; Sach 9,9) (s. Mt 21,1-11).

Insofern ist dieses Gleichnis *den Entscheidungs- und Krisisgleichnissen zuzuordnen*, wobei die Möglichkeit des drohenden Gerichts sich bereits abzeichnet. Entscheidet euch rechtzeitig und bedenkt die Konsequenzen eures Verhaltens Noch ist die Situation offen. Aber es ist nicht mehr lang Zeit!

Dieser Botschaft entspricht inhaltlich die Aussage des *Gleichnisses vom Türhüter* (Mk 13,33-37; vgl. Mt 24,42; Lk 12,38.40). Auch in ihm geht es darum, wachsam zu sein für den alles entscheidenden Zeitpunkt, wann der Herr zurückkommt. Auch hier dürfte damit zunächst an die volle Aufrichtung der Herrschaft Gottes gedacht sein. »Jesus rief durch dieses Gleichnis dazu auf, sich bereit zu halten für das in der Zukunft liegende Eintreten der Vollendungsgestalt des Reiches Gottes. Wann es geschehen wird, kann weder vorausgesagt noch berechnet werden. Wachsamkeit zu jeder Stunde ist die einzig sinnvolle und daher geforderte Verhaltensweise. Jesus wird vermutlich diese Mahnung nicht nur an die Führer, sondern an alle gerichtet haben« (*A. Weiser,* Die Knechtsgleichnisse, S. 150; s. dort 131–153; zum Verständnis vgl. auch *H. Weder,* Die Gleichnisse Jesu, S. 162–168). Doch sollte der kleine *Akzentunterschied* zwischen jenem Gleichnis und dem Gleichnis von dem mit der Aufsicht betrauten Knecht nicht übersehen werden. Geht es dort um die stete Bereitschaft für den Anbruch des Reiches Gottes in seiner vollendeten Gestalt, wird hier die Vorbereitung darauf vor Augen gestellt. Jesus fordert hier dazu auf, seine Botschaft ernst zu nehmen, ihr zu glauben und sich auf den bevorstehenden vollen Anbruch des Reiches Gottes vorzubereiten. Diese Aufforderung dürfte sich ursprünglich vor allem an die Führer Israels gerichtet haben.

Rahmen

Das Gleichnis steht in einem von der *Urkirche* vorgegebenen Rahmen durch die Verbindung mit dem vorangestellten Spruch vom unerwarteten Kommen des Diebs (Mt 24,43f; Lk 12,39f), den beide Evangelisten bereits in der *Q*-Quelle vorfanden. Dadurch wird angedeutet, wie die Urkirche beide Bildaussagen verstand: als Mahnungen, jederzeit bereit zu sein für die Wiederkunft des Herrn. Der Herr des Gleichnisses wurde dabei auf den auferstandenen Kyrios Jesus Christus gedeutet. Als Knecht wurde dabei jeder Christ angesehen, der in der Zwischenzeit zwischen seiner Taufe und der Parusie Jesu sein Leben verantwortlich zu führen hat, um im Endgericht bestehen zu können. Der Zeitpunkt der Parusie wurde dabei als nahe, zugleich aber als unberechenbar und daher als jäh und unerwartet aufgezeigt. So wurde der Schwerpunkt von der Nähe des Reiches Gottes verlagert auf die Vollendung des mit dem Wirken Jesu, seinem Tod und seiner Auferstehung bereits begonnenen Reich. Die Kirche bildet dabei das Haus des Herrn, die Mitknechte (Mt 24,49) sind die Mitchristen. Die zur Diskussion gestellte Auffassung des in Verantwortung genommenen Knechtes: »Mein Herr kommt noch lange nicht« (Mt 24,48; Lk 12,45) weist bereits auf eine Frage hin, welche die Urkirche bedrängte, nämlich wie lange es nach der Auferstehung Jesu noch bis zu seiner Wiederkunft dauern werde. Mit der kritischen Darstellung dieser gefährlichen Mißdeutung der sich dehnenden Zwischenzeit wird Christen entgegengetreten, die daraus die Folgerung ableiteten, man könne es sich mit dem christlichen Lebensvollzug »gemütlicher« machen. Insofern diente dieses Gleichnis als Mahnwort gegen Erschlaffung und lautlosen Abfall in der nachösterlichen Kirche. Auf dieses Verständnis weist auch die Einordnung des Gleichnisses in eschatologische, das heißt endzeitbezogene Mahnreden durch beide Evangelisten hin (s. Mt 24f; Lk 12f).

Arbeit der Evangelisten

Matthäus hat das Gleichnis in die *Mahnrede über »die letzten Dinge«,* 24,1-25,46, eingeordnet, näherhin in die Gruppe von sieben Gleichnisreden, mit denen er diese Mahnrede abschließt: vom sprossenden Feigenbaum (24,32-36), von der Sintflutgeneration (24,37-42), vom Dieb (24,43f), von den klugen und unklugen Jungfrauen (25,1-13), von den Talenten (25,14-30) und vom Weltgericht (25,31-46). Es ist insofern ein prophetischer Beweis für die Zuverlässigkeit der urchristlichen Endzeiterwartung. Die Endzeithoffnung der Christen ist begründet durch das Wort Jesu des Auferstandenen und daher vollauf glaubwürdig. Wer sich auf diese Hoffnung verläßt, wird nicht scheitern.

Zugleich hat Matthäus das Gleichnis selbst *leicht verändert,* um es seinen seelsorglichen Absichten besser dienstbar zu machen. Er hat den Hinweis auf das falsche Verhalten verstärkt durch den Einschub vom »bösen, schlechten« Knecht (V. 48). Das sind jene Christen, welche die Dehnung der Zeit der Kirche mißdeuten, in die alte Lebenspraxis zurückfallen und das bevorstehende Endgericht nicht ernst nehmen. Deren ewiges Schicksal wird durch 24,51 näher umschrieben: Sie werden »ihren Platz unter den Heuchlern« finden, d.h. bei den Ungläubigen (vgl. Mt 6,2.5.16; 23,13.15.23.25.27.29), die sich zwar auch den Anschein von Frömmigkeit geben, aber in Wirklichkeit egoistisch und gottlos sind. Dies ist der Ort der Verdammten (s. die Formel: »Dort wird er heulen und mit den Zähnen knirschen«, vgl. Mt 8,12; 13,42.50; 22,13; 25,30).

Lukas ordnete das Gleichnis ebenfalls in eine Gruppe von Mahnungen in bezug auf das bevorstehende Gericht Gottes ein (Lk 12,1-13,30). In diesem Zusammenhang weist Lukas sowohl auf die Zeichen der Zeit hin (Lk 12,54-57), die zeigen, daß mit Jesu Wirken die Endzeit angebrochen ist und ruft zur Umkehr und zur klaren Entscheidung für Jesus Christus auf (vgl. Lk 12,49-53; 13,1-9.22-30), als auch auf das persönliche Gericht, das über jeden Menschen bei seinem Tod gefällt wird (Lk 12,4-12.13.21.22-32). Er hat also die *individuelle Endzeitmahnung* deutlich verstärkt, dabei den Akzent der Naherwartung des Endgerichts abgeschwächt. Das Gleichnis dient bei ihm der Jüngerbelehrung (beachte die Anreden Lk 12,1.4.5.8.16.22.27.32.37.44.51.54). Jeder Christ muß bei seinem Tod Rechenschaft geben über die Verwaltung seines Lebens; der Augenblick dieses Todes ist dabei unberechenbar und kann plötzlich eintreten (s. Lk 12,16-21). Bei Lukas dient also dieses Gleichnis als seelsorgliche Mahnung an Christen, nicht selbstherrlich die Verantwortung vor Gott und die Tatsache des drohenden Todes zu übersehen und außer acht zu lassen. Die durch das Kommen Jesu bestimmte Zeit ist eine Zeit der Scheidung und Entscheidung (Lk 12,49-53).

Im Gleichnis selbst hat Lukas dabei *weitere Akzente* gesetzt, indem er in 12,42 aus dem Knecht einen »Verwalter« macht. Dadurch spitzt er dieses Gleichnis auf die Hirten der Kirche zu. Dem entspricht der von seiner Hand stammende Anhang Lk 12,47f. Während er darin einerseits betont, daß »jeder Knecht, der den Willen seines Herrn kennt und nicht danach handelt, viele Schläge bekommen wird«, hebt der Schlußsatz andererseits hervor: »Wem viel gegeben wurde, von dem wird viel zurückgefordert werden.« Insofern versteht Lukas dieses Gleichnis vor allem als *Mahnrede an die Hirten der Kirche,* ihre Verantwortung ernst zu nehmen und in ihrem Dienst nicht zu erschlaffen.

Das hier durch das Gleichnis Gesagte wird ohne Bild ausgesprochen in der *Abschiedsrede des Apostels Paulus an die Presbyter und Episkopen von Ephesus,* Apg 20,17-35: »Gebt acht auf euch und auf die ganze Herde, in der euch der Heilige Geist zu Bischöfen bestellt hat, damit ihr als Hirten für die Kirche Gottes sorgt, die er sich durch das Blut des eigenen Sohnes erworben hat. Seid also wachsam!« (Apg 20,28.31a).

Anregungen für die Auslegung heute

1) Vergleiche die beiden Gleichnisstücke miteinander: Worin stimmen sie überein, worin sind sie verschieden? Wie dürfte die ursprüngliche Erzählung gelautet haben?
2) Ist im Gleichnis von einem Knecht oder von zwei Knechten die Rede? Geht es um die Darstellung ihres Verhaltens als gutes und schlechtes Vorbild oder um den Aufweis der Konsequenzen je verschiedenen Verhaltens?
3) Was stellte Jesus seinen Zeitgenossen mit diesem Gleichnis in bezug auf seine Botschaft vom Reich Gottes vor Augen? Wozu wollte

er sie bewegen? (Zur rechtzeitigen Annahme seines Heilsangebots vor der endgültigen Aufrichtung des Reiches Gottes.)

4) Wie hat die Urkirche dieses Gleichnis nach Ausweis des Rahmens gedeutet, in dem dieses Gleichnis überliefert wird? (Beachte das bei beiden Evangelisten vorangehende Bildwort vom Kommen des Diebes und den größeren Zusammenhang von Mahnreden in Hinsicht auf das Endgericht.)
5) Wie hat Matthäus dieses Gleichnis verstanden? (Beachte die Unterschiede zu Lukas und vor allem den Anhang Mt 24,51 sowie die übrigen Gleichnisse von der Wiederkunft Christi und dem Endgericht Mt 24,37-25,46.) Ist mehr das Element der Mahnung oder der Verheißung herausgearbeitet?
6) Wie hat Lukas dieses Gleichnis im Rahmen seiner Mahnungen an Christen zum rechten Verhalten in der Endzeit verstanden? (Vgl. Lk 12,1-13,30, besonders 12,54-57 und 12,31.) Warum hat er aus dem »Knecht« einen »Verwalter« gemacht? (S. Lk 12,42; beachte auch 12,48b.) An wen vor allem ist diese Mahnung gerichtet? (Alle Christen oder die Führer der Kirche?)
7) Warum ist in der nachösterlichen Kirche die »Verzögerung« der als nahe erwarteten Wiederkunft Christi als Gefahr für schwache Christen angesehen worden? (Vgl. Mt 24,48; Lk 12,45, dazu Lk 18,7f; 21,34-36; 2 Petr 3,3-15.)
8) Welchen Grundgedanken spricht die vorausgehende Bildrede vom Hausherrn und vom Dieb aus? Warum hat die Urkirche diese Bildrede mit dem Gleichnis verbunden? (Worin treffen sich die Grundgedanken beider Bildaussagen?)
9) Was sagt das Gleichnis heute jedem Christen? (Was beinhaltet christliche Klugheit im Licht dieses Gleichnisses? Mit Gottes Gericht und Vergeltung und mit dem unberechenbaren Eintreffen des Todes zu rechnen.) Was will Lukas mit dem Hinweis auf die je persönliche Verantwortlichkeit zum Ausdruck bringen? (Vgl. Lk 12,47f.)
10) Gilt der Hinweis des Lukas auf die »Verwalter« der Kirche nur den »amtlichen« Hirten der Kirche oder auch all denen, die in der Kirche Verantwortung tragen? (Beachte die »charismatischen Dienste« in der Urkirche 1 Kor 12; 14; Röm 12,3-8; Eph 4.)
11) Suche mit Hilfe eines Stichwortregisters oder einer Konkordanz Stellen im Neuen Testament, wo von »Knechten« und »Dienern« die Rede ist, und ordne sie nach Aussagegruppen. Wie oft werden die Jünger Jesu als Knechte bzw. Diener bezeichnet?

19. Das Gleichnis vom Hausherrn und vom Dieb

Aufruf zu klarer Entscheidung angesichts des Hereinbrechens des Reiches Gottes
(Mt 24,43f; Lk 12,39f)

Die knappe Bilderzählung wird nur von *Matthäus* und *Lukas* überliefert, und zwar je in Verbindung mit dem Gleichnis von dem mit der Aufsicht betrauten Knecht. Sie wurde also der sog. Quelle *Q*, einer sehr frühen, heute verlorenen Sammlung von Worten und Reden Jesu entnommen. Wegen ihrer Verwandtschaft mit dem Gleichnis vom Knecht, der zum Oberaufseher bestellt wurde, wird dieses Gleichnis in diesem Zusammenhang behandelt.

Form
Weil das dem Hausherrn im Gleichnis empfohlene Verhalten zur Abwehr eines Einbrechers dem normalen Verhalten von Menschen in gleichen Umständen entspricht, handelt es sich um eine *Gleichniserzählung im engeren Sinn.* Es ist gut möglich, daß Jesus bei dieser Erzählung an einen Vorfall anknüpfte, der sich kurz zuvor ereignet hatte. Das würde die Wahl des Bildes erklären und zugleich zeigen, wie lebendig und situationsbezogen Jesus seine Reich-Gottes-Botschaft zu verkünden wußte. Dabei muß vorausgesetzt werden, daß der Hinweis auf das Kommen des Menschensohnes erst durch die nachösterliche Kirche in das zunächst auf das Reich Gottes bezogene Gleichnis eingetragen wurde.

Im *Thomasevangelium,* das altes synoptisches Überlieferungsgut von Worten Jesu in zum Teil gnostischer, das heißt häretischer, Bearbeitung enthält, finden sich folgende Fassungen: »Wenn der Herr weiß, daß der Dieb kommt, wird er wachen, ehe er kommt, und ihn nicht ins Haus seines Königtums eindringen lassen, damit er seine Habe nicht wegträgt. Ihr aber seid auf der Hut vor der Welt! Umgürtet eure Lenden mit großer Kraft, damit die Diebe den Weg nicht zu euch finden!« (Spruch Nr. 21); und: »Jesus sagte: ›Selig ist der Mann, der weiß, in welchem Teil (der Nacht) die Diebe kommen, damit er aufsteht und sich gürtet, bevor sie eindringen‹« (Spruch Nr. 103).

Aufbau

Das Gleichnis zieht eine Schlußfolgerung aus einem zur Disposition gestellten konkreten Vorfall. Ein deutlicher Hinweis auf das Reich Gottes fehlt zwar, ist aber auch hier wie bei allen Gleichnissen Jesu vorauszusetzen. Ursprünglich dürfte die *Schlußfolgerung* gelautet haben: »Haltet auch ihr euch bereit! Denn das Reich Gottes kommt zu einer Stunde, in der ihr es nicht erwartet.« Wegen der Entsprechung von Lk 12,39 »Stunde« und Lk 12,40 »Stunde« – dagegen vgl. Mt 24,43 »Nachtwache«, Mt 24,44 »Stunde« – dürfte die Fassung des *Lukas ursprünglicher* sein.

Bildfeld

Die übliche Behausung in Palästina zur Zeit Jesu bestand aus einem eingeschossigen, flachen, viereckigen, meist einräumigen Bau mit Wänden aus Balken und getrocknetem Lehm. Die Tür der fensterlosen Häuser war nachts verrammelt. Diese Wände konnten leicht durchgegraben werden und boten entschlossenen Dieben kein Hindernis. Als Diebesgut kamen Kleidungsstücke, Schmuck und Münzen in Frage. Letzteres wurde dabei meist in Krügen und hölzernen Kästchen aufbewahrt. Die günstigste Zeit für Diebe war die Zeit nach Mitternacht bzw. einige Zeit vor Anbruch des Morgengrauens, weil da meist auch Hunde und Hähne schliefen. Straßenbeleuchtung fehlte. Polizei oder Wachpersonal gab es nicht auf den Dörfern oder in kleineren Städten. Zur Zeit des Winterregens gab es dunkle, sternenlose und mondlose Nächte, die das Diebeshandwerk begünstigten.

Das Gleichnis setzt einen Einbruch voraus, den der Hauseigentümer erst am nächsten Morgen bemerkte und knüpft am Selbstvorwurf dieses Mannes an: »Hätte ich doch nur gewacht, dann wäre das nicht passiert.«

Botschaft

Bei der Bilderzählung handelte es sich *ursprünglich* um *ein Reich-Gottes-Gleichnis*, nicht um einen Hinweis auf die Parusie des Menschensohnes. Insofern ging es um einen Hinweis auf die durch das Wirken Jesu eingetretene Situation des Nahekommens des Reiches Gottes und dessen baldigen vollen Anbruch: Wenn ihr nicht bald die Zeichen der Zeit erkennt und euch vorbereitet auf die nahe Aufrichtung des Reiches Gottes in seiner Fülle, seid ihr wie der Hausherr des Gleichnisses. Ihr habt dann den rechten Zeitpunkt verpaßt und seid ausgeschlossen aus dem Reich Gottes! In diesem Grundgedanken berührt sich dieses Gleichnis mit jenem vom großen Gastmahl bzw. vom königlichen Hochzeitsmahl.

Ähnliche Aussagen machen der *Spruch von den Zeichen der Zeit* (Lk 12,54-57: »Warum könnt ihr die Zeichen der Zeit nicht deuten? Warum findet ihr nicht das rechte Urteil?«), das Wort über die blinden Gesetzeslehrer (Mt 23,13: »Ihr verschließt den Menschen das Himmelreich. Ihr selbst geht nicht hinein; aber ihr laßt auch die, die hineingehen wollen, nicht hinein«, vgl. Lk 11,52) und das Streitgespräch über die Vollmacht Jesu (Mk 11,27-33 par).

Rahmen

Die *Urkirche* verwandte dieses Gleichnis in ihrer Verkündigung an Christen. Sie verwies damit einerseits auf die in der Kirche durch den Geist Christi bereits angebrochene Heilszeit, andererseits richtete sie den Blick ihrer Glieder hin auf die Wiederkunft Christi, des Weltenrichters, »des Menschensohnes« (vgl. Dan 7,13), der dabei das Reich Gottes endgültig aufrichten wird (vgl. Mt 25,31-46; 1 Kor 15,23-28).

So wurde aus einem Appell an die Führer Israels und die Zeitgenossen Jesu eine *Mahnung an Christen*, Christus treu zu bleiben, nicht müde und träge zu werden und das Leben konsequent auf die Wiederkunft Christi, des Richters und Vollenders auszurichten. Die Wiederkunft Jesu läßt sich nicht berechnen. Sie wird die Menschheit überraschen. Daher gilt es, allzeit dafür bereit zu sein!

Arbeit der Evangelisten

Matthäus und *Lukas* stellten das knappe Gleichnis zusammen mit jenem vom Knecht, der mit der Aufsicht betraut wurde, in den Rahmen ihrer endzeitlichen Mahnreden (Mt 24f und Lk 12f). Bei *Matthäus* geht unmittelbar voraus der Aufruf zu steter Wachsamkeit: »Seid also wachsam! Denn ihr wißt nicht, an welchem Tag euer Herr kommt« (Mt 24,42). Im größeren Zusammenhang dieser Mahnrede betont er mehrfach: »Jenen Tag und jene Stunde kennt niemand« (Mt 24,36) bzw. »der Herr wird an einem Tag kommen, an dem der Knecht es nicht erwartet, und zu einer Stunde, die er nicht kennt« (Mt 24,50). Die Parabel von den zehn Jungfrauen (Mt 25,1-13) dient demselben Anliegen, stete Bereitschaft für das Kommen des auferstandenen Herrn einzuschärfen.

Darum auch verdeutlicht Matthäus in 24,43 die ursprüngliche Aussage des Gleichnisses über die unbekannte »Stunde« durch einen Hinweis auf die Nachtwacheneinteilung der damaligen Zeit: »Wenn der Herr des Hauses wüßte, zu welcher (Stunde der) *Nachtwache* der Dieb kommt, würde er sicher wachbleiben.« Die Nacht wurde damals in Palästina nach römischem Vorbild in vier Nachtwachen zu je etwa drei Stunden eingeteilt. Diese Verdeutlichung zeigt zugleich, wie stark die Kirche des Matthäus noch von der Naherwartung der Parusie Christi bestimmt war.

Bei *Lukas* ist zwar die Überzeugung von der Nähe der Wiederkunft Christi gegenüber Matthäus deutlich schwächer (vgl. vor allem Lk 17,20f; 21,24), doch stellt auch er diese Bilderzählung in einen Zusammenhang, der die Möglichkeit des jähen und unerwarteten Kommens des Menschensohnes betont. Er schließt nämlich das Gleichnis vom Einbrecher an das Gleichnis von den Knechten an, die in der Nacht auf die Rückkehr ihres Herrn von einer Hochzeit warten, Lk 12,35-38: »Und kommt der Herr erst in der zweiten oder dritten Nachtwache – selig sind sie.« Dabei denkt Lukas wohl auch an die Möglichkeit der unerwarteten Begegnung mit dem Herrn in der eigenen unberechenbaren *Todesstunde* eines jeden Christen (vgl. Lk 12,13-21; 13,1-9; 13,22-30; 16,1-9). Lukas ist es auch, der das Gleichnis durch den Einschub einer Frage des Petrus (Lk 12,41) eigens an die Jünger, das heißt an alle Christen, vor allem aber an die Führer der Kirche (s. »Verwalter« Lk 12,42) gerichtet sein läßt.

Anregungen zur Auslegung heute

1) Vergleiche die beiden Fassungen des Gleichnisses bei Matthäus und Lukas miteinander: Worin gleichen sich beide, worin unterscheiden sie sich?
2) Welche Fassung erscheint ursprünglicher? (Beachte die Verdeutlichung von »Stunde« bei Matthäus durch »Nachtwache«.) (Die des Lukas.)
3) Das Gleichnis Jesu war ursprünglich an Juden gerichtet. Ihnen wollte Jesus etwas Wichtiges über das rechte Verhalten gegenüber dem Reich Gottes sagen. Insofern ist an die Stelle von »Menschensohn« (Mt 24,44; Lk 12,40) ursprünglich »Reich Gottes« zu setzen. Was sagt Jesus mit diesem Gleichnis also über den Anbruch des Reiches Gottes?
4) Für welchen Zeitpunkt erwartete Jesus ursprünglich diesen An-

bruch? (Vgl. Mk 1,15; 9,1; 13,30; dazu Lk 19,11; Mt 21,1-11; 21,23-27; 21,43; 22,1-10; Lk 19,41-44; 21,20-24.)

5) Was sagt Paulus über den Weg des Reiches Gottes von den Juden zu den Heiden im Brief an die Römer, Kapitel 9-11?
6) An wen richtet die Urkirche das Gleichnis vom Hausherrn und vom Dieb? (S. Mt 24,3; Lk 12,22.41.) Auf welchen Zeitpunkt richtet sie nun die Aufmerksamkeit ihrer Hörer (s. das Wort von »Menschensohn«)? Inwiefern vollendet die Wiederkunft Christi das Reich Gottes, das in der Kirche durch die Gabe des Geistes Gottes bereits angebrochen ist?
7) Stelle mit Hilfe einer Konkordanz oder eines Stichwortverzeichnisses zusammen, was über die Funktion des Menschensohnes beim Endgericht gesagt wird! (Vgl. Mt 13,37.41; 16,27f; 17,9; 19,28; 24,27.30.37.39.44; 26,64; Mk 14,62; Lk 17,24.26.30; Apg 7,56.)
8) Was sagt das Gleichnis uns Christen heute? Wie kann die Entscheidung für die Wirklichkeit des Reiches Gottes in der Kirche praktisch vollzogen werden?
9) Was können wir Christen an Werten und Möglichkeiten neuen Lebens durch Erschlaffung, Müdigkeit und Gleichgültigkeit verlieren?
10) Wie können wir wachsam und zielbewußt auf die Begegnung mit Christus, dem Richter und Vollender unseres Lebens, hin leben?
11) Inwiefern wird das Leben eines Christen durch die entschlossene Ausrichtung auf das Reich Gottes klarer und freudiger?
12) Welche christliche Tugend entspricht der Ausrichtung auf das vollendete Reich Gottes? (Die Hoffnung.)

20. *Das Gleichnis vom Gang zum Richter*

Aufruf zur Umkehr im letzten Augenblick
(Mt 5,25f; Lk 12,58f)

Im Ganzen der eschatologischen Mahnungen des Evangelisten Lukas begegnet auch dieses Gleichnis. Es hat bei *Lukas* den Charakter einer endzeitgerichteten Mahnung, während es bei *Matthäus* die Form einer sittlichen Anweisung erhalten hat. Auch dieses Gleichnis ist der verlorenen Sammlung von Jesusworten, *Q,* entnommen und diente ursprünglich dazu, die Botschaft Jesu von der bevorstehenden Herrschaftsaufrichtung Gottes zu verdeutlichen. Daher soll hier dem neuen Gesichtspunkt nachgespürt werden, den dieses Gleichnis vom Reich Gottes enthüllt.

Form
Es handelt sich um ein *Gleichnis im engeren Sinn,* da den Hörern eine Konsequenz vor Augen geführt wird, die immer dann eintritt, wenn ein Schuldner sich weigert, seine Schuld rechtzeitig zu bezahlen.

Aufbau
Der Aufbau ist klar. Den Hörern wird ein Fall geschildert, bei dem ein Schuldner sich weigert, seine Schuld zu bezahlen. Dabei wird vorausgesetzt, daß die Schuld zu Recht eingefordert wird. Wichtig für die Auslegung ist, daß bereits einige Zeit verstrichen ist und der Gläubiger sich entschlossen hat, nun die Angelegenheit vor einen Richter zu bringen. Auch bei diesem Gleichnis, das ohne Einleitungs- und Schlußformel überliefert wird, muß als Schlüssel zum Verständnis der Reich-Gottes-Bezug dieser Bilderzählung vorausgesetzt werden.

Bildfeld

Im Mittelpunkt der Bildgeschichte steht ein Schuldner, der sich hartnäckig weigert, eine Schuld oder ein Darlehen zurückzubezahlen oder eine andere finanzielle Forderung (z. B. bei einer Erbschaftsangelegenheit) zu begleichen oder sich darüber mit seinem Gläubiger gütlich zu einigen. Zwar durfte nach jüdischem Recht ein solcher Schuldner nicht in Schuldhaft genommen oder gar als Sklave verkauft werden, doch war Schuldhaft üblich, um uneinsichtige Schuldner zu nötigen, entweder die Schuld zu begleichen oder sie durch eigener Hände Arbeit abzutragen.

Das Gleichnis setzt außerdem voraus, daß ab dem Zeitpunkt, an dem der Weg gerichtlicher Entscheidung beschritten wird, eine gütliche Einigung nicht mehr möglich ist. Dann muß der, der schuldig gesprochen wird, die Folgen bis ins kleinste tragen; außerdem wird dann der erbitterte Prozeßgegner darauf bestehen, daß seiner Forderung auf Heller und Pfennig Genüge getan wird.

Ein *quadrans* war die kleinste römische Bronzemünze von sehr geringem Wert, wörtlich »Ein-Viertel« (As), d. h. $^1/_{64}$ Denar, also »ein Viertelpfennig«; ein *lepton* war die kleinste griechische Münze, deren Wert nicht genau feststellbar ist. Bei Matthäus und Lukas soll also betont werden, die Schuld muß nach der Verurteilung bis auf den letzten Pfennig bezahlt werden.

Aus dem Gleichnis läßt sich auch etwas über das antike Gerichtswesen erkennen: Ein Ankläger und ein Schuldner gehen zu einem Einzelrichter, der für Finanzfragen zuständig war. Ein Anwalt ist nicht nötig, notfalls genügen Zeugen. Nach der Verurteilung wird der Angeklagte dem Gerichtsangestellten (Büttel) übergeben und in ein Schuldgefängnis gebracht. Wird die Schuld bezahlt, notfalls von Angehörigen oder Freunden – denn bei Schuldhaft verlor der Verurteilte auch sein soziales Ansehen –, konnte er sofort freigelassen werden – natürlich waren auch noch der Richter und eine Gebühr für die Haft zu bezahlen –, im andern Fall hatte der Verurteilte die Schuld abzuarbeiten. Die Gefängnisse (Kerker) waren in sehr schlechtem Zustand, so daß jeder Verurteilte darauf drängte, so rasch wie möglich daraus freizukommen. (Zu vermerken ist noch, daß nach jüdischer Lehre Streitfälle, die aus gegenseitigem Verschulden entstanden, nicht vor das Synagogengericht gebracht werden sollten, sondern auf gütlichem Weg zu bereinigen waren.)

Botschaft

Jesus kommt als der letzte Bote Gottes, der dessen unbedingtes, umfassendes Erbarmen allen in Israel anbieten soll, den Gerechten wie den

Sündern. Darum ruft er in Hinblick auf den Anbruch des Reiches Gottes zur Umkehr auf und gewährt denen, die umkehren, die Vergebung der Sünden im Namen Gottes:

»Die Zeit ist erfüllt, das Reich Gottes ist nahe. Kehrt um und glaubt an das Evangelium (vom Reich Gottes)!« (Mk 1,15). »Nicht die Gesunden brauchen den Arzt, sondern die Kranken. Darum lernt, was es heißt: ›Barmherzigkeit will ich, nicht Opfer.‹ Denn ich bin gekommen, um die Sünder zu rufen...« (Mt 9,12f). »Im Himmel herrscht mehr Freude über einen einzigen Sünder, der umkehrt, als über 99 Gerechte, die es nicht nötig haben umzukehren« (Lk 15,7). »Ihr alle werdet... umkommen, wenn ihr euch nicht bekehrt« (Lk 13,5).

Dies ist auch der Sinn seines letzten Zuges nach Jerusalem, nämlich die jüdischen Führer zur Umkehr und zum Glauben an seine Botschaft vom Reich Gottes und an seine Sendung als endgültigen Heilbringer aufzurufen. Wenn Israel rechtzeitig umkehrt, dann ist Gott gnädig, wenn es hartnäckig auf seiner vermeintlichen Gerechtigkeit beharrt, wird ihm das Angebot des Reiches Gottes, das heißt der erlösenden Gnade Gottes, zum Gericht.

Das Gleichnis will also dazu aufrufen, die eigene Situation zu erkennen und im letzten Augenblick Gottes Gnaden- und Heilsangebot zu ergreifen. Insofern gehört auch dieses Gleichnis in die Gruppe der *Entscheidungs- und Gerichtsgleichnisse* hinein. Seine Botschaft ist verwandt mit jener der Parabeln vom klugen Verwalter und vom unbarmherzigen Gläubiger (Mt 18,23-35).

Rahmen

Das Gleichnis ist ohne Einleitungs- und Schlußformel überliefert. Lukas bietet es im Ganzen seiner Endzeitmahnung (Kapitel 12f). In einem solchen Zusammenhang dürfte er es auch übernommen haben. Demnach hat die *Urkirche* dieses Gleichnis als *Gerichtsgleichnis* verstanden, das sich einerseits an Israel bereits erfüllt hatte, andererseits aber die Christen aufforderte, an die Parusie Jesu und das Endgericht zu denken. Denn erst dort wird sich entscheiden, wer wirklich zum Reich Gottes gehören wird. Dabei legte der Bildstoff nahe, besonders an die Versöhnung mit den Mitchristen und Mitmenschen als Voraussetzung für die Vergebung durch Gott zu denken. »Erlaßt einander die Schuld, dann wird auch eure Schuld erlassen werden... Nach dem Maß, mit dem ihr meßt und zuteilt, wird auch euch zugeteilt werden!« (Lk 6,37f), aber auch: Mache deine Schuld wieder gut, bitte um Vergebung!

Arbeit der Evangelisten

Lukas schließt dieses Gleichnis an das Wort von den Zeichen der Zeit an (Lk 12,54-57), näherhin an die Frage: »Warum könnt ihr die Zeichen der Zeit nicht deuten? Warum findet ihr nicht schon von selbst das rechte Urteil?« (Lk 12,56f); er führt also den Grundgedanken Jesu auf die Situation der Kirche hin weiter und auf deren Mission an Juden und Heiden. Das wird auch durch die angeschlossene Mahnung zur Umkehr Lk 13,1-9 deutlich. Insofern wird dieses Gleichnis bei ihm zum Appell an die Hörer der christlichen Verkündigung unter Juden und Heiden, der Botschaft des Evangeliums zu glauben und das Angebot der Gnade Gottes anzunehmen.

Diesem Verständnis entsprechen die *Missionsreden der Apostelgeschichte* vor Juden und Heiden. Denn nach Lukas dauert »die Zeit der Gnade« fort bis zur Wiederkunft Christi (vgl. Lk 4,18-21: »Gott hat mich gesandt, ... ein Gnadenjahr des Herrn auszurufen!«). Darum führt die Kirche den Umkehrruf und das Gnadenangebot Jesu weiter. »Der Messias wird leiden und am dritten Tag von den Toten auferstehen, und in seinem Namen wird man allen Völkern, angefangen in Jerusalem, verkünden, sie sollen umkehren, damit ihre Sünden vergeben werden! Ihr seid Zeugen dafür!« (Lk 24,46-48; vgl. Apg 2,38; 3,19-26; 5,30-32; 10,42f; 13,38-40; 15,11; 17,30f).

Lukas hat dieses Gleichnis stilistisch geglättet, indem er Fachworte des griechisch-römischen Gerichtswesens in den Text einfügte (vgl. *árchon,* Beamter, neben *krites,* Richter; *praktor,* Büttel, Scherge statt *hyperetes,* Knecht, Diener; *lepton* [griech. Münze] statt *quadrans* [röm. Münze]).

Matthäus hat die knappe Erzählung als Beispiel in die Bergpredigt Jesu eingeschoben, um dadurch die Aufforderung zur Versöhnung praktisch zu erläutern (Mt 5,21-26). Der Hinweis auf den Anbruch des Reiches Gottes ist weggefallen. So wird das Gleichnis hier zu einer Begründung des Aufrufs zur Versöhnung, indem die Konsequenzen hartnäckiger Weigerung, eigene Schuld rechtzeitig gutzumachen, den Hörern vor Augen gestellt werden. Der Reich-Gottes-Bezug ist nur noch dadurch gegeben, daß der Wille zu rascher, umfassender Versöhnung allein der neuen Ordnung des Reiches Gottes entspricht. So wurde aus dem Gleichnis eine *Anweisung an Christen,* sich unbedingt als versöhnungsbereit zu erweisen, soll das Gesetz des Erbarmens Gottes (s. Mt 5,48) auch für sie gelten.

Anregungen für die Auslegung heute

1) Vergleiche die beiden Überlieferungsstücke bei Matthäus und Lukas, und stelle den Grundbestand des Gleichnisses fest. Handelt es sich um ein Gleichnis oder um eine Parabel im engeren Sinn?
2) Die Fassung des Lukas steht dem ursprünglichen Gleichnis Jesu näher. Worin zeigt sich dort der Reich-Gottes-Bezug: in der Aufforderung, rechtzeitig umzukehren und die eigene Schuld wiedergutzumachen oder in der Aussage, noch sei Gelegenheit, umzukehren und damit »eine gütliche Regelung« mit Gott zu erlangen? (In letzterem.)
3) Inwiefern gehören nach Jesus der Umkehrruf, das Angebot der Sündenvergebung und das Reich Gottes zusammen? (Vgl. Mk 1,15; Mt 9,12f; Lk 15,7; 13,5; auch Mt 18,23-35.)
4) Haben die Führer Israels das Angebot der Sündenvergebung als Voraussetzung für die Zugehörigkeit zum Reich Gottes angenommen? (S. Mt 23,13; Lk 19,41-44.)
5) Wie hat die Kirche nach der Auferstehung Jesu den Umkehrruf und das Angebot der Sündenvergebung weitergeführt? (Vgl. den Rahmen des Gleichnisses bei Lukas, dazu Lk 24,46-48; Apg 2,38; 3,19-26; 10,42f; 13,38-40; 17,30f.)
6) Wie hat Matthäus in seinem Evangelium das Gleichnis verwendet: als Hinweis auf das bevorstehende Gericht, als Aufforderung, rechtzeitig umzukehren und die Vergebung der Sünden zu suchen oder als praktische Anweisung zur Versöhnung? (Beachte den Rahmen, in den Matthäus das Gleichnis einfügte.)
7) Ist mir bewußt, daß auch ich aus Gottes Erbarmen lebe, und bin ich deshalb unbedingt versöhnungsbereit?
8) Nehme ich die Bitte des Vaterunsers: »Erlaß uns unsere Schulden, wie auch wir sie unseren Schuldnern erlassen haben« (Mt 6,12) ernst und handle ich danach?
9) Verstehe ich Gottes Angebot zur Umkehr und zur Vergebung als befreiendes Geschenk der Güte Gottes?
10) Denke ich daran, daß mein Leben ein Weg vor das Gericht Gottes ist? (»Nur wenige Jahre noch, und ich gehe den Weg, von dem ich nicht zurückkehren werde« Ijob 16,22.) Weiß ich um den Maßstab des göttlichen Gerichts? (Vgl. Mt 7,1; 7,12; 18,33; Lk 6,36; Gal 5,14. 19-23; Jak 2,12f.)

21. *Das Doppelgleichnis von der Sintflut und vom Feuerregen*

Weckruf vor der drohenden Katastrophe
(Lk 17,26-30; vgl. Mt 24,37-39)

Bei *Lukas* findet sich in einem Abschnitt, der vom Kommen Jesu Christi am Ende der Zeit handelt (Lk 17,20-37), ein Doppelgleichnis, das die Situation der Menschen beschreibt, die zur Zeit der Sintflut oder des Untergangs von Sodom und Gomorra lebten. Da dieses Doppelgleichnis sich ursprünglich auf das Reich Gottes bezog, näherhin auf die durch Christi Wirken beginnende Entscheidungszeit für den Anbruch des Reiches Gottes, wird es in der Gruppe der Entscheidungs- und Krisisgleichnisse besprochen.

Form
Beide Bilderzählungen setzen voraus, daß die Menschen dem Willen Gottes gleichgültig, ja ablehnend gegenüberstehen und daher unvorbereitet sind für das Gerichtshandeln Gottes. Dieser »Gesetzmäßigkeit« der gefallenen Welt wegen handelt es sich um ein *Doppelgleichnis im engeren Sinn.* Die Variation des Doppelgleichnisses besteht in dem Hinweis auf die beiden Formen des Gerichts durch Wasser und durch Feuer; vielleicht kann man auch auf den Gegensatz von Land und Stadt hinweisen.

Aufbau
Das Doppelgleichnis weist heute deutlich *spätere Zusätze* auf, die den parallelen Aufbau stören. Es dürfte *ursprünglich* gelautet haben: »Und wie es in den Tagen des Noach war: Die Menschen aßen und tranken, heirateten und ließen sich heiraten bis zu dem Tag, an dem Noach in die Arche ging (Gen 7,7) – dann kam die Flut und vernichtete alle.

Und es wird ebenso sein, wie es in den Tagen des Lot war: Die Menschen aßen und tranken, kauften und verkauften, pflanzten und bauten – an dem Tag, als Lot Sodom verließ, regnete es Feuer und Schwefel vom Himmel (Gen 19,15.23f), und alle kamen um; ebenso wird es an dem Tag sein, an dem das Reich Gottes sich offenbart.«

Dieses Doppelgleichnis ist genau parallel gebaut, lediglich die zweite Hälfte ist durch »kaufen und verkaufen, pflanzen und bauen« variiert und erweitert. Beide Vergleiche finden im Schlußsatz ihre Zusammenfassung und ihre Deutung auf das Verhalten der Menschen beim Anbruch des Reiches Gottes in seiner Vollgestalt hin. Vom Aufbau her gewinnt die Argumentation dieses Doppelgleichnisses ihre zwingende Kraft und ihre durchschlagende Wirkung. Der Gattung nach handelt es sich um einen *prophetisch-messianischen Weckruf in letzter Stunde,* um die Hörer Jesu aufzurütteln und dadurch die drohende Katastrophe abzuwenden.

Bildfeld

Die Zeitgenossen des Noach galten in der jüdischen Überlieferung ebenso wie die Mitbürger des Lot in Sodom und Gomorra als besonders gottlos und unsittlich. Darum traf sie das Gericht Gottes. Die Wasserflut zeigt ebenso wie das Feuer das Jähe, Radikale und Umfassende der von Gott verhängten Gerichtskatastrophe. Die Darstellung dieses Gerichts ist dabei durch das Alte Testament vorgegeben (zur Strafe der Generation des Noach s. Gen 6,11-13.17; 7,21-24; zur Strafe der Zeitgenossen des Lot s. Gen 18,20f; 19,24f).

Demgegenüber hebt aber das Doppelgleichnis nicht auf die Sündhaftigkeit jener Menschen ab, sondern auf deren Sorglosigkeit, Gleichgültigkeit gegenüber dem Mahnwort der Boten Gottes und deren Verstrickung in die normalen Geschäfte des menschlichen Alltags. »›Gute Bürger‹ werden überrascht, weil sie nicht mit dem Gericht gerechnet haben... Sie tun an sich nichts Unrechtes... Sie wurden... vernichtet, weil sie... im alltäglichen Betrieb aufgingen und Gottes Zukunft aus dem Auge verloren hatten« (*J. Ernst,* Das Evangelium nach Lukas, S. 489f).

Botschaft

Jesus ist erschüttert von der Gleichgültigkeit, mit der die jüdischen Führer und die Mehrheit seiner Volksgenossen auf seine Botschaft vom Anbruch des Reiches Gottes und seinen Ruf zur Umkehr und zur Vorbereitung auf dessen Kommen reagieren. Er versucht, ihnen daher mit diesem Doppelgleichnis die Augen zu öffnen vor der Katastrophe, die ihnen droht, wenn sie seine Botschaft und sein Heilsangebot ablehnen. Der Untergang Jerusalems und der Verlust der jüdischen, ›relativen‹ Selbstverwaltung, die Jesus angesagt hatte, werfen bereits ihre Schatten voraus. Sie haben ihren letzten Grund in der Ablehnung des wahren, gottgesandten Heilbringers, des Messias Gottes. »Als Jesus... die Stadt sah, weinte er über sie und sagte: ›Wenn doch auch du an diesem Tag erkannt hättest, was dir Frieden bringt. Jetzt aber bleibt es vor deinen Augen verborgen. Deine Feinde... werden dich und deine Kinder zerschmettern...; denn du hast die Zeit der Gnade nicht erkannt‹« (Lk 19,41-44; vgl. Mk 13,2; Mt 24,2).

»Wenn jemand zu euch sagt: ›Da ist er!‹, so glaubt es nicht. Denn es wird mancher falsche Messias und mancher falsche Prophet auftreten und sie werden große Zeichen und Wunder tun...« (Mt 24,23f).

Im Grundgedanken der durch schuldhafte Gleichgültigkeit bewirkten Katastrophe, durch die das angesagte Reich Gottes den Juden zum Unheil wird, trifft sich dieses Doppelgleichnis mit der Parabel vom großen Gastmahl bzw. vom königlichen Hochzeitsmahl (s. dort das Verhalten der Geladenen, Mt 22,5; Lk 14,18-20). Insofern ist das Doppelgleichnis ein *prophetischer Mahn- und Weckruf zur Umkehr in letzter Stunde,* um dem drohenden Gericht Gottes zu entgehen.

Rahmen

Bei *Lukas* ist dieses Doppelgleichnis, ebenso wie das Teilgleichnis bei *Matthäus,* fest verbunden mit einer Anwendung auf die Zeitgenossen und begegnet im Rahmen einer *Mahnrede,* bereit zu sein für das unberechenbare Kommen des auferstandenen Herrn zum Gericht, »den Tag des Menschensohns«, das heißt des Weltrichters. Bei den Evangelisten wendet es sich nun an die Jünger, das heißt *an alle Christen.* Aus einem Aufruf an Israel, die drohenden Konsequenzen seiner Gleichgültigkeit gegenüber der Reich-Gottes-Botschaft Jesu ernsthaft zu bedenken und rechtzeitig umzukehren, ist nach Ostern eine Mahnrede an Christen geworden, der Entscheidung für Jesus Christus, den endgültigen Heilbringer, treu zu bleiben und für das Kommen Jesu Christi als Richter und Vollender stets bereit zu sein. Diese endzeitliche Ausrichtung setzt die Überzeugung voraus, daß mit der Auferstehung Jesu Christi und der Geistsendung das Reich Gottes in der Kirche bereits angebrochen ist und auf seine Vollendung hindrängt. Noch wird die Wiederkunft Christi als nahe bevorstehend erwartet.

Arbeit der Evangelisten

Während *Matthäus* den Hinweis auf die Zeitgenossen des Lot weggelassen, den Vergleich mit der Generation des Noach in die große eschatologische Rede Mt 24f eingeordnet hat, hat *Lukas* das Doppelgleichnis mit der Ausdeutung auf die Zeitgenossen Jesu in den Rahmen einer Belehrung über den Tag der Parusie, des Anbruchs des Reiches Gottes in seiner Vollgestalt, eingeordnet, Lk 17,20-37. Auch das Gleichnis dient jetzt der Vorbereitung auf das unberechenbare Hereinbrechen des Reiches Gottes am »Tag des Menschensohnes«. »Das Reich kommt nicht so, daß man es an äußeren Zeichen erkennen könnte« (Lk 17,20). »Denn wie der Blitz... aufleuchtet, so wird der Menschensohn an seinem Tag erscheinen« (Lk 17,24).

Während *Matthäus* den Vergleich samt Deutung abschließt durch die Mahnung: »Seid also wachsam! Denn ihr wißt nicht, an welchem Tag euer Herr kommt« (Mt 24,42), also zur steten Bereitschaft für das Kommen Christi aufruft, schiebt *Lukas* in das Ganze dieser Parusieermahnung das Einzelwort Jesu ein: »Wer sein Leben zu bewahren sucht, wird es verlieren; wer es dagegen verliert, wird es gewinnen« (Lk 17,33), das von den anderen Evangelisten in anderen Zusammenhängen überliefert wird (vgl. Mt 10,39; 16,25; Mk 8,35; Joh 12,25) und das auch Lukas noch einmal an anderer Stelle bietet (Lk 9,24). Er versteht diese Mahnrede also als Aufforderung, notfalls auch mit dem Leben für den Glauben an Jesus Christus einzustehen, um im Endgericht endgültig bestehen zu können. Nur wer sich des Reiches Gottes würdig erweist, wird auch vollen Anteil am endgültigen Reich Gottes gewinnen. So dient das Doppelgleichnis als *Ermahnung an verfolgte Christen*, nicht bürgerlich zu erschlaffen und dadurch Gottes Gericht zu verfallen (vgl. Lk 8,12-15.16-18.19-21; 21,12-19).

Anregungen für die Auslegung heute

1) Vergleiche die beiden Überlieferungen bei Lukas und Matthäus; stelle die Gemeinsamkeiten und die Unterschiede fest.
2) Was steht im Mittelpunkt der beiden Vergleiche: die beiden Personen Noach und Lot und ihre Verkündigung oder das Verhalten ihrer Zeitgenossen gegenüber dem angekündigten Gericht?
3) Worauf hebt Jesus bei den Vergleichen ab: auf die Sünde und Sittenlosigkeit jener Menschen oder auf ihre Gleichgültigkeit gegenüber der drohenden Katastrophe? (Vgl. die Begründung des Eingreifens Gottes im Alten Testament, Gen 6,11-13; 7,7-23; 18,20; 19,15-24, mit der Beschreibung des Verhaltens jener Menschen durch Jesus.)
4) Worin gründet die Unfähigkeit der Zeitgenossen Jesu, die durch Jesu

Wirken heraufgeführte heilgeschichtliche Situation zu begreifen? (S. die Beschreibung ihres Verhaltens.) Wie kann man dieses Verhalten beschreiben? (Verstrickung ins Diesseits.)

5) Vergleiche das Verhalten der zum Festmahl (des Reiches Gottes) geladenen Gäste, Mt 22,5; Lk 14,18-20, mit dem Verhalten der Zeitgenossen Jesu: Worin gleichen sich beide Verhaltensweisen?
6) Ursprünglich handelte das Doppelgleichnis von der Einstellung der Zeitgenossen Jesu gegenüber dem als nahe bevorstehend angekündigten Reich Gottes (also nicht dem »Tag des Menschensohns«, das heißt dem Tag des Endgerichts). Inwiefern wird die geschilderte Haltung der Zeitgenossen Jesu gegenüber seinem Mahnruf ihnen zum Verhängnis? (Beachte Lk 19,41-44.)
7) Will Jesus mit diesem Doppelgleichnis beschreiben, wie es beim Endgericht zugehen wird oder zur Umkehr in letzter Stunde aufrufen?
8) An wen richtete die Urkirche dieses Gleichnis: an Nichtchristen oder an Christen (s. die Adressaten)? Geht es der Urkirche um Annahme oder Ablehnung der Botschaft Christi vom Reich Gottes oder um die Treue zu Christus bis zur Wiederkunft?
9) Inwiefern wird am »Tag des Menschensohnes« (beachte Lk 22,69; Mt 25,31-46) das Reich Gottes endgültig aufgerichtet? (Siehe die Bitte des Vaterunsers Mt 6,10; Lk 11,2.)
10) Welche Gefahren drohen den Christen im Hingang der Zeit nach Aussage dieses Gleichnisses? (Vgl. Lk 8,12-15; 21,12-19.)
11) An welche Gefahren denkt Lukas, wenn er das Einzelwort Jesu, Lk 17,33 (vgl. Lk 9,24; Mk 8,35; Mt 10,39; 16,25; Joh 12,25), in die Mahnrede Lk 17,22-37 einschiebt?
12) Zu welcher Grundhaltung will Matthäus nach Ausweis der Schlußfolgerung Mt 24,42 auffordern?
13) Prüfe die eigene Lebensführung anhand dieses Doppelgleichnisses und der Aussagen des 2. Timotheusbriefes über das Leben der Christen in der Endzeit, 2 Tim 2,3-7; 3,1-5!
14) Was hat das Doppelgleichnis all denen zu sagen, die den Namen »Christ« tragen, aber nicht entsprechend leben?

22. *Die Parabel von den zehn Brautjungfern*

Echte Bereitschaft für das Reich Gottes schließt Umsicht und Ausdauer ein (Mt 25,1-13)

Im redaktionellen Zusammenhang der *Endzeitrede des Matthäusevangeliums* Mt 24-25 findet sich eine Anzahl von Gleichniserzählungen, die Matthäus alle als Parusiegleichnisse versteht, also als Hinweise auf das Eintreten der Parusie und auf die rechten oder falschen Verhaltensweisen, die dem Kommen des Menschensohnes entsprechen. Dazu gehören der Vergleich mit dem sprossenden Feigenbaum (Mt 24,32f), der Hinweis auf die Sintflutgeneration (Mt 24,37-39), das Gleichnis vom unerwarteten Kommen des Diebs (Mt 24,43f), das Gleichnis von dem mit der Aufsicht betrauten Knecht (Mt 24,45-51), die Parabel von den zehn Jungfrauen (Mt 25,1-13), die Parabel vom anvertrauten Geld (Mt 25,14-30) und die Bildrede vom Weltgericht (Mt 25,31-46).

All diesen Gleichniserzählungen liegt der Gedanke zugrunde, daß beim Kommen Christi als Vollender und Richter der Welt eine Scheidung der Geister eintreten wird in solche, die dafür bereit sind und solche, die dem Gericht verfallen, das sie unvorbereitet überrascht. Ursprünglich bezogen sich all diese Bilderzählungen – mit Ausnahme jener vom Weltgericht (Mt 25,31-46) – auf das von Jesus als nahe bevorstehend angekündigte Kommen des Reiches Gottes, das für die, die nicht an die Botschaft Jesu glauben, zur Krise und zum Gericht wird. Insofern wollte Jesus durch die genannten Gleichnisse auf den bevorstehenden, aber unberechenbaren Anbruch des Reiches Gottes vorbereiten. Die Bilderzählung von den zehn Jungfrauen gehört zum Sondergut des ersten Evangeliums.

Form

Die lange Verzögerung der Ankunft des Bräutigams war trotz des großzügigeren Umgangs der alten Orientalen mit der Zeit ungewöhnlich. Da dieser Zug der Erzählung den weiteren Ablauf des Geschehens bestimmt und für die eine Hälfte der im Gleichnis genannten Personen zum Verhängnis wird, handelt es sich bei dieser Bilderzählung um eine *Parabel.*

Aufbau

Die Charakterisierung der Jungfrauen als kluge oder törichte (Mt 25,2f) nimmt den Ablauf des Geschehens vorweg. Daher dürfte es sich bei dieser Aussage um eine spätere Verdeutlichung des ursprünglichen Gleichnisses handeln. Ebenso bildet Vers 13 einen von Matthäus beigefügten Satz, wie der Bezug zu Mt 24,42 und 24,50 zeigt. Dieser formelhafte Mahnruf findet sich nur im Evangelium dieses Evangelisten.

Wegen der grundlegenden Bedeutung, die dem Zug der Verzögerung des Kommens des Bräutigams in der Bilderzählung zukommt, nehmen zahlreiche Ausleger an, die Parabel gehe nicht auf Jesus zurück, sondern sei von der Urkirche gebildet worden, die bereits die Verzögerung der als nahe erwarteten Parusie Jesu Christi erfuhr und mit dieser Parabel falschen Konsequenzen dieser Erfahrung entgegentreten wollte.

Am leichtesten läßt sich diese Erzählung verstehen, wenn man sie als *ursprüngliche Reich-Gottes-Parabel Jesu* auffaßt, die nach dem Tod Jesu und unter dem Eindruck der sich verzögernden Wiederkunft Christi von der Kirche als eschatologische Mahnung aktualisiert und verwendet wurde.

Die ursprüngliche Erzählung dürfte dabei gelautet haben: »Mit dem Himmelreich wird es sein wie mit zehn Jungfrauen, die ihre Lampen nahmen und auszogen, um den Bräutigam einzuholen. Fünf von ihnen nahmen ihre Lampen, aber kein Öl mit, die anderen fünf aber nahmen außer den Lampen noch Öl in Krügen mit. Als nun der Bräutigam sich lange Zeit ließ, wurden alle müde und schliefen ein.

Mitten in der Nacht aber hörte man plötzlich laute Rufe: ›Der Bräutigam kommt! Geht ihm entgegen!‹

Da standen die Jungfrauen alle auf und machten ihre Lampen zurecht. Die ersten fünf aber sagten zu den andern: ›Gebt uns von eurem Öl, sonst gehen unsere Lampen aus!‹ Diese aber erwiderten: ›Nein; denn dann reicht es weder für uns noch für euch. Geht doch zu den Händlern und kauft, was ihr braucht!‹

Während sie noch unterwegs waren, um das Öl zu kaufen, kam der Bräutigam, und die Jungfrauen, die bereit waren, gingen mit ihm in den Hochzeitssaal, und die Tür wurde zugeschlossen. Später kamen auch die anderen Jungfrauen und riefen: ›Herr, mach uns auf!‹ Er aber antwortete ihnen: ›Ich kenne euch nicht!‹«

Die Erzählung gliedert sich in drei Abschnitte:

1) die Vorbereitung zum Empfang des Bräutigams und dessen Verspätung;
2) die Folgen der Verspätung, die erst kurz vor Ankunft des Bräutigams entdeckt werden;
3) die Ankunft des Bräutigams und die Folgen für die Brautjungfrauen, entsprechend der jeweiligen Vorbereitung auf diesen Augenblick.

In jeder Szene steht der Bräutigam im Mittelpunkt, näherhin sein Kommen zur Hochzeit. Dabei geht es um die rechte Voreinstellung diesem Kommen gegenüber und um die rechte Vorbereitung auf dieses Kommen. Bei Hochzeiten im Orient war immer damit zu rechnen, daß der Bräutigam aufgehalten wird. Jedenfalls zeigt sich beim Kommen des Bräutigams, wer wirklich bereit ist für diesen entscheidenden Augenblick. In diesem Grundgedanken trifft diese Parabel zusammen mit den Reich-Gottes-Gleichnissen von dem mit der Aufsicht betrauten Knecht (Mt 24,45-51; Lk 12,42-46), vom Gang zum Richter (Lk 12,58f), vom Gastmahl (Lk 14,15-24; Mt 22,1-10) und von der Flut und dem Feuerregen (Lk 17,26-30).

Bildfeld

Bei den Jungfrauen handelt es sich wohl um die Freundinnen und Altersgefährtinnen der Braut, die den Bräutigam in der Nähe des Hauses der Braut erwarten, um ihn zu empfangen und ihn feierlich in das Hochzeitshaus zu geleiten. Die Hochzeit findet demnach wohl im Haus der Brauteltern statt. Eine Braut konnte nach Eintritt der Geschlechtsreife, etwa mit 12–13 Jahren heiraten. Sie blieb dann mit Rücksicht auf ihre Jugend $1^1/_2$–2 Jahre im Haus der Eltern. Beim Eheversprechen handelte es sich um einen Austausch des Ehewillens vor Zeugen. Ab diesem Zeitpunkt galt die Ehe als rechtlich geschlossen. Normalerweise fand in dieser Zeit kein ehelicher Verkehr statt. Geschlechtsverkehr mit anderen Männern in dieser Zeit wurde als Ehebruch angesehen und bestraft (s. das Verhalten Josefs gegenüber der Schwangerschaft Marias nach Mt 1,18-25),

Hochzeiten wurden gewöhnlich am Abend gefeiert, weil es dann kühler war. Es war üblich, daß Hochzeitszüge sich verspäteten, doch hier handelt es sich um eine außergewöhnliche Verzögerung. Normalerweise fanden sie im Haus des Vaters des Bräutigams statt. Der Bräutigam holte die Braut ab, um sie ins Brautgemach zu geleiten, denn die männlichen und die weiblichen Hochzeitsteilnehmer feierten getrennt. Beim Abholen der Braut gingen dem Bräutigam die Schwestern, Freundinnen und Altersgenossinnen der Braut mit Öllampen entgegen und geleiteten ihn zur Braut und zusammen mit der Braut in das Hochzeitshaus.

Eine Füllung eines normalen Öllämpchens reichte für etwa drei Stunden Brenndauer. Richtete man sich auf eine längere Brennzeit ein, führte man Öl in einem Henkelkrug mit sich. Das »Herrichten« der Lampen bestand im Beschneiden des Dochtes und im Nachfüllen des Öls. Die Aufforderung, bei den Kaufleuten Öl zu kaufen, setzt voraus, daß der Weg nach Hause zum Nachfüllen zu weit ist.

Das Verhalten des Bräutigams gegenüber den Brautjungfern, die ihn nicht feierlich empfingen und geleiteten, ist verständlich. Denn dieses Verhalten mußte als Zeichen mangelnder Achtung angesehen werden.

Botschaft

Ursprünglich stand im Mittelpunkt der Parabel die Aussage, daß *der Zeitpunkt des Anbruchs des Reiches Gottes nicht berechenbar* ist und die Zeitgenossen Jesu daher jederzeit dafür bereit sein sollten. Denn nur wer bei der Aufrichtung der Herrschaft Gottes bereit sei, könne am Reich Gottes teilhaben. Die Parabel von den Brautjungfern betonte dabei, daß der Zeitpunkt sich gegenüber der allgemeinen Erwartung auch verzögern könne.

Das Gleichnis von dem mit der Aufsicht betrauten Knecht, das bei *Matthäus* dem Gleichnis von den Jungfrauen unmittelbar vorausgeht, sagt demgegenüber, daß der Anbruch des Reiches Gottes auch früher als erwartet eintreten könne, wendet sich also gegen die entgegengesetzte Meinung (Mt 24,45-51). Keine der beiden Auffassungen entspricht vollauf der Mahnung Jesu, niemand könne den Anbruch des Reiches Gottes in seiner Vollgestalt berechnen (vgl. Lk 17,20f); es gelte daher, stets dafür bereit zu sein (vgl. Mt 24,43f). Insofern gehört dieses Gleichnis zu den *Mahnungen Jesu an die Führer Israels* und an seine Volksgenossen, auf seine Botschaft zu hören und sich auf das Kommen des Reiches Gottes vorzubereiten. Der Zeitpunkt und die Weise dieses Kommens sei jedoch Gott vorbehalten. Gott wolle aber jetzt endgültig handeln.

Arbeit des Evangelisten

Es ist nicht sicher auszumachen, ob bereits die kirchliche Überlieferung vor Matthäus die Parabel auf die Verzögerung der als nahe erwarteten Parusie Jesu bezogen und entsprechend ausgestaltet hat. Jedenfalls geht die heutige Fassung der Parabel auf *Matthäus* zurück. Dieser nimmt bereits in der Einleitung eine wertende Einteilung der Brautjungfern in kluge und törichte vor. Insofern kann man diese Fassung der Parabel als *Beispielerzählung über das rechte Verhalten gegenüber der Parusie* Jesu für Christen verstehen. Der Bräutigam wird nun auf Jesus Christus den Auferstandenen bezogen, das Kommen zur Hochzeit auf die Parusie, die Jungfrauen stellen die beiden Grundhaltungen dar, welche die Christen zur Zeit des Matthäus zur Parusie einnahmen. Dabei spielt die Verzögerung der als nahe erwarteten Wiederkunft bereits eine bedeutsame Rolle. Diese Verzögerung zeichnet sich auf doppelte Weise in der heutigen Parabel ab: alle Jungfrauen schlummern ein, und um Mitternacht erst kommt der Bräutigam (nicht später!).

Als falsche Haltung wird nun das leichtfertige Vertrauen der »törichten« Jungfrauen entlarvt, der Herr werde trotz allem bald kommen; als richtig erweist sich, auch mit einer längeren Verzögerung zu rechnen und sich darauf einzurichten. Insofern wird die Parabel zu einem *Appell an Christen,* die in Gefahr stehen zu erschlaffen, weil die Wiederkunft sich verzögert, sich auf eine längere Zeit des Wartens einzurichten und beharrlich auszuharren. Jesus werde trotz allem rechtzeitig (Mitternacht) kommen. Wer aber dann nicht bereit sei, verspiele sein Heil.

Rahmen

Der Zusammenhang, in den Matthäus die Parabel eingeordnet hat, unterstreicht die in der allegorischen Aktualisierung vollzogene Anwendung der Parabel in der kirchlichen Verkündigung. Denn einerseits wird *Mt 24,34* betont, die Generation Jesu und seiner Jünger werde die angekündigten eschatologischen Ereignisse noch erleben, andererseits sagt *Mt 24,36,* der genaue Zeitpunkt dafür sei allein Gott bekannt und vorbehalten.

Die an diese Grundsatzerklärung angeschlossenen Bildreden betonen alle, die Christen dürften das (scheinbare) Ausbleiben der Parusie Christi zur endgültigen Aufrichtung der Herrschaft Gottes nicht mißverstehen. Das Verheißene werde sicher eintreten und sich dann unheilvoll für alle auswirken, die sich in falscher Sicherheit wiegten wie die Sintflutgeneration (Mt 24,37-42) oder der sorglos schlafende Hausbesitzer (Mt 24,43f) oder der selbstherrliche Knecht, dem die Verwaltung des Hauswesens übertragen wurde (Mt 24,45-51). Ist in all diesen Gleichniserzählungen betont, die darin geschilderten Menschen rechneten aufgrund der Verzögerung der angesagten Gefahr nicht mehr mit der Parusie, jedenfalls nicht zu ihrer Zeit, so hebt die Parabel von den Brautjungfern auf die falsche Gegenposition ab, der Herr werde sicher bald kommen.

Als richtige endzeitbezogene Verhaltensweise ergibt sich daher für die Christen nach Matthäus die sogenannte *Stetsbereitschaft.* Diese wird von Matthäus dreimal betont ausgesprochen: Mt 24,42 (»Seid also wachsam! Denn ihr wißt nicht, an welchem Tag euer Herr kommt!«), Mt 24,44 (»Darum haltet auch ihr euch bereit! Denn der Menschensohn kommt zu einer Stunde, in der ihr es nicht erwartet«) und Mt 25,13 (»Seid also wachsam! Denn ihr wißt weder den Tag noch die Stunde«). Nach dem Gesetz der dreifachen Steigerung bildet die *Parabel* von den Brautjungfern den *Höhepunkt* und Abschluß *der Ermahnung zu endzeitbezogener* christlicher Ausdauer und *Wachsamkeit.*

Die beiden nachfolgenden Stücke, das Gleichnis vom anvertrauten Geld (Mt 25,14-30) und die Schilderung des Endgerichts (Mt 25,31-46) zeigen, worauf es inhaltlich ankommt, um im Gericht des Menschensohnes bei dessen Parusie bestehen zu können.

Anregungen zur Auslegung heute

1) Stelle fest, was die Bilderzählung über den Ablauf der damaligen Hochzeitsfeierlichkeiten aussagt.
2) Welche Bedeutung kommt der Verzögerung des Kommens des Bräutigams für das Verhalten der Brautjungfern zu?
3) Ist das Urteil des Gleichnisses über das Verhalten der zwei Gruppen von Brautmädchen in deren Schlaf oder in deren Einstellung zum Zeitpunkt des Kommens des Bräutigams begründet?
4) Wie kann man das Verhalten der törichten und jenes der klugen Brautmädchen umschreiben? (Leichtfertige Hoffnung – kluge Vorsicht.)
5) Woran denkt Matthäus beim Bräutigam, beim Kommen zur Hochzeit, bei den Brautjungfern?
6) Auf welche Grundeinstellungen der Christen gegenüber der Wiederkunft Christi zur Zeit des Matthäus lassen die beiden Gruppen von Brautjungfern schließen?
7) Welche falschen Grundeinstellungen gegenüber der Parusie Christi lassen sich aus den vorausgehenden Gleichniserzählungen bei Matthäus (Mt 24,37-51) erschließen?
8) Läßt sich der Zeitpunkt der Wiederkunft Christi berechnen? (Vgl. Mt 24,34-36; Lk 17,20f.)
9) In welchen Sätzen spricht sich die Auffassung des Matthäus über das rechte Verhalten der Christen gegenüber der Wiederkunft Christi im Zusammenhang der Endzeitrede aus? (Vgl. Mt 24,42.44 und 25,13.) Wie kann man diese Grundhaltung näherhin beschreiben? (Wachsamkeit, Ausdauer, Beharrlichkeit, stete Bereitschaft, Treue.)
10) Wie stehen die Christen heute zur Hoffnung auf die Parusie Jesu? (Beschreibe verschiedene Einstellungen.) Wie stehe ich zu »den

letzten Dingen«? (Wiederkunft, Auferstehung der Toten, allgemeines Gericht, Vollendung der Schöpfung.) Gehöre ich zu den klugen oder törichten Christen? (Was wird Christus über mein Leben sagen?)

11) Welche Gebete (s. auch Kanongebete der Messe, Vater unser), Glaubensbekenntnisse und Lieder (s. Gotteslob) sprechen von der Wiederkunft Christi und beziehen sich auf die endgültige Aufrichtung des Reiches Gottes? (Suche Beispiele.)

23. *Die Parabel von der Entlohnung der Weinbergarbeiter*

Gottes Güte übersteigt die Gerechtigkeit
(Mt 20,1-16)

Unter den Himmelreichsgleichnissen des *Matthäus* findet sich diese Parabel. Die ursprüngliche Situation, in die hinein Jesus diese Bildgeschichte zum ersten Mal erzählte, ist nicht überliefert. Sie läßt sich nur indirekt aus dem Gefälle der Geschichte erschließen. Es geht darin um die Frage nach dem *Verhältnis von menschlicher Leistung und göttlichem Lohn.* Darum hat Matthäus diese Bilderzählung in einen Rahmen eingestellt, der durch die Frage des Simon Petrus an Jesus bestimmt ist: »Wir haben alles verlassen und sind dir nachgefolgt. Was werden wir dafür bekommen?« (Mt 19,27). In ihr spricht sich bereits das kirchliche Interesse an der Frage nach den Grundsätzen aus, nach denen Gott einst einem jeden Christen vergelten wird. Demnach versteht Matthäus diese Parabel als ein Lehrstück über die Maßstäbe, die in der Ordnung des Reiches Gottes gelten.

Form
Zu beachten ist zunächst, daß nicht der Weinbergpächter oder die Arbeiter im Mittelpunkt der Erzählung stehen, sondern die Beziehung zwischen beiden, näherhin die vom Weinbergbesitzer gewählte Entlohnungspraxis und deren Begründung. Das durch den Weinbergbesitzer geübte Verhalten und die dahinterstehenden Grundsätze weisen auf die neue Ordnung hin, die im Reich Gottes gilt. Hier wird der Mensch nicht streng nach Leistung allein gemessen, über allem waltet die Güte Gottes, der alle Menschen an seinem Heil beteiligen will.

Da das Bildgeschehen auf die Umkehr der üblichen Entlohnungsordnung hinläuft, Vers 8 also (in Verbindung mit den Versen 3-7) den Schlüssel zum Gesamtgeschehen bildet, handelt es sich hier um eine *Parabel im engeren Sinn.*

Aufbau

Dem Aufbau nach handelt es sich um eine *doppelgipflige Gleichniserzählung:* 1. Die Anwerbung von Arbeitern und die Vereinbarungen über die Entlohnung (Mt 20,1-8); 2. die Entlohnung und das sich daraus ergebende Gespräch (Mt 20,9-15).

Beide werden abgeschlossen durch die Sentenz Mt 20,16. Bei Gleichnissen mit zwei Teilen bzw. Aussagehöhepunkten liegt der Schwerpunkt der Aussage auf dem zweiten Gipfel.

Bildfeld

Die Parabel setzt die für das damalige Arbeitsleben in Palästina typischen Verhältnisse voraus. Zur Zeit der Traubenlese, die im August beginnt, ging ein Weinbergbesitzer bei Tagesanbruch auf den Marktplatz, wo sich die freien Arbeiter und Tagelöhner auf der Suche nach Arbeit versammelten. Nach der Einigung über den Lohn schickte er sie in seinen Weinberg zur Arbeit. Der normale Tageslohn betrug damals 1 Denar (vgl. Offb 6,6), der auf Verlangen der »Tagelöhner« jeweils am Abend ausgezahlt werden mußte (vgl. Lev 19,13: »Der Lohn des Arbeiters soll nicht bis zum Morgen in deiner Hand bleiben«; auch Dtn 24,14).

Der Arbeitstag dauerte von Sonnenaufgang bis Sonnenuntergang. Er wurde in 12 »Stunden« unterteilt. Die Anwerbung zur Arbeit, die Einteilung, Überwachung und die Entlohnung fanden gewöhnlich durch den Verwalter statt. In unserer Parabel ist jedoch der Weinbergbesitzer selbst bei der Entlohnung anwesend. Arbeitskräfte waren in Palästina billig. Ein Denar reichte aus, um eine 6–8 Personen umfassende Familie einen Tag lang zu ernähren. Es ist daher ungewöhnlich, daß der Weinbergbesitzer nicht schon zu Beginn genügend Arbeitskräfte einstellt, sondern immer neu auf den Markt geht und alle anwirbt, die dort noch ohne Arbeit anzutreffen sind.

Botschaft

Die eigentliche Aussage der Bildgeschichte geht aus den Zügen hervor, die der üblichen Anwerbe- und Entlohnungspraxis widerstreiten. Folgende *ungewöhnliche Züge* lassen sich feststellen: Obwohl der Weinbergbesitzer einen Verwalter besitzt, wirbt er selbst die Arbeitskräfte für die Ernte an; er geht um die dritte, die sechste, die neunte, ja sogar um die elfte Stunde (ab Sonnenaufgang) auf den Marktplatz, um Leute anzuwerben. Dabei ist das Motiv nicht der eigene Bedarf – dieser ist schon gedeckt –, sondern die Sorge um die Arbeitslosen: »Er sah andere dastehen, die keine Arbeit hatten« (Mt 20,3). »Er sagte zu ihnen: ›Was steht ihr hier den ganzen Tag untätig herum?‹ Sie antworteten: ›Niemand hat uns angeworben‹« (Mt 20,7).

Zuerst wurden immer die jungen, gesunden und kraftvollen Arbeiter angeworben. Übrig blieben normalerweise die Alten, die Verkrüppelten, die Behinderten, die Schwachen, die Kranken.

Mit den zuerst Angeworbenen einigte sich der Weinbergbesitzer auf den üblichen Tageslohn von einem Denar. Den um die dritte Stunde Angeheuerten verspricht er: »Ich werde euch geben, was recht ist.« Dasselbe gilt für die um die sechste und die neunte Stunde Geworbenen. Gegenüber den um die elfte Stunde zur Arbeit Aufgeforderten unterläßt er jeden Hinweis auf eine Entlohnung. Sie konnten also nur auf seine Großzügigkeit hoffen. Da sie aber keine Arbeit fanden, mußten sie diese Einladung auch ohne Zusage einer Entlohnung annehmen.

Nach Sonnenuntergang befiehlt der Gutsbesitzer dem Verwalter, die Entlohnung so vorzunehmen, daß die zuletzt Angeheuerten zuerst entlohnt wurden, und zwar in Gegenwart aller übrigen Tagelöhner. Da alle den gleichen Lohn erhielten, je einen Denar, zielte dieses Vorgehen darauf hin, den Widerspruch der zuerst Angeheuerten bewußt hervorzurufen: »Da begannen die Erstangeworbenen über den Gutsherrn zu murren und sagten: Diese letzten haben nur eine Stunde gearbeitet, und du hast sie uns gleichgestellt; wir aber haben den ganzen Tag über die Last der Arbeit und die Hitze ertragen!« (Mt 20,11). Nach dem Gesichtspunkt des Rechts ist dieser Standpunkt vollauf berechtigt.

Jesus will demnach die jüdisch-pharisäische Auffassung, Gott lohne streng nur nach dem Gesichtspunkt der Leistung, bewußt in Frage stellen. Denn er fügt in die Erzählung noch eine andere Ebene ein, die der Barmherzigkeit, des sozialen Mitgefühls. Diese Perspektive tritt in der Antwort des Weinbergbesitzers deutlich hervor. »Er erwiderte einem von ihnen: ›Mein Freund‹ (vgl. Mt 22,12; 26,50: volkstümliche Anrede mit einem kritischen Unterton), ›dir geschieht kein Unrecht. Hast du nicht einen Denar mit mir vereinbart? So nimm dein Geld und geh! Ich will aber den zuletzt Geworbenen ebensoviel geben wie dir. Darf ich mit dem, was mir gehört, nicht tun, was ich will? Oder blickt dein Auge scheel (mißgünstig), weil ich gütig bin?‹« (Mt 20,13-15).

Der Besitzer weist also den Vorwurf der Ungerechtigkeit zurück: (a) Er hat die Lohnvereinbarung vollauf eingehalten; (b) wenn er anderen mehr gibt, als sie verdienen, steht dies in seiner freien Verfügung und geschieht auf eigene Kosten; (c) außerdem gibt er ihnen (aus Mitgefühl) lediglich, was sie verdient hätten, wenn man sie von Anfang an beschäftigt hätte, und was sie zum Lebensunterhalt benötigten. (d) Insofern enthüllt sich das Bestehen auf starrer Bindung an die Leistung allein als ein Ausdruck des Mißtrauens, der Kleinlichkeit, ja der Mißgunst.

Insofern tritt als Aussage der Parabel heraus: Wenn Gott, der Herr des Weinbergs (Israel), die von den Pharisäern vertretene starre Vergeltungsordnung, die auf der unbedingten Entsprechung von Leistung und Lohn beruht, durchbricht und übersteigt, so handelt er dadurch nicht ungerecht, er erweist vielmehr seine Güte. Alle Einwände dagegen verlieren ihre Kraft. Güte kann man nur gutheißen.

Jesus will also sagen: So gütig wie jener Weinbergbesitzer handelt Gott, wenn er Sünder (durch ihn) begnadigt. Er tut damit den Guten und Frommen, die sich geduldig abmühen im Gehorsam gegen Gott, kein Unrecht. Er heißt auch keineswegs die Sünde gut. Darum ist das Murren der Gerechten und Frommen gegen seine Sorge um die Sünder nicht berechtigt. Im Gegenteil, es tastet Gottes Freiheit an und kommt letztlich aus einem unbarmherzigen, selbstgerechten, mißgünstigen Herzen.

Jesus wendet sich mit dieser Parabel also gegen die in Israel durch die pharisäische Richtung vertretene starre Vergeltungslehre, nach der eine absolute Entsprechung zwischen Leistung und Lohn besteht. Dadurch wird Gottes Freiheit angetastet, die Religion wird zu einem Rechtsverhältnis und zu einer Sache menschlicher Leistung, nicht so sehr der göttlichen Gnade. Demgegenüber betont Jesus die souveräne Freiheit Gottes gegenüber allem menschlichen Rechnen, Rechten und Pochen auf die eigene Leistung sowie die unbegreifliche Güte Gottes, die alle menschlich entworfene Gerechtigkeit weit übersteigt. Und diese Güte zeigt sich nach Jesu Botschaft in seinem Verhalten gegenüber den Sündern und den Verlorenen in Israel.

Um die Eigenart der Botschaft Jesu in dieser Parabel besser erfassen zu können, ist es hilfreich, ein *rabbinisches Gleichnis aus späterer Zeit* (um 325 n. Chr.) mit verwandter Thematik danebenzustellen. Auf die Frage, wie Gott einem jung verstorbenen Rabbi im Gericht begegne im Gegensatz zu einem Schriftgelehrten, der achtzig Jahre gelehrt hat, das Gesetz auslegte und sich um dessen Befolgung bemühte, wird geantwortet: »Das ist wie mit einem König, der eine Reihe Arbeiter angeworben hatte. Unter ihnen war einer, der sich durch seine Arbeit über die Maßen verdient machte. Was tat der König? Er begab sich mit ihm auf längere und kürzere Wege. Als der Abend anbrach, kamen die angeworbenen Arbeiter, um ihren Lohn zu empfangen. Zusammen mit ihnen gab der König auch diesem einen den vollen Lohn. Da murrten die Arbeiter: ›Wir haben den ganzen Tag gearbeitet und dieser nur zwei Stunden. Und ihm ist der gleiche Lohn zuteil geworden wie uns.‹ Aber der König sagte zu ihnen: ›Dieser hat in zwei Stunden mehr Arbeit geleistet als ihr am ganzen Tag.‹«

Der gleiche Lohn ist also auch im Falle der Ausnahme in der größeren menschlichen Leistung begründet. Die *Botschaft der zuvorkommenden Güte Gottes*, die alle menschliche Leistung erst ermöglicht und zugleich übertrifft, kommt vor dem Hintergrund der rabbinischen Auffassung von einer unbedingten Entsprechung von Leistung und Lohn erst wirklich zum Tragen.

Rahmen

Durch die Schlußaussage »So werden die Letzten die Ersten sein und die Ersten die Letzten« (vgl. Mt 19,30; 20,16) verknüpft *Matthäus* das Gleichnis mit dem vorangehenden Abschnitt, der von Jüngernachfolge und Lohn handelt (Mt 19,16-30). Beide Abschnitte werden durch diese Aussage abgeschlossen. Matthäus versteht demnach dieses Gleichnis als *Beispiel für die Umkehrung der irdischen Verhältnisse im Reich Gottes*, die beim Endgericht sich deutlich zeigen wird. Demselben Grundgedanken ist auch die nachfolgende Aussage von der Rangordnung in der Jüngergemeinschaft zugeordnet, Mt 20,20-28.

»Wer bei euch der Erste sein will, soll euer Sklave sein« (Mt 20,27). Das verpflichtende Vorbild dieser neuen Ordnung ist Jesus selbst, wie die eingeschobene dritte Leidensansage, Mt 20,17-19, zeigt. Diese Neuordnung gründet darin, daß Gott selbst es ist, der die Jünger Jesu zu einem Dienst beruft und daß in diesem Ruf alles übrige eingeschlossen ist: Heil und Lohn. Wer diesem Ruf vollauf entspricht, wird den »Platz« bei Gott finden, der dem Ruf entspricht; wer sich diesem Ruf verweigert, der verliert (oder gefährdet ernstlich) dadurch auch das ihm zugeordnete Heil (s. das Beispiel des reichen Mannes, Mt 19,16-26). »Den Platz zu meiner Rechten und zu meiner Linken habe nicht ich zu vergeben; dort werden die sitzen, für die mein Vater diese Plätze bestimmt hat« (Mt 20,23).

Mit dieser Aussage ist zugleich etwas Wichtiges für die Hirten und Dienste der Kirche angesprochen. Nicht um Ränge und Ansehen darf es in der Kirche gehen, sondern darum, daß jeder an seinem Platz dem Willen Christi dienstbereit und selbstlos entspricht. »Ihr sollt euch nicht Rabbi nennen lassen; denn nur einer ist euer Meister, ihr alle aber seid Brüder… Der Größte von euch soll euer Diener sein. Denn wer sich selbst erhöht, wird erniedrigt, und wer sich selbst erniedrigt, wird erhöht werden« (Mt 23,7-12).

Aus einer grundsätzlichen Darlegung über Gottes Vergeltung im Endgericht und über das Verhältnis von menschlichem Tun und göttlicher Antwort gegenüber der vorherrschenden jüdischen Vergeltungslehre wird dadurch eine verpflichtende Darlegung über den rechten Vollzug des Dienstes in der Jüngergemeinschaft Jesu. Das Gleichnis dient Matthäus demnach als *Darlegung über die rechte Rangordnung und Dienstordnung in der Kirche.*

Arbeit des Evangelisten

Es war der Evangelist *Matthäus*, der diese Parabel in den bei Markus vorgegebenen Rahmen einschob (Reichtum und Nachfolge: Mk 10,17-31 – Mt 19,16-30; vgl. Lk 12,33-34; 18,22-30; vom Herrschen und Dienen: Mk 10,35-45 – Mt 20,20-28; Heilung eines Blinden bei Jericho: Mk 10,46-52 – Mt 20,29-34; vgl. Lk 18,35-43) und ihr somit einen Bezug auf die rechte Rangordnung in der Jüngergemeinschaft Jesu gab. Außerdem verknüpfte er durch das Einzelwort Mt 20,16, mit dem er auch das vorhergehende Stück abschließt, (Mt 19,30), diese beiden Abschnitte miteinander.

Dieses *Einzelwort* findet sich noch in *Lk 13,30.* Es stammt also aus der beiden Evangelisten zugänglichen Sammlung von Worten und Reden Jesu: Quelle *Q*. Dieses Wort besagt, daß es im Reiche Gottes eine totale *Umgestaltung der bisherigen Ordnungen im Volk Gottes* geben wird. Wer auf Jesu Ruf hört und umkehrt, wird ins Reich Gottes eingehen; wer sich ihm verschließt, wird davon ausgeschlossen. Dies ist ausgesprochen gegenüber der Ordnung in Israel, wo Menschen kraft Herkunft und Zugehörigkeit zu einer bevorrechtigten Schicht – der Sadduzäer, der Priester, des Hohen Rates – und durch gehorsame Erfüllung des jüdischen Gesetzes einen geachteten Rang einnahmen und sich der Zugehörigkeit zum Reich Gottes sicher wähnten. »Amen, ich sage euch: Unter allen Menschen hat es keinen größeren gegeben als Johannes den Täufer; doch der Kleinste im Himmelreich ist größer als er« (Mt 11,11).

»Ich sage euch: Viele werden von Osten und Westen kommen und mit Abraham, Isaak und Jakob im Himmelreich zu Tisch sitzen; die aber, für die das Reich bestimmt war, werden hinausgeworfen in die äußerste Finsternis« (Mt 8,11 f). Die Stellungnahme gegenüber Jesu Heilsangebot entscheidet über die wahre Bedeutung eines Menschen vor Gott. Dabei kommt es nicht darauf an, ob jemand von Jugend auf die Gebote hält oder ob er als Sünder sich erst im letzten Augenblick von ganzem Herzen Gott zuwendet, wie es der reumütige Schächer am Kreuz tat. Ohne Umkehr wird niemand vor Gottes Gericht bestehen können.

Allerdings wird sich dies erst im Gericht Gottes zeigen. Menschen können darüber nicht urteilen. Dies gilt auch für die Jünger Jesu, die Kirche. Nicht Rang und Stand in der Kirche vermögen das künftige Heil zu sichern, sondern allein das Handeln nach dem Hauptgebot (s. Mt 25,31-46; vgl. 7,1-5.12-23).

Anregungen für die Arbeit

1) Bestimme die Eigenart der Bildgeschichte: Handelt es sich um ein Gleichnis oder eine Parabel? (Hilfsfrage: Ist das Verhalten des Weinbergbesitzers üblich und normal?)
2) In wieviel Phasen vollzieht sich das Geschehen? (Zwei.) Worauf liegt der Schwerpunkt: In der Anwerbung der Tagelöhner oder in der Antwort des Eigentümers auf das Murren der Erstangeheuerten?
3) Handelte der Weinbergbesitzer gerecht oder ungerecht? Hat er seine Lohnzusagen eingehalten?
4) Welches andere Motiv prägte das ungewöhnliche Verhalten des Weinbergbesitzers gegenüber den Arbeitslosen und den später Eingestellten? (Güte.) Inwiefern ist es angemessen, daß er auch ihnen den vollen Tageslohn auszahlen läßt? (Sie waren zu voller Arbeit bereit; außerdem haben auch sie Familien zu unterhalten.)
5) Warum fühlten sich die, die murren, ungerecht behandelt? Ist ihr Standpunkt berechtigt oder übersehen sie die Notlage der später Eingestellten?
6) Schließt Güte Gerechtigkeit aus? (Lassen sich Güte und Gerechtigkeit ausgleichen?)
7) Was ergibt sich aus dem Gleichnis über »die Ordnung des Reiches Gottes«, näherhin für die Maßstäbe der Vergeltung Gottes?
   a) Welchen Standpunkt vertreten die zuerst Eingestellten? (Wessen Auffassung in Israel repräsentieren sie damit? Die der Pharisäer und Schriftgelehrten.)
   b) Welchen Standpunkt vertritt dagegen Jesus?
8) Versteht Jesus das Verhältnis zwischen Gott und Mensch als ein Rechts- oder ein Gnadenverhältnis?
9) Gibt die Barmherzigkeit Gottes den Menschen das Recht, auf jedes Bemühen um Gottes Heil zu verzichten?
10) Prüfe, was Jesus im Neuen Testament über den Lohn Gottes und die Tat des Menschen sagt. (Vgl. Mt 6; 10,40-42; 19,16-30; 23,1-12; 25,31-46; suche dazu weitere Stellen mit Hilfe einer Wortkonkordanz.)
11) Wie versteht Matthäus diese Parabel: als Lehre über die Vergeltung Gottes oder als Mahnung, selbstlos in der Kirche den Dienst zu tun,

wofür jeder berufen ist? (Vgl. den Zusammenhang: Mt 19,16-20,26, bsd. die Verklammerung durch Mt 19,30 und 20,16.)

12) Gegen wen ist die von Matthäus der Parabel angehängte Aussage Mt 20,16 gerichtet? (Gegen Juden, gegen Christen? Beachte den Zusammenhang!)

13) Formuliere die Botschaft dieser Parabel mit eigenen, knappen Worten. Ist diese Aussage eine frohe Botschaft?

14) Wie kann die Kirche die Botschaft dieser Parabel heute richtig zur Geltung bringen?

24. *Die Beispielerzählung vom törichten Reichen*

Reichtum wiegt in falscher Sicherheit
(Lk 12,16-21)

Lukas hat viele Aussagen Jesu über Besitz und Besitzverzicht gesammelt, denn die Frage nach dem Verhältnis von Besitz, Nächstenliebe und Reich Gottes bewegte ihn sehr, da er die Not der unteren Schichten im römischen Reich kannte. Diese Erzählung nimmt zusammen mit der Parabel vom reichen Mann und dem armen Lazarus (Lk 16,19-31) ausdrücklich zu dieser Frage Stellung, näherhin ob Besitz und Reichtum für das Heil des Menschen förderlich ist. Dabei ist davon auszugehen, daß auch dieses Gleichnis der Reich-Gottes-Verkündigung Jesu diente.

Form
Der Form nach handelt es sich um eine *Parabel,* da hier ein Einzelgeschehen erzählt wird, das allerdings typische Bedeutung hat. Da mit dieser Parabel eine Aussage Jesu erläutert wird: »Der Sinn des Lebens besteht nicht darin, daß ein Mensch aufgrund seines großen Vermögens im Überfluß lebt« (Lk 12,15), die heute dieser Geschichte vorangestellt ist, wird diese Parabel als *Beispielgeschichte* näher charakterisiert. Beispielgeschichten finden sich nur bei Lukas (außer dieser Parabel noch 10,25-37; 16,19-31 und 18,9-14). Sie verdanken ihre Eigenart dem Evangelisten Lukas, der die Gleichnisse insgesamt gern als Beispiele benützt, um daraus Folgerungen für das Leben des Christen in der Welt zu gewinnen (vgl. Lk 16,9-13; 18,7f; 18,14b). Dabei bedient sich der Evangelist vor allem der Methode, die jeweilige Gleichniserzählung in einen bestimmten thematischen Rahmen einzurücken (s. unten).

Aufbau
Die *ursprüngliche Gleichniserzählung* reichte von *Lk 12,16-20* und endete mit einer Frage. Eingeleitet wurde sie durch das Eintreten einer reichen Ernte; das Selbstgespräch des Grundbesitzers enthüllt dessen Einstellung zu Besitz und Leben; das Eintreten des Todes ruft die Frage hervor, ob dieser Mann sein Leben richtig einschätzte. Auf diese Frage hin ist sie komponiert. Jeder Hörer soll selbst aus der vorgetragenen Erzählung seinen Schluß ziehen. Dieses Stilmittel nötigt den Hörer dazu, nicht nur zuzuhören, sondern auch Stellung zu der Geschichte zu nehmen und eine Folgerung für das eigene Leben daraus zu ziehen. Auf diese Frage gilt es auch heute zu antworten.

Das Gleichnis handelt von einem reichen Grundbesitzer, wohl in Galiläa, der für eine überreiche Ernte neue große Vorratshäuser, das heißt Speicher für das gedroschene Getreide, Scheunen für Stroh und Heu und Räume für weitere Güter, erstellen lassen will. Dann, denkt er, hat er Ruhe und kann den unerwarteten Reichtum genießen. Das Selbstgespräch dient zur Charakterisierung dieses Mannes, näherhin seiner Einstellung gegenüber dem Leben.

Botschaft
Das Selbstgespräch des Reichen angesichts großer Vorräte lenkt den Blick auf einen Menschen, der sich durch Besitz sicher und glücklich fühlt. »Nun hast du einen großen Vorrat, der für viele Jahre reicht. Ruh dich aus, iß und trink, und freu dich des Lebens!« (Lk 12,19). Diese Einstellung entspricht durchaus der damaligen jüdischen Grundeinstellung zum Leben. »Es gibt für den Menschen kein Glück unter der Sonne, es sei denn, er ißt und trinkt und freut sich. Das soll ihn begleiten bei seiner Arbeit während der Lebenstage, die Gott ihm unter der Sonne geschenkt hat«, heißt es bei Kohelet 8,15.

Reichtum galt bei den Juden als Zeichen des Wohlwollens Gottes, als Segen. Falls der Großgrundbesitzer der altisraelischen Auffassung zuneigte, welche die Sadduzäer zur Zeit Jesu vertraten, es gäbe keine Auferstehung der Toten, sondern jeder Mensch gehe dann in die Unterwelt ein, ist seine Lebensauffassung noch viel leichter zu verstehen. Es handelt sich demnach bei dem Reichen nicht um einen gottlosen Menschen, sondern um einen Durchschnittsjuden, der sich seines Reichtums erfreut und darin einen Segen Gottes sieht. Allerdings fällt seine Selbstsicherheit auf, die weder mit einem frühen Tod noch mit dem Gericht Gottes zu rechnen scheint.

Sorgloser, ungefährdeter Lebensgenuß ist sein Lebensideal. Er ist weder als Genußmensch noch als Egoist gezeichnet, sondern als naiv-vermessener Durchschnittsmensch, der mit Gott eigentlich nicht rechnet und sich dem Schicksal gegenüber sicher wähnt. Hier, an dieser Stelle entscheidet sich nun die Auslegung. Da auch bei dieser Parabel davon auszugehen ist, daß sie ursprünglich der Reich-Gottes-Verkündigung diente, kann es in der Parabel nicht allein um die rechte Einstellung zum Tod gegangen sein (s. Lk 12,15 c).

Vielmehr steht der Mann *beispielhaft für das Verhalten der Führer des Volkes Israel gegenüber der Botschaft Jesu* vom Reich Gottes. Sie wähnen sich sicher und von Gott gesegnet. Darum weigern sie sich, auf den Ruf Jesu zur Umkehr und zum Glauben (vgl. Mk 1,14 f) zu hören.

So wird das Hereinbrechen des Reiches Gottes ihnen zum Gericht werden. In diesem Grundgedanken trifft diese Parabel mit der Aussage der Parabel vom Verhalten der Sintflutgeneration und der Bewohner von Sodom und Gomorra (Lk 17,26-30) zusammen. Auch sie wähnten sich sicher und glaubten nicht an die Verkündigung eines bevorstehenden Umbruchs und Gerichts Gottes. So wurde ihnen ihre Selbstsicherheit zum Verhängnis.

Die Frage: »Wem wird dann all das gehören, was du aufgehäuft hast?« (Lk 12,20) entspricht im Rahmen dieser Deutung der Aussage Mt 21,43: »Das Reich Gottes wird euch weggenommen und einem Volk gegeben werden, das die erwarteten Früchte bringt.«

Gegenüber der Wirklichkeit des Reiches Gottes erweisen sich alle irdischen und religiösen Werte und Güter als vorläufig und ungenügend. Diese Parabel bildete insofern ursprünglich einen *Aufruf Jesu an die Führer und Verantwortlichen des Volkes Gottes,* ihre falsche Sicherheit gegenüber der Botschaft Jesu zu überprüfen und zu erkennen, welche Folgen der Anbruch des Reiches Gottes für Israel haben wird. Er wird ihr Verhalten als töricht und kurzsichtig erweisen. »Nicht im Überfluß an Gütern besteht der Sinn des Lebens (für Israel), sondern in der Bereitschaft für das Reich Gottes«, lautete demnach die Aussage der Parabel (vgl. *J. Ernst,* Das Evangelium nach Lukas, S. 398 f).

Rahmen

Durch die Voranstellung des Verses Lk 12,15 b, der ursprünglich wohl den Abschluß der Parabel bildete: »Der Sinn des Lebens besteht nicht im Überfluß an Gütern...« und die Beifügung einer Aufforderung: »Hütet euch vor jeder Art von Habgier!« (Lk 12,15 a) wurde *bei Lukas* aus einer Parabel über das rechte Verhalten gegenüber dem bevorstehenden Anbruch des Reiches Gottes eine *Beispielgeschichte über die rechte Einstellung der Christen zum Besitz* angesichts des drohenden Todes. Diese Neuausrichtung der Parabel tritt sodann deutlich durch den von Lukas angehängten Schlußsatz hervor: »So geht es jedem, der nur für sich selbst Schätze sammelt, aber vor Gott nicht reich ist« (Lk 12,21).

Der Tod erweist Besitz und Vermögen als vorläufige Werte, die weder der Vergänglichkeit wehren, noch das Leben zu sichern vermögen. Insofern erweisen sich Besitz und Reichtum als trügerische Werte, da sie ihre Eigentümer zu falscher Sicherheit gegenüber dem Tod verleiten. Diese werden dadurch gehindert, das eigene Vermögen vor dem Tod sinnvoll einzusetzen.

Zu beachten ist bei der Auslegung, daß eine Aussage über das Gericht Gottes nach dem Tod über solche selbstsicheren »Narren« bewußt vermieden ist. Bereits der Tod entlarvt als »Agent« Gottes ein allein auf Besitz aufbauendes, auf Besitzmehrung und Genuß ausgerichtetes Leben als Selbsttäuschung und verlorene Mühe: Verlaß dich nicht auf Hab und Gut, der Tod macht alles zunichte; vertraue vielmehr auf Gott und rechne mit ihm!

Arbeit des Evangelisten

Lukas allein überliefert dieses Gleichnis. Er stellte ihm als Einleitung die aus der Tradition übernommene Mitteilung voran, Jesus sei von einem Mann aus dem Volk als Erbschlichter angegangen worden. Diese auf palästinische Verhältnissen aufbauende Überlieferung setzt voraus, daß die jüdischen Schriftgelehrten als Rechtskundige auch in solchen Fragen tätig wurden (zur Sache vgl. Dtn 21,17; Num 27,8-11). Den Vers 15 b, der ursprünglich die Gleichniserzählung wohl abschloß, stellte er als Leitsatz voran und schloß sie durch den wohl von ihm geprägten Vers 21 ab. Die Einfügung der Aufforderung 15 a, sich vor jeder Habsucht zu hüten, die Lukas der urchristlichen Tradition entnommen hat (vgl. Mk 7,22; Röm 1,29; 2 Kor 9,5; Eph 4,19; 2 Petr 2,3.14), machte das Gleichnis zu einem Beispiel für den Leitsatz Lk 12,15. Gleichzeitig gewann der neugeformte Gesamtabschnitt Lk 12,13-21 den Charakter einer sittlichen Unterweisung, eines moralischen Lehrstücks für die Anhänger Jesu, die Christen (beachte die Hinordnung auf das »Volk«: Verse Lk 12,13.15.16), näherhin jeden einzelnen Christen.

Lukas hat diese Parabel ethisiert und individualisiert und so aus einem Aufruf, sich auf das nahe Reich Gottes auszurichten eine *Unterweisung für Christen* gemacht, sich in der Ordnung des (bereits in der Kirche gegenwärtigen) Reiches Gottes gegenüber dem Besitz recht zu verhalten.

Das richtige Verhalten besteht *nach Lukas* im *Almosengeben,* in der Unterstützung der Armen. Dadurch kann der Mensch bei Gott Schätze sammeln. Darauf weist das Wort Lk 12,33f hin, das im weiteren Zusammenhang der Parabel begegnet: »Verkauft eure Habe und gebt den Erlös den Armen!... Verschafft euch einen Schatz, der nicht abnimmt, droben im Himmel!« (vgl. Lk 16,13). Die Aussage der Parabel wird so zu einem wichtigen Teil der Weisung des Evangelisten über Besitzverzicht, Armut und Nächstenliebe (vgl. Lk 6,20.34f; 11,37-42; 14,12-14; 16,9-13; 18,18-30) und bildet das Gegenstück zur Beispielgeschichte vom reichen Mann und vom armen Lazarus (Lk 16,19-31).

Anregungen zur Auslegung heute

1) Diese Parabel nennt man eine Beispielgeschichte: Welcher Grundsatz soll durch dieses Beispiel erläutert werden? (Beachte die vorhergehende Einleitung Lk 12,13-15.)
2) Wie kann man die Grundhaltung des reichen Grundbesitzers umschreiben? (Hilfsfragen: Handelt es sich um eine Karikatur? Womit rechnet dieser Mann nicht? Ist seine Zuversicht auf eine lange, gute Zukunft begründet oder überheblich und vermessen?)
3) Welche Haltung wird durch den Tod als töricht und dumm erwiesen? (Seine falsche Selbstsicherheit.)
4) Was will Lukas durch die Einleitung Lk 12,15a und den Schlußsatz Lk 12,21 seinen Lesern und den Christen seiner Zeit sagen? Wie kann ein Mensch vor Gott reich werden (Vgl. dazu Lk 16,9-13.19-31; 18,18-30)?
5) Will Lukas durch dieses Beispiel zeigen, daß der Mensch für die Zukunft überhaupt nicht sorgen soll? Was sagt der folgende Abschnitt Lk 12,22-32 über die rechte Sorge (vgl. Lk 10,38-42)?
6) Inwiefern sind Besitz und Reichtum für einen Menschen und seine Zukunftssorge gefährlich? (Hilfsfrage: Fühlen sich wohlhabende Leute sicherer der Zukunft und dem Tod gegenüber? Rechnen Reiche mehr mit Gott als Arme?)
7) Die Parabel war von Jesus ursprünglich an die Verantwortlichen seines Volkes gerichtet, um sie auf das rechte Verhalten gegenüber dem Reich Gottes aufmerksam zu machen. Als was wird das Kommen des Reiches Gottes die Einstellung der Führer Israels der Botschaft Jesu gegenüber erweisen (s. V. 20: als Torheit)?
8) In welchem Wertverhältnis steht das Reich Gottes zu allen irdischen und allen anderen religiösen Werten (z. B. Israels)?

9) Zieht die Ablehnung der Botschaft Jesu vom Reich Gottes Folgen nach sich (s. V. 20: Das Kommen des Reiches Gottes wird zum Gericht über alle selbsterwählten Werte des Menschen)?

10) Überlegungen für das eigene Leben:
Welche Rolle spielen Besitz und Besitzsorge in meinem Leben? Rechne ich mit einem jähen Tod? Sorge ich rechtzeitig dafür, durch Einsatz meines Besitzes für arme und notleidenden Menschen (»Almosen«) auch bei Gott reich zu sein? Geht die Sorge um das Reich Gottes (das ewige Leben) allen anderen Sorgen voraus (vgl. Lk 12,22-32)? Bin ich dankbar für alles, was ich besitze? Formuliere in kurzen Sätzen deine Antwort auf den Anruf dieser Parabel.

11) Lege in Form einer Ansprache an wohlhabende Christen unseres Volkes die Gedanken dieser Parabel dar. (Verwende dabei Vergleiche aus der heutigen Erfahrungswelt.)

25. *Die Beispielerzählung vom reichen Mann und vom armen Lazarus*

Reichtum macht blind für die Not anderer Menschen
(Lk 16,19-31)

Auch diese Gleichniserzählung handelt vom Reichtum, vom Reich Gottes und vom Tod. Sie führt das in der Parabel vom törichten Reichen Dargelegte weiter. Wird dort die trügerische Sicherheit, die der Reichtum zu gewähren scheint, herausgestellt, so ist hier von der Gefährlichkeit des Reichtums für den Gewinn des Reiches Gottes die Rede. Denn auch bei dieser Parabel ist vorauszusetzen, daß Jesus sie in den Dienst seiner Reich-Gottes-Verkündigung stellte und daß Lukas sie später seinen Zielen im Evangelium dienstbar machte.

Form
Der Eigenart nach liegt eine *Parabel* vor, da es sich um eine einmalige, individuelle Geschichte handelt (beachte den Namen des Armen), die allerdings beispielhaften Charakter hat. Wegen der inhaltlichen Verwandtschaft mit der Parabel vom törichten Reichen und wegen des durch den Rahmen hergestellten Bezugs zu Lk 16,9: »Macht euch Freunde mit Hilfe des ungerechten Mammons, damit ihr die ewigen Wohnungen aufgenommen werdet, wenn es (mit euch) zu Ende geht!«, kann man auch diese Parabel von ihrer Funktion her näherhin als *Beispielerzählung* charakterisieren.

Aufbau
Die Parabel ist als *Kontrastgleichnis* zwischen dem Reichen und dem Armen angelegt und weist deutlich zwei Teile auf: Lk 16,19-22: das diesseitige Schicksal beider und dessen Folgen im Jenseits; Lk 16,23-31:

die Begründung des jenseitigen Schicksals beider durch das Gespräch zwischen dem Reichen und Abraham. Es handelt sich also um eine sogenannte *doppelgipflige Parabel* mit zwei Schwerpunkten, bei der die Hauptaussage im zweiten Teil liegt.

Das Gespräch zwischen Abraham und dem Reichen weist ebenfalls zwei Teile auf: die Bitte um Sendung des Lazarus zur Linderung des Durstes mit ablehnender Antwort, Lk 16,24-26, und die zweistufige Bitte um Sendung des Lazarus zu den Brüdern des Reichen mit ablehnender Antwort und Begründung, Lk 16,27-31.

Der letzte Abschnitt, auf den die Parabel hin angelegt ist, enthält die entscheidende Aussage der Gleichniserzählung: »Sie haben Mose und die Propheten, auf die sollen sie hören... Wenn sie auf Mose und die Propheten nicht hören, werden sie sich auch nicht überzeugen lassen, wenn einer von den Toten aufersteht« (Lk 16,29.31).

Bildfeld

Der namenlose Reiche wird als ein Mensch geschildert, der sich ein feines Leben leisten kann und der in einem auf Genuß und Wohlleben ausgerichteten Leben aufgeht. Er veranstaltet täglich Gastmähler und trägt luxuriöse Kleidung. Das Obergewand war aus Purpurwolle und entsprach der Kleidung der Könige im Altertum (vgl. 1 Makk 8,14; 10,62), das Untergewand bestand aus feinstem Byssusleinen (vgl. Est 8,15). Sein Leben besteht wie jenes des törichten Reichen von Lk 12,19 aus gutem Essen, Trinken und fröhlicher, festlicher Gesellschaft. Zwar wird er nicht als gottlos geschildert, doch geht er völlig in seinem Genußleben auf. Da Reichtum im Alten Testament und bei den jüdischen Frommen als Segen Gottes galt, kann dieser Reiche durchaus als Vertreter der reichen Oberschicht in Israel angesehen werden. Der Hinweis auf einen normalen Tod und ein (festliches) Begräbnis (Lk 16,22b: »starb und wurde begraben«) unterstreicht diese Auffassung. Bis zu seinem Begräbnis mangelte ihm nichts, was das Leben eines Menschen angenehm macht.

Der Arme, der als Kontrast zum Leben des Reichen am Eingangstor zum Anwesen des Reichen liegt – zusammen mit anderen Bettlern – ist kaum bekleidet und mit Geschwüren bedeckt (vgl. Ijob 2,7). Er hofft auf die Reste der feinen Speisen oder doch wenigstens auf die Stücke feinen Fladenbrots, an denen die Tafelgäste ihre fettigen Finger (gegessen wurde ohne Besteck) und Hände abrieben und dann unter die niederen Tische warfen (vgl. Mt 15,27) – aber niemand sieht seine Not. Obwohl in unmittelbarer Nähe Überfluß in Fülle herrscht, leidet er ständig Hunger. Dazu wird er von den halbwilden Hunden, die man nicht zu füttern pflegte, heimgesucht, die seine Geschwüre leckten.

Mit dem Tod wandelt sich das Schicksal beider. Die Darstellung der Unterwelt (Scheol, Hades), die nicht eigens herausgestellt wird, entspricht spätjüdischen Vorstellungen. Sie wird als ein großer unterirdischer Raum dargestellt, der durch einen tiefen, breiten Abgrund in zwei Teile getrennt ist. In der unteren Hälfte leiden die Bösen durch Hitze (Feuer) und Durst große Qualen, während in der oberen Hälfte, dem Paradies, in der kühles Quellwasser sprudelt, die Frommen und Gerechten sich bei Abraham ausruhen und bei ihm leben dürfen. Die Wendung »in den Schoß (an den Busen) Abrahams« gebracht werden, bedeutet, neben ihm den Ehrenplatz beim jenseitigen Gastmahl einnehmen dürfen (zum Bild s. Joh 13,23). Abraham galt als der Vater und Anwalt der jüdischen Frommen und als Fürbitter der Armen. Nach Auffassung der jüdischen Schriftgelehrten konnte Abraham, seiner übergroßen Verdienste wegen, seine Nachkommen (»Kinder«) sogar vor der ewigen Verdammnis retten.

Nach jüdischer Auffassung sehen die Bösen zur Strafe das glückliche Los der Guten im Jenseits. Die Scheol, der Hades (Unterwelt, nicht Hölle) galt als Übergangsort bis zur Neugestaltung der Welt am Ende der Zeit. Dann dürfen die geläuterten Guten zu Gott, die Bösen müssen für immer in den Ort der Verdammung und Qual, in die Gehenna.

Daß im Gleichnis nicht auf ein endgültiges, allgemeines Gericht hingewiesen wird, darf nicht als verbindliche eschatologische Aussage gedeutet werden, denn daran ist die Erzählung nicht interessiert.

»Die Erzählung vom reichen Prasser ist nicht ›ein Reiseführer‹ des Jenseits« (*A. Stöger*, Das Evangelium nach Lukas, Bd. 2, S. 95).

Botschaft

Das wie eine zweiaktige Drehbühne mit je entgegengesetzten Szenen angelegte Gleichnis könnte in Verbindung mit der Aussage Abrahams (Lk 16,25): »Mein Kind, denk daran, daß du schon zu Lebzeiten Anteil am Guten erhalten hast, Lazarus aber nur Schlechtes. Jetzt wird er dafür getröstet, du aber mußt leiden«, die Meinung nahelegen, das Jenseits stellte kraft göttlicher Festsetzung lediglich die Umkehrung des Diesseits dar. Dem widerspricht aber der Versuch des Reichen, seine Brüder durch rechtzeitige Aufforderung zur Änderung ihres Lebensstils vor dem gleichen Schicksal zu bewahren, das ihn traf. Demnach ist dieses Schicksal Strafe für die eigene Gleichgültigkeit und Unbarmherzigkeit dem Armen an seiner Pforte gegenüber. Nicht der auf Genuß und Freude ausgerichtete Lebensstil bildete demnach den Grund für diese Strafe, sondern die Herzlosigkeit gegenüber dem so elenden Los des Lazarus.

Diese Herzlosigkeit wurde aber mitverursacht durch die von der strengen Vergeltungslehre geprägten Auffassung der zeitgenössischen Schriftgelehrten, jeder Mensch sei für sein Schicksal letztlich selbst verantwortlich. Zwar gäbe es Heimsuchungen und Prüfungen Gottes, aber auf Dauer erhalte der Fromme den Segen, der Sünder aber die Strafe Gottes bereits in diesem Leben. Dazu kam, daß nach jüdischer Auffassung Menschen auch wegen ungebüßter Sünden ihrer Vorfahren Unheil und Not zu ertragen hatten (s. Joh 9,2: »Wer hat gesündigt, er selbst oder seine Eltern, so daß er blind geboren wurde?«). Deswegen brauchte man kein Mitleid mit Menschen im Elend zu haben, denn sie trugen ihre Strafe zurecht. Gegen diese Auffassung nimmt diese Parabel ebenfalls Stellung.

Daß der Arme den Namen Lazarus, jüdisch Eleasar, d.h. Gotthelf bzw. Gott hilft, trägt, ist in diesem Zusammenhang von Gewicht. Denn es ist die einzige Person in einem der überlieferten Gleichnisse Jesu, die einen Namen trägt. Der Arme ist also ein Frommer, der seine Sache Gott anheimstellt. Er wird so zum Träger der Seligpreisung der Feldrede (Bergpredigt) Jesu, Lk 6,20f: »Selig, ihr Armen, denn euch gehört das Reich Gottes. Selig, die ihr jetzt hungert, denn ihr werdet satt werden. Selig, die ihr jetzt weint, denn ihr werdet lachen« (vgl. das Magnifikat, Lk 1,46-55: »Er erbarmt sich von Geschlecht zu Geschlecht über alle, die ihn fürchten... Die Hungernden beschenkt er mit seinen Gaben und läßt die Reichen leer ausgehen«). Dem Reichen aber gilt das Wehe: »Weh euch, die ihr jetzt reich seid; denn ihr habt keinen Trost mehr zu erwarten. Weh euch, die ihr jetzt satt seid; denn ihr werdet hungern. Weh euch, die ihr jetzt lacht; denn ihr werdet klagen und weinen« (Lk 6,24f). Man kann daher das Gleichnis als Beispielgeschichte zu den Seligpreisungen der Feldrede verstehen.

Das Zwiegespräch zwischen dem Reichen und Abraham enthüllt, daß das Los des Reichen die verdiente Strafe für sein Verhalten gegenüber Lazarus (und anderen Armen) darstellt. Dies erkennt der Reiche durchaus an, weshalb seine zweite Bitte auf die Rettung seiner Brüder hinzielt. Abrahams Antwort: »Sie haben Mose und die Propheten, auf die sollen sie hören!« (Lk 16,29) weist darauf hin, daß sie als Juden – genauso wie er selbst einst - Gottes geoffenbarten Willen kennen und Sabbat für Sabbat in der Synagoge vernehmen. Gedacht ist dabei näherhin an die Forderung Gottes, sich der Armen, der Notleidenden, der Witwen und Waisen besonders anzunehmen, vgl. Lev 19,11-18: »Du sollst deinen Nächsten lieben wie dich selbst!« (s. auch Ps 34; 37; 94; 112; 140). Im Neuen Testament ist diese Grundforderung Gottes vor allem ausgesprochen in Mt 9,13 (Hos 6,6: »Barmherzigkeit will ich, nicht Opfer!«),

Lk 10,25-37 (Hauptgebot mit Gleichnis vom barmherzigen Samariter) und Mt 25,31-46 (Vergeltung beim Endgericht).

Die Parabel vom reichen Mann und dem armen Lazarus setzt noch deutlich jüdische Verhältnisse voraus. Die Bitte um Entsendung des toten Lazarus, um die Brüder (im Traum, in einer Vision?) so nachhaltig zu warnen, daß sie wirklich umkehren, spielt wohl bereits auf die Auferstehung Jesu an und dürfte Christen im Auge haben, die trotz der klaren Weisungen Jesu zur tätigen Liebe gegenüber den Mitmenschen und Mitchristen ein egoistisches, welthaftes Leben führen. Wieder aber wird auf den Heilswert des Wortes Gottes verwiesen. Das bereitwillige Hören auf Gottes Wort im normalen Gottesdienst und das Leben danach im Alltag der christlichen Gemeinde und in den Ordnungen dieser Welt bilden den Weg zum Heil. Worin aber besteht der Bezug der Parabel im Mund Jesu zur Botschaft vom Reich Gottes?

Hier ist von der Wahl der Hörerschaft und der Motive auszugehen. Nach jüdischer Auffassung waren die Reichen, Wohlhabenden, Gesunden und Erfolgreichen die von Gott Gesegneten; auf sie wartete die Aufnahme ins Reich Gottes als Lohn für ihre Gesetzestreue. Diese Schicht der selbstgerechten wohlhabenden Frommen bildete wohl auch den Hauptteil der Juden, die Jesus als Messias ablehnten. Ihnen stellte Jesus in diesem Gleichnis eindrücklich vor Augen, daß allein das Befolgen des Hauptgebots der Nächstenliebe (Mk 12,31; Lev 19,18) den Zugang zum Reich Gottes zu öffnen vermag und daß das Reich Gottes reines Geschenk an den Menschen ist. Daher ist es den Armen zugesprochen, die dafür bereit sind (s. die Seligpreisungen der Bergpredigt). Wer der Botschaft Jesu, seinem Zuspruch an die Armen und seiner Mahnung an die Reichen, nicht glaubt, dem wird die Ankunft des Reiches Gottes so wie der Tod dem Reichen im Gleichnis zum Gericht.

In diesem Zusammenhang könnte es sein, falls die Parabel gegen Ende des Wirkens Jesu, vielleicht in Jerusalem erzählt wurde, daß der Hinweis auf das vergebliche Sich-Melden eines Toten von Jesus selbst stammen könnte. Dem entspräche der Verweis auf das Jonazeichen, Lk 11,29f (s. Mt 12,38ff), das ebenfalls auf den Tod und die Auferstehung Jesu anspielt und zwar als ein Gerichtszeichen für das ungläubige Israel. Die Zahl der sechs Brüder könnte dann ein Hinweis auf den ungläubigen Teil des Zwölfstämmevolkes sein.

So wäre die Parabel *ursprünglich* als ein *Mahnwort Jesu in letzter Stunde* an die selbstgerechten Führer und die reichen, ichsüchtigen Mitglieder der Oberschicht seines Volkes zu verstehen, seiner Botschaft vom Anbruch des Reiches Gottes zu glauben und Nächstenliebe an den vielen Armen und Notleidenden in Israel zu üben. In dieser Parabel wird zugleich deutlich, daß Reichtum nicht Lohn für Gerechtigkeit, sondern in Verbindung mit der jüdischen Vergeltungslehre eine große Gefahr darstellt, weil er zu Selbstgerechtigkeit und Hartherzigkeit verleitet.

Im Ganzen der kirchlichen Unterweisung wurde dieses eschatologische Mahnwort dann zu einer allgemeinen Mahnung über das Verhältnis von egoistisch genutztem Reichtum und Heil. Der Tod wurde dabei zu einem Hinweis auf das Endurteil Gottes. Der Schwerpunkt verlagerte sich von einem Wort an eine bestimmte Schicht in Israel auf eine individuelle Mahnung an einzelne Christen.

Rahmen

Die ursprüngliche Situation, in die hinein Jesus die Parabel sprach, ist nicht überliefert und kann nur ganz allgemein aus der Wahl der Teilelemente der Erzählung erschlossen werden. Wichtig ist dabei der Zusammenhang mit der Parabel vom törichten Reichen (Lk 12,13-21), auch mit der vom Pharisäer und Zöllner (Lk 18,9-14), die alle dem Sondergut des Lukasevangeliums angehören. Sagen die beiden, in deren Mittelpunkt Reiche stehen, daß Selbstgerechtigkeit und egoistisch-diesseitige Selbstsicherheit das Reich Gottes nicht zu erlangen vermögen, so zeigt das letztere, daß Selbstgerechtigkeit in Verbindung mit Frömmigkeit und Wohltätigkeit ebenfalls vom Reich Gottes ausschließt.

Insofern dürften die ursprünglichen Adressaten bestimmte Schichten und Personenkreise des jüdischen Volkes zur Zeit Jesu gewesen sein, denen Jesus durch diese Parabeln eindrücklich vor Augen stellte, daß ihnen das Reich Gottes zum Gericht gereichen werde, wenn sie nicht auf die Weisungen Jesu hörten. So enthielten diese Parabeln von Anfang an ein individuelles Element und wandten sich an alle, auf die die Zeichnung der Hauptgestalt zutraf.

Arbeit des Evangelisten

Lukas hat die Parabel überliefert, weil sie ein Thema anspricht, das ihm wichtig war, *Reichtum und Reich Gottes*, und er hat sie in einen Zusammenhang eingeordnet, der als ganzer von der Frage handelt: Wie soll sich der Christ gegenüber dem Besitz verhalten? (Lk 16).

Kapitel 16 wird eingeleitet durch das Gleichnis vom klugen Verwalter (Lk 16,1-8), das durch einen Anhang von Regeln (Lk 16,9-13) darstellt, wie der Christ den ihm übertragenen Besitz verwalten soll: gewissenhaft und entschieden, das heißt der Besitz ist dem Willen Gott voll unterzuordnen (»Ihr könnt nicht Gott dienen und dem Mammon!« Lk 16,13). Am besten aber ist, auf Besitz zu verzichten und alles, was man entbehren kann, den Armen zu geben. Wer so handelt, ist klug und gewinnt Gott als Freund (Lk 16,8).

Den geldgierigen Pharisäern sagt Jesus sodann (Lk 16,14f), daß bei Gott andere Maßstäbe gelten, als sie vertreten. »Gott kennt euer Herz.... Was Menschen für großartig halten, das ist in den Augen Gottes ein Greuel«.

Die Verse Lk 16,16f sollen zeigen, daß ab dem Auftreten Jesu eine neue Ordnung gilt, die des Evangeliums, weil nun die neue Ordnung des Reiches Gottes sich durchsetzt. In dieser Ordnung wird der ursprüngliche Wille Gottes (»das Gesetz«) ganz ernst genommen (Lk 16,17). Das gilt für Besitz und Liebe zu den Armen ebenso wie für die Ehe (Lk 16,18). Der Hinweis auf die Ehescheidungspraxis der Pharisäer dient als Beispiel pharisäischer Gesetzesauslegung, die den Willen Gottes aus menschlichen Rücksichten heraus auflöst.

Die Parabel vom reichen Mann und vom armen Lazarus schließt das Kapitel ab und hat die Funktion, das vorher Gesagte beispielhaft zu erläutern, zu vertiefen, zusammenzufassen und die eschatologischen Folgen der jeweiligen Grundentscheidung gegenüber dem Besitz aufzuzeigen.

Im Sinne des Lukas handelt es sich wirklich um eine *Beispielgeschichte zum Thema:* »Ihr könnt nicht beiden dienen, *Gott und* dem *Mammon!*« (V. 13). Dabei setzt Lukas voraus, daß Gott durch die Auferweckung Jesu das in der Parabel nicht gewährte jenseitige Zeichen gegeben hat, daß aber die Juden sich diesem Zeichen weithin verweigerten und daß daher der Weg des Evangeliums zu den Heiden geht (vgl. Apg 7,51-53; 13,44-51; 28,23-28). Sie werden sich der Botschaft vom Reich Gottes bereitwillig öffnen. Diesen Gedankengang erschließt der Hinweis Lk 16,16f, daß »alle danach drängen, in das Reich Gottes zu gelangen«.

Insofern dient ihm die Parabel nicht nur als ein ethisches Lehrstück über das rechte Verhalten des Christen gegenüber Besitz, Reichtum und Wohlleben, sondern zunächst als ein Hinweis auf das Evangelium vom Reich Gottes, das den ursprünglichen Heilswillen Gottes freilegt und zur Geltung bringt, die menschlichen Wertmaßstäbe verändert und alle irdischen Werte weit übertrifft. Wer sich ganz der neuen Ordnung des Reiches Gottes öffnet, wird frei von der Dämonie des Geldes und des Wohllebens und wird zugleich befreit für die rechte Liebe zu Gott und dem Nächsten. «Verkauft eure Habe und gebt den Erlös den Armen! Macht euch Geldbeutel, die nicht zerreißen. Verschafft euch einen Schatz, der nicht abnimmt, droben im Himmel, wo kein Dieb ihn findet und keine Motte ihn frißt. Denn wo euer Schatz ist, da ist auch euer Herz« (Lk 12,33f).

Anregungen für die Auslegung heute

1) Handelt es sich bei dieser Erzählung um ein Gleichnis oder um eine Parabel?
2) Warum kann man diese Erzählung als Beispielgeschichte verstehen? Welche Aussage des Kapitels 16 soll damit erläutert und zugleich vertieft und weitergeführt werden (vgl. 16,9-13)?
3) Welche beiden Personen sind die Träger der Geschichte? Wer ist von beiden die Hauptperson? (Der Reiche.)
4) Aus wieviel Szenen ist die Erzählung aufgebaut? (Zwei.) Worauf liegt das Hauptinteresse, auf der Einleitung oder auf dem Schluß?
5) Wird der Reiche als gottlos und zügellos geschildert? Warum wird darauf hingewiesen, daß er ein (gutes) Begräbnis erhielt? (Gott ließ ihn als angesehenen Bürger sterben!)
6) Was sagt diese Bildgeschichte über den Reichtum und den sich daraus ergebenden Lebensgenuß? (Hilfsfragen: Ist Reichtum ein Zeichen des Segens Gottes? Welche Wirkung hat das große Vermögen des Reichen auf sein Verhalten gegenüber Mitmenschen in Not?)
7) Worin liegt die Schuld des Reichen?
8) Inwiefern ist Reichtum gefährlich für den Christen?
9) Vergleiche die Aussage der Erzählung über das jenseitige Schicksal des Menschen mit den Seligpreisungen und Weherufen Jesu in der Feldrede des Lukas (Lk 6,20-26).
   Was läßt sich daraus für die Botschaft der Beispielgeschichte schließen?
10) In welchem Verhältnis stehen Besitz, Besitzverzicht und Reich Gottes zueinander (vgl. Lk 16,9-13, dazu 12,33f; 18,18-30; auch 14,33)?
11) Inwiefern ist die Parabel eine Erläuterung des Hauptgebots (vgl. Lk 10,25-37)?
12) Wo erfahren die Christen, was der Wille Gottes ist, um das Heil zu gewinnen? (Beachte 16,29f mit 16,16f – durch das Evangelium, das heißt durch die Verkündigung der Kirche.)
13) Hat die Botschaft von der Auferstehung Jesu den Unglauben der Juden zu überwinden vermocht (s. 16,27-31; vgl. zur Sache Apg 2,29-36; 3,12-16; 4,8-12; 5,38-40; 7,51-60; 13,16-41; 28,23-31)?
14) Vergleiche diese Parabel mit jener vom törichten reichen Mann, Lk 12,16-21, und stelle Gemeinsamkeiten und Unterschiede fest. Welche neue Aussage macht die Parabel vom reichen Prasser und dem armen Lazarus über den Reichtum in seinem Bezug zum Reich Gottes? (Er ist gefährlich, weil er nicht nur auf diesseitigen Lebensgenuß zielt, sondern weil er selbstgerecht und hartherzig macht).

15) Welchen Rang erhalten die irdischen Werte gegenüber dem Reich Gottes?

16) Überlegungen für das eigene Leben:

Was steht im Mittelpunkt meines Lebens: Reichtum und Wohlleben oder die Gemeinschaft mit Gott und das Beachten seiner Weisungen?
Betrachte ich Reichtum und Besitz als die entscheidende Grundlage für mein Glück?
Hat mich die Sorge um Besitz, Besitzmehrung und Verwertung des Besitzes stumpf gemacht gegen die Not vieler Mitmenschen?
Sehe ich in der Not anderer nur deren Versagen und Verschulden?
Ist mir ein glückliches Leben wichtiger als alles andere: die Liebe, die Verantwortung für andere, die Gemeinschaft mit Gott, mein Seelenheil?
Bin ich bereit, das eigene Gewinn-, Genuß- und Besitzstreben unbedingt dem Willen Gottes unterzuordnen? (Ringen um innere Armut, das heißt Freiheit für Gott und den Mitmenschen.)

17) Aufgabe: Was sagt das Evangelium des Lukas:

a) über Reichtum, Besitz und die Reichen?
b) was über Armut und die Armen?

26. *Die Parabel vom anvertrauten Geld*

Das Reich Gottes als Aufruf zu vollem Einsatz
(Mt 25,14-30; Lk 19,11-27)

Vergleicht man beide Fassungen der Parabel miteinander, so könnte man meinen, es handle sich um *zwei verschiedene Ausgestaltungen desselben Grundgedankens:* bei *Matthäus* übergibt ein wohlhabender Mann sein ganzes Vermögen in gestuften Beträgen an seine Knechte je nach deren Fähigkeit und beauftragt sie, während seiner Abwesenheit damit zu arbeiten. Drei Knechte werden eigens genannt, zweien davon gelingt es, das Kapital zu verdoppeln, der dritte vergrub es aus Angst, das Kapital zu verlieren und gab den ursprünglichen Betrag ohne Zugewinn zurück. Dafür wurden die ersteren belohnt, der letztere bestraft, wobei Lohn und Strafe deutlich auf Gottes endgültige Vergeltung hinweisen.

Bei *Lukas* übergibt ein wohlgeborener Mann Geld an zehn seiner Diener und gibt ihnen den Auftrag, damit Geschäfte zu machen. Während er in ein fernes Land reist, um dort die Königswürde zu erhalten, senden ihm seine Mitbürger eine Delegation nach, um dies zu verhindern. Nach seiner Rückkehr als König hielt er Abrechnung mit seinen Dienern. Dabei werden drei genannt, von denen zwei ihr Kapital verdoppeln konnten, während der dritte es zurückgab, wie er es erhalten hatte. Er hatte es aus Furcht in ein Schweißtuch eingebunden. Während die ersteren Diener belohnt werden, der letzte sein Kapital verliert, läßt der König seine Gegner töten.

Die Forschung vermochte aber nachzuweisen, daß beiden Fassungen eine *gemeinsame Urform* zugrunde liegt, die auf Jesus zurückgeht. Denn beide stimmen überein in der Situationsangabe und im Ablauf des Geschehens sowie in der Herausstellung zweier Knechte, die erfolgreich mit dem Kapital arbeiteten und eines dritten, der es aus Furcht ablehnte, das Kapital einzusetzen und dafür bestraft wird. Darüber hinaus finden sich in Mt 25,24.26-29 und Lk 19,20.22-26 deutliche wörtliche Übereinstimmungen im griechischen Urtext. Beide Parabeln gipfeln außerdem in der Sentenz Mt 25,29 = Lk 19,26; vgl. Mk 4,25, einem ursprünglich wohl selbständigen Wort Jesu. Beide Evangelisten haben demnach bereits verschieden bearbeitete Fassungen der jesuanischen Parabel in der Überlieferung vorgefunden und haben diese weiter ausgestaltet.

Die auf Jesus zurückgehende Urform dürfte so gelautet haben: »Ein Mann, der ins Ausland reisen mußte, rief seine Knechte zu sich und übergab jedem von ihnen eine Mine. Nach einiger Zeit kam der Herr jener Knechte zurück und rechnete mit ihnen ab.

Der erste kam und sagte: ›Herr, deine Mine hat 10 Minen erbracht.‹ Und der Herr sagte zu ihm: ›Sehr gut, du bist ein guter Knecht, über weniges warst du treu, so will ich dich über vieles setzen.‹

Der zweite kam und sagte: ›Herr, deine Mine hat 5 Minen erbracht.‹ Und der Herr sagte zu ihm: ›Sehr gut, du bist ein guter Knecht, über weniges warst du treu, so will ich dich über vieles setzen.‹

Der dritte kam und sagte: ›Herr, hier hast du deine Mine (zurück), die ich (in der Erde) vergraben hatte. Ich hatte nämlich Angst vor dir, da du ein strenger Mann bist, der erntet, wo er nicht gesät hat, und der einsammelt, was er nicht ausgestreut hat.‹

Und der Herr sagte zu ihm ›Du bist ein schlechter und fauler Knecht. Du hast doch gewußt, daß ich ernte, wo ich nicht gesät habe, und einsammle, wo ich nicht ausgestreut habe. Dann hättest du mein Geld wenigstens auf der Bank (wörtlich: bei den Bankhaltern) anlegen sollen, so hätte ich das, was mir gehört, bei meiner Rückkehr mit Zinsen wiedererhalten. Darum nehmt ihm die Mine weg und gebt sie dem, der 10 Minen hat! (Denn jedem, der hat, dem wird gegeben; dem aber, der nicht hat, dem wird auch noch weggenommen, was er hat.)‹«(s. *H. Weder,* Die Gleichnisse, S. 193-210.)

Form

Dem Ablauf der Erzählung nach handelt es sich um ein einmaliges Geschehen, um eine *Parabel,* die vom Reich Gottes und seinem Anspruch an die Menschen handelt. Dabei bleibt zunächst offen, wer die Knechte sind, an wen also sich diese Parabel ursprünglich richtete, an die jüdischen Zeitgenossen Jesu oder deren Führer oder an die Anhänger Jesu.

Aufbau

Die Handlung ist durch je drei Elemente klar gegliedert; drei Szenen in der Abfolge: Übergabe des Kapitals – Zeit des Fernseins des Herrn – Abrechnung mit den Knechten, die ebenfalls dreistufig verläuft: Die gestufte Belohnung der beiden ersten erfolgreichen Knechte, die Bestrafung des dritten, furchtsamen und faulen Knechtes. Der Schwerpunkt der Aussage liegt in dem Urteil des Herrn über den dritten Knecht und in der abschließenden, sprichwortartigen Feststellung (falls diese bereits zur ursprünglichen Parabel gehörte, was nicht ganz sicher auszumachen ist).

Bildfeld

Es ist nicht gesagt, wo der Herr wohnt, auf jeden Fall spielt die Geschichte in einem städtischen Milieu, da sich eine Bank in der Nähe befindet und auch die Knechte mit dem Bankwesen vertraut sind. Bei den Knechten handelt es sich um fest angestellte Dienstpersonen, die in einem Arbeitsvertrag mit dem Herrn stehen. Ein Grund für die Abreise wird nicht angegeben. Die Ungewißheit über die Dauer der Abwesenheit bildet ein wichtiges Element des Geschehens. Die Dreizahl der Knechte ist symbolisch und dramaturgisch begründet. Drei war die Zahl einer kleineren Ganzheit – diese drei stehen also für alle Knechte jenes Herrn –, außerdem gehört es zum volkstümlichen Aufbau der Gleichnisse, höchstens drei handelnde Personen auftreten zu lassen. Eine Mine war eine kleine Münzeinheit, keine Münze; ihr Wert entsprach dem 60. Teil eines Talents, das heißt 100 Drachmen. Eine Drachme war eine griechische Silbermünze im Wert etwa von einem Schweizer Silberfranken. Sie entsprach dem römischen Silberdenar.

Da die jüdischen Lehmhäuser keinen Schutz gegen entschlossene Diebe boten, war ein Darlehensnehmer nur dann gegen Schadenersatz bei Diebstahl gefeit, wenn er das Geld oder das ihm anvertraute Edelmetall vergraben hatte.

In der erschlossenen Grundform bleibt das Geschehen innerhalb der damaligen Wirklichkeit und überschreitet auch bei der Strafe nicht den Bereich des damals Möglichen und Üblichen. Dabei ist anzunehmen, daß der Knecht anschließend aus dem Dienst des Herrn wegen bewußter Untätigkeit entlassen wurde.

Botschaft

Für das Verständnis der Parabel ist wichtig, daß es sich um eine Aussage über das Reich Gottes handelt. Dabei muß davon abgesehen werden, das Gleichnis zu allegorisieren, also aus nachösterlicher Sicht den Herrn der Knechte mit Christus zu identifizieren, die Zeit der Abwesenheit mit seinem Fernsein nach der Auferstehung, die Heimkehr und Rechenschaftslegung mit der Parusie und dem Endgericht, das Geld mit der Taufgnade, Lohn und Strafe mit Himmel und Hölle. Diese Deutungen sind in die Fassungen der Evangelisten durch die Urkirche eingewandert, sind aber nicht ursprünglich.

Geht man davon aus, daß der Herr der Parabel Gott selbst ist, das Kapital das Angebot des Reiches Gottes durch Jesus, die Abrechnung mit Belohnung und Bestrafung sich auf die Teilnahme oder den Ausschluß der von Jesus angesagten vollen Wirklichkeit des Reiches Gottes bezieht, dann spielt die Parabel in eine Situation hinein, die noch offen ist für das Kommen des Reiches Gottes. Die Zwischenzeit ist die Zeit vom Auftreten Jesu als endgültiger Heilbringer Gottes und dem als relativ nahe angesagten vollen Durchbruch des Reiches Gottes in Israel. Das zeigt sich vor allem an den neuen Aufgaben der Diener, die sich bewährt haben (s. vor allem die Fassung bei Matthäus). Insofern handelte es sich *ursprünglich* um *eine Aufforderung an die Hörer Jesu,* den Ruf zur Umkehr und zur Neugestaltung des Lebens nach den Weisungen Jesu unbedingt aufzunehmen und sich auf den unverhüllten Anbruch des Reiches Gottes mit allen Kräften vorzubereiten. Zwar ist das Kommen des Reiches Gottes reine Gnade Gottes, aber das Eingehen in das Reich Gottes, die Teilhabe daran, hängt von der Entscheidung des Menschen ab, der Jesu Botschaft hört und sich auf seine Forderungen einläßt. »Kehrt um! Denn das Himmelreich ist nahe« (Mt 4,17). Bei den Forderungen und Weisungen Jesu ist vor allem an das Hauptgebot und die Weisungen der Bergpredigt zu denken. »Wenn eure Gerechtigkeit nicht weit größer ist als die der Schriftgelehrten und der Pharisäer, werdet ihr nicht in das Himmelreich kommen« (Mt 5,20; vgl. Mt 25,31-46).

Insofern ist bei den ursprünglichen Adressaten der Parabel an alle jüdischen Hörer Jesu, vor allem an die Anhänger Jesu zu denken, besonders an solche, die sich nicht voll entschließen konnten, Jesus nachzufolgen. Nur so läßt sich das Verhalten des dritten Knechts voll verstehen. Er ist Knecht. Er steht im Dienst seines Herrn und lebt von dessen Einkünften. Er wagt daher nicht, das übertragene Kapital zu verschleudern oder aufs Spiel zu setzen.

Andererseits aber wirft ihm sein Herr vor, er hätte versäumt, den verhältnismäßig risikolosen Weg der Einlage bei einer Bank zu gehen. Daran zeigt sich, daß er sich auch nicht recht zugunsten seines Herrn einsetzen wollte. Dieses halbe Zögern und der darin sich zeigende Vorbehalt gegen seinen Herrn erweist sein Verhalten als Schuld. Denn seine Entschuldigung mündet in einen Vorwurf ein: »Ich hatte Angst..., denn ich wußte, daß du ein strenger Mann bist; (aber) du erntest (auch), wo du nicht gesät hast, und du hebst ab, wo du nicht eingelegt hast!« (Mt 25,24). Und dazu hatte ich keine Lust. – So könnte man die Zwiespältigkeit seiner Antwort am zutreffendsten ans Licht bringen.

Wer auf das Reich Gottes hin nicht alles einsetzt, wird nicht in das Reich Gottes eingehen!, so lautet die Aussage dieser Parabel. In diesem Grundgedanken trifft die Parabel mit den Aussagen der Parabel vom unfruchtbaren Feigenbaum (Lk 13,6-9), dem Doppelgleichnis vom Turmbauen und Kriegführen (Lk 14,28-33), vom klugen Verwalter (Lk 16,1-8) und dem Gleichnis von dem mit der Aufsicht betrauten Knecht (Mt 24,45-51 par) zusammen.

Der sprichwörtlich formulierte Nachsatz: »Wer hat, dem wird gegeben; wer nichts hat, dem wird genommen, was er hat« (Mt 25,29), der eine bittere Erfahrung der kleinen Leute damals ausspricht, unterstreicht diese Aussage und faßt sie prägnant zusammen.

Da diese Feststellung auch als Einzelwort Jesu überliefert ist (vgl. Mk 4,25; Mt 13,12; Lk 8,18), ist nicht sicher auszumachen, ob sie ursprünglich zur Parabel gehörte oder erst von der kirchlichen Überlieferung angefügt wurde, um der Parabel einen eindrücklichen Abschluß zu verleihen. Es sagt in diesem Zusammenhang, daß der Mensch, dem die Gabe des Reiches Gottes anvertraut ist, sich ganz einsetzen muß, um das Reich Gottes endgültig zu gewinnen. Wer das Reich Gottes nicht ernst nimmt, wer sich egoistisch-selbstvermessen »bescheiden» will, verliert, was ihm bereits geschenkt ist und verspielt ein für allemal seine Chance.

Rahmen

Matthäus hat die Parabel in die große Redekomposition über die Endzeit eingerückt (Mt 24,1-25,46), versteht sie also als Mahnung an Christen, auf die Wiederkunft Christi als Weltrichter hin zielbewußt zu leben. Es gilt nicht nur, wachsam und bereit zu sein, wenn der Herr kommt (so die Aussage der Gleichnisse vom sprossenden Feigenbaum, von der Sintflutgeneration, vom Dieb, vom treuen und vom schlechten Knecht und von den zehn Jungfrauen), sondern auch durch die Gaben des Reiches Gottes reich an Werken der Liebe geworden zu sein (so die Bildrede vom Maßstab der Vergeltung im Endgericht). Matthäus hat demnach – wie die Urkirche vor ihm – die Abreise des Herrn auf den Tod und die Auferstehung Jesu gedeutet und den Zeitpunkt seiner Rückkehr auf die Wiederkunft Christi am Ende der Zeit. So wurde die Parabel aus einem Appell zur Vorbereitung auf den vollen Anbruch des Reiches Gottes, nach der Auferstehung Jesu zu einem *Mahnwort an Christen*, mit der Gnade Christi reich zu werden an Taten der Nächstenliebe: »Was ihr für einen meiner geringsten Brüder getan habt, das habt ihr mir getan!« »Was ihr für einen dieser Geringsten nicht getan habt, das habt ihr auch mir nicht getan!« (25,45; vgl. 25,40)

Lukas schließt mit dieser Parabel den sogenannten Reisebericht (Lk 9,51-19,27) ab, in dem er wichtige Überlieferungen von Jesus gesammelt und zu einer großen Unterweisung über den Weg des Christen in der Nachfolge Christi zusammengeordnet hat. Er schließt diese Parabel an die Erzählung von der Umkehr des Oberzöllners Zachäus in Jericho an, der nach der Begegnung mit Jesus ernsthaft versucht, sein Leben zu ändern und seinen ungerecht erworbenen Reichtum für die Armen einzusetzen. »Herr, die Hälfte meines Vermögens will ich den Armen geben, und wenn ich von jemand zu viel gefordert habe, gebe ich ihm das Vierfache zurück« (Lk 19,8).

Die Parabel selbst hat Lukas eingeleitet durch die Bemerkung: »Weil Jesus schon nahe bei Jerusalem war, meinten die Menschen,... das Reich Gottes werde sofort in Erscheinung treten. Daher erzählte er ihnen ein weiteres Gleichnis« (Lk 19,11). So verfolgt Lukas nach Ausweis des Rahmens *zwei Ziele* mit dieser Parabel: Er will einerseits eine *falsche Naherwartung* des Reiches Gottes bzw. der Parusie Christi (s. Lk 24,49; Apg 1,9ff) abwehren, andererseits die Christen aber aufrufen, nicht müde zu werden im Hingang der Zeit, sondern mit dem Gericht Jesu zu rechnen und daraufhin mit den Heilsgaben Jesu »zu wuchern«. Auch er denkt dabei an *Taten der Nächstenliebe*, besonders an Almosen für die Armen und an die Sorge für hilfsbedürftige Menschen (vgl. Lk 6,27-36; 10,25-37; 12,33f; 14,12-14; 16,9; 18,22; 19,8).

In der *Apostelgeschichte* hat er am Verhalten der Urgemeinde aufzuzeigen versucht, wie die Jünger Jesu mit seinen Heilsgaben mitwirken sollen: »Alle, die gläubig geworden waren, bildeten eine Gemeinschaft und hatten alles gemeinsam. Sie verkauften Hab und Gut und gaben davon allen, jedem so viel, wie er nötig hatte« (Apg 2,44f). »Es gab keinen unter ihnen, der Not litt« (Apg 4,34). Lukas verwendet diese Überlieferung als Vermächtnis Jesu an die Christen, auf ihrem Weg durch die Zeit nicht müde zu werden im Dienst Christi und des Nächsten.

Arbeit der Evangelisten

Beide Evangelisten fanden die Parabel in einer Sammlung von Jesusworten vor, der *Q*-Quelle, aus der beide Überlieferungen schöpften, die sie bei Markus nicht fanden. In dieser Sammlung, die von Christen in Palästina zusammengestellt und die für die christliche Unterweisung und Mission bestimmt war, hatte die Parabel bereits eine kirchliche

Bearbeitung erfahren. Der Herr der Knechte – ein Bild für Gott – wurde auf den auferstandenen Herrn der Kirche gedeutet, die Abreise auf die Zeit zwischen Auferstehung und Wiederkunft, der bevorstehende Anbruch des Reiches Gottes auf die Parusie, die Abrechnung mit den Knechten auf das Endgericht, die den Knechten übergebenen Darlehen auf die Gnadengaben des Auferstandenen an die Getauften. Dieses vorgegebene christliche Grundmodell, das seine Entstehung der Aktualisierung der Jesusüberlieferung auf die Situation der nachösterlichen Kirche hin verdankt, wurde von beiden Evangelisten je auf eigene Weise weitergeführt.

Matthäus machte aus den relativ kleinen Darlehen mit Rücksicht auf die Heilsgaben des Auferstandenen sehr große Beträge und stufte sie je nach den verschiedenen Fähigkeiten der damit betrauten Knechte: fünf Talente, zwei Talente, ein Talent. »Sein ganzes Vermögen« vertraute der Herr des Gleichnisses seinen Knechten vor seiner Abreise an. Ein Talent war eine Rechnungseinheit und bestand aus 60 Minen oder 6000 Drachmen, eine Drachme (= 1 Denar) entsprach dem Tageslohn eines Arbeiters (vgl. Mt 20,2), der davon eine mehrköpfige Familie einen oder mehrere Tage ernähren konnte. Durch die Abstufung der »Heilsgnade« nach den jeweiligen natürlichen Fähigkeiten wird der *Gedanke der individuellen Verantwortung des einzelnen Jüngers Jesu stärker herausgestellt* (vgl. dazu dieselbe Tendenz bei der Deutung des Sämannsgleichnisses durch Matthäus, 13,18-23). Der von Matthäus angehängte Nachsatz Vers 30 (vgl. Mt 8,12; 13,42.50; 22,13; 24,51) zeigt deutlich, daß Matthäus die Parabel auf das Endgericht bezieht, die Zeit der Arbeit mit dem anvertrauten Kapital als die Zeit zwischen Auferstehung und Wiederkunft Christi versteht.

Bei *Lukas* ist die Parabel verknüpft mit der Geschichte eines wohlhabenden Mannes vornehmer Herkunft, der sich im Ausland bei der Autorität um die Einsetzung zum Vasallenherrscher über sein Heimatland bemüht, welche die Oberherrschaft innehat. Hier ist dabei deutlich angespielt auf das Bemühen des Archelaus, des Sohnes Herodes des Großen, der nach dessen Tod im Jahre 4 v. Chr. zu Kaiser Augustus nach Rom reiste, um in die Herrschaft seines Vaters eingesetzt zu werden. Ihm wurde aber nur ein Teil von dessen Herrschaft übertragen, nämlich Judäa, Samaria und Idumäa, weil eine fünfzigköpfige Abordnung vornehmer Juden dies seiner Grausamkeit und Unberechenbarkeit wegen zu verhindern suchte. Nach seiner Rückkehr nahm Archelaus blutige Rache an seinen Gegnern und deren Freunden (vgl. dazu Mt 2,21f).

Die Schilderung der grausamen Rache in der Parabel (Lk 19,27) knüpft an die Verhaltensweise orientalischer Despoten an (s. 2 Kön 25,7). Mit dieser zeitgeschichtlichen Anspielung wird zugleich deutlich, daß auch Lukas bei der Abrechnung mit den Dienern des Thronbewerbers an das Endgericht denkt, bei der Jesus Christus sich seinen Feinden gegenüber endgültig durchsetzen wird. Daß die Verknüpfung der Parabel mit dem Thronbewerber nicht ursprünglich sein kann, zeigt sich vor allem an dem kleinen Betrag, den dieser jedem seiner Diener zur Verfügung stellt. Eine Mine war eine Rechnungseinheit, keine Münze, bildete den 60. Teil eines Talents und hatte den Wert von 100 Silberdrachmen oder 100 Silberdenaren.

Mit Rücksicht auf den Rang des vornehmen Thronanwärters hat Lukas die Zahl der Diener auf zehn erhöht. Doch handelt die Parabel auch bei ihm nur von der Abrechnung mit drei Dienern. Bei Lukas ist betont, daß jeder Knecht dieselbe Kapitalmenge erhält, das heißt die Heilsgnade im Wesen für jeden Gläubigen gleich ist (beachte dieselbe Tendenz in der Deutung der Sämannsparabel Lk 8,8.15, wo nur von *einem* »hundertfachen« Ertrag die Rede ist, während Markus und Matthäus hier unterscheiden in dreißig-, sechzig-, und hundertfachen Ertrag).

Die Unterschiede im Ergebnis sind also der menschlichen Mitwirkung mit der Heilsgnade zu verdanken. Bemerkenswert ist auch, daß der »faule« Knecht – obwohl er der gebotenen Sorgfaltspflicht nicht genügte und das Kapital lediglich in einem Tuch aufbewahrte – recht glimpflich davonkam. Er verlor lediglich das Kapital (wohl auch die Stelle), wurde aber nicht zusätzlich bestraft. Bei der relativ geringen Kapitalsumme handelte es sich nach Lukas ursprünglich mehr um eine Prüfung als um eine Herausforderung auf Leben und Tod.

Der *Schwerpunkt der Parabel* liegt *nach Lukas* auf der *Bestrafung der Gegner Jesu im Endgericht.* Insofern verstand Lukas die Parabel als Mahnung an Anhänger und Gegner Jesu, die Botschaft vom Endgericht durch Jesus, den Messias Gottes, bei dessen Parusie ernst zu nehmen und daraufhin zu handeln, entweder durch Mitwirkung mit der Heilsgnade oder durch Annahme des Glaubens an Jesus, den Messias.

Anregungen für die Auslegung heute

1) Vergleiche die beiden Gleichniserzählungen vom anvertrauten Geld bei Matthäus und Lukas miteinander: Worin stimmen beide überein? Worin unterscheiden sie sich? Inwiefern gehen beide auf eine gemeinsame Grundlage zurück?
2) Handelt es sich um ein Gleichnis im engeren Sinn, eine Parabel oder eine Beispielgeschichte?
3) Worin liegt der Schwerpunkt der Aussage: in der Beauftragung der

Knechte, in deren Arbeit mit dem Kapital oder in der Abrechnung mit den Knechten? Welcher Knecht steht dabei im Vordergrund?

4) An welche Personengruppe war das Gleichnis ursprünglich gerichtet bei Matthäus und bei Lukas (Anhänger, Gegner Jesu)? (Bei Matthäus an Jünger, bei Lukas an Jünger und Gegner Jesu.)
5) Woraus läßt sich erschließen, daß die Geschichte vom Thronbewerber bei Lukas nicht ursprünglich mit der Parabel verbunden war? (Beachte die Spannungen bei der Gesamtzahl der Knechte bei Lukas mit denen, mit denen tatsächlich Abrechnung gehalten wurde und die geringen Geldbeträge, die der Thronanwärter seinen Dienern aushändigte, dann die Spannung zwischen der Abrechnung mit den Knechten und der Rache an den Gegnern.)
6) In welchem Verhältnis sollen Kapital und Ertrag am Ende stehen? Wie verhalten sich in diesem Bild göttliche Gnade und menschliche Mitwirkung?
7) Warum betont Lukas die Gleichheit der Heilsgaben Christi, Matthäus deren Verschiedenheit? (Vgl. dazu die jeweiligen Deutungen der Sämannsparabel durch Matthäus und Lukas, Mt 13,18-23; Lk 8, 11-15).
8) Worin besteht das schuldhafte Verhalten des »vorsichtigen« oder »faulen« Knechts? (Beachte, daß er Diener ist und vom Tisch seines Herrn lebt). Welches religiöse Verhalten wird damit als unzureichend abgelehnt?
9) Wie kann man die ursprüngliche Botschaft dieser Parabel formulieren?
10) Welche Gnadengaben sind dem Christen seit der Auferstehung Jesu geschenkt? Wie soll der Christ damit »arbeiten«?
11) Wie kann man die Botschaft der Parabel zeitgemäß formulieren? Welche besonderen Akzente setzen Matthäus und Lukas bei dieser Aussage?
12) Erscheint die Zeit der Kirche in dieser Parabel als eine Zeit des Friedens oder des Ringens und der Bewährung?
13) Welche Ausreden benützen Christen heute, um mit ihrem Christsein nicht ernstmachen zu müssen?
14) Hinter welchen Argumenten verberge ich meine Abneigung, mich als Christ bewußt anzustrengen und für das Reich Gottes einzusetzen?
15) Wie kann ich mit meinen Gnadengaben arbeiten und »wuchern« in meiner Situation?
16) Was sagt Paulus über seinen Einsatz als Christ und Apostel (vgl. 1 Kor 9; 15,9f; 2 Kor 11,16-12,13; 2 Tim 4,1-8)?

17) Überprüfe die Situation unserer Kirche heute an den Aussagen der sieben Briefe an die Gemeinden in Kleinasien, Offb 2-3!

27. *Das Doppelgleichnis vom verlorenen Schaf und der verlorenen Drachme*

Die Freude Gottes über das Wiederfinden des Verlorenen
(Lk 15,1-10; vgl. Mt 18,12f)

Lukas hat in seinem Evangelium drei Gleichniserzählungen überliefert, die von der Freude handeln, wenn man Verlorenes wiederfindet. Man nennt diese drei Bilderzählungen daher auch die *Gleichnisse vom (Finden des) Verlorenen* (Lk 15). Es handelt sich dabei um das Doppelgleichnis vom Finden eines Schafes und einer Drachme und um die Parabel von der Heimkehr des verlorenen Sohnes.

Eines dieser Gleichnisse wird auch bei Matthäus überliefert, das vom Auffinden des verlorenen Schafes. Man kann daher annehmen, daß das Gleichnis vom verlorenen Schaf auch für sich allein überliefert wurde. Zwei dieser Gleichnisse gehören zusammen: das vom Wiederfinden eines Schafes und das von einer Drachme; das dritte ist desselben Grundcharakters wegen hier angeschlossen worden.

Die Gleichnisse vom Wiederfinden des Verlorenen zeichnen die Wirklichkeit des Reiches Gottes als die Zeit, in der Gott die Verlorenen in Israel, das heißt die schweren Sünder und die aus der religiösen Gemeinschaft Ausgestoßenen sucht und wiederfindet.

Form
Der sprachlichen Form nach handelt es sich bei den beiden ersten Bilderzählungen um ein *Doppelgleichnis,* der Eigenart der gewählten Stoffe und des Grundgedankens nach je um ein *Gleichnis im engeren Sinn.* Denn, daß sich beim Wiederfinden von Verlorenem immer Freude einstellt, ist üblich.

Aufbau

Daß es sich um ein ursprüngliches Doppelgleichnis handelt, geht aus dem gleichen Grundgedanken, dem gleichen Aufbau und der Wahl einander sich ergänzender Handlungsträger hervor. Beide Gleichniserzählungen werden mit einer Frage eingeleitet, beide Male schafft das Wiederfinden große Freude beim Verlierer und Finder und bewirkt eine Einladung an Freunde und Nachbarn, sich ebenfalls zu freuen. Weithin sind auch Worte und Wendungen genau gleich. Die Wahl eines Mannes und einer Frau weisen darauf hin, daß die Aussage Männer und Frauen gemeinsam angeht. Die Ergänzung wird verstärkt durch die Beobachtung, daß es sich bei dem Mann um einen wohlhabenden Herdenbesitzer, bei der Frau wohl um eine arme Witwe handelt, so daß außerdem das Ergänzungspaar ›reich und arm‹ in der Aussage des Gleichnisses von Bedeutung ist. Abgeschlossen werden beide Erzählungen durch eine gleichartige Feststellung über die Wirklichkeit des Reiches Gottes.

Bildfeld

Die Erzählung vom verlorenen Schaf spielt im jüdischen Bergland, dessen öde Steppen als Weidegebiet benützt wurden (beachte: Matthäus: Berge; Lukas: Steppe). Die Herde hat mittlere Größe, eine Herde von 300 Schafen galt als ungewöhnlich groß. Offensichtlich weidet der Herdenbesitzer selbst seine Schafe. Von anderen Hirten ist nicht die Rede. Bei der Suche nach dem verlorenen Schaf geht er das Wagnis ein, die übrige Herde ohne Schutz zurückzulassen. Sie konnte sich ebenfalls verlaufen, außerdem riskierte er den Überfall wilder Tiere oder auch den Zugriff von Dieben. Aber die Sorge um das verlorene Schaf bewegt ihn, das Wagnis einzugehen. Daß er das Schaf auf der Schulter heimträgt, ist darin begründet, daß ein versprengtes Schaf sich nach längerem Umherirren gewöhnlich irgendwo mutlos niederläßt und dann nicht mehr zum Laufen zu bewegen ist.

Die Frau, die nur zehn Drachmen besitzt (eine Drachme war eine Silbermünze mit dem Wert etwa von einem Schweizer Silberfranken) ist offensichtlich arm. Vermutlich ist an eine einsame Witwe gedacht. Bei ihrer Behausung handelt es sich um eine fensterlose Lehmhütte, die durch die Türöffnung nur wenig Licht erhält. Daher zündet sie ein Öllämpchen an und fegt den Boden mit einem Zweig, damit sie auf dem Boden, der entweder aus Felsgestein oder aus gestampftem Lehm bestand, die Münze bei der Bewegung im Dämmerlicht klirren hört.

Botschaft

In beiden Bildgeschichten steht die Freude über das Wiederfinden im

Mittelpunkt der Erzählungen. Im zweiten Fall wird dieser Gedanke unterstrichen durch den Hinweis auf die Armut der Verliererin, im ersten Fall dient der Hinweis auf das bei der Suchaktion eingegangene Wagnis derselben Absicht. »Wiederfinden schafft überschwengliche Freude« *(E. Linnemann);* demgegenüber tritt alles andere zurück: das Wissen um den nichtverlorenen Besitz, das Abwägen von Gefahr und Gewinn, das Sich-Begnügen mit dem Nichtverlorenen. Diese Freude lohnt jeden Einsatz und macht das Risiko wett. Ebenso ist es im Reich Gottes. Gott – die Engel sind Umschreibungen Gottes – freut sich ebenso, ja noch mehr, über jeden in Sünde verlorenen Israeliten, der zur Gemeinschaft des Volkes Gottes zurückkehrt.

Dies wird in dem jeweiligen Schlußsatz einprägsam festgestellt: »Ebenso herrscht auch bei den Engeln Gottes (große) Freude über jeden Sünder, der umkehrt (mehr als über neunundneunzig Gerechte, die es nicht nötig haben umzukehren)«. Damit ist nicht gesagt, daß Gott an den Guten und Gerechten nicht interessiert ist, im Gegenteil: er möchte keinen von ihnen verlieren; betont ist jedoch lediglich die überschwengliche Freude, das Verlorene wieder zu finden.

Das Reich Gottes besteht demnach in der Gemeinschaft des Volkes Gottes mit Gott und in der Heimholung aller Sünder, Ausgestoßenen, Gescheiterten und Abgefallenen in Israel in die Gemeinschaft des Volkes Gottes. Denn Gott selbst sorgt sich um dieses Volk und ermöglicht ihm ein gutes, geborgenes Leben.

Die Zeit des Reiches Gottes beginnt dabei mit dem Wirken Jesu und seiner Sorge um die Heimkehr der Sünder zu Gott und zu ihrem Volk. Mit diesem Doppelgleichnis verteidigt Jesus seine Sorge um die Sünder und sucht die jüdischen Führer zur Zustimmung dazu zu gewinnen. Er setzt dabei das Wissen um die Sorge Gottes für die Rettung der Sünder und die Verheißung des Propheten Ezechiel vom guten Hirten voraus.

Ezechiel ist der Prophet, der nicht müde wurde, im babylonischen Exil den Mutlosen zu verkünden: »So spricht der Herr: Ich habe kein Gefallen am Tod des Sünders, vielmehr daran, daß er seine bösen Wege verläßt und am Leben bleibt! Kehrt um, kehrt um auf euren bösen Wegen! Warum wollt ihr sterben, ihr vom Haus Israel?« (Ez 33,11; vgl. auch Ez 18,23). In seiner Verheißung vom kommenden guten Hirten aus dem Haus Davids (Ez 34,11-31) läßt Gott sagen: »Jetzt will ich meine Schafe selber suchen und mich selber um sie kümmern. Wie ein Hirte sich um die Tiere seiner Herde kümmert an dem Tag, an dem er mitten unter den Schafen ist, die sich verirrt haben, so kümmere ich mich um meine Schafe und hole sie zurück von all den Orten, wohin sie sich am dunklen, düsteren Tag zerstreut haben« (Ez 34,11f).

Daß dies jetzt durch sein Wirken an den »verlorenen Schafen Israels« geschieht (vgl. Mt 10,6; 15,24), sollte die religiösen Führer Israels mit Freude erfüllen. Jesus lädt sie daher ein: »Freut euch mit mir», daß Gott durch mich jetzt die Sünder Israels sucht und findet. Die Zeit seines Wirkens ist insofern der Anbruch der verheißenen Heilszeit, eine Zeit der Freude und des Jubels über die Umkehr und Heimholung der Sünder zu Gott. Dies kann jedoch nur erkennen, wer in Jesus den endgültigen Heilbringer Gottes anerkennt.

Rahmen
Bei *Lukas* steht das Doppelgleichnis in einem eigenen Kapitel über das Finden des Verlorenen: Verlorenes Schaf, verlorene Geldmünze, verlorener Sohn (Lk 15,3-32).

Eingeleitet wird dieses Kapitel durch die Bemerkung: »Alle Zöllner und Sünder kamen zu ihm, um ihn zu hören. Die Pharisäer und Schriftgelehrten empörten sich darüber und sagten: ›Er gibt sich mit Sündern ab und ißt mit ihnen‹« (Lk 15,1 f). Die Gleichnisse dieses Kapitels wollen das Heilandswirken Jesu begründen und verteidigen. Alle drei Stücke weisen auf die Freude hin, die das Finden des Verlorenen beim jeweiligen Besitzer (Vater) auslöst, das heißt bei Gott.

Die Umkehr und das Heimfinden zu Gott wird dabei als Errettung aus Todesgefahr und als freudiges Ereignis herausgestellt. Lukas will dadurch aufzeigen, wer Jesus ist, was das Heil, das er bringt, beinhaltet – nämlich die Versöhnung mit dem heiligen Gott und das Heimfinden in die Gemeinschaft mit ihm –, und auf den Charakter der mit Jesu Kommen angebrochenen Heilszeit hinweisen als einer Zeit der Umkehr, der Sündenvergebung und der Freude.

Der Kirche ist dabei die Fortführung des Heilandswirkens Jesu aufgetragen. »Der Messias wird leiden und am dritten Tag von den Toten auferstehen, und in seinem Namen wird man allen Völkern... verkünden, sie sollen umkehren, damit ihre Sünden vergeben werden« (Lk 24,46f; Apg 2,38f; 3,19f; 10,43; 13,23.38f; 17,30). Die Sündenvergebung erfolgt dabei durch die Taufe.

Matthäus hat lediglich das Gleichnis vom verlorenen Schaf in sein Evangelium aufgenommen und es eingerückt in die Rede über das rechte Verhalten in der Gemeinde Jesu, Mt 18,1-35. Es steht dort zwischen der Warnung vor Ärgernis, Verführung und Verachtung von einfachen, gutgläubigen Mitchristen Mt 18,6-10 (Vers 11 ist späterer Einschub aus Lk 19,10: »Der Menschensohn ist gekommen, um zu retten, was verloren ist«) und der Anweisung, mit Sündern in der Gemeinde fertig zu werden, Mt 18,15-18. Der Vers 18: »Alles, was ihr auf Erden...

lösen werdet, das wird auch im Himmel gelöst sein« setzt bereits eine Kirche voraus, die Kirchenzucht gegenüber schweren Sündern übt (vgl. Joh 20,21-23; auch Mt 16,19). Die Gleichnisgeschichte dient in diesem Zusammenhang als Mahnung an die Hirten der christlichen Gemeinden, wie der gute Hirt sündigen Gemeindemitgliedern voll Sorge nachzugehen, um sie zur Umkehr zu bringen und so zu retten. Dies spricht der von Matthäus angefügte Schlußvers deutlich aus: »So will auch euer himmlischer Vater nicht, daß einer von diesen Kleinen (das heißt schwachen Christen) verlorengeht.« Aus der Begründung und Verteidigung des Verhaltens Jesu gegenüber den Sündern ist durch den neuen Zusammenhang, in dem das Gleichnis begegnet, eine Mahnrede an die christlichen Gemeindehirten geworden. (Zur Sache vgl. noch Apg 20, 17-31, bsd. V. 28.)

Arbeit der Evangelisten

Lukas hat die drei Gleichnisse vom Wiederfinden des Verlorenen gesammelt und in ein Kapitel eingeordnet. Das Doppelgleichnis von Schaf und Drachme und die Parabel von den beiden Söhnen dürften ursprünglich je für sich gesprochen und wohl auch überliefert worden sein. Abgesehen von geringfügigen stilistischen Verbesserungen hat Lukas den ursprünglichen Textbestand bewahrt und auch die allgemeine Situation, in die hinein diese Gleichnisse gesprochen worden sind, richtig gezeichnet.

Matthäus fand das Gleichnis vom verlorenen Schaf wohl bereits als Einzelgleichnis vor, das den Sinn hatte, christlichen Gemeindeleitern ihre seelsorgliche Verantwortlichkeit einzuschärfen. Die Betonung der Hirtenfunktion wurde dabei schon vor Matthäus durch die kirchliche Überlieferung vorgenommen. Als Beispiele der Ermahnung von Hirten gegenüber gefährdeten christlichen Gemeindemitgliedern zu selbstlosem Einsatz sind hier Apg 20,28; 1 Petr 5,1-4; Joh 10,10-18 und Hebr 13,17. 20 zu nennen. Entsprechend dieser innerkirchlichen Auswertung des Hirtenbildes ordnete er das Gleichnis vom guten Hirten in die Ermahnung zum rechten Verhalten in den christlichen Gemeinden ein und fügte die Feststellung hinzu: »Euer himmlischer Vater will nicht, daß einer von diesen Kleinen (schwachen, gefährdeten Christen) verlorengeht.« So wurde das Gleichnis zu einer Modellgeschichte für vorbildliches seelsorgliches Verhalten.

Das unübertreffbare Vorbild ist dabei Jesus selbst. Denn er kam, »um die verlorenen Schafe des Hauses Israel« zu retten »und um die Sünder zu rufen« (vgl. Mt 15,24; 9,13). Die Hirten Israels, die religiösen Führer seines Volkes, haben ihre Aufgabe verraten und nur sich selbst geweidet (vgl. Mt 23,1-33), darum ist auch das jüdische Volk religiös in einem so schlechten Zustand; nämlich »müde und erschöpft wie Schafe, die keinen Hirten haben« (s. Mt 9,36). Die christlichen Hirten des neuen Volkes Gottes sollen sich statt dessen als gute Hirten erweisen. Man muß daher das Gleichnis vom Finden des verlorenen Schafes bei Matthäus als Beispielgeschichte über das rechte Verhalten eines guten Hirten in der Kirche Christi verstehen. Matthäus hat demnach dieses Gleichnis verkirchlicht und paränetisch ausgewertet.

Anregungen für die Auslegung heute

1) Vergleiche die beiden Bilderzählungen Lk 15,3-7 und 15,8-10 miteinander und stelle die formalen und die gedanklichen Gemeinsamkeiten fest! Was spricht dafür, daß es sich hier um ein Doppelgleichnis handelt?
2) Wie ergänzen sich die verschiedenen Züge des Doppelgleichnisses? (Mann – Frau; reich – arm.)
3) Was ist das Aussageziel beider Erzählungen: Ist betont, daß man sich beim Finden von Verlorenem (normalerweise) freut oder ist die Suche nach dem Verlorenen herausgearbeitet?
4) Wie kommt das Reich Gottes in diesem Doppelgleichnis zur Sprache? (Als Zeit der Rettung der Sünder, als Zeit der Sündenvergebung, als Zeit der Freude.)
5) Gegen welche Einwände verteidigt sich Jesus mit diesem Gleichnis? (Vgl. Lk 15,1 f; auch 5,27-32.)
6) Welches Christusbild stellt Lukas nach Ausweis der Gleichnisse vom Verlorenen (Lk 15) oder der Texte 1,76f; 2,34f; 7,36-50; 8,1-3; 23,34; 23,43 in seinem Evangelium heraus?
7) Welche Aufgabe ist der Kirche nach Lukas übertragen? (Vgl. Lk 24,46f; Apg 2,38f; 3,19f; 10,43; 13,23.38f.)
8) Welche Funktion hat das Gleichnis vom verlorenen Schaf im Rahmen der Gemeindeordnung Matthäus Kap. 18? Geht es bei ihm um die Freude des Wiederfindens oder um die Ermahnung, so lange zu suchen, bis man das Verlorene findet?
9) Wer ist mit diesem Gleichnis bei Matthäus angesprochen: die jüdischen Führer oder die Hirten der Kirche? (Vgl. dazu Apg 20,28; 1 Petr 5,1-4.) An welchen guten Hirten denkt dabei der Evangelist als Vorbild? (Vgl. Mt 9,13.36; 15,24.)
10) Lies die Hirtenrede Ez 34, und vergleiche sie mit dem Gleichnis vom verlorenen Schaf, mit der Hirtenrede Joh 10,10-18 und den Hirtenworten Mt 9,13; 15,24; 1 Petr 5,1-4; Hebr 13,17-20. Was läßt sich daran feststellen?

28. Die Parabel vom unbegreiflich gütigen Vater

Die Freude des Vaters über die Heimkehr des verlorenen Sohnes (Lk 15,11-32)

Als dritte Bilderzählung und damit als Höhepunkt der Aussage dieses Lehrstücks über das Finden des Verlorenen bringt Lukas die Parabel vom unbegreiflich gütigen Vater – herkömmlich: vom verlorenen Sohn. Sie führt das im Doppelgleichnis vom verlorenen Schaf und der verlorenen Drachme zum Ausdruck Gebrachte zu seinem Ziel. Wegen der Tiefe ihrer Aussage, der bewegenden Handlung und des meisterlichen Aufbaus der Geschichte gilt diese Parabel mit Recht als »die Perle unter allen... Parabeln Jesu, als das Evangelium im Evangelium« *(J. Schmid).*

Form

Die Lehrerzählung ist ohne Einleitungs- und Schlußsatz überliefert und weist keine Züge späterer Ausgestaltung auf. Sie ist in ursprünglicher Form erhalten und ermöglicht so einen Blick auf das großartige Vermögen Jesu, die Botschaft vom Reich Gottes seinen Hörern lebendig, spannend und bewegend vor Augen zu stellen und sie so zu einer Entscheidung zu führen, an der auch das Gemüt, biblisch gesprochen das Herz, beteiligt ist. Da das Verhalten sowohl des nachgeborenen Sohnes wie auch des Vaters im jüdischen Sinne außergewöhnlich, ja anstößig ist, handelt es sich um eine *Parabel im engeren Sinn.*

Aufbau

Das Geschehen verläuft in zwei Abschnitten: der Weggang des nachgeborenen Sohnes, sein Schicksal und seine Heimkehr; dann die Aufnahme des Sohnes durch den Vater und die dadurch hervorgerufene

Auseinandersetzung für die Reaktion des Vaters und des erstgeborenen Sohnes auf dessen Heimkehr. In der Mitte des Geschehens steht der Vater mit seinem Verhalten gegenüber dem schuldig gewordenen Sohn. Die Reaktion des Erstgeborenen auf das Verhalten des Vaters hebt dieses noch deutlicher aus dem Geschehen heraus und gibt dem Vater Gelegenheit, es näher zu begründen.

Es handelt sich also um eine *doppelgipflige Parabel*, deren *Schwerpunkt im zweiten Teil*, näherhin im Gespräch des Vaters mit dem erstgeborenen Sohn liegt. Auch er soll zur Umkehr gebracht werden. Darum endet die Parabel mit einer Frage. Sie weist auf das Ringen Jesu mit seinen Zuhörern und auf deren Einwände gegen sein Verhalten gegenüber den Sündern hin. Da das Handeln des Vaters im Mittelpunkt der Parabel steht, ist die Überschrift »Das Gleichnis vom verlorenen Sohn« ungenügend.

Zu beachten ist noch, daß der erstgeborene Sohn die Schuld seines Bruders bewußt ans Licht zerrt und ihm deswegen auch die Anerkennung als Bruder verweigert: »Als aber dieser dein Sohn...«. Dagegen bemüht sich der Vater, diesen Sohn zur freudigen Wiederannahme des Bruders zu bewegen: »Aber jetzt müssen wir uns doch freuen..., denn dieser dein Bruder war tot...« Mit diesem Bemühen endet die Geschichte. Der Ausgang des Ringens Jesu um Zustimmung zu seiner Sendung ist also noch nicht entschieden, als Jesus diese Parabel erzählt.

Bildfeld

Die Bitte des nachgeborenen Sohnes um Auszahlung seines Pflichtteils zu Lebzeiten des Vaters war damals nichts Ungewöhnliches, denn wie hätte sonst dieser Sohn eine eigene Existenz begründen können. Nach dem jüdischen Erbrecht war der unbewegliche Besitz (Haus, Grundbesitz) grundsätzlich unveräußerlich; er fiel beim Tod des Vaters dem ältesten Sohn, dem »Erstgeborenen«, zu (s. Dtn 21,17; Lev 25,23-31). Dieser erhielt außerdem vom beweglichen Besitz (z.B. Kleidung, Geld) doppelt soviel wie jeder andere Sohn. In unserem Fall stand deshalb dem jüngeren Sohn ein Drittel des beweglichen Vermögens zu. Teilte ein Vater schon bei Lebzeiten seinen Besitz auf, war er nicht streng an die genannten Bestimmungen gebunden. Ihm blieb in jedem Fall das Recht der lebenslangen Nutznießung des unveräußerbaren Familienbesitzes. In unserem Fall teilte der Vater seinen Besitz (beachte auch V. 31: »Was mein ist, ist auch dein«). Während er sich aber das Verfügungsrecht und die Nutznießung am festen Besitz vorbehält, überläßt er dem jüngeren Sohn auch das Verfügungsrecht an seinem Teil.

Nachdem dieser alles zu Geld gemacht hat, geht er ins heidnische

Ausland, um dort eine Existenz zu gründen. Palästina wurde oft von Hungersnöten heimgesucht und konnte nicht alle seine Bewohner ernähren. Viele Juden wanderten daher damals aus und suchten in den großen Städten am Rand des Mittelmeeres ihr Auskommen. So lebten damals etwa vier Millionen Juden in der Diaspora gegenüber etwa einer halben Million in jüdischen Heimatland, das auch von heidnischen Siedlungen durchsetzt war.

Da das Heiratsalter für Männer damals bei 18–20 Jahren lag, dürfte der jüngere Sohn nicht älter als 20 Jahre gewesen sein. Er gerät in der Fremde, da er sich ausleben und das Leben auskosten möchte, auf die schiefe Bahn. Er verschwendet das ererbte Vermögen in einem haltlosen Leben und wird dabei zugleich zu einem großen Sünder. Als eine Hungersnot in jenem Land ausbricht, eilt er nicht heim ins jüdische Gebiet, sondern verdingt sich bei einem heidnischen Gutsbesitzer und gerät damit völlig in eine Situation, in der er seinen Glauben praktisch verleugnen muß.

Denn er kann weder die Speise- und Reinheitsgesetze, noch den Sabbat und die gebotenen Festtage einhalten. Daß er dabei den unreinsten Tieren nach jüdischer Auffassung dient und in ständiger Unreinheit lebt, offenbart den Zustand, in den er geraten ist. Die Märtyrer der Makkabäerzeit starben lieber, als Schweinefleisch zu essen. Und im Kampf gegen heidnische Bräuche lautete ein Grundsatz der damaligen Schriftgelehrten: »Verflucht sei der Mann, der Schweine züchtet« (s. Lev 11,7: »Ihr sollt für unrein halten das Schwein..., ihr dürft von seinem Fleisch nicht essen und sein Aas nicht berühren«).

Und dennoch kann er trotz äußerster Selbsterniedrigung seinen Hunger nicht stillen, nicht einmal mit dem Schweinefutter, den ungetrockneten Schoten des Johannisbrotbaumes, die damals von den Menschen nur in äußerster Not gegessen wurden. Die Schweine haben es also besser als er.

Aber die äußerste Not bringt ihn zur Besinnung. Ein jüdisches Sprichwort aus der Zeit Jesu lautet: »Wenn die Israeliten Johannisbrot nötig haben, dann kehren sie um!« Die Erkenntnis der Not führt ihn zur Einsicht, daß seine Not in seiner Schuld begründet ist, und somit zur Umkehr. Sein Schuldbekenntnis zeigt, daß er zur Umkehr bereit ist. »Himmel« ist Umschreibung des Namens Gottes. So »kehrt er um von seinem Weg«, heim zu seinem Vater.

Obwohl er noch zum Mitgenuß am unveräußerlichen Familienbesitz berechtigt ist – vorausgesetzt seine Familie erkennt ihn, da er seine Auserwählung als Glied des Bundesvolkes, die Gebote seines Gottes verraten und den Namen seiner Familie geschändet hat, noch an –, bittet er nur darum, als Tagelöhner daheim wieder aufgenommen zu werden. Er ist sich seiner Schuld offenbar deutlich bewußt.

Daß der Vater den Heimkehrenden erwartet und ihm sogar entgegeneilt, ist ungewöhnlich. Die Lage des Sohnes geböte Zurückhaltung, außerdem hielt ein würdiger Orientale ein solches Verhalten für unangemessen und würdelos. Daß der Vater den Sohn umarmt und ihn küßt, bekundet die Wiederannahme als Sohn. Damals küßte der Sklave seinen Herren die Füße, der Niedergestellte dem Höhergestellten die Hand. Die Überreichung eines festlichen Gewandes befreit den Heimgekehrten von Schande und zeigt die Einsetzung in die Rechte eines Sohnes an. Damals wurden Festgewänder zur Ehrung und Auszeichnung von Personen überreicht an Stelle von Auszeichnungen und Orden. Die Wiederannahme des Sohnes wird noch unterstrichen durch die Übergabe eines Siegelrings. Schuhe trug damals nur der Freie.

Diese »Ehrenausstattung« findet außerhalb des Anwesens an der Stelle statt, wo beide sich begegnen. Der Vater will dadurch dem Sohn die Schande einer elenden Rückkehr ersparen und ihn zugleich wieder öffentlich als Sohn anerkennen.

Das Schlachten des Mastkalbs bekundet die Freude des Vaters über den Heimgekehrten und die Wiederaufnahme in die Tisch- und Familiengemeinschaft. Das anschließende Fest stellt den Höhepunkt des ersten Teils der Erzählung dar.

Der Lärm des Festes veranlaßt den älteren Bruder, der gerade von der Arbeit auf dem Feld heimkehrt, zu der Frage, was hier geschehe, und leitet damit den zweiten Teil der Erzählung ein, das Ringen des Vaters um die freudige Wiederannahme des Heimgekehrten als Bruder.

Botschaft

Die handelnden Personen weisen auf die gemeinte Wirklichkeit hin, die Stellung Gottes zu den Gerechten und den Sündern in Israel. Der Vater steht für Gott, denn er hat zu entscheiden über Sünde und Vergebung, der ältere Sohn steht für die frommen und gerechten Kreise im Volk Gottes, der nachgeborene für die schweren Sünder. Als Sünden treten hervor: Verrat der Treue zum Bundesvolk, Verrat an den Geboten des Bundesgottes, Verschwendung, Unmäßigkeit, Unzucht, Nichteinhaltung von Reinheits-, Speise- und Sabbatvorschriften, Schändung der Ehre der eigenen Familie.

Demgegenüber kann der ältere Bruder darauf hinweisen: »Ich habe nie gegen deinen Willen gehandelt, nie ein Verbot von dir übertreten.«

Als Motive des Handelns treten hervor: der ältere Sohn erfüllt gewissenhaft seine Pflicht; der jüngere will – da er das Gut nicht erben kann –

sich einmal ausleben, um etwas vom Leben zu haben. Offenbar empfindet er die jüdische Religion als Last, ohne zu beabsichtigen, seinen Gott wirklich zu verraten. Sein Verhalten ist unreif, töricht und hilflos. Der Vater entläßt den jüngeren Sohn in die Freiheit und beteiligt seinen älteren an der Verantwortung.

Die Umkehr des jüngeren Sohnes ist wirklichkeitsnah geschildert. Erst die Not bringt ihn zum Nachdenken über sein Verhalten. Dabei wird ihm stufenweise seine Schuld bewußt. »Ich komme hier vor Hunger um. Ich will aufbrechen und zu meinem Vater gehen...« Vor allem wird ihm bewußt, wie gut sein Vater ist und wie schäbig und erbärmlich er an seinem Vater gehandelt hat. »Ich will zu meinem Vater sagen: ›Vater, ich habe mich gegen den Himmel und gegen dich versündigt. Ich bin nicht mehr wert, dein Sohn zu sein.‹« Und er will nun ehrlich für den eigenen Unterhalt sorgen: »Nimm mich als Tagelöhner an.«

Die Umkehr ist ehrlich. Sie zeigt zugleich, wie unreif und unüberlegt der jüngere Sohn gehandelt hat. Er schlitterte durch seinen Leichtsinn, seine Lebensgier und seine Haltlosigkeit in die Schuld und das Unheil hinein. Er wollte nicht böse handeln, er war unreif, verantwortungslos und schwach.

Aber das Elend, in das die Sünde den Menschen führt, birgt in sich durch Gottes Weisheit die Möglichkeit, den Menschen zum Nachdenken, zur Einsicht, zur Reue und zur Umkehr zu führen. Und Gottes Liebe wartet auf diese Umkehr und ermöglicht sie zugleich. »Der Vater sah ihn schon von weitem... und hatte Mitleid mit ihm.« Darum eilt er dem verlorenen Sohn entgegen und kommt so seiner Reue und seinem Schuldbekenntnis zuvor. Bevor der Sohn seine Schuld bekennen kann, fällt er ihm schon um den Hals und küßt ihn. Und er geht mit ihm nicht ins Gericht, sondern setzt ihn wieder in das volle Recht als Sohn ein. Ja, an Stelle einer Buße läßt der Vater ein Fest veranstalten, weil er sich über die Umkehr und Heimkehr seines Sohnes freut. »Wir wollen essen und fröhlich sein. Denn dieser mein Sohn war tot und lebt wieder; er war verloren und ist wiedergefunden worden.«

Diese Aussage des Vaters stellt den theologischen Höhepunkt der Parabel dar. So ist Gott, so gütig und mitleidig gegenüber den Sündern in Israel wie dieser Vater. Das ist die neue Wirklichkeit des Reiches Gottes, daß Gott in seiner unbedingten Liebe den umkehrbereiten Sündern die Heimkehr in die Gemeinschaft mit sich ermöglicht, ja sie erwartet, ersehnt und sich darüber freut. Er entläßt seine Söhne in die Freiheit des eigenen Weges, läßt sie Erfahrungen sammeln, gerade auch mit einer falsch verstandenen Freiheit und einer nicht in Verantwortung genommenen Lebensgier; aber er ist auch bereit, sie wiederanzunehmen, wenn sie aus dem Elend sich befreien wollen, in das die Abkehr von Gott und die Sünde sie brachten. Er steht zu ihnen, erkennt sie als Söhne wieder an und freut sich darüber, daß sie nun seine Liebe schätzen und gerne bei ihm sind. Gerade durch die Umkehr und die Vergebung sind sie erst wirklich zu seinen Söhnen geworden.

Diese Botschaft von der rettenden Sünderliebe Gottes macht die Mitte der Reich-Gottes-Verkündigung Jesu aus. Sie bildet auch die Grundlage des Handelns Jesu den Sündern in Israel gegenüber. Bezeichnend für das Selbstverständnis Jesu ist dabei, daß er mit dem Hinweis auf das Verhalten des Vater-Gottes sein Handeln als Heiland der Sünder begründet und verteidigt. Er ist es, der durch seine Person und sein Tun die Barmherzigkeit Gottes mitteilt und so das Reich Gottes Wirklichkeit werden läßt. Er steht an Gottes Stelle und handelt in dessen Vollmacht.

Die Antwort des nachgeborenen Sohnes ist geprägt von der herrschenden jüdischen Vergeltungslehre: »So viele Jahre schon diene ich dir, und nie habe ich gegen deinen Willen gehandelt; mir aber hast du nie auch nur einen Ziegenbock geschenkt...« Für den eigentlich selbstverständlichen Gehorsam erwartet dieser Sohn eine besondere Anerkennung und Belohnung. Auf alle Fälle darf der ungehorsame Bruder nicht gleich oder besser gestellt werden. Und wer nicht ebenso treu Gottes Gebote erfüllt, hier das vierte Gebot, der verdient nicht, als Bruder anerkannt und geehrt zu werden. »Als aber dieser dein Sohn da, der dein Vermögen mit Dirnen durchgebracht hat, kam, da... hast du für ihn das Mastkalb geschlachtet!«

Demgegenüber verweist der Vater darauf, daß der Sohn an allem teilhat, was dem Vater gehört: »Alles, was mein ist, ist auch dein!« Er unterläßt es, ihn daran zu erinnern, daß der Sohn ihm als sein Kind das Leben verdankt und daß er deshalb zu Dankbarkeit und Gehorsam verpflichtet ist (s. das vierte Gebot: Ex 20,12; Dtn 5,16). Entscheidend ist aber seine Frage: »Müssen wir uns nicht freuen und ein Fest feiern, denn dieser dein Bruder (so der griechische Text) war tot und lebt wieder...?« Damit weist Jesus zugleich darauf hin, daß jeder Sünder ein Bruder bleibt und daß sich deshalb kein Jude seiner Mitverantwortung für die Sünder in Israel entziehen kann. Und ist nicht wahr, was Jesus feststellt: Müßten die Gerechten in Israel sich nicht freuen, wenn Juden durch das Wirken Jesu sich von ihrem bösen Weg abwenden und zur Treue gegenüber dem Gott des Bundes zurückfinden?

Die jüdischen religiösen Führer kümmert aber das Schicksal und das Verhalten derer kaum, die durch Jesu Wirken sich bekehren, sie beharren auf ihren theologischen Einwänden: Wie kann sich Jesus mit Sündern abgeben und sich mit ihnen »gemein machen« (vgl. Lk 15,2; 5,27-32), und: Wie kann sich Jesus anmaßen, Sünden zu vergeben? Hat dazu nicht allein Gott das Recht und die Vollmacht (vgl. Lk 5,17-26; 7,36-50)? Das Schicksal des schwachen, gefallenen, aber umkehrbereiten Mitjuden interessiert letztlich nicht, es geht vielmehr um die selbstgerechten theologischen Prinzipien und deren Gültigkeit. Damit aber vertreten sie ein allzu menschliches Gottesbild, so als ob Gott nur lohnen und strafen dürfe, und verweigern Gott, aus Liebe und Erbarmen heraus großzügig und liebevoll zu handeln. Aber Gott ist nach Jesu Botschaft ein liebender Vater, der seine Kinder in die Freiheit, nicht aber aus seiner Liebe entläßt und der dadurch Umkehr und Einsicht ermöglicht und Vergebung und neue Gemeinschaft gewährt.

In dieser Parabel findet die Botschaft vom unendlich gütigen Vatergott ihren dichtesten und bewegendsten Ausdruck (vgl. dazu noch Mt 5, 43-48; 6,1-18; 7,7-11; Lk 6,37-42; 11,1-4.9-13; 12,22-32).

Rahmen

Lukas stellt die Parabel neben das Doppelgleichnis vom verlorenen Schaf und der verlorenen Drachme, weil diese durch den Grundgedanken zusammengehören: Wenn man Verlorenes findet, freut man sich. Jetzt ist die Zeit, da Gott (durch Jesus) die Verlorenen des Volkes Israel findet. Warum freut ihr euch nicht? Diese Parabel bildet insofern den Höhepunkt des Lehrstücks vom Reich Gottes als der Zeit der Sündenvergebung und des Findens der Sünder und der Verlorenen durch Gott.

Ursprünglich dürfte aber das Doppelgleichnis nicht zusammengehört haben mit der Parabel, da der Bildstoff sehr verschieden ist. Jesus hat die Parabel wohl unabhängig von jenem Doppelgleichnis erzählt. Doch hat die urchristliche Tradition beide Überlieferungsstücke wohl bereits thematisch zusammengeordnet und damit die Sachaussage konzentriert und verdichtet.

Arbeit des Evangelisten

Von *Lukas* stammt die Einleitung Lk 15,1f, die diese thematischen Erzählstücke sachgemäß richtig in die zugehörige Situation hineinstellt, die für fromme Juden anstößige Sorge Jesu um schwere Sünder im Volk Gottes, denen er bei echter Reue die Sünden vergab, ohne ihnen schwere Bußen aufzuladen, und mit denen er selbst Tischgemeinschaft pflegte. In dieser Seelsorge an Sündern sieht Lukas den Kern des Wirkens Jesu und zeichnet ihn daher liebevoll als den Heiland und Retter der Sünder. Das Reich Gottes hat seine Mitte in der Sündenvergebung durch Gott und in der Aufnahme der reuigen Sünder in die Gemeinschaft mit Gott, den unbegreiflich gütigen Vater aller Menschen, auch der Sünder. Insofern bildet das Lehrstück über das Finden der Verlorenen durch *die barmherzige Liebe Gottes die Mitte und den Höhepunkt des Evangeliums* des Lukas. Jesus ist also »der Sohn«, der Heiland Gottes, der Gottes Liebe bekannt macht und allen Menschen zuwendet.

Einige Hinweise mögen dies verdeutlichen: Vom Täufer wird gesagt, »er werde… die Ungehorsamen zur Gerechtigkeit führen« (Lk 1,17) und »dem Volk die Erfahrung des Heils schenken in der Vergebung der Sünden« (Lk 1,77). Jesus ist nach der Aussage des Propheten Simeon »das Heil für alle Völker« (Lk 2,30). Nach Lk 4,19 hat Jesus »das Gnadenjahr des Herrn auszurufen«. Ihm hat Gott »die Vollmacht gegeben, auf Erden Sünden zu vergeben« (Lk 5,17-26; 7,36-50). Er bricht die versklavende Herrschaft Satans (Lk 11,14-23). Darum bittet er bei Gott um eine Gnadenfrist für das unbußfertige Volk (Lk 13,1-9; vgl. 13,22-30). Er deckt die falsche Selbstgerechtigkeit der Pharisäer auf (Lk 16,14f) und zeigt, daß das Halten der Gebote Gottes allein nicht genügt (Lk 17,7-10; 18,9-14), sondern der Wille zur Umkehr und zur Annahme der Vergebung Gottes durch Jesus allein zu retten vermögen (Lk 19,41-44; 20,45-47). Reue und Umkehr aber vermögen selbst bei schwerer Verschuldung zu retten (s. Lk 19,1-10; auch 23,39-43). Jesus betet noch am Kreuz um die Gnade der Einsicht und Umkehr für das Volk (Lk 23,34). Der Tod Jesu ist ein stellvertretendes Opfer zur Vergebung der Sünden (Lk 22,19f). Das Leben und Sterben Jesu findet darin seine Erfüllung, daß »im Namen Jesu, des Messias, allen Völkern, angefangen in Jerusalem, verkündet wird, alle sollen umkehren, damit ihre Sünden vergeben werden« (Lk 24,46-49). Die Taufe in der Vollmacht des Geistes Gottes wird dies bewirken (Lk 24,49; Apg 2,38f).

Anregungen zur Auslegung heute

1) Handelt es sich hier um ein Gleichnis oder eine Parabel?
2) Wie ist die Erzählung aufgebaut? In wieviel Stufen verläuft das Geschehen? (Inwiefern gehört sie zu den doppelgipfligen Gleichnissen?)
3) Wer steht im Mittelpunkt der Geschichte: der Vater, der verlorene Sohn, der zurückgebliebene Sohn?
4) Welches Motiv treibt den nachgeborenen Sohn, sich das Erbe auszahlen zu lassen und wegzugehen? Was wünscht er sich vom Leben?
5) Was ist sündhaft an seinem Leben? (Welche Sünden begeht er? Handelt es sich hier um schwere Sünden?)
6) Handelt es sich beim nachgeborenen Sohn um einen bösen oder um einen schwachen Menschen?

7) Wie standen die Juden zum Schwein? (Vgl. Lev 11,7f; 1 Makk 2, 15-28; 2 Makk 6,18-31; 7,1-42).
8) Ist die Reue des jüngeren Sohnes echt? Welche Motive spielen dabei mit?
9) Ist das Verhalten des Vaters gegenüber dem heimgekehrten Sohn selbstverständlich? Welche Motive wirken daran mit?
10) Worauf liegt der Schwerpunkt der Erzählung: auf dem Verhalten des Vaters dem verlorenen Sohn gegenüber oder auf dem Ringen des Vaters mit dem erstgeborenen Sohn?
11) Warum verweigert der erstgeborene Sohn dem Heimgekehrten den Brudernamen?
12) Durch welche Gründe will der Vater den erstgeborenen Sohn zur Zustimmung zu seinem Verhalten bewegen?
13) Welche Gruppe in Israel verkörpert der erstgeborene Sohn (s. Lk 15,1 f)?
14) Welche Leute will Jesus durch diese Bildgeschichte zur Zustimmung zu seinem Wirken gewinnen?
15) Inwiefern kommt im Heilandswirken Jesu die Sünderliebe Gottes zur Verwirklichung? (Mit wem im Gleichnis identifiziert sich Jesus? Was sagt das über den Sendungsanspruch Jesu?)
16) In welcher Funktion stellt Lukas Jesus am liebsten dar? (Vgl. Lk 4,19; 5,17-26; 7,36-50; 19,1-10; 23,39-43: als Heiland der Sünder!)
17) Warum endet die Bilderzählung mit einer Frage? (Worauf hofft Jesus noch? – Auf die Zustimmung der Führer Israels zu seinem Wirken als Heiland der Sünder.)
18) In welchem Grundgedanken trifft sich diese Bilderzählung vom Reich Gottes mit dem Doppelgleichnis vom Wiederfinden des Verlorenen (Lk 15,3-10)?
19) Inwiefern kann man das Kapitel 15 des Lukasevangeliums das Lehrstück vom Wiederfinden des (der) Verlorenen nennen?
20) Was sagt unsere Erzählung von der Wirklichkeit des Reiches Gottes? Was bildet den Inhalt des Reiches Gottes? (Die barmherzige, rettende Liebe Gottes, des unendlich gütigen Vaters aller Menschen, auch der Sünder.)
21) Inwiefern gehört die Sündenvergebung wesenhaft zur Wirklichkeit des Reiches Gottes? (Vgl. Lk 1,77; 24,46-49; Apg 2,38f.) Ist die Formulierung von »der Freude der Umkehr« berechtigt?
22) Was ergibt sich daraus für die Bedeutung des Bußsakraments der Kirche?
23) Formuliere mit eigenen Worten die Botschaft dieser Parabel für die Menschen unserer Zeit!

29. *Die Parabel von den zwei Schuldnern* (mit Rahmenerzählung)

Die mitreißende Freude, Vergebung der Sünden zu erlangen
(Lk 7,36-50)

Dieses Erzählstück (nicht jedoch das Gleichnis selbst) gehört sachlich zur Gruppe der Gleichnisreden vom Finden des Verlorenen durch Gott. Hier handelt es sich dabei um die Umkehr einer stadtbekannten Sünderin. Die Bildrede, die dieses Ereignis deutet, war in der Überlieferung bereits fest mit der Rahmenerzählung verbunden, in der sie bei Lukas begegnet. Wir haben es hier also mit einem Überlieferungsstück zu tun, das auch über die Situation Auskunft gibt, in der das Gleichnis zuerst gesprochen wurde.

Form
Daß ein Geldverleiher seinen Schuldnern plötzlich deren Schulden völlig erläßt, war damals wirklich ungewöhnlich. Darum haben wir es hier mit einer *Parabel* zu tun, welche die Einmaligkeit dieses Vorgangs zur Voraussetzung hat. Da die Gleichnisgeschichte in Frageform gekleidet ist, kommt sie dem hebräischen Verständnis von Gleichniserzählungen als Rätselgeschichte *(maschal)* nahe.

Aufbau
Jesus entschärft eine peinliche Situation der Rahmenerzählung durch eine in Frageform gekleidete Rätselgeschichte. Die Geschichte ist einfach, die Antwort darauf so eindeutig, daß ein Ausweichen nicht möglich ist. Unklar ist aber, worauf Jesus hinaus will. Dieses Moment bringt daher Spannung in das Geschehen. Die Aufmerksamkeit der Teilnehmer am Gastmahl wird dadurch von Jesus weg und auf den Hausherrn und

den ungebetenen Gast hingelenkt. Es zeigt sich, daß die kleine Erzählung, die eine Frage mit sich bringt, zu einer Entscheidung nötigt und dadurch dem Vorfall eine Deutung gibt, die zum Umdenken nötigt. Denn dadurch tritt die neue Wirklichkeit des Reiches Gottes deutlich hervor und fordert zu einer Entscheidung heraus. Gleichniserzählungen zeigen die vordergründig scheinbar eindeutige Wirklichkeit von Gott her in einem neuen Licht und nötigen so zum Umdenken und zur Umkehr. Sie wollen nicht nur die Wirklichkeit neu deuten, sondern auch zu neuem Verhalten führen.

Rahmen

Die Rahmenerzählung Lk 7,36-39.44-47 gehört so wesenhaft zur Parabel, daß sie hier vorweg erschlossen werden soll. Sie wurde von Lukas aus der Überlieferung entnommen. Er hat dieses *Überlieferungsstück* lediglich mit dem programmatischen Vers Lk 7,34 vom Heiland der Zöllner und Sünder verbunden und durch die Verse Lk 7,48-50 in seinem Sinn gedeutet. Dadurch kam auch eine theologische Spannung in die Geschichte hinein, wie das Verhältnis der Aussagen Lk 7,47 und 48 zeigt. Denn nach Lk 7,47 geht die Vergebung dem Kommen der Sünderin zu Jesus voraus, nach Lk 7,48 aber erfolgt die Vergebung jetzt durch das Wort Jesu.

Bei dem Gastmahl im Haus des Pharisäers Simon – der Ort ist nicht angegeben und läßt sich auch durch den Rahmen nicht erschließen – handelte es sich offenbar um ein Festmahl, das dazu dienen sollte, Jesus selbst auch näher kennenzulernen. Allerdings brachte Simon in seinem Verhalten Jesus (und wohl auch seinen Begleitern aus dem Jüngerkreis) gegenüber seine Vorbehalte gegen seine Person und sein Wirken deutlich zum Ausdruck (s. die Vorhaltungen, die ihm Jesus macht: Lk 7,44-46).

Er behandelte Jesus äußerst geringschätzig und verletzte dabei bewußt die üblichen Höflichkeitsformen einem angesehenen Gast gegenüber. Vielleicht hatte ihn eine Predigt Jesu in der Synagoge zu dieser Einladung bewogen. Denn es galt als verdienstliches Werk, einen durchreisenden Gesetzeslehrer mit seinen Schülern am Sabbat zum Mahl einzuladen. Gleichzeitig aber kannte er die Vorbehalte der führenden religiösen Autoritäten Jerusalems gegen diesen selbsternannten Rabbi oder Propheten aus Galiläa, der sich auf keinen anerkannten Rabbi als Lehrer berufen konnte (vgl. Mk 3,22) und traf deshalb seine Vorsichtsmaßnahmen. Demnach spielt das Ereignis zu einer Zeit, da Jesus noch nicht endgültig abgelehnt war von den jüdischen Autoritäten.

Gastmähler waren öffentlich. Da es bei den Schriftgelehrten üblich war, sich beim Mahl über religiöse Fragen zu unterhalten (s. Lk 14,15), kamen zu solchen Mählern auch nichtgeladene Gäste, die sich an den Wänden entlang aufreihten und zuhörten.

Bei festlichen Mählern lagen die Gäste auf niedrigen Polstern, die auf beiden Seiten eines langen, niedrigen Tisches aufgereiht waren, so daß sich ihre Gesichter einander zuwandten. Sie stützten sich dabei mit dem linken Ellbogen auf und aßen mit der rechten Hand. Die der Sandalen entledigten Füße wurden dabei nach hinten ausgestreckt. Diese Situation ist hier vorausgesetzt. Denn nur so kann die Frau von hinten an Jesus herantreten, über seinen Füßen weinen und diese mit ihren Haaren trocknen und mit Öl salben. Jesus hatte wohl den Ehrenplatz zur Rechten des Gastgebers inne.

Bei der Frau handelt es sich um eine »Sünderin«, das heißt wohl um eine Witwe oder eine geschiedene Frau, die sich unzüchtig verhalten hatte. Der Vorwurf des Ehebruchs wird jedoch nicht erhoben (vgl. dagegen Joh 7,53-8,11).

Die Frau kam mit der Absicht, Jesus zu salben und ihm dadurch ihre Dankbarkeit zu bekunden. Das setzt voraus, daß sie Jesus bereits begegnet ist. Das Küssen der Füße ist Zeichen demütiger Verehrung und Dankbarkeit. So küßte man damals seinem Lebensretter die Füße. Daß sie es wagte, Jesus zu berühren, wurde als anstößig, ja skandalös empfunden, da sie als Sünderin ihn verunreinigte. Der Anstoß wurde noch vertieft durch ihren Versuch, seine Füße mit ihren Haaren abzutrocknen. Denn es galt als Zeichen äußerster Schande, wenn eine Frau außerhalb des eigenen Hauses, vor allem in Gegenwart von Männern, den kunstvollen Aufbau der durch Bänder und Tücher gehaltenen Haare löste. Darum wurden z.B. Frauen für bestimmte Vergehen im Tempel durch das Auflösen der Haare öffentlich bloßgestellt und bestraft. Solche Frauen galten dann wie Geschorene, der öffentlichen Ehre Beraubte. Deshalb waren Simon und seine Freunde empört über das Verhalten dieser Frau und enttäuscht und entrüstet darüber, daß Jesus diese Frau gewähren ließ. Nach ihrer Auffassung sprach sich Jesus dadurch selbst das Urteil. »Als der Pharisäer, der ihn eingeladen hatte, das sah, dachte er: ›Wenn er wirklich ein Prophet wäre, müßte er wissen, was das für eine Frau ist, von der er sich berühren läßt‹« (Lk 7,39).

Jesus aber erkannte, was Simon dachte und bewies dadurch, daß er wirklich ein herzenskundiger Prophet war. Er wandte sich daraufhin dem Simon zu und stellte seine Frage in Form einer Gleichnisgeschichte, vorzubereiten und, um Simon zum Einverständnis mit seinem Verhalten zu bewegen.

Bildfeld
Die Parabel greift altbekannte Gegebenheiten auf: Zwei Menschen hatten bei einem Geldverleiher Geld aufgenommen; samt den Zinsen betrug die Schuld des einen 500, die des anderen 50 Denare. Setzt man für einen Denar heute etwa 1 Silberfranken an – es war der Tageslohn eines Arbeiters, der damit die Tagesration Brot – pro Kopf drei Fladen – für eine mehrköpfige Familie kaufen konnte, dann handelt es sich für die Schuldner, Kleinpächter oder Lohnarbeiter, um Summen, die sie innerhalb eines Jahres kaum abarbeiten konnten. Der Kaufpreis eines Sklaven betrug damals etwa 500–2000 Denare. Daß der Geldverleiher, der die Notlage seiner Schuldner kannte und den größeren Schuldner nicht in die Schuldsklaverei treiben wollte – bei uneintreibbaren Schulden ab der Höhe eines Sklavenpreises konnte man den Schuldner als Sklaven verkaufen lassen (vgl. Mt 18,25) –, beiden die Schuld erließ, ist für damalige Verhältnisse völlig ungewöhnlich. Denn ein Geldverleiher lebte ja von seinem Gewinn, das heißt den Schuldzinsen. Diese betrugen damals gewöhnlich zwischen 20 und 30% der Schuldsumme. Der Gläubiger der Parabel ist deshalb offenbar »ein weißer Rabe unter seinen Zunftgenossen« (*J. Jeremias*), denn dieses Verhalten sprengte den Rahmen des damals Üblichen. Dieser ungewöhnliche Zug bildet aber den Schlüssel zur Bildgeschichte Jesu und damit auch den entscheidenden Vergleichspunkt mit dem Reich Gottes.

Botschaft
»Wer von beiden (begnadigten Schuldnern) wird den (unbegreiflich gütigen) Gläubiger nun mehr lieben?« (Lk 7,42) lautet die entscheidende Frage Jesu. »Lieben« ist hier zu verstehen als »dankbar sein«. Geht man davon aus, daß dem Schuldner mit einer Schuld von 500 Denaren das Wasser bereits bis zum Hals stand – ihm und seiner Familie –, kann die Antwort nur so lauten, wie Simon sie gab: »Wohl der, dem er mehr erlassen hat«.

Diese Aussage wendet nun Jesus auf die Frau an und deutet ihr Verhalten als Ausdruck übergroßer Dankbarkeit. Der Vergleich ihres Verhaltens Jesus gegenüber mit jener des Gastgebers ihm gegenüber (Lk 7,44-46) soll nicht so sehr den Gastgeber beschämen, als vielmehr das Verhalten der Frau in das rechte Licht stellen: Sie handelt aus überschwenglicher Dankbarkeit und läßt dabei alles kühle Überlegen hinter sich. Ein solches Verhalten kann man nicht mißbilligen, im Gegenteil. Gleichzeitig will Jesus aber seinen Gastgeber auch zum Nachdenken über dessen kaltes, berechnendes, herabwürdigendes Verhalten bringen und so die Voraussetzung zum Umdenken und zur Besinnung auf Güte, Mitgefühl und Wohlwollen schaffen.

Die Schlußfolgerung: »Ihr sind ihre vielen Sünden vergeben, weil sie soviel Dankbarkeit beweist«, setzt ein Doppeltes voraus: daß Jesus bei einer vorausgehenden Begegnung ihr die Sünden im Namen Gottes vergab und daß er die Dankbarkeit der Frau als Wirkung der Gnade verstand, die nun in Form von Friede und Freude vom Herzen der Frau Besitz ergriff.

Der in seiner Deutung umstrittene Vers Lk 7,47 muß dem Zusammenhang nach als Hinweis auf eine vorausgegangenen Sündenvergebung verstanden werden (wie dies die hier zitierte Einheitsübersetzung tut). Die Parabel setzt also voraus, daß Jesus dieser Sünderin ihre schweren Sünden vergab, wie dies auch die Gleichnisse vom Finden des Verlorenen (Lk 15), die Parabel vom unbarmherzigen Knecht (Mt 18,23-35) tun und die Überlieferungen von der Heilung eines Gelähmten (Mk 2,1-12) und von der Behandlung einer Ehebrecherin (Joh 7,53-8,11) berichten. Das Verhalten der Frau ist demnach als Ausdruck großer Dankbarkeit zu verstehen, weil sie erfuhr, daß Gott ihr »ihre vielen Schulden erlassen hat«.

In diesem Gleichnis erscheint das Reich Gottes als die Zeit des Erbarmens Gottes über die Sünder, des Angebots der Sündenvergebung, der Umkehr und der Lossprechung, des Findens der Verlorenen in Israel. Jesus selbst ist es, der auf diese neue Heilsmöglichkeit durch seine Verkündigung hinweist und die Vergebung den Sündern zuspricht, die ihm glauben und umkehren (vgl. Mk 1,14f; 2,1-12; Lk 15; 19,1-10). Diese Zeit ist daher eine Zeit der Freude, des neuen Lebens, der erneuerten Gemeinschaft mit Gott. Die Freude über die gewährte Umkehr und Vergebung kommt in dem alle Anstandsregeln durchbrechenden Verhalten der begnadeten Sünderin bewegend zum Ausdruck. Denn die gewährte Vergebung führt in die Gemeinschaft des Volkes Gottes zurück und stellt die Würde der Kinder Gottes in der ungetrübten Gemeinschaft mit dem Vatergott wieder her. Jetzt erst wird es möglich, die Liebe dieses Gottes voll zu erfahren und freudig zu beantworten. Auch die Sünderin wird nun fähig, frohen Herzens Gott dankbar zu lieben.

Arbeit des Evangelisten

Die Verse Lk 7,48f stehen, wie bereits erwähnt, in Spannung mit der Parabelerzählung. Denn diese nennt keine Vorbedingung auf seiten der Schuldner für den Erlaß der Schulden. Der Gläubiger tut dies aus eigener Großmut. Außerdem setzt die Parabel voraus, daß die Vergebung (durch Gott, s. die passivische Formulierung Lk 7,42 und 47) bereits stattgefunden hat. Jesus will mit ihrer Hilfe lediglich das Verhalten der Frau erklären. Diese Verse aber sprechen erst jetzt die Sündenvergebung der Frau zu und betonen, daß es der Glaube der Frau war, der die Umkehr und damit die Vergebung bewirkt hat: »Dein Glaube hat dich gerettet«. Danach ist das Verhalten der Frau als Ausdruck der Reue und demütiger Gesinnung zu verstehen. Die Erzählung soll demnach auf die Vorbedingung, den rechten Vollzug und die Wirkung der Vergebung hinweisen. Sie soll zeigen, was Reue, die aus dem Glauben an Jesus erwächst, vermag.

Diese Verse hat *Lukas* der Erzählung angehängt, um sie dadurch als Modell rechten Verhaltens von Sündern benützen zu können. Er ordnet sie damit auch in den Zusammenhang seiner Aussagen über die vom Täufer und von Jesus geforderte Umkehr ein und weist auf die Vollmacht Jesu hin, Sünden zu vergeben. Voraus geht unserer Perikope der Hinweis auf die Wirkung der Täuferpredigt Lk 7,24-35, wo in 7,29f festgestellt wird: »Das ganze Volk und selbst die Zöllner, sie alle haben den Willen Gottes anerkannt und sich von Johannes taufen lassen. Doch die Pharisäer und die Gesetzeslehrer haben den Willen Gottes mißachtet und sich von Johannes nicht taufen lassen.« Lk 7,49 greift die Frage von Lk 5,21f wieder auf und führt sie weiter: »Wer ist das, daß er sogar Sünden vergibt?« und stellt so Jesus deutlich als den Heiland der Sünder heraus. Lk 7,50 aber betont, wie in der Erzählung von der Heilung der blutflüssigen Frau (Lk 8,40-48), die Macht des Glaubens: »Dein Glaube hat dir geholfen! Geh in Frieden.« Der Friede, den Gott dem reumütigen Sünder schenkt, zeigt an, daß Gott dort Sünden vergibt, wo Jesus die Vergebung Menschen schenkt.

Anregungen zur Auslegung heute:

1) Was läßt sich aus dem Abschnitt Lk 7,36-47 über den Ablauf eines Festmahls erschließen?
2) Wurde Jesus höflich empfangen? Was läßt sich aus der Art des Empfangs über die Haltung des Gastgebers zu Jesus erschließen? Als was schätzte er Jesus ein (vgl. Lk 7,49)?
3) In welchem Verhältnis stehen Rahmengeschehen und Parabel zueinander? (Deutung des Verhaltens der Frau? Entschuldigung ihres Verhaltens? Anklage gegen den Gastgeber? Vorbereitung der Sündenvergebung durch Jesus?)
4) Setzt die Parabel voraus, daß Jesus der Sünderin bereits zuvor ihre Sünden vergeben hatte oder soll sie beide, Gastgeber und Sünderin, zur Umkehr bewegen?

5) Was sagt die Parabel über das Wirken Jesu? (Hat er auch schwere Sünden vergeben? Nenne weitere Beispiele bei Lukas!)
6) Was sagt die Erzählung samt Parabel über das Verhältnis von Sündenvergebung und Reich Gottes? (Inwiefern beginnt dort das Reich Gottes, wo Jesus Menschen Sünden vergibt?)
7) Wozu hat Lukas der Erzählung noch die Verse Lk 7,48-50 angehängt (vgl. Lk 5,21 f; 8,48) und sie an die Aussage über den Täufer angeschlossen (Lk 7,31-35, vgl. bsd. 7,32)? (Was will er damit über den rechten Anschluß an Jesus und die Macht des Glaubens sagen?)
8) Was wirkt die Sündenvergebung im Herzen des gläubigen Christen (beachte die Grundhaltung der Frau und das Wort Jesu, Lk 7,50)? (Dankbarkeit, Freude, Friede.)
9) Welche Grundhaltung ist auf seiten des Menschen nötig, um Gottes Vergebung zu erlangen?
10) Ist Gott immer vergebungsbereit oder muß die Bereitschaft von Menschen erst verdient werden? (Gott ist seit Jesus Christus immer vergebungsbereit.)
11) In welchen Sakramenten der Kirche wirkt die Vergebungsvollmacht Jesu weiter? (S. Mt 28,18-20; Apg 2,38; Joh 20,21-23; Mt 16,19; 18,18.)
12) Warum sollten wir Christen dankbar und freudig das Sakrament der Buße empfangen?
13) Suche Beispiele echter Umkehr im Neuen Testament! (z.B. der Oberzöllner Zachäus, der reumütige Schächer, Petrus, Paulus).

30. Die Parabel von den zwei Söhnen

Nicht Worte, Taten zählen
(Mt 21,28-32)

Auch diese Parabel enthüllt Gottes Verhalten gegenüber den Menschen seines Volkes. Dabei geht es um die Frage, wer den Willen Gottes wirklich erfüllt und sich dadurch als Sohn Gottes erweist. Vorausgesetzt ist wieder Jesu Wirken in seinem Volk, vor allem unter den Sündern, und die Reaktion seiner Zeitgenossen darauf. Im Unterschied zu den vorangehenden Gleichnissen vom Finden des Verlorenen wird nicht so sehr um Zustimmung zu Jesu Sorge um die Sünder geworben, als vielmehr die falsche Selbstgerechtigkeit der Gesetzesfrommen angegriffen. Damit leitet diese Parabel über zur Gruppe jener *Gleichnisreden, die vom rechten Verhalten gegen Gott handeln.*

Form
Zwei Verhaltensweisen werden einander gegenübergestellt, bei denen äußerer Anschein und innere Wirklichkeit je gegeneinanderstehen. Von dieser Ausgangssituation her sowie von der Beobachtung, daß der Schwerpunkt auf der Verurteilung des Jasagers liegt, ergibt sich, daß ein einmaliges Geschehen im Hintergrund steht, nicht eine Gesetzmäßigkeit. Insofern handelt es sich um eine *Parabel* im engeren Sinn.

Aufbau
Die Verhaltensweisen zweier Söhne eines Vaters werden zur Beurteilung vorgestellt, die je dadurch bestimmt sind, daß das tatsächliche Verhalten in vollem Gegensatz zur geäußerten Absicht beider steht: »Was meint ihr?« Die Hörer werden dadurch aufgefordert, zu entscheiden, »wer

von den beiden den Willen seines Vaters (wirklich) erfüllt« (Mt 21,31). Die Hörer sind also einbezogen in ein Geschehen, in dem es gilt, eine Entscheidung zu treffen. Die Parabel will insofern nicht belehren, vielmehr zu einer Entscheidung nötigen. Dabei steht diese Entscheidung im Gegensatz zu dem, was die Hörer bisher meinen. Auf diesen inneren Widerspruch weist die Verhaltensweise der beiden Hauptpersonen hin, deren Verhalten bewußt in Hinsicht auf die Hörerschaft so widersprüchlich gezeichnet wurde.

Angeschlossen ist in Mt 21,32 eine Anwendung der Parabel auf Jesu Zeitgenossen, deren widersprüchliches Verhalten zum Täufer (und zu Jesus) aufgedeckt und entlarvt wird. Dieser, von Matthäus aus der Überlieferung entnommene Schlußsatz verknüpft die Parabel mit der vorausgehenden Auseinandersetzung über die heilsgeschichtliche Sendung des Täufers und Jesu (Mt 21,23-27). Bei dem Vers handelt es sich dabei um ein ursprüngliches Jesuswort, das aber erst durch die urkirchliche Überlieferung mit der Parabel verknüpft wurde (vgl. dazu Lk 7,29f; Joh 7,48). Dabei bildete die thematische Verwandtschaft mit dem Ausspruch Mt 21,31b den Anlaß für diese Weiterführung (Zöllner, Dirnen, Pharisäer und Schriftgelehrte, Reich Gottes).

Die Textüberlieferung schwankt in der Rangfolge der Söhne. Eine Reihe alter Handschriften stellt den Neinsager an den Anfang, der dann doch der Bitte seines Vaters entspricht. Von der Gedankenfolge her ist aber die in der Einheitsübersetzung gewählte Reihenfolge: Jasager – Neinsager vorzuziehen, da die Kritik am Verhalten des ersten Sohnes das eigentliche Ziel der Gedankenführung darstellt. Es soll ja erwiesen werden, daß Jasagen zum Willen Gottes allein nicht genügt (zum Ganzen vgl. *H. Weder,* Die Gleichnisse Jesu, S. 230-238). Dabei soll zugleich gesagt werden, daß aus einem anfänglichen Nein ein Ja werden kann. Darum ist in die Darstellung des Neinsagers ein »Umdenken, Bereuen« eingeschoben. Die Gelegenheit zum Umdenken brachte Jesus in die Welt, indem er den Sündern in Israel die Vergebung Gottes anbot. Sie entspricht der Barmherzigkeit Gottes, des gütigen Vaters, und offenbart so einen Wesenszug der Herrschaft und des Reiches Gottes.

In der Wahl eines Vaters mit zwei Söhnen ist die Parabel mit jener vom unbedingt gütigen Vater (Lk 15,11-32) verwandt. Dabei steht das Bild des Vaters für Gott, das Bild der beiden Söhne für die Frommen und Gesetzestreuen und für die Gesetzesübertreter und Sünder in Israel. Der Weinberg ist ein alttestamentliches Bild für das Volk Israel (s. Jes 5,1-7; vgl. Mk 12,1-12; Mt 21,33-46), in manchen Gleichnissen Jesu auch Bild für die von Gott übertragene Lebensaufgabe (vgl.

Mt 20,1-16; dann hier). Es geht demnach in dieser Parabel um die Frage der Erfüllung des Willens Gottes im Volk Gottes.

Botschaft

Der Schlüssel zum Verständnis der Aussage der Parabel liegt in der Frage: »Wer von den beiden Söhnen erfüllt den Willen des Vaters?« (Mt 23,31). Dabei ist zu beachten, daß der Vater nicht einfach befiehlt, sondern jeden seiner Söhne persönlich bittet, im (gemeinsamen) Weinberg zu arbeiten. Beide Söhne leben ja beim Vater und leben auch von ihm. Insofern müßte die Erfüllung der Bitte des Vaters selbstverständlich sein. Aber die beiden Söhne lassen eine erstaunliche Unabhängigkeit, Gleichgültigkeit und Unbekümmertheit gegenüber den Wünschen ihres Vaters erkennen.

Das vierte Gebot (s. Ex 20,12; Dtn 5,16) nimmt keiner so recht ernst. Weil der Gehorsam gegenüber dem Vater zu den Grundforderungen des Bundesgottes gehört, wird bewußt auf einen Hinweis auf Lohn und Strafe verzichtet, wobei in unserem Zusammenhang der Verzicht auf eine Strafandrohung besonders auffällt. Dies entspricht der Botschaft Jesu vom unbedingt gütigen Vatergott, der Gnade vor Recht ergehen läßt (vgl. Lk 15,11-32; Mt 18,23-35; 5,48; Lk 6,36). »Den Willen Gottes tun« bedeutet in dieser Parabel »die Gebote Gottes erfüllen« jedoch in der Weise, der Bitte des Vaters zu entsprechen, der das Wohl aller will. Denn die Söhne des Vaters in der Parabel leben ja auch vom Ertrag des eigenen Weinbergs.

Die unterschiedlichen Haltungen der beiden Söhne entsprechen zwei Grundeinstellungen der Juden zur Zeit Jesu: einerseits bereitwillig erklärte Bereitschaft, die Gebote Gottes zu halten – andererseits unwillige Ablehnung der Forderungen des Gesetzes mit nachträglicher Reue und Bereitschaft, Gottes Willen zu entsprechen. Damit diese gute Bereitschaft auch verwirklicht werden konnte, bot Jesus den Sündern in Israel die Möglichkeit zur Umkehr unter den Willen Gottes an. Zahlreiche Überlieferungen des Neuen Testaments berichten davon (vgl. Mt 9,9-13; Lk 7,36-50; 19,1-10; Joh 7,53-8,11).

Demgegenüber wandte sich Jesus scharf gegen die Musterfrommen in seinem Volk, die so taten, als seien sie willens und fähig, den Willen Gottes ganz und unbedingt zu tun, dabei aber selbstgerecht und lieblos wurden und so das Wichtigste am Willen Gottes übersahen: das Hauptgebot der Liebe. Gerade das Matthäusevangelium weist auf diese Verkürzung des Willens Gottes hin (vgl. Mt 5,17-20; 7,1-5.15-23; 15,1-20; 23,1-39; Lk 18,9-14).

Die Einteilung der Juden in diese zwei Gruppen setzt die Kritik der

Gesetzesfrömmigkeit der Juden durch Jesus voraus und entspricht der Praxis Jesu. Die religiösen Führer des Judentums zur Zeit Jesu hätten natürlich völlig anders geurteilt. Das Urteil Jesu setzt voraus, daß alle Menschen Sünder sind und der Vergebung durch Gott bedürfen – die Aufforderung Jesu zur Umkehr war an alle Juden, auch an die Frommen, gerichtet (vgl. Mk 1,15; Mt 3,7-12) – und daß nicht die äußere Erfüllung von Geboten und Vorschriften vor Gott entscheidet, sondern die innere durch das Handeln nach dem Hauptgebot der Liebe (vgl. Mt 9,9-13; 5,43-48; 7,12; 22,34-40; 23,23f). In der Parabel wird nun der die ursprünglichen Hörer Jesu schockierende Schluß gezogen, daß scheinbar bereitwillige Gebotserfüllung, die aber nicht das ganze Herz Gottes Willen bereitwillig unterordnet, nicht dem Willen des Gottes Israels entspricht; dagegen stehe hinter dem Umkehrwillen derer, die schuldig wurden, weil sie zunächst Nein sagten zur Forderung Gottes, dann aber ihrer Undankbarkeit und ihres Ungehorsams inne wurden und sie bereuten, die ehrliche Absicht, Gottes Willen ganz zu entsprechen. Als Beispiel solchen »richtigen« Verhaltens im Umkreis Jesu wären hier die reuigen Sünderinnen von Lk 7,36-50, Joh 7,53-8,11, auch Lk 8,1-3, der Zöllner Levi (Mt 9,9-13) und der Oberzöllner Zachäus (Lk 19,1-10), als Personen der Gleichnisse Jesu der verlorene Sohn zu nennen.

Das in der Parabel ausgesprochene Urteil setzt dabei voraus, daß Jesus es ist, der den Willen Gottes endgültig verkündet, und daß die Mitglieder des Volkes Gottes an seinen Worten und seinem Beispiel von Gott gemessen werden (vgl. Mt 10,17-22.32f). Wer auf seine Worte hört und durch sie umdenkt und sein Verhalten ändert, wird fähig, entsprechend dem Willen Gottes zu handeln. Das Reich Gottes erweist seine neue Ordnung und seine Kraft darin, daß gerade die umkehrbereiten Sünder in Israel den Willen Gottes richtig verstehen und auch zu tun vermögen.

Durch Jesus wird der Mensch fähig, Gottes Willen zu verstehen und zu tun. Die Verheißung vom neuen Herzen, das den Willen Gottes zu verstehen und liebend zu verwirklichen vermag, wird durch Jesus Wirklichkeit (s. Jer 31,31-33). Mit Jesus bricht die Heilszeit an. In der Familie Jesu (Mt 12,46-50) wird das Tun des Willens Gottes Wirklichkeit.

Rahmen

Die *Urkirche* hat durch Anfügung des Wortes Jesu von den Zöllnern und Dirnen, die Jesu Wort glaubten und umkehrten (V. 32), darauf hingewiesen, daß die Heilszeit mit Jesu Wirken bereits anbrach und noch immer dauert. Sie wollte dadurch den Appell Jesu an die ungläubigen Juden unterstreichen, endlich Jesus als Messias anzuerkennen, sein Gnadenangebot zur Umkehr anzunehmen und das Hauptgebot der Liebe zu erfüllen (vgl. Mt 23,34-36; Apg 3,11-4,12; 5,21-42; 7,1-53; 22,1-21; 28,23-28).

Zugleich wollte sie damit die Christen mahnen, Gott aus ganzem Herzen zu lieben und die Mitmenschen wie sich selbst (vgl. Mt 7,12. 21-23: »Nicht jeder, der zu mir sagt: Herr, Herr!, wird in das Himmelreich kommen, sondern nur, wer den Willen meines Vaters im Himmel erfüllt!«; Mt 22,34-40; 25,31-46: »Was ihr für einen meiner geringsten Brüder getan habt, das habt ihr mir getan!«). Die Urkirche zeigte dabei durch den Verweis auf Johannes den Täufer darauf hin, daß dem selbstgerechten, ungehorsamen, weil ungläubigen Israel Gottes Gericht droht, weil es dem wirklichen Willen Gottes nicht entsprach: »Ihr habt nicht gewollt! Darum wird euer Haus (von Gott) verlassen« (Mt 23,37-39). Die Unentschiedenheit, ja Gleichgültigkeit und Abneigung gegenüber dem Umkehrruf des Täufers und Jesu gereichte Israel zum Verderben (vgl. Mt 21,23-27).

Arbeit des Evangelisten

Matthäus hat dieses Stück überliefert, weil ihm die Botschaft dieser Parabel wichtig war. Er stellte sie hinein in die Aussagen vom bevorstehenden Gericht über das ungläubige, selbstgerechte, heuchlerische, jesusfeindliche Israel Mt 21,12-25,46. Unmittelbar voraus findet sich der Hinweis auf die prophetische Zeichenhandlung der Verfluchung des unfruchtbaren Feigenbaums als Symbol Israels (Mt 21,18-22) und die Frage nach der Vollmacht Jesu (Mt 21,23-27); es folgt das Gleichnis von den bösen Weinbergpächtern, Mt 21,33-46, den religiösen Führern Israels.

Als Stichwort für den Anschluß an das vorausgehende Stück diente ihm der Hinweis auf den Täufer und seine von Israel abgelehnte Umkehrpredigt, als Stichwort für den folgenden Abschnitt das Wort vom Weinberg. Demnach verstand Matthäus die Parabel als *mahnende Beispielgeschichte*. Der erste Sohn, der Ja sagte, aber dies nicht ernstmeinte, verkörpert die Führer Israels, denen der Weinberg Gottes anvertraut wurde. Ihres selbstherrlichen und mörderischen Ungehorsams willen »wird (ihnen) das Reich Gottes weggenommen« (Mt 21,43). Näherhin wird ihnen bei Matthäus durch Jesus vorgeworfen: »Sie reden nur, tun selbst aber nicht, was sie sagen« (Mt 23,3). Sie kennen den wahren Willen Gottes, aber sie dienen letztlich nur sich selbst. Diesen Vorwurf entfaltet Matthäus näher in der erschütternden Anklagerede, Mt 23.

In dieser Rede macht er zugleich deutlich, daß er das Gericht über Jerusalem und die jüdische Führerschaft im Untergang von Stadt und

Tempel im Jahre 70 (vgl. Mt 23,37-39; 21,42-44; 22,7; 27,20-25) als warnendes Beispiel für die christlichen Amtsträger und Führer versteht. Er überliefert nämlich in dieser Rede die Mahnung Jesu: Ihr aber sollt nicht so handeln! (Mt 23,8-11). Näherhin geht es darum, nicht selbstgerecht und selbstherrlich zu werden und nicht nur fromm zu reden, sondern das Hauptgebot zu leben. (Vgl. Mt 5,17-20: »Wenn eure Gerechtigkeit nicht weit größer ist als die der Schriftgelehrten und der Pharisäer, werdet ihr nicht in das Himmelreich eingehen!«, beachte auch die Antithesen Mt 5,21-48; sodann Mt 6,1-18; 7,15-23; 13,34f.)

Wichtig ist zuletzt der Hinweis des Matthäus auf die Heilszeit, die mit dem Auftreten des Täufers und seinem Umkehrruf anbrach, Mt 11,7-24: »Seit den Tagen Johannes des Täufers bis heute wird dem Himmelreich Gewalt angetan, die Gewalttätigen reißen es an sich. Denn bis zu Johannes haben alle Propheten und das Gesetz geweissagt« (Mt 11,12f). Ab seinem Auftreten sind die Menschen, die umkehren, sich die Sünden vergeben lassen und sich bemühen, dem Liebeswillen des gütigen Vaters im Himmel im Wollen und Tun ehrlich zu entsprechen (vgl. Mt 5,48) die, die den Willen Gottes wirklich erfüllen und so des Reiches Gottes in Fülle teilhaft werden.

Anregungen für die Auslegung heute

1) Bestimme die handelnden Personen der Parabel und vergleiche ihr Verhalten mit jenem in der Parabel vom unbedingt gütigen Vater, Lk 15,11-32!
2) Fordert oder bittet der Vater, im Weinberg zu arbeiten? (Hat er als Vater ein Recht auf Gehorsam? S. viertes Gebot.)
3) In welchem Verhältnis stehen die beiden Söhne zum Vater? (Erfüllen sie gern seinen Willen? Nehmen sie den Willen ihres Vaters ernst?)
4) Sind die zur Diskussion gestellten beiden Verhaltensweisen die einzig möglichen? (Nein.) Nenne andere Verhaltensweisen! (Z.B. Ja sagen und den Willen des Vaters erfüllen.)
5) Kann nach Aussage Jesu der Mensch aus eigener Kraft den Willen Gottes erfüllen (vgl. Mt 9,9-13; 11,28-30; 12,28-32; 13,36-43; 15,15-20; 18,23-35; 21,12-17; 21,33-46; 22,1-14; 23,25f; 26,26-28; 28,18-20)? Was sagt diese Erkenntnis für die Gegenüberstellung von »scheinheiligem Jasager« und »reuigem Neinsager«? (Beachte hier die Beispielgeschichte vom Pharisäer und Zöllner, Lk 18,9-14.)
6) Wurden schwere Sünder durch Reue und Sündenvergebung Jesu fähig, Gottes Willen zu tun (vgl. Mt 9,9-13; Lk 19,1-10; 7,36-50; Joh 7,53-8,11; Lk 8,1-3)? Was sagt der Anhang Mt 21,31b.32?

7) Worin besteht der »wirkliche« Wille Gottes? (Vgl. Mt 9,9-13; 23,23f; 5,48; 22,34-40; 25,31-46; s. auch Lk 15,11-32.)
8) Worin liegt der Bezug der Parabel zum Reich Gottes begründet? (Hilfsfragen: Wer macht den wirklichen Willen Gottes bekannt? Wer ermöglicht Umkehr und Vergebung? Was bedeutet das Kommen Jesu für die Menschen, die Gottes Willen ehrlich erfüllen wollen?)
9) Worin trifft sich unsere Parabel mit den Gleichnissen vom Verlorenen, Lk 15, besonders mit der Parabel vom verlorenen Sohn?
10) Inwiefern führte die Selbstgerechtigkeit der Führer Israels dieses Volk ins Unheil (vgl. Mt 21,32 mit Mt 11,7-24; 23,34-39)?
11) Wie verstand Matthäus diese Parabel: als Wort der Verheißung oder als Mahnrede an Israel bzw. an die Christen? (Vgl. den Zusammenhang, in den Matthäus dieses Stück einordnet, bsd. Mt 21, 18-22 und 21,33-46; dazu Mt 23,1-12.)
12) Bin ich ein Jasager oder ein Neinsager? (Bin ich zufrieden mit einer äußeren Erfüllung der Gebote Gottes und der Kirche? Bilde ich mir ein, ein guter Christ zu sein? Weiß ich, daß stete Umkehr zum Christsein gehört? Strebe ich danach, der Liebe Gottes durch selbstloses Handeln im Geist des Hauptgebotes zu entsprechen? Ist mein Verhalten mehr von Ichwillen und Eitelkeit geprägt als von ehrlicher, demütiger Liebe? Bin ich dankbar, daß Gott mich gerade als armseligen Sünder liebt und mir immer die Chance zur Umkehr schenkt?)
13) Freue ich mich darüber, daß das Reich Gottes in der Möglichkeit zur Sündenvergebung, zur Umkehr und zur selbstlosen Liebe besteht?

31. Das Gleichnis vom Sklaven

Die selbstverständliche Pflicht
(Lk 17,7-10)

Der Gleichnischarakter der Geschichte ist indirekt zu erschließen aus der einleitenden Frage: »Wer von euch?« und aus der Schlußfolgerung, die den Vergleich auf Gott und seine Forderungen anwendet. Die Situation und die dabei aufgeworfene Frage, auf die Jesus durch dieses Gleichnis antwortet, ist aus der Gleichniserzählung selbst zu erschließen. Zur Frage steht, ob der Mensch dann, wenn er Gottes Gebote erfüllt, einen Anspruch auf eine Belohnung durch Gott hat oder ob er Gott als (geliebtes) Geschöpf unbedingten Gehorsam schuldet. Es geht demnach um die Frage des richtigen Verhaltens der Menschen gegenüber Gott in der Gemeinschaft des Volkes Gottes.

Form
Der Vergleich wird eingeleitet durch eine Frage: »Wer von euch?«, dann wird ein bestimmtes Verhalten zur Diskussion gestellt und daraus eine Folgerung gezogen, die für das rechte Verhalten gegenüber dem Gott des Bundes gilt. Eine ganze Reihe von überlieferten Worten und Gleichnisreden Jesu wird eingeleitet durch diese *Frageformel,* so Mt 6,27; 7,9; 12,11; Lk 11,11 und 15,4. Bei all diesen Stücken, die aus einer theologischen Disputation hervorgewachsen sind, muß das zur Diskussion gestellte, zugespitzte Verhalten unbedingt abgelehnt werden. Dies gilt auch für unseren Vergleich: »Es ist undenkbar, daß ein (normaler) Sklavenbesitzer seinem Sklaven für seine Arbeit dankt«. Weil dies so ist, handelt es sich hier um ein *Gleichnis im engeren Sinn.*

Die Frage leitet ein Schlußverfahren ein. Das hier angewandte Schlußverfahren vom Kleinen auf Größeres, d. h. vom Verhältnis Herr – Sklave auf das Verhältnis Gott – Geschöpf (der Schluß a minore ad maius) war bei den Rabbinen gebräuchlich und wurde von Jesus auch bei all den Aussagen angewandt, die er durch die Frageformel »Wer von euch?« einleitete. Der Vergleich dient also dazu, wichtige Grundhaltungen in der Ordnung des Reiches Gottes den Hörern eindrücklich vor Augen zu führen und sie zur Änderung ihrer überlieferten oder selbstgewählten Einstellung gegenüber Gott zu veranlassen.

Bildfeld

Das Gleichnis entnimmt seinen Stoff der bitteren Alltagswirklichkeit in Palästina zur Zeit Jesu. Als Vergleichspunkt dient ein Bauer, der nur einen einzigen Sklaven besitzt. Dieser muß sowohl die Arbeit auf dem Acker, der Weide und im Haus leisten, als auch den Bauern bedienen. Zwar war den Israeliten der Kauf und Verkauf von israelitischen Sklaven verboten, auch sollten diese nach sieben Jahren oder im Jubeljahr, das heißt im 50. Jahr (7 x 7) freigelassen werden; die Israeliten wurden auch verpflichtet, israelitische Sklaven bei heidnischen Besitzern freizukaufen (vgl. Ex 21,3-6; Lev 25,39-45.47-54; Dtn 15,12-18); doch kam es immer wieder vor, daß Israeliten wirtschaftlicher Verpflichtungen und finanzieller Not wegen in die sogenannte Schuldsklaverei gerieten. Außerdem hielten sich viele Israeliten nicht an die Bestimmungen des Gesetzes, israelitische Sklaven nach einer bestimmten Zeit freizulassen (vgl. Jer 34,8-16). In unserem Gleichnis wird zudem nicht gesagt, ob es sich bei dem Sklaven um einen Heiden oder um einen Israeliten handelt. Sollte Jesus letzteres gemeint haben, gewänne seine Aussage noch an Schärfe und Gewicht. Zur Zeit Jesu war jedenfalls die Sklaverei in Palästina üblich, und es gab auch zahlreiche israelitische Sklaven bei jüdischen Besitzern. Unser Gleichnis setzt diese brutale Wirklichkeit voraus (vgl. Mt 24,45-51 und Lk 12,42-48), ohne dazu Stellung zu nehmen.

Im Unterschied zum Tagelöhner hat der Sklave keinen Anspruch auf Lohn. Er erhält lediglich das, was er braucht, um leben und arbeiten zu können. Dem Sklavenbesitzer ging es letztlich nur um die Erhaltung der Arbeitskraft der Slaven. Darum war ein Sklavenbesitzer seinem Sklaven gegenüber nicht zu Dank verpflichtet. Der Sklave hatte zu arbeiten und zu tun, was ihm aufgetragen wurde. Das war seine selbstverständliche Pflicht.

Botschaft
Der zur Beurteilung gestellte Fall arbeitet das Verhältnis Herr – Sklave kraß heraus: Wenn ein Einzelsklave nach der Arbeit in der Hitze des Tages vom Feld kommt, hat er da etwa Anspruch auf Ruhe und Essen? Nein! Dann hat er erst seinem Herrn das Essen zu bereiten und ihn beim Essen zu bedienen. Und das ist ja selbstverständlich, daß sein Herr ihm dafür keinerlei Dank schuldet, und er selbst auch keinen erwartet, selbst wenn er bis zur Erschöpfung in Anspruch genommen wird.

Diese Aussage nimmt deutlich Stellung zur pharisäischen Vergeltungslehre zur Zeit Jesu. Zwar ging auch sie davon aus, daß der Mensch als Geschöpf und der Israelit als Glied des erwählten Volkes Gott gegenüber zu vollkommenem Gehorsam verpflichtet ist. Doch hatte Gott selbst für treue Gebotserfüllung Lohn versprochen (vgl. das vierte Gebot). Außerdem gab es eine Reihe freiwillig übernommener, sogenannter überpflichtiger Leistungen, z.B. Fasten, Almosengeben, die Ablieferung des Zehnten an den Tempel von allen Einkünften, auch den nicht steuerpflichtigen, das Verrichten besonderer Gebete, Wallfahrten und Opfer, von denen die jüdischen Schriftgelehrten annahmen, diese würde Gott seiner Gerechtigkeit wegen besonders belohnen. Durch das Verrichten solcher guter Taten dachten sie daher, einen besonderen Gnadenschatz zu erwerben, der dann fürbittgemäß zur Tilgung böser Taten und zur Überwindung von Sündenstrafen und Heimsuchungen eingesetzt werden könnte.

Demgegenüber betont Jesus in diesem Gleichnis, jeder Mensch, auch der Fromme, schulde Gott unbedingten Gehorsam, weil er Gottes Geschöpf ist und daher Gott gehört: »Wenn ihr alles getan habt, was euch befohlen wurde, sollt ihr sagen: Wir sind armselige Sklaven, wir haben nur unsere Pflicht und Schuldigkeit getan!« (V. 10). »Un-nütz« ist in diesem Zusammenhang als Bescheidenheitsausdruck besser mit armselig, unbrauchbar, untüchtig zu übersetzen. Der Mensch kann auch mit größtem Eifer Gottes Anspruch nicht voll entsprechen. So ist der Aussagesinn klar: Vor Gott hat der Mensch, auch der Fromme und Gesetzestreue, weder einen Anspruch auf Lohn oder Dank, selbst wenn er alles getan hat, was Gott gebietet und fordert. Ja, alles, was der Mensch an Gutem vor Gott zu vollbringen vermag, ist letztlich ungenügend, armselig vor Gottes Anspruch.

Damit soll nicht gesagt werden, daß Gott dem Menschen gegenüber wie ein Sklaventreiber auftritt, oder daß der Mensch ein Sklave Gottes ist. Nach der biblischen Offenbarung ist der Mensch als Ebenbild Gottes freier Partner Gottes.

Daher darf das Gleichnis nicht als Allegorie ausgelegt werden. Es hebt lediglich auf die Aussage ab, daß der Mensch keinen Anspruch auf Lohn hat bei Gott. Dank und Lohn sind unverdiente Geschenke der frei waltenden Güte Gottes. Niemand, gerade auch nicht der Gesetzesfromme, darf daher mit seinen (vermeintlichen) Verdiensten vor Gott (und den Mitmenschen) rechnen oder gar auf Belohnung pochen oder sich darauf vor Gott etwas zugute halten und einbilden. Erst wenn diese Wahrheit unbedingt anerkannt wird, kann der Mensch des freien Geschenks der Güte und des Erbarmens Gottes ansichtig werden und ihm so in Demut danken. Das Gleichnis schafft insofern die Grundvoraussetzung für die Botschaft von der unbegreiflichen Liebe Gottes zu allen Menschen, Sündern wie Frommen.

Rahmen
Das Gleichnis ist ohne Hinweis auf die ursprüngliche Situation überliefert worden. Diese kann lediglich indirekt aus Themenwahl, Beispiel und Schlußfolgerung erschlossen werden. In seiner Botschaft trifft es zusammen mit der Aussage der Parabel von der Entlohnung der Arbeiter im Weinberg, Mt 20,1-16, und der Beispielerzählung vom Pharisäer und vom Zöllner, Lk 18,9-14. Sachlich gehört hierher auch die Stellungnahme Jesu zu den traditionellen guten Werken der jüdischen Privatfrömmigkeit: Fasten, Beten und Almosengeben (Mt 6,1-4f.16-18).

Für Jesus ist alle echte Frömmigkeit lediglich dankbare vertrauensvolle Antwort auf Gottes zuvorkommende väterliche Liebe und Sorge. Darum entscheidet die liebende Gesinnung des Menschen über Wert und Unwert seines Tuns vor Gott (vgl. Mt 5,23f; Mk 7,14-23; Lk 18,9-14).

Arbeit des Evangelisten
Lukas hat dieses Gleichnis aus der Überlieferung ausgewählt und in sein Evangelium aufgenommen. Ihm liegt am Herzen, den Christen seiner Zeit zu zeigen, was für das Leben des Christen wichtig ist. Darum sammelt er entsprechende Gleichnisse über Frömmigkeit und mitmenschliches Verhalten (vgl. Lk 10,25-37; 17,11-19; 18,9-14), gerade auch solche, die mit der Frageformel »Wer von euch?« beginnen (s. Lk 11,5-8; 11,11-13).

Unser Gleichnis hat er, ohne es zu verändern, in den sogenannten Reisebericht eingeordnet, in dem er den größten Teil seines Sonderguts überliefert hat (Lk 9,51-19,27). Näherhin hat er es zusammengestellt mit der Warnung vor Verführung (Lk 17,1-3a), der Aufforderung zur Vergebung (Lk 17,3b-4), dem Hinweis auf die Macht des Glaubens (Lk 17,5f) und der Geschichte vom dankbaren Samariter (Lk 17,11-19). In all diesen Stücken geht es um Grundhaltungen des Christen in der neuen Wirklichkeit des Reiches Gottes: um Wachsamkeit, Vergebungsbereitschaft, Glaubenskraft, Dankbarkeit und selbstlose Dienstbereitschaft. Durch den Hinweis auf das Kommen des Menschensohnes (Lk 17,20f.22-37) wird der Reich-Gottes-Bezug im Verhältnis von Schon und Noch-Nicht herausgestellt. Der selbstlosen Dienstbereitschaft des Christen, die unser Stück betont, kommt dabei besondere Bedeutung zu. Lukas versteht daher unser Gleichnis als Aufforderung zu selbstlosem Dienst ohne Nebenabsichten und egoistische Zielsetzungen. Jesus, der Herr, verdient einen solchen vollen Einsatz.

Anregungen zur Auslegung heute

1) Wie viele Sklaven hat der Sklavenbesitzer des Gleichnisses? Welche Arbeiten hat dieser Sklave zu verrichten?
2) Welche Antwort fordert die Frageformel »Wer von euch?« (vgl. Mt 6,27; 7,9; 12,11; Lk 11,11; 15,4): eine ablehnende oder eine bestätigende?
3) Welche Auffassung wird bestätigt: daß der Sklave bei äußerstem Einsatz Dank anzusprechen hat oder das Gegenteil?
4) Was will das Gleichnis sagen: daß der Mensch gegenüber Gott ein Sklave ist oder daß der Mensch auch bei gewissenhafter Erfüllung seiner Gebote keinen Anspruch auf Lohn hat? (Letzteres.)
5) Gegen welche Auffassung im Judentum seiner Zeit wendet sich Jesus damit? (Gegen die Lohn- und Vergeltungslehre der Pharisäer, vgl. Mt 6,1-4.5f.16-18; 20,1-16; Lk 18,9-14.)
6) Welche Haltung entspricht der völligen Abhängigkeit des Menschen von Gott? (Gehorsam und demütige Dienstbereitschaft!)
7) Hebt der Hinweis Jesu auf Lohn die Aussage dieses Gleichnisses auf, daß aller Lohn Gottes ein Geschenk der Gnade Gottes ist? (Vgl. Mt 10,40-42; Mk 10,28-30; Mt 25,31-46.)
8) Welche Grundhaltungen sind für den Christen neben selbstloser Dienstbereitschaft nach Ausweis der Rahmentexte Lk 17,1-19 wichtig?
9) Ist Demut eine sachgemäße Haltung vor Gott? (Versklavt sie den Menschen oder entspricht sie der geschöpflichen Wirklichkeit des Menschen?)
10) Welche Psalmen sprechen die Botschaft des Gleichnisses im Gebet aus? (Vgl. u.a. Ps 51 [50] und 130 [129].)
11) Wie hat Paulus die Wahrheit dieses Gleichnisses ausgesprochen und fortgeführt? (Vgl. Röm 1,18-2,23; 3,9-30; 9,14-21; Phil 2,12-13.)
12) Schließt die Vatergüte Gottes sein absolutes Herrentum und seinen unbedingten Anspruch an den Menschen aus?

13) Wie entsprach Jesus dem unbedingten Anspruch seines Vaters? (Siehe Mk 14,32-42; Hebr 5,5-10.)
14) Nehme ich Gottes Anspruch auf unbedingten Gehorsam an?

32. Die Beispielerzählung vom Pharisäer und vom Zöllner

Wahre und falsche Frömmigkeit
(Lk 18,9-14)

Auch diese berühmte Gleichniserzählung weist in Auseinandersetzung mit dem herrschenden jüdischen Frömmigkeitsideal auf die Grundhaltung echter Frömmigkeit hin, die Gottes Wesen und Heilswillen entspricht. Jesus wählt für seine Aussage die äußersten Extreme des jüdischen Lebens seiner Zeit, einen pharisäischen Frommen und einen Zöllner, der nach pharisäischer Auffassung als Verräter am jüdischen Glauben und als Dieb und Räuber galt. Dabei gilt es zu sehen, daß Jesus diese Gestalten in seinem Gleichnis vollauf wirklichkeitsgetreu nachzeichnete, also weder überspitzte noch verzeichnete. Jesus nahm durch dieses Gleichnis bewußt Stellung zum jüdischen Frömmigkeitsideal und stellte dagegen das Bild von Frömmigkeit, das nach seiner Auffassung allein Gottes Heiligkeit und Liebe ernst nimmt und entspricht.

Form
Da Jesus seine Aussage über die wahre Frömmigkeit mit Hilfe zweier konkreter Einzelfälle macht, handelt es sich hier um eine *Parabel.* Wegen des Beispielcharakters dieser Parabel (s. dic Einleitungsbemerkung: »Einigen, die von ihrer eigenen Gerechtigkeit überzeugt waren, erzählte Jesus diese Parabel«) rechnet man sie zu den *Beispielgeschichten.* Beispiele dienen dazu, einen Sachverhalt zu erläutern. Sie haben oft auch den Charakter verpflichtender Vorbildhaftigkeit. Der Schlußvers 14 stellt den Vorbildcharakter dieser Parabel deutlich heraus.

Die ursprüngliche Parabelerzählung endet mit Vers 14a; der Halbvers 14b wurde später hinzugefügt. Es handelt sich um ein Einzelwort, das auch an anderen Stellen des Neuen Testaments begegnet (Lk 14,11; Mt 23,12).

Aufbau

Der Verhaltensweise eines jüdischen Frommen im pharisäischen Sinn beim Gebet im Tempel wird die eines Zöllners gegenübergestellt. Durch den Inhalt ihres Gebets wird die Gesinnung deutlich, die jeden vor Gott bestimmt. Das Gebet des Pharisäers bezieht dabei den Zöllner im abwertenden Sinn ein, das des Zöllners richtet sich allein an Gott. Der abschließende Satz Jesu fällt über die Frömmigkeit beider ein Urteil aus der Sicht Gottes und appelliert auf diese Weise an die Hörer, ihre eigene Frömmigkeit vor Gott zu überprüfen. Im Urteil Jesu zeigt sich die Ordnung echter Frömmigkeit, die im Reich Gottes gilt.

Bildfeld

Für die Zuhörer Jesu handelt es sich bei dem Pharisäer um das Idealbild eines Frommen, das jeder echte Jude zu verwirklichen suchte, während der Zöllner als schwerer Sünder, als Dieb, Räuber, als Verräter am jüdischen Volk galt und deshalb abgelehnt und gemieden wurde. Die Synagoge hatte den Zöllnern die Ehrenrechte in Synagoge und Gesellschaft aberkannt. Denn die Zölle wurden meist an die Meistbietenden verpachtet, die ihrerseits sehr oft auf unehrliche Weise ihre Stellung ausnützten. Mißbrauch der Zollvollmachten zum eigenen Vorteil war sprichwörtlich. Zwar gab es feste Tarife, aber sie wurden nicht genau eingehalten. Zudem nützten Zöllner durch ihren Dienst entweder der Herrschaft des Hauses Herodes oder den römischen Statthaltern. Darum waren sie verhaßt und verachtet. Nach rabbinischer Auffassung gab es für einen Zöllner keine Rettung. Denn um umzukehren, mußte er seine Stellung aufgeben und alles Unterschlagene zurückerstatten. Wie aber wollte er alle Ausgebeuteten finden? Außerdem hatte er für alles ungerecht Geforderte eine Buße von 20 % zu leisten.

Zur Zeit Jesu betete man um die dritte und neunte Stunde (etwa 9 bzw. 15 Uhr). Das Gebet im Tempel galt als besonders wirksam, da Gott im Allerheiligsten des Tempels Israel besonders nahe war. Die beiden Männer beten im Vorhof der Männer, der sich auf das Tempelgebäude hin öffnete und in dem auch die Opferaltäre standen. Da das rechteckige Tempelgebäude nach Osten hin ausgerichtet war, war auch der Vorhof der Männer nach Osten gerichtet. Es war üblich, die Gebete stehend zu verrichten, den Blick auf das Tempelgebäude, näherhin das Allerheiligste im hinteren Teil des Tempelgebäudes gerichtet. Die Gleichniserzählung setzt voraus, daß der Erzähler die Gebete beider Beter mithören konnte. Dies war grundsätzlich möglich, da die Gebetsworte beim persönlichen Gebet damals leise gemurmelt wurden (vgl. 1 Sam 1,13; auch Ps 1,2, der wörtlich übersetzt lautet: »Wohl dem Manne, der… die Weisung des Herrn murmelt« – das heißt vor sich halblaut hinsagt und sie so bedenkt – »bei Tag und bei Nacht«).

Bei dem Pharisäer handelt es sich um einen besonders frommen Juden. Er beginnt sein Gebet, jüdischem Brauch entsprechend, mit freudigem Dank. Es war ihm gelungen, nicht nur alle Vorschriften zu erfüllen, sondern darüber hinaus durch Werke der Frömmigkeit besondere Verdienste zu erwerben.

Die Juden waren nur einmal im Jahr verpflichtet zu fasten, am Versöhnungstag; er aber fastet nach pharisäischem Brauch zweimal in der Woche. Nach unserer Ordnung waren Montag und Donnerstag die üblichen Tage dafür. Das Fasten bestand in völliger Enthaltung von Speise und Trank von Sonnenaufgang bis Sonnenuntergang. Es stellte im Orient während der heißen Jahreszeit eine herbe Entsagung dar.

Da er nach eigener Auffassung ohne Schuld ist, will er entsprechend pharisäischer Zielsetzung mit diesem freiwilligen Fasten Sühne leisten für die Verfehlungen all jener Juden, die das Gesetz nicht genau beobachten. Darüber hinaus gibt er dem Tempel »den Zehnten von all seinem Erwerb«, also nicht nur von den im Gesetz genannten Hauptfrüchten (vgl. Dtn 12,17ff).

Der Pharisäer spricht in seinem Gebet die Grundüberzeugung der Gesetzesfrommen in Israel aus. Das zeigt ein Vergleich mit zeitgenössischen Gebeten. So lautet z.B. das des um eine Generation jüngeren *Rabbi Nechunja Ben Hakkana:* »Ich danke dir, Herr, mein Gott, daß du mir mein Teil gabst bei denen, die im Lehrhause sitzen, und nicht bei denen, die an den Straßenecken sitzen (das heißt Geldwechsler, Straßenhändler und Bettler). Ich mache mich früh auf… zu den Worten des Gesetzes, und sie machen sich früh auf zu eitlen Dingen… Ich mühe mich ab und empfange Lohn, und sie mühen sich ab und empfangen keinen Lohn. Ich laufe zum Leben der zukünftigen Welt, und sie laufen zur Grube des Verderbens.«

Von *Rabbi Jehuda* (um 50 n.Chr.) stammt der Ausspruch: Drei Lobsprüche muß ein Frommer an jedem Tag sprechen: »Gepriesen (sei Gott), daß er mich nicht als einen Heiden geschaffen hat, denn alle Heiden sind nichtig vor ihm; gepriesen sei er, daß er mich nicht als Weib erschaffen hat, denn das Weib ist nicht zur Gesetzeserfüllung verpflichtet; gepriesen sei er, daß er mich nicht als Ungebildeten (im Gesetz)… erschaffen hat, denn der Ungebildete ist nicht sündenscheu.« Demnach ist der Pharisäer, den Jesus zeichnet, Typ des damaligen Gesetzesfrommen in Israel. Insofern trifft das Urteil Jesu die vorherrschende Frömmigkeitsauffassung der religiösen Führer des Judentums.

Der Zöllner weiß um seine verzweifelte Lage. Er traut sich aus Scham und Furcht nicht an das Heilige und Allerheiligste des Tempels heran und wagt nicht, Augen und Hände zu erheben, um Gottes unsichtbarem Blick zu begegnen. Er senkt vielmehr schuldbewußt den Blick, faltet die Hände vor der Brust und schlägt voll Verzweiflung auf das Herz, den Sitz der Sünde und des Bösen (vgl. Mk 7,21), um es zu erschüttern. Auch hier zeichnet sich die Darstellung Jesu durch Echtheit und Lebensnähe aus.

So stehen ein selbstbewußter Beter mit erhobenen Händen und hocherhobenem Haupt und ein reumütiger, schuldbewußter Bittsteller einander gegenüber; der erste wählt die vollkommenste Form des Gebets, das Dankgebet, der zweite die des Bittgebets.

Botschaft

Am Gebet des Pharisäers fällt auf, daß ihm jedes Bewußtsein des Ungenügens vor Gott mangelt. Es dient dazu, Gott die eigene Vollkommenheit vor Augen zu stellen und offenbart den Stolz und die Selbstgerechtigkeit dieses Frommen. Dies kommt auf geradezu anstößige Weise bei seinem Vergleich mit »den Räubern, Betrügern und Ehebrechern und dem Zöllner dort« zum Vorschein. Der Hinweis auf die freiwillig geleisteten guten Werke zur Minderung der Schuld der Sünder in Israel deckt zudem sein Rechnen auf Belohnung durch Gott auf. So versteckt sich in der vollkommensten Form, dem Dankgebet, eine selbstgerechte, stolze, egoistische, berechnete Frömmigkeit, die Gott nur als gerechten Partner der Menschen versteht und weder die Freiheit und Hoheit Gottes ernst nimmt, noch die Armseligkeit und Heilsbedürftigkeit des Menschen sieht.

Der Zöllner dagegen schwächt mit keinem Wort seine Schuld ab, vielmehr bereut er ehrlich sein Versagen und bittet Gott um Vergebung. Dabei macht er sich die Bitte des Bußpsalms 51 zu eigen: »Gott, sei mir gnädig nach deiner Huld, (tilge meine Frevel nach deinem reichen Erbarmen)« (V. 3) und vertraut wie der erste Beter dieses Psalms darauf, daß »Gott ein zerbrochenes und geschlagenes Herz... nicht verschmäht« (V. 51,19).

Mit diesem Hinweis auf das Zeugnis des Alten Testaments, das an vielen Stellen davon berichtet, daß Gott den reuigen und umkehrbereiten Sündern Vergebung gewährt, bereitet Jesus sein Urteil vor: »Dieser kehrte als ein Gerechtfertigter (durch Gott) in sein Haus zurück.« Gott hatte also das Gebet dieses großen, aber reuigen Sünders erhört und ihn von seiner Schuld freigesprochen. Gegen diese Feststellung war vom Alten Testament her theologisch nichts einzuwenden.

Darüber hinaus aber stellte Jesus fest, daß der Pharisäer von Gott nicht anerkannt wurde (V. 14b). Wörtlich ist hier zu übersetzen: »Ich sage euch: Dieser stieg als ein Gerechtfertigter in sein Haus hinab im Gegensatz zu jenem.« Dieses Urteil mußte die Hörer schockieren. Denn am Eifer und der Gesetzestreue des Pharisäers war nicht zu zweifeln. Die Zeichnung des Pharisäers durch Jesus aber zeigt, worauf Jesus sein Urteil gründete: die Selbstgerechtigkeit, der Stolz und die Verachtung der Mitmenschen entlarvte den Musterfrommen als großen Sünder.

Gott ist mehr als der Verwalter von Gesetzen. Vor Gott kann kein Mensch bestehen. Ohne Gottes vergebende Güte und Barmherzigkeit vermag kein Mensch, Gott zu gefallen. Nicht das äußere Werk, sondern die Gesinnung, die sich in der Tat offenbart, ist maßgebend für Gottes Urteil. Echte Frömmigkeit weiß um die Unvollkommenheit, Armseligkeit und Sündigkeit des Menschen und vertraut deshalb Gottes barmherziger Liebe. Sie tut sich kund in echter Reue und Umkehrbereitschaft. Sie sieht allein auf Gott und sein Urteil und schielt nicht auf die vermeintliche eigene Gerechtigkeit und die Sündigkeit des Mitmenschen.

Alle Menschen sind vor Gott begnadete Sünder (vgl. Mt 18,23-35; Lk 7,36-47). Dies will Jesus allen selbstgerechten Frommen sagen, an die er diese Parabel richtet. Zugleich rechtfertigt Jesus damit sein Verhalten gegenüber den großen, öffentlichen Sündern in Israel wie den Zöllnern und Dirnen. Sie verdienen Gottes Vergebung und Liebe zu Recht, die er ihnen in Gottes Namen gewährt. Denn sie erfüllen die gottgesetzten Voraussetzungen: Sie bekennen sich schuldig vor Gott und bitten in ehrlicher Reue demütig um Gottes Vergebung.

Rahmen

Der Einleitungsvers, der von Lukas stammt, weist auf die ursprünglichen Adressaten hin: »Juden, die von der eigenen Gerechtigkeit überzeugt waren und die anderen verachten«, weil sie meinten, die gewissenhafte Erfüllung von Geboten und religiösen Vorschriften genüge, um vor Gott bestehen zu können. Solchen Menschen wirft Jesus an anderer Stelle vor: »Weh euch, ihr Schriftgelehrten und Pharisäer, ihr Heuchler! Ihr gebt den Zehnten von Minze, Dill und Kümmel und laßt das Wichtigste im Gesetz außer acht: Gerechtigkeit, Barmherzigkeit und Treue« (Mt 23,23; vgl. Mt 9,9-13).

Die pharisäische Frömmigkeit war dadurch geprägt, daß sie versuchte, durch sich immer mehr verfeinernde Vorschriften, insgesamt 613 Einzelforderungen, näherhin 248 Gebote und 365 Verbote, das ganze Leben unter den Willen Gottes zu bringen. Der Gehorsam gegen Gottes Willen war die Hauptaufgabe des Menschen. Da sie zugleich auf der Grundlage einer strengen Vergeltungslehre aufgebaut war – Segen für Gehorsam, Lohn und Verdienst für freiwillige Leistungen –, stand sie in der Gefahr, Gott zum Geschäftspartner des Menschen zu machen, die Haltung des Herzens gegenüber Gott zu übersehen, die Gesinnung des Menschen, und Gerechtigkeit vor Gott mit Gebotserfüllung gleichzusetzen. »Ihr redet den Leuten ein, daß ihr gerecht seid; aber Gott kennt euer Herz!« (Lk 16,14f; vgl. Lk 20,45-47). Dadurch nahm sie Gottes Heiligkeit und absolute Freiheit nicht genügend ernst und förderte Selbstgerechtigkeit und Unduldsamkeit gegenüber schwachen, gebrochenen Menschen und Sündern. Demgegenüber betonte Jesus, daß Gottes Gnade freies Geschenk Gottes ist, daß alle Menschen als Sünder der Gnade Gottes bedürfen und daß die Liebe zu Gott und zu den Mitmenschen die notwendige Grundlage aller echten Frömmigkeit bildet (vgl. Mt 5,48; 6,1-4.5f. 16-18; 7,12; 22,34-40; 25,31-46; Mk 7,1-23; Lk 7,40-43; 15; 19,1-10).

Arbeit des Evangelisten

Lukas versteht sich in seinem Evangelium als Lehrer der wahren Frömmigkeit, wie sie dem Wesen Gottes und der Lehre Jesu entspricht. Darum sammelt er mit Vorliebe aus der Jesusüberlieferung Stücke, die sich mit dieser Frage befassen und ordnet sie an besonderen Stellen in sein Evangelium ein. Dadurch entstehen katechetische Lehrstücke über die Frömmigkeit des Christen. Hierher gehören der Abschnitt Lk 18,1-17 mit den Einzelabschnitten: die Parabel vom gottlosen Richter und der Witwe (Lk 18,1-8), unsere Parabel vom Pharisäer und dem Zöllner (Lk 18,9-14) und das Wort Jesu über die Kinder (Lk 18,15-17), die alle von der rechten Frömmigkeit handeln. Sie ist bestimmt durch Vertrauen und Beharrlichkeit (Lk 18,1-8), Demut und Reue (Lk 18,9-14) und kindlicher Offenheit und Bereitschaft (Lk 18,15-17). Der Abschnitt über Reichtum und Nachfolge (Lk 18,18-30) weist noch auf die Sorge für die Armen hin.

Das katechetische Gegenstück findet sich in Lk 11,1-13 mit der Einleitung: »Herr, lehre uns beten!« (Lk 11,1) und den Abschnitten: das Vaterunser (Lk 11,2-4), die Parabel vom bittenden Freund (Lk 11,5-8) und die Unterweisung über das rechte Vertrauen beim Beten (Lk 11, 1-13). Dazu gehören noch die zahlreichen Hinweise auf Jesus, den großen Beter, das Vorbild echten Betens (Lk 3,21f; 4,1-13; 6,12; 9,29; 11,1; 22,32.39-46; 23,34.46).

Lukas versteht diese Parabel also als *Lehrstück für Christen* über die rechte Frömmigkeit. Wer wie der Zöllner ehrlich und umkehrbereit betet, darf Gottes Barmherzigkeit gewiß sein. Im reuigen und ehrlichen Gebet sieht Lukas zugleich eine Möglichkeit, die Macht der Sünde in der Kirche und im Leben des Christen zu überwinden (vgl. Lk 21,34-36; 22,40.46).

Durch den *Nachsatz Lk 18,14b* weist Lukas auf die *wahre Größe in der Kirche* hin: Wirklich groß ist der, der sich vor Gott klein macht, das heißt in Demut um seine Armseligkeit weiß und als begnadeter Sünder lebt; klein aber ist der, der sich vor Gott groß macht und selbstgerecht andere verachtet. Dies zeigt Lukas auch an zahlreichen anderen Stellen seines Evangeliums, vor allem im nachfolgenden Stück über die Haltung des Kindseins vor Gott (Lk 18,15-17; vgl. 16,19-31; 21,1-4; 22,24-27; 23,42).

Anregungen für die Auslegung heute

1) Beschreibe den Unterschied des Gebetes bei Pharisäer und Zöllner:
   a) die Formen,
   b) den Inhalt,
   c) die darin zum Vorschein kommende Gesinnung.
2) Was verfälscht das Gebet des Pharisäers und macht es für Gott unannehmbar?
3) Worauf stützte der Zöllner seine Hoffnung, erhört zu werden? (Lies den Psalm 51, den er zum Gebet benützt.)
4) Kann man durch Erfüllung von Geboten allein vor Gott gerecht werden? Welche Bedeutung hat das Hauptgebot für das rechte Gebet? (Vgl. Mt 6,1-4.5f.16-18; 5,48; Lk 6,36; Mt 9,9-13; 22,34-40; 23,23f; Mk 7,14-23; Lk 16,14f; 20,45-47.)
5) Was lehrt die Parabel über die rechte Gesinnung beim Beten?
6) Welche Grundhaltungen sind nach Lukas wichtig für das Beten des Christen? (Vgl. Lk 11,1-13; 18,1-17.)
7) Was sagt Lukas über Jesus als Beter? (Vgl. Lk 3,21f; 4,1-13; 6,12; 9,29; 11,1; 22,32.39-46; 23,34.46.)
8) Inwiefern zeigt sich nach Lukas die wahre Größe eines Menschen in seiner Demut vor Gott? (Vgl. Lk 18,14b; 18,15-17; 20,45-47; 21,1-4; 22,24-27.)
9) Schließt Vertrauen in die Barmherzigkeit Gottes das Sich-Mühen um Erfüllung des Willens Gottes, um Vollkommenheit und Heiligkeit aus?
10) Welche Beispiele für die Erhörung der Bitte großer Sünder um Vergebung gibt es im Leben Jesu? (Vgl. Lk 7,36-50; Joh 7,53-8,11; Lk 23,40-43.)

33. Das Gleichnis vom bittenden (erhörenden) Freund

Gott weist keine Bitte ab
(Lk 11,5-8)

Dieses Gleichnis kreist ebenfalls um die Frage, wie sich ein Mensch in der rechten Weise Gott gegenüber verhalten soll, der sich ihm durch Jesus Christus in Liebe zugewandt hat. Dabei geht es näherhin um die Frage des rechten Verhaltens beim Beten, beim Bittgebet. Lukas hat in seinem Evangelium zwei Gleichnisse zu diesem Thema überliefert, das vom bittenden Freund und das vom gottlosen Richter und der Witwe (Lk 18,1-8), weil ihm die Frage des Gebets der Christen wichtig war.

Form
Die einleitende Frage »Wer von euch...« mit Schilderung einer Beispielgeschichte weist darauf hin, daß eine Wahrheit aufgewiesen werden soll, die durch die Alltagserfahrung der Hörer als unumstößlich sicher gilt. Die Frageformel kann, wie ein Vergleich mit anderen Stellen zeigt, nur negativ beantwortet werden: undenkbar, unter keinen Umständen möglich, nicht vorstellbar. (Vgl. Mt 6,27; Lk 12,25; Mt 7,9; Lk 11,11; Lk 14,28; Lk 15,4; 17,7; vgl. die deutsche Wendung: »Könnt ihr euch vorstellen, daß...?«)

Die Verse *Lk 11,5-7* sind daher als *Fragesatz* zu verstehen, bei dem das geschilderte Verhalten des um Hilfe angegangenen Freundes zur Diskussion gestellt wird: »Wer von euch, der einen Freund hat und um Mitternacht zu ihm geht und zu ihm sagt: ›Freund, leihe mir drei Brote, denn ein Freund von mir kam auf dem Weg bei mir vorbei und ich habe nichts, was ich ihm vorsetzen kann‹, (hält es für möglich, daß) jener ihm von drinnen zur Antwort gibt: ›Belästige mich nicht! Denn die Tür ist bereits verschlossen, auch schlafen meine Kinder mit mir auf demselben Lager; ich kann nicht aufstehen und dir etwas geben‹?«

Die durch die Frageformel nahegelegte negative Antwort wird durch den Nachsatz Vers 8 noch unterstrichen und bekräftigt. Darum handelt es sich hier um ein *Gleichnis im engeren Sinn.*

Aufbau

Eine durch die Frageformel und das in Frageform gekleidete Beispiel nahegelegte negative Antwort wird durch die Aussage Jesu im Vers 8 noch unterstrichen. Es ist undenkbar, daß ein Freund, selbst wenn er unter ungünstigsten Umständen um Hilfe angegangen wird, die Bitte abschlägt und die Hilfe verweigert! Das Gleichnis wurde ursprünglich in einem bestimmten Zusammenhang einer Darlegung Jesu gesprochen. Dieser ist uns aber nicht erhalten, wie vor allem die Tatsache zeigt, daß der folgende Abschnitt Lk 11,9-13 bei Matthäus 7,7-11 in anderem Zusammenhang überliefert wird, und zwar unabhängig von unserem Gleichnis.

Aus dem Aufbau und dem Argumentationsgang des Gleichnisses muß geschlossen werden, daß es sich um einen Vergleich handelt, bei dem nach der Methode des Analogieschlusses vom Verhalten des Menschen gegenüber einem Freund in Not auf Gottes Verhalten menschlichen Bittstellern gegenüber geschlossen werden soll. Der Analogievergleich nach der Methode: vom Kleinen aufs Große hin (a minore ad maius) war bei den jüdischen Schriftgelehrten beliebt und findet sich in ihren religiösen Unterweisungen häufig. Auch die Gleichniserzählung vom gottlosen Richter und der Witwe ist nach diesem Verfahren gestaltet.

Bildfeld

Das Gleichnis setzt die Verhältnisse in einem kleinen Dorf Palästinas voraus. Es gibt keine Bäckereien. Jede Hausfrau backte vor Sonnenaufgang das Brot für den Tagesbedarf der Familie selbst. Drei Brotfladen galten als üblicher Tagesbedarf, da bei den armen kleinen Leuten damals nur eine warme Mahlzeit am Tag üblich war. In den Dörfern war daher bekannt, wer am Abend noch über Brot verfügte. In diesen Dörfern gab es keine Gaststätten oder Herbergen. Die Gastfreundschaft war deshalb eine Lebensnotwendigkeit und wurde hochgeschätzt und auch als religiös verdienstliche Tat angesehen.

Da es in den Dörfern Palästinas weder Straßenbeleuchtung noch Polizei gab, ging man gewöhnlich bei Sonnenuntergang schlafen und verschloß, ja verrammelte die Tür gegen Diebe und Räuber. Das normale einstöckige Lehmhaus umfaßte meist nur einen fensterlosen Raum, auf dessen Boden Matten ausgebreitet wurden, um darauf zu schlafen. Da es in der Nacht meist kühl ist, wärmte man sich gegenseitig und deckte sich mit Decken und Mänteln (»Oberkleidern«) zu. Die Tür wurde durch Riegel und Balken gesichert. Der Riegel bestand aus einem Stab aus Eisen oder einem Holzbalken, der durch Ringe gezogen wurde, die an der Türe befestigt waren.

So wird also die ganze Familie aus dem Schlaf gerissen, wenn der Hausherr sich vom gemeinsamen Lager erhebt und die Tür geräuschvoll öffnet. Es wäre also durchaus zu verstehen, wenn der um Hilfe Angegangene die Bitte unwirsch ablehnt. Dies wird im Gleichnis dadurch angedeutet, daß bei der zur Erwägung gestellten Antwort die Anrede bewußt weggelassen wurde: »Ich kann nicht aufstehen und dir etwas geben.«

Zu beachten ist zuletzt, daß alle Nachbarn in der Stille der Nacht den Vorgang hören, so daß dieses Element beim Verhalten des um Hilfe Angegangenen in Rechnung zu stellen ist.

Botschaft

Der zur Beweisführung herangezogene Fall ist so zugespitzt, daß von der Situation her einerseits alles für Ablehnung des Bittstellers spricht, andererseits aber selbst unter diesen widrigen Umständen die Bitte nicht abgelehnt werden kann. Denn um der Gastfreundschaft willen kann der Freund auf sein Ansinnen nicht verzichten und muß deshalb weiter klopfen und rufen, außerdem muß der um Hilfe gebetene Freund sein Gesicht wahren und helfen. Um dies deutlich zu machen, daß der Hilferuf nicht abgelehnt werden kann, fügt Jesus seiner Frage die Feststellung hinzu: »Ich sage euch, selbst wenn er nicht aufsteht und ihm gibt, weil er sein Freund ist, so wird er doch wegen seiner Zudringlichkeit (*anaideia:* Schamlosigkeit, Hartnäckigkeit, Beharrlichkeit) aufstehen und ihm alles geben, was er braucht.«

Diese Feststellung unterstreicht lediglich, was bereits die Wahl der hypothetischen Frage, der Hinweis auf die Verpflichtung zur Gastfreundschaft und die Wahl von zwei Freunden nahelegten: der Bitte muß entsprochen werden; eine Ablehnung ist undenkbar.

Damit ist die Voraussetzung für den *Analogieschluß* geschaffen: Wenn schon ein Mensch, der unter ungünstigsten Umständen um Hilfe angegangen wird, seine Hilfe nicht verweigern wird, um wieviel weniger wird dies Gott tun, dem man nie ungelegen kommen kann und der unser bester Freund ist? Die Aussage des Gleichnisses lautet also: Es ist undenkbar, daß Gott unsere Bitten nicht erhört. Denn er ist unser bester Freund und will uns helfen. Das Gleichnis fordert daher zu unbedingtem Vertrauen beim Bittgebet auf.

Deshalb ist es falsch, dieses Gleichnis als Aufforderung zu zudringlichem, hartnäckigem, unnachgiebigem Bittgebet zu verstehen, wie dies zuweilen geschieht, weil davon ausgegangen wird, der um Hilfe gebetene Freund lehne tatsächlich ab und werde erst durch die Zudringlichkeit des anderen zur Hilfe genötigt, weil er sonst nicht zur Ruhe kommt.

Diese Deutung beachtet nicht die Struktur des Gleichnisses und übersieht den Analogiecharakter des dargestellten Beispiels. Außerdem nähme ein solches Vorgehen die Heiligkeit und Würde Gottes nicht ernst. Jesus hat zwar immer wieder die Macht vertrauensvoller Fürbitte betont, aber nie zu ehrfurchtslosem und zudringlichem Verhalten gegenüber Gott ermutigt.

Rahmen

Wie schon bemerkt, wurde die ursprüngliche Situation nicht überliefert, in der das Gleichnis von Jesus zuerst vorgetragen wurde. *Lukas* hat es in einen Zusammenhang von Jesusüberlieferungen eingefügt, die alle vom Beten handeln und hat so ein *Lehrstück über das Beten im Geist Jesu* für Christen geschaffen, Lk 11,1-13. Eingeleitet wird dieses Lehrstück durch den Hinweis auf das Beispiel Jesu als Beter und die Bitte der Urjünger: »Herr, lehre uns beten!« (Lk 11,1).

Dann folgt als das grundlegende Gebet der Jünger Jesu das Vaterunser (Lk 11,2-4). Angeschlossen ist sodann unser Gleichnis als Begründung eines unbedingten Vertrauens auf die Erhörung unseres Gebets durch Gott, unseren Vater und besten Freund (Lk 11,5-8). Abgeschlossen wird diese Gebetsunterweisung mit der direkten Aufforderung, voll Vertrauen und in der Gewißheit zu bitten, daß Gott all unsere Gebete sicher erhören und uns immer nur Gutes schenken wird, vor allem »den Heiligen Geist« (Lk 11,9-13).

Diese Aufforderung zu vertrauensvollem Bittgebet entnahm Lukas – ebenso wie das Vaterunser (Mt 6,9-15) – der *Q-Quelle*, die er wie Matthäus kennt. Denn auch Matthäus überliefert dieses Stück, wenn auch mit einigen bemerkenswerten Unterschieden, *Mt 7,7-11*. Dabei hat Matthäus wohl die ursprünglichere Fassung überliefert, vor allem in Mt 7,11 = Lk 11,13: »Wenn nun schon ihr, die ihr böse seid, euren Kindern gebt, was gut ist, wieviel mehr wird euer Vater im Himmel denen Gutes geben (statt: »Heiliger Geist«), die ihn bitten.«

Diese zweiteilige, in der ursprünglichen Form je drei kurze Aussagesätze umfassende Mahnung (1) Bittet, ... klopft, ... sucht, ...! (2) Wer von euch wird »als Vater« seinem Sohn ... Stein ..., Schlange ..., Skorpion … geben?, die dann durch eine Feststellung über das Verhalten Gottes gegenüber bittenden Menschen abgeschlossen wird: »Wenn nun schon ihr…, um wieviel mehr euer Vater im Himmel…«, ist der Gedankenführung und Aussage des Gleichnisses insofern inhaltlich und formal verwandt, als auch hier die Frage der Erhörung des Bittgebets angeschnitten und als auch hier nach der Weise des überbietenden Analogie-(Vergleichs-)Schlusses argumentiert wird. Insofern ergänzen sich das Gleichnis und diese Gebetsaufforderung sehr gut. Allerdings bringt diese Gebetsaufforderung über das Gleichnis hinaus einen weiteren Gedanken zum Ausdruck: Gott wird nicht nur jedes Gebet erhören, er wird auch immer nur gute Gaben spenden. Diese Aussage deutet Lukas als die Gabe »des Heiligen Geistes«, denn sie ist die höchste Gabe Gottes an die Menschen überhaupt (vgl. Apg 2; 4,23-31; 8,14-25; 19,1-6).

Arbeit des Evangelisten

Lukas ist der *Evangelist des Gebetes.* Darum sammelt er Überlieferungen, die vom Beten Jesu und seinen Aussagen über das Gebet sprechen und ordnet sie so zusammen, daß sein Evangelium als »Handbuch des Gebets für Christen« dienen kann. Er schreibt für Christen aus dem Heidentum und gebildete Heiden, die Christen werden wollen. Ihnen will er zeigen, was Beten im Geist Jesu heißt und sie dazu anleiten. Denn es ist unmöglich, als Christ zu leben, ohne zu beten.

Daher läßt er sein Evangelium im Tempel mit einem gottesdienstlichen Vollzug beginnen (Lk 1,5-23: der Tempeldienst des Zacharias) und im Tempel mit dem Lobpreis der Urgemeinde enden (Lk 24,53: »Sie waren immer im Tempel und priesen Gott«). Er stellt Jesus als Vorbild des Gebets seinen Lesern vor Augen (vgl. Lk 2,41-52; 3,21 f; 4,1-13.16; 6,12; 9,18.29; 10,21 f; 11,1; 19,45 f; 22,39-46; 23,34.46).

Die Aussagen Jesu über das Gebet stellt er zu *Lehrstücken über das Gebet* zusammen: Lk 11,1-13; 18,1-14. Darunter finden sich auch die Gleichnisse vom bittenden Freund, vom gottlosen Richter und der Witwe (Lk 18,1-8) und vom Pharisäer und Zöllner (Lk 18,9-14). Sie weisen auf die neue Wirklichkeit des Gebets der Christen in der Ordnung des Reiches Gottes hin. Die Christen dürfen mit allen Anliegen zu Gott, ihrem gütigen Vater und besten Freund, kommen und dürfen der Erhörung ihrer Bitten gewiß sein, weil Gott sie unendlich liebt. Allerdings müssen sie ehrlich, demütig und voll Vertrauen bitten und dürfen ihre Mitmenschen nicht verachten. Die grundlegende Gabe Gottes an die Christen ist dabei der Heilige Geist, die Mitteilung der Lebensmacht Gottes und Christi (vgl. Apg 1,8.14; 2,1-33; 4,31).

Deshalb bleibt Lukas bei der Aussage des Gleichnisses allein nicht stehen, sondern läßt es einmünden in die Aufforderung zu vertrauensvollem Beten, vor allem um die Gabe des Heiligen Geistes (Lk 11,9-13).

Anregungen zur Auslegung heute

1) Welch eine Antwort erfordert die Frageformel: »Wer von euch?« (bzw. »Wenn einer von euch?«) für den Abschnitt Lk 11,5-7, näherhin für die zur Diskussion gestellte Antwort des um Hilfe angegangenen Freundes? Ist diese »Antwort« eine Möglichkeit, die nur verneint werden kann oder die tatsächliche Antwort? (Vgl. zur Frageformel und ihrer Beantwortung Mt 6,27; Lk 12,25; Mt 7,9; Lk 11,11; Mt 12,11; Lk 14,28; 15,4; 17,7.)
2) Kann der um Hilfe gebetene Freund überhaupt ablehnen? (Beachte die Pflicht zur Gastfreundschaft und die Feststellung Lk 11,8.)
3) Welcher Schluß ist aus dem Verhalten des um Hilfe gebetenen Freundes nach Aussage des Gleichnisses auf das Verhalten Gottes gegenüber menschlichen Bittstellern zu ziehen? (Vgl. Mt 7,11 und Lk 11,13.) Wie nennt man einen solchen Schluß vom Kleinen aufs Große? (Einen Analogieschluß.) Unter welchem Bild erscheint hier Gott? (Als der gute Freund des Menschen.)
4) Wie lautet die Botschaft des Gleichnisses: daß Gott keine Bitte eines Menschen in Not abweist oder daß hartnäckiges Bitten auch bei Gott Erfolg hat? (Ersteres.)
5) Ist hier zu vertrauensvollem oder zu hartnäckigem Gebet aufgefordert? (Ersteres.)
6) Wie hat Lukas das Gleichnis verstanden? (Beachte den Zusammenhang, in den er das Gleichnis einordnete, näherhin Lk 11,1-13.)
7) Wozu fordert das nachfolgende Stück Lk 11,9-13 auf: zu vertrauensvollem oder zu beharrlichem Gebet?
8) Warum faßt Lukas alle guten Gaben Gottes unter dem Begriff vom »Heiligen Geist« zusammen? (Vgl. Apg 1,8.14; 2,1-33; 4,31.)
9) Was will Lukas durch das Gleichnis Christen über das Beten sagen?
10) Was vermag das vertrauensvolle Gebet nach Aussage dieses Gleichnisses?
11) Welche Motive prägen mein Gebet?
12) Bin ich dankbar, daß ich mit all meinen Anliegen zu Gott kommen darf?

34. *Die Parabel vom gottlosen Richter und der Witwe*

Gott erhört bereitwillig und ohne zu zögern
(Lk 18,1-8)

Im *Sondergut des Lukas* findet sich diese Gleichniserzählung, die denselben Grundgedanken aufweist wie das ebenfalls nur bei Lukas begegnende Gleichnis vom bittenden Freund (Lk 11,5-8). Beide machen wichtige Aussagen über das Bittgebet und die Erhörungsbereitschaft Gottes. Beide setzen dabei die barmherzige Liebe Gottes voraus, die Jesus endgültig offenbarte. Beide finden sich heute je in Lehrstücken, die Lukas zum Thema Gebet zusammenstellte.

Wegen des gleichen Grundgedankens wird von manchen Auslegern angenommen, beide hätten ursprünglich als Gleichnispaar zusammengehört (wie z.B. die Gleichnisse von Schatz und Perle, Senfkorn und Sauerteig, verlorenem Schaf und verlorener Drachme), wobei das Gleichnis vom bittenden Freund aus der Sicht eines männlichen Bittstellers, das vom Richter und der Witwe aus der Sicht einer Frau gestaltet wird. Da aber der Aufbau beider Gleichnisse voneinander deutlich unterschieden ist, dürfte es sich eher um *Parallelgleichnisse*, als um ein Gleichnispaar handeln. Zu bemerken ist noch, daß die ursprüngliche Parabel in Vers 5 endet. Bei den Versen Lk 18,6-8 handelt es sich um später zugefügte Erweiterungen und Aktualisierungen.

Form
Von den handelnden Personen und deren Verhältnis und dem dadurch bedingten unwahrscheinlichen Ausgang der Angelegenheit her handelt es sich um eine *Parabel*. In ihr ist gerade das Unerwartete und Unerwartbare der Konfrontation beider Personen das Entscheidende, denn nicht

der selbstherrliche Richter, sondern die unbedeutende und sozial hilflose Witwe geht aus dem Ringen beider als Sieger hervor. Darin meldet sich die Botschaft der Parabel zu Wort.

Aufbau

Der Einleitungsvers schildert das Ringen zweier sozial völlig entgegengesetzter Personen in einer Rechtsangelegenheit, eines Richters und einer Witwe, wobei die religiöse und ethische Charakterisierung des Richters (s. auch das Selbstgespräch des Richters) den Fall der Witwe völlig hoffnungslos erscheinen läßt. Die Beharrlichkeit der Witwe allein nötigt den Richter, ihrer gerechten Sache zum Sieg zu verhelfen. Daraus zieht dann der Analogieschluß (a minori ad maius, vom Kleinen aufs Große hin) die (religiöse) Folgerung: Beharrlichkeit in berechtigtem Anliegen führt auch bei Gott zum Ziel. Das Verhalten des gottlosen Richters dient dabei als Ausgangspunkt für eine positive Überbietung (der gottlose Richter als menschlich unzureichende Kontrastfigur).

Bildfeld

Fälle wie der in der Parabel geschilderte waren im Orient, auch in Israel, nichts Außergewöhnliches (vgl. Sir 35,15-25). Beide Personen werden einander als Typen schroff gegenübergestellt. Bei dem Richter handelt es sich um einen einflußreichen, wohlhabenden, unabhängigen Mann, der zum Richter bestellt wurde. Solche Leute entschieden nicht allein nach den Vorschriften des Gesetzes und des geltenden Rechts, sondern auch nach den Umständen der einzelnen Fälle und nahmen dabei auf gesellschaftliche und wirtschaftliche Interessen Rücksicht. Ihre Bestechlichkeit war sprichwörtlich. Bei dem im Gleichnis geschilderten Richter handelt es sich um einen ganz besonders negativen Vertreter dieses Standes, der in selbstherrlicher Ruchlosigkeit weder Gottes Gebote und Drohungen ernst, noch auch auf Menschen Rücksicht nahm (vgl. 2 Chron 19,6f).

Demgegenüber ist die Witwe ohne jeden Beistand und hat lediglich Gott und ihre in der eigenen Not gründende Beharrlichkeit als Hilfe zur Durchsetzung ihrer Sache. Wegen ihrer sozialen Hilflosigkeit wurden Witwen und Waisen immer wieder um ihr Recht betrogen und schamlos ausgenützt. Deshalb galt es in Israel als gutes Werk, Witwen und Waisen zu ihrem Recht zu verhelfen und ihnen beizustehen in ihrer Not (vgl. Ex 22,21f; Dtn 10,18; Jes 1,17; Jer 22,3; Ps 68,6; Klgl 1,1).

Die Witwe des Gleichnisses hat sich gegen einen Widersacher zu wehren, der sie um ihr Recht betrog. Da die Sache bei einem Einzelrichter anhängig ist, nicht bei einem Gerichtshof, handelte es sich wohl

»um eine Geldsache: eine Geldsumme, ein Pfand, ein Teil des Erbes wird ihr vorenthalten« (*J. Jeremias*). Da ihr das Geld zur Bestechung fehlte – ein Mittel, das damals im Orient gerne angewandt wurde, um den Verlauf eines Gerichtsfalls zu beschleunigen und gut zu beeinflussen –, blieb ihr nichts als zähe Beharrlichkeit.

Botschaft

Wider Erwarten führte die zähe Beharrlichkeit der armen Witwe zum Ziel, weil dem selbstgerechten und herzlosen Richter die ständige Belästigung durch die lautstark ihr Recht fordernde Frau – Rechtsfälle wurden gewöhnlich am Tor einer Stadt verhandelt und waren daher öffentlich – auf die Dauer zu viel wurde und er sogar befürchten mußte, die Frau würde ihm ins Gesicht schlagen oder sonstwie tätlich gegen ihn vorgehen und so sein Ansehen beeinträchtigen. Daher verhalf er ihr schließlich zu ihrem Recht. (Für den Charakter des Richters ist bezeichnend, daß ihn dabei keinerlei ethischen Motive bewegen.)

Die Aussage der Parabel lautet also: Wenn schon der gottlose und rücksichtslose Richter der hilflosen Witwe wegen deren Beharrlichkeit ihre Bitte nicht abschlagen konnte, um wieviel mehr wird Gott, der ein Herz für die Menschen hat, das beharrliche Bitten von Menschen in Not erhören!

Der gottlose Richter und sein Verhalten gegenüber der armen Witwe bildet also den negativen Kontrast zum überbietenden Verhalten Gottes gegenüber den Menschen. Denn nicht das Verhalten der Witwe steht im Mittelpunkt der Beispielerzählung, sondern das Verhalten des Richters. Es geht primär also nicht darum, »wie wir uns beim Bittgebet Gott gegenüber verhalten müssen, sondern wie er sich unserem Bitten gegenüber verhält« (*J. Schmid*). Es geht also hier, ebenso wie im Gleichnis vom bittenden Freund, um die *Gewißheit der Erhörung* unserer Bitten durch Gott. Insofern will auch diese Parabel das Vertrauen in den Gott begründen und vertiefen, der die Bitten der Menschen erhört, weil er ein Herz für ihre Nöte hat.

Dieses Vertrauen bewährt sich – das ist der Nebenzug der Aussage dieser Parabel – in der Ausdauer derer, die bitten. Zwar ist nicht gesagt, daß man Gott lange bitten muß, im Gegenüber zum gottlosen Richter ist eher das Gegenteil anzunehmen. Aber es ist nicht ausgeschlossen, daß es manchmal voll beharrlichen Vertrauens zu bitten gilt, bis Gott unsere Bitten erhört. Entscheidend ist, daß wir glauben und durch den Glauben wissen, Gott ist der gute Anwalt des Menschen und nimmt sich seiner Nöte und Sorgen an, wenn er vertrauensvoll um Hilfe angegangen wird. Denn er hat ein Herz für uns Menschen und ist daher bereit, uns zu helfen.

Rahmen

Die Parabel wurde in der *urkirchlichen Überlieferung* mit einem *Anhang* versehen, der ihre Aussage auf die Situation der von ihren Feinden bedrängten jungen Kirche anwendet, Lk 18,6-8a. Dabei spielt die Verzögerung des als nahe erwarteten Kommens Christi zum Gericht und zur Vollendung seiner Herrschaft (vgl. Lk 12,45f; Joh 21,21-23; Apg 1,6; 1 Kor 7,29-31; 1 Thess 4,13-5,6; 1 Petr 4,7-19; Offb 1,1; 22,7.20) eine wichtige Rolle: »Sollte Gott zögern, seinen Auserwählten, die Tag und Nacht zu ihm schreien, zu ihrem Recht zu verhelfen?« (V. 7). Denn nach der Ausgießung des Geistes Gottes und dem Untergang Jerusalems (70 n. Chr.) wurde mit einer raschen Vollendung der Geschichte durch Gott gerechnet. Da diese Erwartung sich nicht erfüllte, wurden manche Christen mutlos und lau, anderen fielen zurück (vgl. 2 Petr 3,1ff; Hebr 6,1ff; 12,1-3; Offb 6,9ff; 7,1ff; 14,1ff; 19,1ff; 22,6ff).

Demgegenüber betont dieser Zusatz: »Gott wird bald der Sache seiner Auserwählten zum Sieg verhelfen«. Haltet aus, »steht fest im Glauben!« (1 Kor 16,13), laßt nicht nach im Gebet! Allerdings läßt sich der Termin des endgültigen Handelns Gottes nicht berechnen (s. Lk 17,20f; auch 2 Petr 3,8).

Ein weiterer *Zusatz* von urchristlicher Hand, *Vers 8b*, stellt in dieser Situation die Gegenfrage: Gott tut sicher das Seine, tut auch ihr das Eure? Habt ihr – wie die Witwe – die nötige Ausdauer und Treue im Glauben? »Wird der Menschensohn (– beachte den Subjektwechsel von Gott zum Menschensohn! –), wenn er kommt, auf der Erde (noch) Glauben vorfinden?«

Diese Frage setzt bittere Erfahrungen der Urkirche voraus, daß nämlich eine Reihe von Christen im Hingang der Zeit und im Ringen mit dem Widerstand der Umwelt im Glauben versagten und weder der Verheißung Christi noch der Kraft des gemeinsamen Gebetes vertrauten (vgl. Mk 4,16-19; Lk 8,13f; Apg 20,29f; 1 Kor 16,13; 1 Tim 6,11-16; 2 Tim 3,8-12; 4,1-8; Hebr 12,1-3). In diesem Zusatz wird also indirekt auf die Beharrlichkeit der Witwe verwiesen. Echter Glaube hat sich in Ausdauer und Treue zu bewähren. Ohne beharrliches Gebet ist dies jedoch nicht möglich.

Arbeit des Evangelisten

Lukas hat die Parabel so in sein Evangelium eingeordnet, daß sie einerseits die Mahnungen in Hinsicht auf das Ende, Lk 17,20-37, abschließt, andererseits den Abschnitt über das rechte Beten einleitet, Lk 18,1-14. Durch den Einleitungssatz, der von seiner Hand stammt, Lk 18,1, hat der Evangelist gleichzeitig aufgewiesen, wie er die Parabel verstanden wissen will: als Auffassung zu stetigem, beharrlichem Gebet: »Jesus sagte ihnen durch ein Gleichnis, daß sie allzeit beten und darin nicht nachlassen sollten« (V. 1).

Denn das Kommen des Reiches Gottes kann nicht vorherberechnet werden (Lk 17,20f). Die Zeit vor dem Ende der Welt und der Wiederkunft Christi wird daher eine Zeit der Versuchung, der Erprobung, der Erschlaffung und der Bewährung sein (Lk 17,22-37; vgl. hierzu das zur Parabel von der Sintflutgeneration Gesagte).

Diese Zeit kann von den Glaubenden nur mit Hilfe ausdauernden Gebets bestanden werden: »Wacht und betet allezeit, damit ihr allem, was geschehen wird, entrinnen und vor den Menschensohn hintreten könnt« (Lk 21,36; vgl. Lk 23,40.46). Insofern ist ihm nicht der Hinweis wichtig, daß Gott »in Bälde« (Lk 18,8a) seinen Auserwählten helfen wird, sondern die Notwendigkeit ausdauernden Gebets. Daher versteht er diese Parabel als Hinweis an die Christen, beharrlich und ausdauernd zu beten; während das Gleichnis vom Pharisäer und Zöllner (Lk 18,9-14) ihm dazu dient aufzuzeigen, wie, in welcher Gesinnung der Christ beten soll, soll er Erhörung finden. Insofern sind nach Lukas beide Gleichnisse Hinweise an die Christen auf Notwendigkeit und Weise des Gebets, um die gegenwärtige Zeit der Kirche wachsam und lebendig zu bestehen.

So werden beide Stücke zum Mahnruf, im Hingang der Zeit nicht zu erschlaffen, sondern sich auf die Wiederkunft Christi hin auszurichten, die von Gott her immer nahe ist und unvermutet und jäh über die Menschen hereinbrechen wird, dann, wenn Gott dies will.

Anregungen für die Auslegung heute

1) Handelt es sich bei dem Abschnitt Lk 18,2-5 um ein Gleichnis oder um eine Parabel im engeren Sinn? (Beachte den Kontrast der Personen.)
2) Hat die Bitte der Frau von ihrer Situation her und angesichts des Charakters des Richters Aussicht auf Erfolg?
3) Aus welchen Gründen entspricht der Richter zuletzt doch ihrem Wunsch? Welche Eigenschaft der Frau verhalf ihrer Bitte zum Erfolg?
4) Welchen Vergleich mit Gott legt die Gleichnisgeschichte nahe: Ist der Richter das »Vorbild« oder das Gegenbild Gottes? (Letzteres.)
5) Welche Botschaft läßt sich aus der Parabel über das Bittgebet sagen: Erhört Gott immer und gern, oder muß er lange und beharrlich gebeten werden, um zu erhören?
6) Hat die Auswertung der Beispielgeschichte durch die Urkirche in den Versen Lk 18,6-8a den Ursinn der Parabel richtig verstanden? (Ja.)

7) Welchen neuen Gedanken führt der Halbvers Lk 18,8b ein? An welche Aufgabe der Christen will dieser Halbvers erinnern? (Vgl. das vorangehende Stück Lk 17,22-37 und die verwandte Aussage Lk 21,34-36.)
8) Wie hat Lukas nach Ausweis der Einleitung (Lk 18,1) die Parabel verstanden: Als Aufforderung zu vertrauensvollem oder als Ermahnung zu beharrlichem Gebet? (Vgl. Lk 21,34-36; 23,40.46.)
9) Wie sind die Gleichnisse Lk 18,1-8 und Lk 18,9-14 im Zusammenhang der Frage nach der Wiederkunft Christi (Lk 17,22-37) nach Meinung des Evangelisten zu verstehen: als Mahnungen zu beharrlichem und demütigem Gebet oder als Ermutigungen zu vertrauendem Gebet?
10) Was will die Parabel Lk 18,1-8 uns Christen heute sagen? (Hilfsfrage: In welcher Situation befindet sich die Kirche Christi heute, vgl. Lk 17,22-37; 21,34-36; 1 Petr 5,6-9; Jak 5,13-18; 2 Petr 3,3-13; 1 Tim 6,11-16; 2 Tim 3,8-12; 4,1-8; Hebr 12,1-13).
11) Lebe ich so, daß ich immer bereit bin für das Kommen Christi? Welche Rolle spielt das Gebet in meinem Leben?
12) Bete ich auch um Ausdauer und Kraft für die durch Verfolgung und Erschlaffung bedrohte Kirche Christi? (Was sagt 1 Joh 5,4f über die Kraft des Glaubens?)

35. *Die Parabel vom unbarmherzigen Knecht*

Sich des Erbarmens Gottes würdig erweisen
(Mt 18,23-35)

»Die Herrschaft der Himmel ist vergleichbar mit...« lautet der Einleitungsvers der Gleichnisgeschichte. Es wird am besten übersetzt durch »Mit der Ordnung des Reiches Gottes verhält es sich wie mit...«. Auch das Verhalten des begnadeten Menschen ist demnach durch die Wirklichkeit der Gnade, der sich erbarmenden Liebe Gottes neu geprägt. Die Wirklichkeit des Reiches Gottes ruft danach, im Alltag des menschlichen Lebens ergriffen und gelebt zu werden.

Form

Der ungewöhnliche Vorgang, der die Bildgeschichte einleitet, daß der König seinem Knecht auf dessen Bitte hin dessen riesige Schuld erläßt, ohne ihn zur Rechenschaft zu ziehen, zeigt, daß es sich hier um eine *Parabel im engeren Sinn* handelt. Denn von diesem Vorgang her ist alles bestimmt, was nachher geschieht. Dieser ungewöhnliche Zug weist auf die neue, die herkömmlichen Maßstäbe sprengende Wirklichkeit des Reiches Gottes hin.

Aufbau

Das Gleichnisgeschehen verläuft in *drei Stufen:* Ein König erläßt einem Knecht auf dessen Bitte hin seine großen Schulden und verzichtet auf Bestrafung (1); dieser begnadigte Schuldner trifft auf einen Mitknecht, der ihm eine kleine Summe schuldet und ihn um Zahlungsaufschub mit denselben Worten bittet, wie er dies zuvor beim König tat. Im Gegensatz zum König ist er nicht barmherzig und besteht auf seinem

Recht (2); deswegen widerruft auch der König seinen Gnadenerlaß und besteht auf seinem Recht. Wegen der Größe seiner Schuld ist der begnadigte, doch unbarmherzige Schuldner dadurch verloren (3).

Das Geschehen vollzieht sich also auf *zwei Ebenen,* auf der Ebene des Rechts und der Ebene der Gnade: auf der Ebene des Rechts ist der Knecht verloren, auf der Ebene der Gnade bleibt er frei; als Begnadigter ist er aufgerufen, einem Mitknecht Gnade zu gewähren, er beharrt ihm gegenüber aber auf der Ebene des Rechts; so fällt er als unbarmherziger Begnadigter zuletzt dem Recht anheim und verliert Freiheit und Leben.

Erst wenn dies erkannt ist, daß zwei Ordnungen miteinander streiten, die der Gnade mit jener des Rechts, kann die Parabel richtig verstanden werden.

Bildfeld

Die Parabel setzt orientalische Verhältnisse voraus. Sie waren den Zuhörern Jesu durch die verschiedenen Herrschaften heidnischer und halbheidnischer Art vertraut (z.B. das Haus des Herodes), die sich damals im Umfeld Palästinas fanden. Bei dem »König« handelt es sich um einen orientalischen Herrscher, bei den »Dienern« (Knechte, Sklaven) um dessen Beamten am Hof, deren Schicksal wie das von Sklaven völlig in der Hand des Herrschers lag. Der »Diener« mit der großen Schuld ist wohl Statthalter einer Provinz, der die vorgeschriebene Steuersumme nicht abzuliefern vermag, für die er persönlich mit Gut und Leben, auch dem seiner Familie, haftete.

10 000 Talente stellten eine ungeheuerliche Summe dar und sind wohl als die für die Zuhörer denkbar höchste Zahl hier gewählt, um einerseits das Ausmaß der Schuld des ersten Dieners, anderseits den Kontrast gegenüber der geradezu verschwindend kleinen Summe von 100 Denaren (wieder eine runde Zahl) herauszustellen. Ein Talent war die größte Rechnungseinheit im vorderasiatischen Raum. Legt man das im römischen Reich damals gebräuchliche attische Talent zugrunde, entspricht es 600 000 Denaren. Ein Talent war damals etwa 5000 Silberfranken wert. Die Schuld des ersten Dieners betrug demnach rund 50 Millionen Silberfranken. Ein Denar entsprach dem Tageseinkommen eines Arbeiters und hatte etwa den Wert von ein bis zwei Silberfranken. Die Jahreseinkünfte Herodes des Großen betrugen damals nur 900 Talente; ganz Galiläa und Peräa hatte im Jahr 4 nach Christus ein Steueraufkommen von nur 200 Talenten.

Der »Diener« kann also diese Summe unmöglich wieder »hereinwirtschaften«, wenn er dies auch in seiner Not verspricht: »Hab Geduld mit mir! Ich werde dir alles zurückzahlen« (Mt 18,26). Es kann sich hier nur um ein Versprechen in verzweifelter Not handeln, um dem Einzug seiner Habe und dem Verkauf in die Sklaverei samt Frau und Kindern zu entgehen. Da der Sklavenpreis damals zwischen 500 und 2000 Denaren betrug, konnte auch durch diese Maßnahme die Schuld keineswegs gedeckt werden.

Dagegen ist die Bitte seines »Mitbeamten« und »Kollegen« um Zahlungsaufschub durchaus glaubwürdig: »Hab Geduld mit mir! Ich werde es dir zurückzahlen« (V. 29). Da der Schuldner diese kleine Schuld nicht sofort bezahlen kann, handelte es sich hier wohl um einen niederen, »kleinen« Beamten, vielleicht einen kleinen Steuerpächter. Daß der große Schuldner diesen kleinen Schuldner »am Kragen packt und würgt«, soll anzeigen, daß er jenen zur sofortigen Zahlung nötigen will. Da die Schuld geringer war, als man beim Verkauf in die Sklaverei erlösen würde, konnte er den säumigen Schuldner nach damaligem Recht nur in Schuldhaft werfen lassen. Aus dieser sollte er erst freikommen, wenn er die Schuld abgearbeitet bzw. abverdient hätte oder wenn seine Angehörigen oder Freunde ihn daraus freikauften. Dieses kleinliche, unbarmherzige Verhalten rief die Empörung der »Mitknechte« hervor und führte zur Anzeige beim gemeinsamen Herrn.

Die Anwendung der Folter bei dem unbarmherzigen »Diener« diente dazu, diesen dazu zu bringen, das veruntreute Geld beizuschaffen und Verwandte und Freunde dazu zu bringen, für die noch offene Schuld mit ihrem Vermögen einzustehen. Die Folter wurde im Orient regelmäßig gegen ungetreue oder bei Ablieferung der Steuererträge säumige Statthalter angewandt, wenn die offene Summe eine bestimmte Höhe überschritt. Die Parabel folgt hier situationsgetreu damaligen Gegebenheiten.

Botschaft

Mit einem die menschliche Wirklichkeit deutlich übersteigenden Akt der Großmut setzt die Erzählung ein: Einem zahlungsunfähigen großen Schuldner, der Geld veruntreute und seine Pflichten gröblich verletzte, wird auf dessen aus Verzweiflung geborene Bitte hin die ganze ungeheuerliche Schuld erlassen, ja er selbst ohne Vorbehalt und Strafe in seinem Amt belassen. Als Motiv dieser Handlung göttlicher Großmut (– irdische Könige würden bei solchem Verhalten ihre Herrschaft gefährden und Staatsbankrott hervorrufen! –) wird angegeben: »Der Herr hatte Mitleid mit dem Diener, ließ ihn gehen und schenkte ihm die Schuld« (V. 27). Die Wirklichkeit des Rechts wird hier durch einen Akt reiner Gnade außer Kraft gesetzt. Darum entgeht der große Schuldner seiner Strafe und bleibt frei, ja er darf sein Amt weiter ausüben.

Deshalb ist er fähig, einen kleinen Schuldner zu stellen und ebenfalls sein Recht zu fordern. Dieser Schuldner bittet mit denselben Worten um Zahlungsaufschub, wie er zuvor bei seinem König, nur daß in diesem Fall angesichts des geringen Umfangs der Schuldsumme das Versprechen durchaus glaubwürdig ist: »Hab Geduld mit mir! Ich werde das Geld dir zurückzahlen!« Diese Worte sollten den Gläubiger aus dem »Kollegenkreis« eigentlich an seine eigene Situation seinem König gegenüber erinnern. Aber der begnadigte, große Schuldner ist nicht bereit, ebenfalls Gnade vor Recht ergehen zu lassen. Er besteht nicht nur auf Bezahlung, sondern auf sofortiger Bezahlung und verhängt die schärfsten Zwangsmaßnahmen gegen diesen kleinen Schuldner aus den eigenen Reihen.

Damit handelte er nicht ungerecht, aber unbarmherzig. Und da er damit die Ebene der Barmherzigkeit verriet und allein auf der Ebene des Rechts handelte, fiel er aus der Ebene der Gnade heraus und verfiel konsequent der Wirklichkeit des Rechts.

»Sein Herr ließ ihn rufen und sagte zu ihm: ›Du elender Diener! Deine ganze Schuld habe ich dir erlassen, weil du mich so angefleht hast. Hättest nicht auch du mit jenem, der gemeinsam mit dir in meinem Dienst steht, Erbarmen haben müssen, so wie ich mit dir Erbarmen hatte?‹« (V. 32f).

Wer aus dem Erbarmen Gottes lebt, ist sittlich verpflichtet, selbst Erbarmen zu üben. Hier handelt es sich um ein ethisches Muß. Diesen Grundsatz hat Jesus in der Bergpredigt deutlich angesprochen: »Nach dem Maß, mit dem ihr meßt und zuteilt, wird euch zugeteilt werden!« (Mt 7,2; Lk 6,38). Dabei ist für den Jünger Jesu der Maßstab Gottes verpflichtend. »Seid barmherzig, wie es auch euer Vater (im Himmel) ist« (Lk 6,36; Mt 5,48).

Er kommt allen Menschen in barmherziger Güte entgegen (vgl. Lk 15,20-24); alle leben als begnadete Sünder aus seiner Barmherzigkeit. Darum sollen sie auch in ihrem Verhalten zu ihren Mitmenschen Güte und Erbarmen walten und Gnade vor Recht ergehen lassen. Wer aber nicht dazu bereit ist, wird schuldig an Gottes Erbarmen und fällt damit seinem eigenen Maßstab selbstsicherer Gerechtigkeit anheim, durch den er vor Gott niemals bestehen kann.

Jesus wandte sich damit gegen die selbstgerechte und unbarmherzige Weise der pharisäischen Frömmigkeit, die glaubte, vor Gott aus eigener Kraft bestehen zu können und die dazu führte, die Sünder in Israel abzuurteilen und zu verachten (vgl. Mt 23; Lk 7,1-10; 18,9-14; auch die Gleichnisse vom Verlorenen Lk 15).

Im Reich Gottes, dessen Wirklichkeit mit dem Wirken Jesu anhebt, gilt der Standpunkt der Gerechtigkeit als religiöses Grundprinzip nicht mehr, vielmehr ist er überboten und außer Kraft gesetzt durch die neue Ordnung der Barmherzigkeit Gottes. Kein Mensch kann aus eigener Kraft und Leistung vor Gottes Heiligkeit bestehen. Darum hat sich Gott aller erbarmt. Wer Gottes Gnade annimmt, wird frei von Schuld und darf neu aus der Liebe Gottes leben. Daher hat auch die Selbstgerechtigkeit des Menschen seinen Mitmenschen gegenüber ihre Grenze an Gottes Güte, die sich dem Sünder gegenüber barmherzig ihres Rechts begibt und sich aller, auch des Sünders erbarmt. Wer daher seinem Mitmenschen nicht einfühlsam und barmherzig begegnet, wird schuldig an Gottes Barmherzigkeit und fällt damit in die Ordnung der Gerechtigkeit zurück, in der er vor Gottes prüfenden Blick nie bestehen kann.

In diesem Gleichnis zeigt sich, ebenso wie in der gesamten Reich-Gottes-Verkündigung Jesu, nicht nur ein neues Prinzip für das Urteilen und Handeln des Menschen, sondern die *neue Wirklichkeit des Reiches Gottes*, die ein grundlegend neues Verhalten erfordert: »Seid barmherzig, wie euer Vater (im Himmel) barmherzig ist« (Lk 6,36).

Rahmen

Der ursprüngliche Zusammenhang, in dem das Gleichnis zum ersten Mal gesprochen wurde, ist nicht erhalten. *Matthäus* hat die Parabel als Beispielgeschichte in den Zusammenhang der Verpflichtung zur Vergebung unter Christen gestellt. Eingeleitet wird die Parabel bei ihm durch die Frage des Petrus: »Wie oft muß ich meinem Bruder vergeben, wenn er sich gegen mich versündigt?« (Mt 18,21f). Die Antwort Jesu erfolgt zweistufig: (1) »Siebenundsiebzigmal« (Mt 18,22); (2) durch die Parabel und den von Matthäus der Parabel angefügten Schlußsatz Jesu: »Ebenso wird mein himmlischer Vater jeden von euch behandeln, der seinem Bruder nicht von Herzen vergibt« (Mt 18,35).

Die erste Antwort nimmt Bezug auf das Rachelied des Lamech, Gen 4,23f, der feierlich ankündigt: »Einen Mann erschlage ich für eine Wunde, einen Knaben für eine Strieme. Wird Kain siebenfach gerächt, dann Lamech siebenundsiebzigfach«. Demnach ist der Christ verpflichtet, alles zu vergeben, was ihm andere angetan haben. Es gibt keine Grenze für die Pflicht der Vergebung. Die zweite Antwort betont, daß die Vergebung in jedem Fall ehrlich sein muß, ohne Vorbehalt und mit gutem Willen gewährt.

Die Parabel dient in diesem Zusammenhang einem paränetischen Zweck (beachte das »deshalb« Mt 18,23). Dennoch ist noch zu sehen, daß die Parabel und der heutige Rahmen ursprünglich nicht zusammengehörten. Während der Rahmen die Unbedingtheit der Verpflichtung zur Vergebung unter Christen herausstellt, wird in der Parabel die innere Verpflichtung zur Vergebung aufgezeigt. Die Parabel öffnet den Blick für die Situation des begnadeten Menschen und die darin begründete neue Stellung gegenüber den Mitmenschen, der Rahmen drängt auf konkrete Verwirklichung im Ganzen der christlichen Gemeinde.

Arbeit des Evangelisten

Wie bereits gezeigt, ordnete *Matthäus* die Parabel in den Rahmen Mt 18,21f und Mt 18,35 ein, um so eine Begründung für die Pflicht zur unbedingten Vergebung unter Christen zu gewinnen. Darüber hinaus hat er die »gerahmte« Parabel eingeordnet in das *Kapitel 18* seines Evangeliums, das eine *Ordnung für das Leben in den christlichen Gemeinden* bildet.

Voraus geht der Hinweis auf die rechte, demütige und dienstbereite Einordnung in die Gemeinde (Mt 18,1-5); es folgt die Warnung vor einem Verhalten, das »einfachen, einfältigen Christen« (das sind die hier gemeinten »Kleinen«) Anstoß im Glauben gibt und sie in ihrem Christsein scheitern läßt (Mt 18,6-10); das Gleichnis vom verlorenen Schaf (Mt 18,12-14) mahnt die Gemeindeverantwortlichen, »sündigen Schafen« so lange nachzugehen, bis sie zur Umkehr gebracht werden.

Der Abschnitt *Mt 18,15-20* enthält eine *Verfahrensregelung,* um mit dem Versagen und der Sünde (– es gibt noch kein Sakrament der Buße! –) in den christlichen Gemeinden fertig zu werden. Das dreistufige Verfahren lehnt sich dabei deutlich an ähnliche Disziplinarregelungen der Synagoge an (beachte die für Christen merkwürdige Bewertung verstockter christlicher Sünder als »Zöllner« und »Heiden« , Mt 18,17). Der Abschnitt Mt 18,15-18 verweist auf die Vollmacht der christlichen Gemeindeleiter, Gemeindezucht zu üben (vgl. Mt 18,17f). Diese Gemeindezucht wird dabei noch kollegial ausgeübt und durch die Aufforderung zu gegenseitiger Versöhnung eingeleitet, um die Einheit der Gemeinde in Gebet und Leben zu sichern.

Bei Matthäus ist so aus einer Begründung der neuen Lebensordnung im Reich Gottes eine *Kirchenordnung* geworden. Denn in der Kirche und durch die Kirche soll das Reich Gottes in dieser Welt sich verwirklichen. Die Kirche ist nach Matthäus Modell und Instrument der Ordnung des Reiches Gottes unter den Menschen.

Anregungen zur Auslegung heute

1) Betrachte das Geschehen der Parabel Mt 18,23-34 unabhängig vom Rahmen, in dem es begegnet!

2) Stelle in etwa die Summe der Schulden der beiden »Knechte« fest und vergleiche sie miteinander! Ist die Aufschubbitte mit Zahlungsversprechen im 1. Fall glaubwürdig? (Nein.) Ist sie es im 2. Fall? (Ja.)
3) Ist der Verzicht des Königs auf Bestrafung, Entlassung und Wiedergutmachung gegenüber dem großen Schuldner rational einsichtig und sachgemäß? (Nein.) Wie wird er begründet?
4) Handelte der begnadigte Schuldner seinem Mitknecht gegenüber ungerecht, als er auf sofortiger Bezahlung der Schulden bestand? (Nein.)
5) Wodurch erweist sich sein Verhalten als unangemessen und unbillig? (Vergleiche die Aufschubbitten Mt 18,26 und Mt 18,29 miteinander.)
6) War es gerecht, daß der König den begnadigten Knecht nach dem unbarmherzigen Verhalten gegen den Mitknecht dann doch dem Gericht überantwortete?
7) In welchem Verhältnis stehen Gerechtigkeit und Barmherzigkeit in der Parabel zueinander:
   a) bei der Begnadigung des Knechts durch den König?
   b) bei der Ablehnung der Aufschubbitte durch den begnadigten Knecht?
   c) bei der Bestrafung des begnadigten Knechts durch den König?
8) Was sagt die Parabel über die Menschen in der Ordnung des Reiches Gottes:
   a) im Bild des begnadigten Schuldners? (Alle Menschen, die Gott um Vergebung bitten, sind begnadigte Schuldner.),
   b) in der Verpflichtung zum Handeln?
9) Welche Grundhaltung soll das Handeln der Christen gegenüber ihren Mitmenschen bestimmen? (Mitfühlende, hilfreiche Liebe.)
10) Wie wird die Parabel im Evangelium des Matthäus ausgelegt (beachte den Rahmen Mt 18,21 f und Mt 18,35)? Wie soll der Christ Menschen gegenüber handeln, die sich »gegen ihn versündigten«?
11) Welche Funktion kommt der Parabel in der Gemeindeordnung des Matthäus, Mt 18,1-35, zu? (Versöhnung und Vergebung.)
12) Kann der allein um (sein) Recht und (seine) Gerechtigkeit bemühte Christ vor Gottes Gericht bestehen?
13) Inwiefern bestimmt der einzelne Mensch das Maß der Vergeltung Gottes beim Endgericht (vgl. Mt 5,21-26; 5,38-48; 7,1-5; 25,31-46)?
14) Wie verhielt sich Jesus seinen Feinden gegenüber (s. Lk 23,32-34)?
15) Wie verhalte ich mich meinen Gegnern und Feinden gegenüber? (Bin ich immer und »von Herzen« zur Vergebung bereit?)

36. Die Beispielerzählung vom barmherzigen Samariter

Wer ist mein Nächster?
(Lk 10,25-37)

Lukas hat in seinem Evangelium die Frage nach dem Hauptgebot, die zu den fünf Jerusalemer Streitgesprächen bei Markus, der Vorlage des Lukas, gehört (s. Mk 12,13-37, näherhin 12,28-34; vgl. Mt 22,34-40), weggelassen (vgl. Lk 20,1-44). Statt dessen bringt er sie an zentraler Stelle seines Evangeliums, um auf die Bedeutung dieses grundlegenden Gebots Jesu hinzuweisen und verbindet sie mit der Gleichniserzählung vom barmherzigen Samariter. Dadurch weist er zugleich darauf hin, daß die Liebe zum Nächsten wesenhaft zur Gottesliebe gehört, soll diese echt sein.

Diese Parabel gehört zu den unvergänglichen Schätzen des Evangeliums und hat neben jener vom Vater des verlorenen Sohnes am nachhaltigsten die Herzen von Menschen aller Bildungsschichten, Kulturen und Religionen bewegt. Denn sie setzt voraus, daß das Mitgefühl Menschen über alle Grenzen von Volkstum, Kultur und Religion hinweg verbindet und dort, wo dieses Mitgefühl das Handeln bestimmt, Menschen erst zu Menschen macht.

Form
Der Auswahl der Personen und dem Ablauf des Geschehens nach handelt es sich um eine *Parabel,* denn das Ungewöhnliche, Unvorhersehbare steht im Mittelpunkt der Geschichte. Da die Parabel dazu dient, die Frage zu klären: »Wer ist mein Nächster?«, wird sie näherhin zu den *Beispielgeschichten* gezählt.

Die Parabel begegnet im Rahmen eines *Streitgesprächs* über das wichtigste Gebot Gottes als Weg zum (ewigen) Leben. Es verläuft in zwei Stufen, wobei Jesus den Schriftgelehrten jeweils nötigt, die erforderliche Antwort zu geben:

1) das Hauptgebot (Lk 10,27) mit der Doppelforderung der Liebe zu Gott und zum Nächsten (Dtn 6,5; Lev 19,18) und der daraus sich ergebenden Frage: »Wer ist mein Nächster?«,
2) die Beispielerzählung vom barmherzigen Samariter als Antwort Jesu und die damit verbundene Frage: »Wer hat sich als Nächster erwiesen?« (Lk 10,36).

Abgeschlossen wird das *Lehrstück* durch die Aufforderung Jesu: »Dann geh und handle genauso!« Die rein theoretische Streitfrage wird von Jesus zum praktischen Lebensvollzug hin aufgebrochen. Nicht das Wissen um den Willen Gottes rettet, sondern das Handeln nach der gewonnenen Einsicht in den Willen Gottes. Das Lehrstück stammt in der heutigen Form von Lukas und zeigt die meisterliche literarische Fähigkeit dieses Evangelisten. Dabei verwendet er zuverlässige Jesusüberlieferung. Die Parabel trägt deutlich die Merkmale jesuanischer Herkunft.

Bildfeld

Die Frage des Schriftgelehrten ist theoretisch gemeint. Er will nicht hören, was wichtig ist, um Gottes Heil zu erlangen, denn das glaubt er bereits zu wissen, er will Jesus als einen Ignoranten bloßstellen, der als nicht ordentlich ausgebildeter Schriftgelehrter eigentlich kein Recht zum Lehren hätte. Die jüdischen Schriftgelehrten stritten darüber, welche Gebote die wichtigsten seien. Bei 248 Geboten keine leichte Frage. Man findet bei jüdischen Rabbinen der Zeit Jesu zwar Hinweise auf das Gebot der Nächstenliebe als wichtigste Lebensweisung (Lev 19,18) oder auf die goldene Regel in ihrer negativen Form (»Was du nicht willst...«, vgl. Tob 4,15), aber das Hauptgebot in der Verbindung von Dtn 6,5 und Lev 19,18 als Zusammenfassung aller Forderungen Gottes und unter Verzicht auf rituelle und kultische Vorschriften begegnet dort nicht. Diese Verbindung und Absolutsetzung ist die schöpferische Tat Jesu (vgl. Mk 12,28-34; Mt 22,34-40).

Die ausweichende, der Wahrung des Gesichts dienende weitere Frage nach der Reichweite der Nächstenliebe, also die Umgrenzung des Begriffs »Nächster«, spielt ebenfalls auf eine theologische Streitfrage unter den jüdischen Schriftgelehrten an: Als »Nächster« galt zunächst der jüdische Volks- und Religionsgenosse. Zur Zeit Jesu gab es eine große jüdische Diaspora; auch waren durch die jahrhundertelange

Fremdherrschaft viele Heiden im alten Siedlungsgebiet Israels in Palästina seßhaft geworden oder hielten sich dort auf: Syrer, Ägypter, Phöniker, Griechen, Orientalen, Römer. Daher rechnete man zu den Nächsten nur noch den Religionsgenossen oder den ins Judentum voll übergetretenen Proselyten (wörtlich: den Hinzugekommenen). Die Pharisäer erkannten nur die als Nächste an, die das Gesetz mit all seinen Forderungen kannten und gewillt waren, es auch voll zu beobachten. Das war nur der kleinere Teil des damaligen jüdischen Volkes. Die ordensähnliche Gemeinschaft der Qumranleute zählte nur die Mitglieder ihrer Sekte zu ihren Nächsten.

Die Frage des Schriftgelehrten zielt also darauf festzustellen: Wer gehört denn wirklich zu meinen Nächsten? Wer hat einen berechtigten Anspruch auf Achtung, Hilfsbereitschaft und Güte? Dabei will der Schriftgelehrte nur akademisch diskutieren und dadurch Jesu geistige Fähigkeit und sein Wissen ausprobieren, nicht aber wissen, was dieses Gebot wirklich beinhaltet.

Um diese unfruchtbare Fragestellung zu durchbrechen, erzählt Jesus eine Geschichte aus dem Leben, um den »Herausforderer« zu einer praktischen Entscheidung zu zwingen. Zugleich nimmt er die Gesprächsführung wieder in die eigene Hand.

Die Elemente der Geschichte sind dabei vollauf der Wirklichkeit entnommen. Jericho war eine Priester- und Levitenstadt, 27 km von Jerusalem entfernt, in der Jordansenke gelegen, eine sehr fruchtbare Oasenstadt. Jeder Priester und Levit war einer der 24 Dienstgruppen zugeteilt, die in achttägigem Wechsel den Tempeldienst versahen. Leviten waren den Priestern als Gehilfen zugeteilt; sie halfen beim Schlachten und Zubereiten der Opfertiere und der Schaubrote, und sie beaufsichtigten den Tempelbezirk. Sie durften aber selbst nicht opfern und auch das Tempelheiligtum bei Androhung der Todesstrafe nicht betreten (vgl. Lev 3,5 ff; 1 Chron 9,31; 23).

Der Weg von Jerusalem zum 1000 Meter tiefer gelegenen Jericho führt durch die höhlen- und schluchtenreiche Felswüste Juda, die berüchtigt war wegen der Hitze und wegen vieler Raubüberfälle. Ohne rasche Hilfe war ein Verwundeter in der prallen Hitze dieser wasser- und vegetationslosen Wüste dem sicheren Tode preisgegeben. Da der Weg im jüdischen Siedlungsgebiet lag, mußten der Priester und der Levit annehmen, daß es sich bei dem ausgeplünderten Verwundeten um einen jüdischen Volksgenossen handelte. Beide kamen vom Tempeldienst in Jerusalem und gingen zurück nach Jericho.

Vom Verletzten wird gesagt, er sei halbtot gewesen, das heißt er lag im Sterben und war wohl durch Hitze, Durst und Blutverlust bewußtlos. Er konnte sich also nicht mehr äußern. Insofern waren die Vorübergehenden unbeeinflußt von seinem Blick, seinem Anruf oder einer Geste. Sie konnten in Ruhe schauen und dann entscheiden, was sie tun wollten. Ein Sterbender galt im Judentum wie ein Toter, beide verunreinigten die, die sich mit ihnen abgaben. Das machte umständliche Reinigungsriten nötig, um wieder mit Menschen zusammenzusein und am Kult teilnehmen zu können.

Gerade von den Priestern und den Leviten wurde ein Höchstmaß an kultischer Reinheit gefordert. Daher sollten sie nach Möglichkeit den Kontakt mit Sterbenden und mit Toten meiden. »Der Herr sprach zu Mose: ›Rede zu den Priestern...: keiner von ihnen darf sich an der Leiche eines seiner Stammesgenossen verunreinigen, außer an seinem nächsten Verwandten: seiner Mutter, seinem Vater, seinem Sohn, seiner Tochter oder seinem Bruder. An seiner unverheirateten Schwester... darf er unrein werden. Nicht aber an seiner verheirateten Schwester...‹« (Lev 21,1-4). So ist anzunehmen, daß sie aus Gewohnheit jeder Leiche aus dem Weg gingen, um sich nicht zu verunreinigen.

Zu erwähnen ist noch, daß Priester und Leviten, vor allem die Priester höherer Klassen, beim Volk nicht in Achtung standen, weil sie als selbstgerecht, arrogant, egoistisch, wenig fromm, ja sogar als gottlos galten.

Beim Samariter handelte es sich um einen Kaufmann, der in Geschäften unterwegs war und zur Straße hinunterzog, die den Jordan entlanglief und sich dann am Toten Meer an Machärus vorbei nach Petra hinzog. Auf dieser Straße zogen zahlreiche Karawanen nach Südarabien und zum Roten Meer.

Das Mischvolk der Samariter war nach der Zerstörung des Nordreichs Israel im Jahr 722 v. Chr. durch die Assyrer entstanden. Die Ober- und Mittelschicht war verschleppt worden, in das entvölkerte Gebiet wurden Menschen anderer unterworfener Völker und Stämme deportiert und zwangsweise angesiedelt (vgl. 2 Kön 17,24). Daraus ging eine Mischbevölkerung hervor, die am einheimischen Jahweglauben festhielt und nach der Zerstörung des Tempels zu Jerusalem auf dem Garizim einen eigenen Tempel baute, nachdem die jüdischen Rückkehrer aus dem babylonischen Exil den Samaritern die Teilnahme am Tempelgottesdienst in Jerusalem verweigerten und die Samariter nicht als vollgültige Israeliten anerkannten (vgl. Esra 4; Neh 2,9f.19f; 13,28; 1 Makk 3,10). Dieser Tempel wurde von den Makkabäern zerstört (vgl. 2 Makk 6,2). Zur Zeit Jesu hatte der gegenseitige Haß einen Höhepunkt erreicht.

In den jüdischen Synagogen wurden die Samariter verflucht, und man bat Gott, er möge sie vom ewigen Leben ausschließen. Samariter war ein Schimpfwort (Joh 8,48); sie galten nicht als zeugnisfähig. Man nahm von ihnen keine Dienste an. Die Samariter ihrerseits belästigten die Tempelpilger aus Galiläa, die ihr Gebiet durchzogen (s. Lk 9,52 ff) und schändeten den Tempel an einem Paschafest zwischen 6 und 9 n. Chr., indem sie während der Nacht Totengebeine im Tempelbereich ausstreuten.

Wein und Öl galten damals in der Volksmedizin als Heilmittel, Wein als Desinfektionsmittel, Öl als Linderungsmittel und als Unterstützung des Heilungsprozesses.

Am Weg nach Samaria lag eine Herberge, dort, wo man heute die Ruinen einer Karawanserei zeigt. Der Preis für Unterkunft und Verpflegung betrug damals $^1/_{12}$ Denar. Die Anzahlung von zwei Denaren weist darauf hin, daß der Samariter mit einer Rückkehr in spätestens 24 Tagen, das heißt drei bis dreieinhalb Wochen rechnete. Aus diesem Hinweis läßt sich auch auf die Schwere der Verletzungen schließen; denn so lange war der Verwundete unfähig zu reisen.

Botschaft

Die Wahl einer einsamen Straße, auf der ein jüdischer Priester und ein Levit einerseits und ein samaritischer Kaufmann andererseits einem jüdischen Schwerverletzten begegnen, spitzt die Frage: »Wer ist mein Nächster?« auf höchste zu. Denn die beiden Juden waren Vertreter höchster jüdischer Reinheit und hohen kultisch-sozialen Rangs, beim Samariter handelte es sich um einen Volks- und Religionsfeind, der als verabscheuenswert in den Augen Gottes und des Volkes Gottes galt. Beim Schwerverletzten konnte nicht geprüft werden, ob er ein frommer Jude war. Es war nicht sicher auszumachen, ob er überhaupt ein Jude war, da auch Samariter und Heiden diesen Weg benützten. Deutlich war aber auf den ersten Blick, daß der Verletzte sich in akuter Todesgefahr befand.

Die Kunst der Erzählung Jesu zeigt sich darin, daß er zuerst den Priester des Wegs kommen läßt und betont, daß er den schwer Verletzten erblickte. Die Zuhörer warteten sicher mit Spannung und voll Mitgefühl, ob er dem Verletzten half. Aber Jesus bemerkte dann: »er ging auf der anderen Seite der Straße an ihm vorüber«. Das griechische Zeitwort *»antiparerchesthai«* besagt: vorübergehen oder auf der anderen, entgegengesetzten Seite (an jemand oder etwas) vorübergehen. Der Priester wich also dem Verletzten, der auf dem Weg lag, aus und machte einen Bogen um ihn.

Dann folgte der Levit. Auch von ihm sagt Jesus mit denselben Worten: »er erblickte ihn, machte einen Bogen um ihn und ging vorüber«.

Warum sie so unbarmherzig handelten, wird nicht erwähnt: Ob sie sich nicht verunreinigen wollten, ob sie den Fall als hoffnungslos ansahen, ob sie sich nicht belasten wollten in der Hitze mit dem bewußtlosen, blutenden Mann oder ob sie dachten, nach uns kommen Leute, bei denen die Verunreinigung nicht so schwer wiegt, wird nicht gesagt. Es genügte Jesus festzustellen, daß sie nicht halfen.

Vielleicht erwarteten die Zuhörer, daß nun als Dritter ein Mann aus dem Volk des Weges kommt und hilft. Daß statt dessen ein Samariter kommt, mag verwundert, ja schockiert haben. Von ihm sagt Jesus: »Er sah den Verletzten und wurde von Mitleid gerührt«. Darum wich er nicht aus, sondern »ging zu ihm hin, goß Öl und Wein in seine Wunden und verband sie. Dann hob er ihn auf sein Reittier, brachte ihn zu einer Herberge und sorgte für ihn«. Und am anderen Morgen gab er dem Wirt Geld und sagte: »Sorge für ihn, und wenn du mehr brauchst, werde ich es dir bezahlen, wenn ich wiederkomme.«

Der Samariter fragt nicht, ob das ein Jude ist, ob ihn die Hilfe belastet oder verunreinigt; er hilft spontan, weil er ein Herz hat und tut, was er kann. An seinem Verhalten zeigt Jesus, was nach seiner Auffassung einen Menschen ausmacht: daß er ein Herz, daß er Mitgefühl mit seinen Mitmenschen hat, ohne zu werten oder zu rechnen. Von ihm selbst sagt das Neue Testament an zahlreichen Stellen, daß er Mitgefühl, Mitleid hat und daher hilft, wo er kann, ohne zu fragen, ob es sich dabei um Fromme oder Sünder, Juden oder Nichtjuden, Männer oder Frauen handelt (vgl. Mk 6,4; 8,2; Lk 7,13; 8,48; 13,15f; 23,28.34.43).

Er wirft den Frommen vor, sie hätten harte Herzen und vernachlässigten das Wichtigste an den Geboten Gottes, »Barmherzigkeit und Treue« (Mt 23,23; 9,9-13; 19,8f; 13,15f). Und er schildert Gott als einen unendlich gütigen Vater, der Mitleid mit seinen verlorenen Kindern hat (vgl. Lk 15,20; Mt 10,6). Darum auch heilt er mit Vorliebe am Sabbat Menschen von ihren Leiden und stellt fest: »Der Sabbat ist für den Menschen da« (Mk 2,27; 3,1-6; Lk 13,10-17). Das Herz des Menschen und sein Mitgefühl mit den Mitmenschen entscheiden daher über Heil und Unheil (vgl. Mt 25,31-46: »Was ihr dem Geringsten meiner ›armen‹ Brüder ›und Schwestern‹ getan habt, das habt ihr mir getan«).

Die Frage Jesu an den Schriftgelehrten ist wohl mit Bedacht aus der Sicht des Verletzten heraus gestellt: »Was meinst du? Wer von diesen dreien hat sich als der Nächste dessen erwiesen, der von den Räubern überfallen wurde?« Die Liebe zum Mitmenschen ist keine theoretische Sache, sondern ein existentieller Anruf. Es ist verständlich, daß der

Schriftgelehrte den verhaßten Namen »Samariter« nicht in den Mund nehmen wollte. So liefert seine Antwort eine Definition der Nächstenliebe: »Der, der barmherzig an ihm gehandelt hat«.

Der Nächste ist jeder Mensch in Not, der uns begegnet. Jesus hat mit diesem Gleichnis die Nächstenliebe universal geweitet, persönlich geprägt und vom Herzen des Menschen abhängig gemacht, nicht vom Verstand oder einer Lehre.

Die Aufforderung: »Geh hin und handle genauso« enthüllt, daß Liebe geübt, nicht theoretisch genau bestimmt und gewußt werden muß. *Liebe ist eine Frage des Lebens* und führt zum Leben, wenn sie aus dem Herzen kommt. »Liebe« als religiöse Übung oder als Ausdruck parteilichen Denkens wird dem Wesen der Liebe nicht gerecht und wird weder der Wirklichkeit der Liebe Gottes ansichtig noch entspricht sie der Not des Mitmenschen. Liebe im Sinne Jesu ist unmittelbarer Ausdruck des Herzens des Menschen und übergreift daher alle Grenzen von Rasse, Kultur, Klasse und Religion. Hilfsbereite Nächstenliebe gehört zur Urwirklichkeit des Menschen.

Rahmen

Lukas hat die Parabel nicht nur in ein Gespräch über den Weg zum Leben eingeordnet, sondern das Lehrgespräch hineingestellt in einen größeren Zusammenhang, der sich mit dem beschäftigt, was wesenhaft zum Christsein gehört (Lk 10,21-11,28). Man nennt daher diesen Großabschnitt einen »*Katechismus des christlichen Lebens*«.

Eingeleitet wird dieser Lehrabschnitt mit der Selbstoffenbarung Jesu, des Sohnes Gottes, der seine Jünger in die Wahrheit Gottes einführt (Lk 10,21f), und dem Lobpreis der Jünger, die Zeugen der entscheidenden Offenbarung Gottes sind (Lk 10,23f). Dann folgt der Hinweis auf das Hauptgebot mit praktischer Anleitung zum Handeln (Lk 10, 25-37), das Lehrstück vom *einen* Notwendigen: dem Hören auf das Wort Jesu (Lk 10,38-42: Maria und Marta), die Unterweisung über das Gebet (Lk 11,1-13 mit dem Vaterunser), die Aufforderung, sich für Jesus zu entscheiden, weil mit ihm das Reich Gottes anbricht (Lk 11,14-23), die Warnung vor dem Abfall (Lk 11,24-26) und die abschließenden Seligpreisungen aller Menschen, »die das Wort Gottes hören und danach handeln« (Lk 11,27f).

In diesem Zentralstück seines Evangeliums zeigt Lukas den Lesern und Hörern seines Evangeliums, was für das Leben eines Jüngers Jesu wichtig ist und er weist zugleich darauf hin, daß der hier angezeigte Weg »zum Leben führt« (Lk 10,25.28), das unter Gottes Segen steht und einmündet in das ewige Leben bei Gott.

Arbeit des Evangelisten

Lukas hat die Parabel mit der Frage nach dem wichtigsten Gebot Gottes verbunden und diese theoretische Frage umgebogen in die für uns Menschen entscheidende Frage nach dem rechten Weg zu sinnerfülltem Leben. Er zeigt Jesus als mitfühlenden und weisen Lehrer des Lebens und bewegt Herz und Willen seiner Leser und Hörer, nach dem Vorbild des Samariters zu handeln. Lukas ist nicht ein trockener religiöser Lehrer, sondern er ist ein Meister existentieller Unterweisung. Wer auf ihn hört, wird bewegt, so zu handeln wie der barmherzige Samariter. Lukas hat durch sein Evangelium »allen Menschen guten Willens« den Weg zu solidarischem Menschsein eröffnet und bereitet.

Anregungen zur Auslegung heute

1) Lies aufmerksam den Abschnitt Lk 10,25-37, und bestimme den Gang des Gesprächs! Wie lautet die grundlegende Frage? Ist der Gesetzeslehrer an dieser Frage ehrlich interessiert (vgl. Lk 10,25)? Gibt sich Jesus mit einer theoretischen Antwort zufrieden?
2) Welche Definitionen des »Nächsten« sind möglich? (Mitglied der gleichen Rasse, der gleichen Kultur, der gleichen Sprache, des gleichen Volkes, der gleichen Schicht, der gleichen Partei, der gleichen Religion). Wen haben die frommen Juden zur Zeit Jesu als »Nächsten« anerkannt? Wen haben Sie nicht anerkannt? (Vgl. Mt 9,9-13; Lk 18,9-14.)
3) Welche »Typen« von Frommen verkörperten damals der Priester und der Levit und daneben der Samariter? (Schaue nach, z.B. in einem Lexikon oder einem Kommentar oder in einer Konkordanz oder im Stichwortverzeichnis der Bibel, wie beide Personengruppen bei den Juden eingeschätzt wurden).
4) Erlaubte der Zustand des Verletzten, ihn liegen zu lassen und auf Hilfe durch andere Menschen zu hoffen?
5) Welche Gedanken wohl hinderten den Priester und den Leviten zu helfen (s. Lev 21,1-4)? Was bewegte den Samariter zu helfen?
6) Macht sich der Samariter auch Gedanken über die weitere Genesung des Verletzten? Sucht er die Last auf andere abzuwälzen?
7) Welche Antwort gibt die Beispielgeschichte auf die Fragen:
   a) Wer ist unser Nächster?
   b) Was heißt Nächstenliebe?
8) Ist die Nächstenliebe nach Auffassung Jesu an eine bestimmte Religion gebunden oder geht sie alle Menschen unmittelbar an (s. Mt 25,31-46)?

9) Worauf vertraut Jesus beim ideologisch unverbildeten Menschen, wenn er anderen Menschen begegnet, die in Not sind?
10) Ist ehrliche Nächstenliebe ein Weg »zum ewigen Leben«? (Vgl. Lk 10,25; Mt 25,31-46.)
11) Darf die Nächstenliebe den Gegner und Feind ausschließen, wenn sie sich in Not befinden?
12) Darf sich ein Christ freuen, wenn es den Gegnern und Feinden Gottes und der Kirche schlecht geht?
13) Was sagt das Hohelied der Liebe, 1 Kor 13, über die wahre Liebe?
14) Auf welche wesenhaften Grundhaltungen des Christseins weist Lukas in seinem »Katechismus des christlichen Lebens«, Lk 10, 21-11,28, hin?
15) Lies Lk 6,27-46 und Röm 12,9-21 und prüfe daran dein eigenes Verhalten gegenüber deinen Mitmenschen!
16) Ist der Weg der Nächstenliebe, wie ihn Jesus lehrte, ein Weg für alle Menschen?

III. Arbeitshilfen

Der praktischen Zielsetzung dieses Buches entsprechend, wird hier nur eine Auswahl wichtiger Veröffentlichungen geboten. Diese Auswahl ermöglicht es aber dem, der sich näher mit der Erforschung der Gleichnisse und ihrer praktischen Auswertung beschäftigen will, mit Hilfe der angegebenen Werke alle bedeutsamen Veröffentlichungen im deutschen Sprachgebiet aufzufinden. In den exegetischen Fachwerken sind auch die außerdeutschen Untersuchungen und Studien verzeichnet, die für die Gleichnisforschung von Bedeutung sind.

Da die praktischen Hilfen schwer überschaubar sind, kann die hier gebotene Übersicht nicht den Anspruch auf Vollständigkeit erheben.

Es ist aber zu hoffen, daß sie vielen einen guten Dienst bei der Beschäftigung mit den Gleichnissen Jesu und für die Arbeit mit den Gleichnissen zu leisten vermag.

1. Hilfen für das Studium und die Auslegung von Gleichnissen

1.1 Bibelübersetzungen

Von den deutschen Übersetzungen sind vor allem jene für die Arbeit mit Gleichnissen zu empfehlen, die den griechischen Urtext möglichst getreu wiedergeben.

Unter den ökumenischen Übersetzungen ist hier neben der *Einheitsübersetzung* auf das Neue Testament von *U. Wilckens* (unter Mitarbeit von *R. Pesch* u. a.), [Gütersloher Verlagshaus/Benziger] hinzuweisen.

An katholischen Übersetzungen sind zu nennen das Neue Testament von *O. Karrer* [Ars Sacra], das Neue Testament von *J. Kürzinger* [Pattloch], das Neue Testament nach der Übertragung von *F. J. Allioli* (neu bearbeitet von *E. Beck* und *G. Miller*) [Butzon & Bercker] und die Ausgaben der *Jerusalemer Bibel* [Herder].

An evangelischen Bibelübersetzungen ist auf die *Zürcher Bibel* [Deutsche Bibelgesellschaft] und die *Luther-Bibel* [Deutsche Bibelgesellschaft] hinzuweisen.

Für die Arbeit mit den Gleichnissen kann es hilfreich sein, die verschiedenen Übersetzungen miteinander zu vergleichen und so bereits anhand der verschiedenen Übersetzungen auf die verschiedenen Verstehensmöglichkeiten des Urtextes aufmerksam zu werden.

1.2 Synopsen

Sehr wichtig für die Erfassung der unterschiedlichen Überlieferung und Bearbeitung der einzelnen Gleichnisse durch die Verfasser der synoptischen Evangelien ist die Benützung textgetreuer Synopsen.
Hier ist an erster Stelle zu nennen die *Synopse der drei ersten Evangelien* (mit Beifügung der Johannesparallelen) von *J. Schmid* [Pustet]. Nicht so übersichtlich, wenngleich zuverlässig, ist die Synopse von *C. H. Peisker,* welche den Zürcher Bibeltext bzw. den Luthertext zugrunde legt. Inzwischen liegt auch nach dem Schema von C. H. Peisker die *Evangelien-Synopse der Einheitsübersetzung* vor [Katholisches Bibelwerk].
Ein zuverlässiges Hilfsmittel ist die von *F. Schierse* bearbeitete *Patmos-Synopse* [Patmos]. Sie ist vor allem für die Hand von Schülern bestimmt.
Ein vorzügliches Arbeitsmittel stellt das *Synoptische Arbeitsbuch zu den Evangelien,* hrsg. von *R. Pesch* in Zusammenarbeit mit *U. Wilckens* und *R. Kratz* dar, das je den Grundtext eines Evangeliums mit den Paralleltexten der übrigen Evangelien bietet (5 Bändchen mit einer Auswahlkonkordanz) [Gütersloher/Benziger].
Eine zuverlässige Anleitung zur Arbeit mit einer Synopse bilden die Arbeitshefte von *R. Pesch* und *R. Kratz: So liest man synoptisch,* Anleitung und Kommentar zum Studium der synoptischen Evangelien (7 Bändchen) [Knecht]. Die Hefte 4 und 5 sind den »Gleichnissen und Bildreden« (aus der zweifachen und der dreifachen Überlieferung) gewidmet. Mit deren Hilfe läßt sich die redaktionelle Bearbeitung der Gleichnisüberlieferung durch die Evangelisten leicht erheben.

1.3 Konkordanzen und Wörterbücher

Um Schlüsselbegriffe (z.B. Reich Gottes, Wort Gottes) in der Bibel leicht aufzufinden und deren Verwendung in den verschiedenen biblischen Schriften festzustellen, dienen die Konkordanzen und thematischen Wörterbücher zum Neuen Testament und zur Bibel. Die Konkordanzen setzen im allgemeinen eine einheitliche Übersetzung voraus.

So gibt es eine *Zürcher Bibelkonkordanz* [TVZ] und eine *Große Konkordanz zur Lutherbibel* [Calwer].
Eine Auswahl-Konkordanz bietet *R. Pesch* in seinem *Synoptischen Arbeitsbuch zu den Evangelien* (Band 4) [s. o.].
Auf katholischer Seite ist daneben bisher nur verfügbar das *Praktische Bibelhandbuch: Wortkonkordanz* [Katholisches Bibelwerk], das eine umfängliche Auswahl der wichtigsten biblischen Wörter enthält.
Derzeit wird jedoch an einer vollständigen *Konkordanz zur Einheitsübersetzung* gearbeitet [Katholische Bibelanstalt].
An thematischen biblischen Wörterbüchern, in denen Wortgruppen zu wichtigen Begriffen zusammengestellt sind, sind zu nennen der Registerband zum *Regensburger Neuen Testament: Deutsches Wörterbuch zum Neuen Testament* [Pustet] und das *Wörterbuch zum Neuen Testament* von *X. Léon-Dufour* [Kösel].

1.4 Lexika zur Bibel

Kurze Informationen zu wichtigen biblischen Stichworten bieten die heute vielfältig verfügbaren Lexika zur Bibel. Zunächst sei hier verwiesen auf das *Kleine Stuttgarter Bibellexikon* [Katholisches Bibelwerk], auf das *Biblische Wörterbuch* von *H. Haag* [Herder] und auf dessen großes *Bibel-Lexikon* [Benziger] sowie auf das *Wörterbuch zur biblischen Botschaft* von *X. Léon-Dufour* [Herder]. Recht brauchbar ist auch *Reclams Bibellexikon,* hrsg. von *K. Koch* u. a.
Über theologische Begriffe und Aussagen orientiert das *Bibeltheologische Wörterbuch* (2 Bände), hrsg. von *J. B. Bauer* [Styria].
Ausgezeichnet informieren auf wissenschaftlicher Grundlage über alle wichtigen biblischen Themen und Sachverhalte die Artikel im mehrbändigen *Lexikon für Theologie und Kirche* [Herder] (s. bsd. den Artikel von *J. Schmid,* Gleichnis, in Band IV, 958–960, mit Literaturangaben).

1.5 Biblische Welt

Auskünfte über die sozialen, völkischen, politischen und religiösen Verhältnisse in Palästina zur Zeit Jesu bieten eine Reihe von Büchern: *C. K. Barrett, Die Umwelt des Neuen Testaments* [Mohr-Siebeck]; *A. van Deursen, Biblisches Bildwörterbuch* [Reinhardt]; *J. Leipolt – W. Grundmann* (Hrsg.), *Die Umwelt des Urchristentums* (3 Bände) [Evangelische Verlagsanstalt]; *E. Lohse, Umwelt des Neuen Testaments* [Vandenhoeck & Ruprecht]; *F. Nötscher, Bibli-*

sche Altertumskunde [Hanstein]; *B. Reicke-L. Rost, Biblisch-Historisches Handwörterbuch* (4 Bände) [Vandenhoeck & Ruprecht].
Über den jüdischen Hintergrund des Neuen Testaments informiert auf ausgezeichnete Weise das Sammelwerk: *Kommentar zum Neuen Testament. Aus Talmud und Midrasch,* hrsg. von *H. Strack* und *P. Billerbeck* (5 Bände und 1 Registerband) [Beck]. Die alttestamentlich-jüdische Welt wird gut herausgearbeitet von *R. de Vaux, Das Alte Testament und seine Lebensordnungen* (2 Bände) [Herder]. Gute Informationen bietet auch das Werk von *H. Wilken, Biblisches Erleben im Heiligen Land* (2 Bände) [St. Johannis-Druckerei].
Wertvolle Informationen finden sich auch in den Kommentaren zu den Evangelien und in den Handbüchern zu den Gleichnissen Jesu.

1.6 Kommentare zum Neuen Testament

Will man die Gleichnisse im Zusammenhang der Evangelien studieren, muß man nach den Kommentaren zu den synoptischen Evangelien greifen.
Für Nichtfachleute bieten die Bände des *Regensburger Neuen Testaments* [Pustet] knappe, doch gediegene Verstehenshilfen. Zu verweisen ist hier besonders auf die beiden Auslegungswerke von *J. Ernst, Das Evangelium nach Markus,* und *Das Evangelium nach Lukas.* Die Auslegungen von *J. Schmid* zu den synoptischen Evangelien [s. o.] sind teilweise überholt.
Sehr hilfreich sind die Bände der evangelischen Kommentarreihe: *Das Neue Testament Deutsch* [Vandenhoeck & Ruprecht]. Hier insbesondere von *E. Schweizer, Das Evangelium nach Markus; Das Evangelium nach Matthäus* und *Das Evangelium nach Lukas.*
Eine Kombination von Synopse und Kommentar stellt der *Synoptische Kommentar* von *F. Zehrer* dar (3 Bände) [Klosterneuburg], der der praktischen Bibelarbeit dienen will und zuverlässige Auslegung bietet.
An wissenschaftlichen Kommentaren, die von gebildeten »Laien« ausgewertet werden können, sind an erster Stelle zu nennen *Herders theologischer Kommentar zum Neuen Testament* [Herder], in dem *Das Markusevangelium* (2 Bände) von *R. Pesch* abgeschlossen vorliegt. Der Kommentar zum *Lukasevangelium* von *H. Schürmann* ist noch nicht vollständig.
Im *Evangelisch-Katholischen Kommentar zum Neuen Testament* [Benziger-Neukirchener] liegt erst die Auslegung von *J. Gnilka* zum *Markusevangelium* (2 Bände) vollständig vor.

1.7 Auslegungen der Gleichnisreden

Das grundlegende Werk, das eine neue Epoche der Gleichnisforschung einleitete, ist die umfängliche Untersuchung von *A. Jülicher, Die Gleichnisreden Jesu* (1910) [Fotomechanischer Nachdruck, Darmstadt]. *A. Jülicher* geht vom Vergleich einer bildhaften Erzählung mit der Wirklichkeit aus und führt jede Art von Allegorisierung auf die urchristliche Überlieferung zurück. Jesus habe nur reine Vergleiche erzählt. Diese dienten dabei als Veranschaulichungen von Wahrheiten über das Reich Gottes. Die Gleichnisse Jesu seien heute ethisch auszulegen.

Auf diesem Buch basieren alle neueren Gleichnisauslegungen. Die Aussagen *A. Jülichers* wurden in der Folgezeit dahingehend verändert, daß die Gleichnisreden Jesu eschatologischen Charakter haben. Sie sprechen alle vom Reich Gottes, weisen dessen Anwesenheit und Wirken in der Gegenwart bereits auf und fordern Umkehr und Entscheidung. Sie stehen je in Zusammenhang mit dem Wirken Jesu unter seinem Volk und setzen dessen Anspruch, der endgültige Heilbringer zu sein, voraus. Außerdem bediente Jesus sich bewußt allegorischer Bilder und Vorstellungen, die im Judentum bereits gebraucht wurden.

Maßgebend für die heutige Auslegung der Gleichnisse im deutschen Sprachraum sind die Werke von *J. Jeremias, Die Gleichnisse Jesu* [Vandenhoeck & Ruprecht] und seiner Schülerin *E. Linnemann, Gleichnisse Jesu. Einführung und Auslegung* [Vandenhoeck & Ruprecht]. Beide zeichnen sich durch eindringende Kenntnis der geschichtlichen, sozialen und kulturellen Situation Jesu in Palästina, durch klare methodische Grundsätze, durch theologische Tiefe und durch Knappheit und Lesbarkeit aus.

1.8 Gesamtstudien

E. Biser, Die Gleichnisse Jesu. Versuch einer Deutung [Kösel]. Er zeigt auf, wie in der Sprache der Gleichnisse das Reich Gottes selbst auf eigentümliche Weise gegenwärtig wird.

L. Ragaz, Die Gleichnisse Jesu. Seine soziale Botschaft [Gütersloher]. Der schweizerische Pfarrer geht der sozialen Dimension der Gleichnisse nach, um so den sozialen Aspekt des Reiches Gottes aufzuweisen.

G. Eichholz, Gleichnisse der Evangelien. Form, Überlieferung, Auslegung [Neukirchen]. Anhand wichtiger Einzelgleichnisse wird

hier dem Baugesetz der Gleichnisse nachgespürt und auf die angemessenen Auslegungsprinzipien verwiesen. Die existentiale Auslegung wird als ungenügend abgelehnt.
Die Gleichnisse erschließt als Sprachereignis mit Enthüllungscharakter (disclosure) die Studie von *T. Aurelio, Disclosures in den Gleichnissen Jesu* [Regensburger Studien zur Theologie]. Diese Studie setzt zum Verständnis Kenntnisse exegetischer und sprachtheoretischer Art voraus.
T. Ruster, Sakramentales Verstehen. Ein Beitrag zum theologischen Wahrheitsverständnis und zugleich ein Gespräch mit *E. Biser* und *E. Fuchs* (Disputationes Theologicae 14) [Lang]. *T. Ruster* geht der Sprachgestalt des Glaubensaktes nach und sucht die im Wort begegnende Heilswirklichkeit näher zu bestimmen. Dabei gewinnt der Autor wichtige theologische Einsichten in die Eigenart des sakramentalen Wortes von der Sprachgestalt der Gleichnisse her.
Als dramatische Verdichtungen der Grunderfahrungen der menschlichen Existenz versucht *D. O. Via,* die Gleichnisse in seinem Werk: *Die Gleichnisse Jesu* [Kaiser] aufzuzeigen. Er vernachlässigt dabei den Zeitbezug der Gleichnisse Jesu und deren Konzentration auf die Wirklichkeit des Reiches Gottes. Das Werk ist vorwiegend für Sprachwissenschaftler bestimmt.
Über die neueste Gleichnisforschung orientieren: *N. Perrin, Jesus and the language of the Kingdom.* Symbol and Metaphor in New Testament Interpretation [London] (mit Abschnitt: The modern interpretation of the Parables of Jesus ab *J. Jeremias* [89–193]. Besprochen werden die Werke von *E. Fuchs, E. Linnemann, P. Ricœur – E. Jüngel, A. Wilder, R. W. Funk, D. O. Via, D. Crossan).*
Der modernen Gleichnisforschung, bsd. in sprachwissenschaftlicher, linguistischer und strukturalistischer Hinsicht, sind die Nummern 1–2 der Reihe: *Semeia,* hrsg. von *R. W. Funk,* University of Montana (USA) gewidmet:
Heft 1: *A Strukturalist Approach to the Parables;*
Heft 2: *The Good Samaritan,*
je mit Beiträgen von *A. Wilder, D. Crossan, R. W. Funk, D. O. Via.*
In diesem Zusammenhang sei auch verwiesen auf das Sammelwerk *J. Delorme, Zeichen und Gleichnisse. Evangelientexte semiotisch erklärt* [Patmos].
Eine bedeutsame Weiterführung der Gleichnisforschung geschah durch die Untersuchung von *H. Weder, Die Gleichnisse Jesu als*

Metaphern. Traditions- und redaktionsgeschichtliche Analysen und Interpretationen [Vandenhoeck & Ruprecht]. Er wies nach, daß die Gleichnisse Jesu zu Erzählungen erweiterte Bildworte und Bildaussagen (Metaphern) sind, die auf das Geheimnis des Reiches Gottes hinweisen, das mit Jesu Wirken in die Welt einbricht. Diese Bilderzählungen bringen die verborgene Wirklichkeit des Reiches Gottes zur Geltung, können aber nicht völlig in eine theologische Aussage mit lehrhaftem oder ermahnendem Charakter umgesetzt werden. Diese Bilderzählungen verwenden von Anfang an allegorische Elemente. Die Lektüre des Werkes setzt die Kenntnis der griechischen Sprache und der exegetischen Methoden voraus.
Die Studie von *H.-J. Klauck, Allegorie und Allegorese in den synoptischen Gleichnistexten* [Aschendorff] vertieft und ergänzt die Arbeit von *H. Weder,* indem sie zeigt, inwieweit die urkirchliche Überlieferung die Gleichnisse Jesu dadurch aktualisierte, indem sie diese allegorisierte und wie sie dabei an ursprünglichen allegorischen Elementen anknüpfen konnte. Auch diese Studie setzt zum Verständnis philologische und exegetische Fachkenntnisse voraus.
Arbeiten von *P. Ricœur* sind bedeutsam für die Erhellung der sprachlichen Eigenart der Gleichnisse Jesu und deren theologische Bedeutung für die Erfassung der Wirklichkeit des Reiches Gottes, dazu bsd. *P. Ricœur – E. Jüngel, Metapher.* Zur Hermeneutik religiöser Sprache [Kaiser].

1.9 Einzeluntersuchungen

E. Arens, Kommunikative Handlungen. Die paradigmatische Bedeutung der Gleichnisse Jesu für eine Handlungstheorie [Patmos].
Mit dem Überlieferungsprozeß der Gleichnisse macht auf einsichtige Weise *H. Kahlefeld, Gleichnisse und Lehrstücke* vertraut [Knecht].
M. Krämer, Das Rätsel der Parabel vom ungerechten Verwalter [Zürich] geht den verschiedenen Deutungsmöglichkeiten nach.
G. Schneider, Parusiegleichnisse im Lukasevangelium [Katholisches Bibelwerk]. Nachweis, wie die Parusieverzögerung die Überlieferung der Gleichnisse und ihre Bearbeitung durch Lukas mitgeprägt hat.
A. Weiser, Die Knechtsgleichnisse der synoptischen Evangelien [Kösel]. Teiluntersuchung einer Gruppe von Gleichnissen mit soziologischem Gerüst.

Dem jüdischen Hintergrund der Parabeln Jesu sind die Untersuchungen gewidmet von *P. Fiebig, Altjüdische Gleichnisse und die Gleichnisse Jesu* (1904), der auf wichtige Beziehungen in Form und Inhalt der Gleichnisse Jesu zu jüdischen Gleichnissen hinweist; *D. Flusser, Die rabbinischen Gleichnisse und der Gleichniserzähler Jesus,* 1. Teil: Das Wesen der Gleichnisse (Judaica et Christiana 4) [Lang]. Der jüdische Autor versucht nachzuweisen, daß Jesu Gleichnisse innerlich verwandt sind mit den rabbinischen Gleichnissen, indem sie die Geheimnisse Gottes, speziell seine sittlichen Forderungen und Verheißungen zur Sprache bringen. Dabei übersieht Flusser, daß Jesu Gleichnisse durch den Bezug auf das Reich Gottes sich wesenhaft von den moralisch-erbaulichen Gleichnissen der Rabbinen unterscheiden.

2. *Hilfen für die Arbeit mit Gleichnissen*

2.1 Bücher

An Büchern, die auf einfache, doch wissenschaftlich verantwortete Weise mit Eigenart und Aussage der Gleichnisse vertraut machen, sind zu nennen:

L. Cerfaux, Er redete in Gleichnissen [Ars sacra]. Kurze, meditative Einführung in die Botschaft der Gleichnisse Jesu (Die Mysterien des Reiches Gottes. Die neue Gerechtigkeit. Die ewige Ernte) durch einen angesehenen französischen Fachmann.

G. Eichholz, Einführung in die Gleichnisse [Neukirchen] und *ders., Gleichnisse der Evangelien.* Form, Überlieferung, Auslegung [Neukirchen]. Wertvolle Information über die Baugesetze, Eigenart und Sprechweise der Gleichnisse mit Erschließung einzelner Parabeln.

H. Kahlefeld, Gleichnisse und Lehrstücke im Evangelium [Knecht]. Behutsame Freilegung der Urbotschaft Jesu vom Reich Gottes (mit folgenden Abschnitten: Das Evangelium und seine Kraft. Die messianische Zeit. Die Mahnung Israels. Die Bereitschaft. Der Einsatz.) und deren Umgestaltung durch die Verkündigung der Urkirche nach Pfingsten.

A. Kemmer, Gleichnisse Jesu. Wie man sie lesen und verstehen soll [Herder]. Knappe Darstellung der bewährten Aussagen von *J. Jeremias* und *H. Kahlefeld* ohne Berücksichtigung der neuesten Studien von *H. Weder* und *H.-J. Klauck* und der sprachlichen Forschungen.

F. Mussner, Die Botschaft der Gleichnisse Jesu [Kösel]. Hier werden auf eigenständige Weise sehr kurze Einführungen in die Botschaft von 19 Gleichnissen vorgelegt. Diese Hinführung kann als erste Information gute Dienste leisten.

J. Manek, Gleichnisse Jesu [Calwer]. Sehr reichhaltige, doch knappe Auslegung aller wichtigen Gleichnisse Jesu unter Heranziehung der Gleichnisse des Thomasevangeliums.

F. Zehrer, Die Botschaft der Parabeln (3 Bde.) [Klosterneuburg]. Sehr knapp, doch gut orientierend.

2.2 Für Bibelkreise ebenso wie den Unterricht an Klassen der Oberstufe bietet vorzügliche Information und Hilfe das Arbeitsbuch: *A. Steiner – V. Weymann* (Hrsg.), *Bibelarbeit in der Gemeinde,* Band 3: *Gleichnisse Jesu* [Benziger] mit genauen Verlaufsplänen für die Arbeit mit Gleichnissen, wobei je verschiedene Methoden der Erwachsenenbildung angewandt werden. Erschlossen werden sieben wichtige Parabeln Jesu. Die Arbeitsblätter dürfen fotokopiert werden.

Das Werkbuch von *W. Wanner, Werkbuch Gleichnisse. Praktische Bibelarbeit illustriert* [ABC-team/Brunnen] zeigt auf lebendige Weise, wie Gleichnisse religiös und sittlich aktualisiert werden können. Leider kommt dabei die exegetische Besinnung auf Eigenart und ursprüngliche Botschaft des Textes zu kurz.

Sehr knapp ist das Arbeitsbuch von *A. Täubl, Gleichnisse Jesu.* Ein theologischer Kurs im Medienverbund, hrsg. von *D. Emeis – W. Rück* [Grünewald.]

2.3 Für den Unterricht und die religiöse Unterweisung werden zunehmend für den pädagogischen Vollzug gründlich bedachte, gute Hilfen angeboten. Hier ist vor allem auf die Zeitschrift »*Katechetische Blätter*« (Zeitschrift für Religionsunterricht, Gemeindekatechese und kirchliche Jugendarbeit) [Kösel] hinzuweisen. An Überlegungen zur Methodik sind folgende Einzelbeiträge zu nennen:

G. Adam, Lebendiges Lernen mit Schülern. Zum Beispiel: Der barmherzige Samariter: forum religion 2 (1980) 27–30.

E. Arens, Gleichnisse als kommunikative Handlungen Jesu. Überlegungen zu einer pragmatischen Gleichnistheorie: ThPh 56 (1981) 47–69.

T. Bauder – F. Fiederlin, Der barmherzige Vater (Lk 15,11-32).

Unterrichtsstunde für das 3. Schuljahr: KatBl 99 (1974) Materialdienst 13.
G. Baudler, »Und ohne Gleichnis redete er nicht zu ihnen«: ru 7 (1977) 1–3.
G. Baudler, Mit Talenten wuchern? Das »bibeldidaktische Viereck« als möglicher Weg zu einer notwendigen Übertextung biblischer Perikopen im Religionsunterricht: KatBl 103 (1978) 367–381.
H. Doll, Thema: Dank – Undank (nach Mt 18,21-32). Unterrichtsentwurf für das 3. Schuljahr: forum religion 2 (1981) 1–3.
H. Doll, Thema: Dank – Undank (dargestellt an Mt 18,21-35): Schönberger Hefte 11/3 (1981) 27–32.
D. Dormeyer, Wirkung und Wirklichkeit der Bibel. Textpragmatische Überlegungen und Methoden zum bibeldidaktischen Viereck (mit Skizzen): KatBl 100 (1975) 644–666.
D. Dormeyer, Parabel vom verlorenen Sohn (Lk 15,11-32). Textpragmatische Analyse und Unterrichtsplanung: KatBl 100 (1975) 667–676.
D. Dormeyer, Parabel vom bittenden Freund (Lk 11,5-8). Textpragmatik im Religionsunterricht: Analyse und Planung: rhs 19 (1976) 17–26.
R. Eulenstein, »Wer ist mein Nächster?« Hinweise zur Relevanz philologischer Bemühungen um Texte des Neuen Testaments am Beispiel von Lk 10,25-37: ibw-Journal 14 (1976) 12–16.
G. Geiger, Die Gleichnisse Jesu (und Bildworte bei Johannes). Eine Übersicht mit Hinweisen auf das tertium comparationis: ChristlPädBlätter 93 (1980) 344–345.
G. Geiger, Lerneinheit zum Thema: Gleichnisse Jesu: ChristlPädBlätter 93 (1980) 427–431.
H. Gerdes, Jesu Gleichnisverkündigung: Zum Beispiel (ZB) 13 (1978) 4–8.
H. Gerdes, Wie Jesus die falsche Frömmigkeit der Gesetzesdiener bloßgestellt hat (Mk 6,53-7,23; Mt 25,14-30; Lk 19,11-27). Arbeitsbogen 14: Reden und Gleichnisse Jesu: ZB 13 (1978) 20–24.
B. Grönke, Das schlägt ein wie ein Blitz (Lk 18,9-14: Pharisäer und Zöllner). Ein didaktisches Modell für den Umgang mit Gleichnissen (Sekundarstufe I): ZRelPäd 33 (1978) 203–206.
R. Henke, Das Gleichnis vom barmherzigen Vater (Lk 15). Unterrichtseinheit über Jesus für das 4. Schuljahr: KatBl 90 (1973) Materialdienst 2.
B. Herrmann, In den Dingen ist ein Gleichnis. Die Anschaulichkeit

der biblischen Metapher als didaktische Möglichkeit: EvErz 33 (1981) 132–141.
V. Hertle, Der verlorene Sohn. Hinweise durch ein Gedicht (von P. Bächler): KatBl 104 (1979) 572–574.
R. Immig, Die Leistung des Symbols oder »Sprache« (Verhältnis Gleichung – Gleichnis): ZRelPäd 31 (1976) 213–220.
H. Kaiser – B. Schäfer – G. Veidt, Die Geschichte vom helfenden Samariter. Drei Beispiele für Aktualisierung und Verfremdung eines bekannten Jesusgleichnisses (für Primarstufe, 7. Schuljahr, 10. Schuljahr): Schönberger Hefte 8/3 (1978) 16–26.
G. Klages – K. Heinemeyer, Die Parabel vom Schalksknecht (Mt 18,21-35). Theologische Grundlegung, didaktische und methodische Überlegungen: ZB 14 (1979) 16–21.22–28.
J. Kluge – W. Böhm – U. Oberhauer, »Er war tot und ist wieder lebendig geworden« (Gleichnis von den verlorenen Söhnen Lk 15). Unterrichtsversuch für das 3. Schuljahr: ZRelPäd 33 (1978) 168–171.
H. Lang, Gleichnisse: Bilder der Wirklichkeit Gottes. Erkenntnistheologische Überlegungen zum Praxisfeld: Gleichnisse Jesu: KatBl 107 (1982) 892–906.
G. Lange, Religionsunterricht als Sehschule durch Metaphern: KatBl 102 (1977) 715–723.
M. Machanek – F. Fiederlin, Das Gleichnis vom verirrten Schaf (Mt 18,10-14; Lk 15,1-7). Unterrichtsstunde für das 2. Schuljahr: KatBl 100 (1975) Materialdienst 1.
W.E. Meyer, Das Gleichnis von den zehn Jungfrauen (Mt 25,1-13): Der Weg zum Kinde 67 (1981) 128–140.
A.M. Michl, Das Gleichnis vom verlorenen Sohn. Unterrichtsentwurf für das 2. Schuljahr: ZB 14 (1979) 43–45.
F.W. Niehl, Vom Sämann und der Saat: KatBl 106 (1981) 303–306.
G. Nolte, Biblische Zeichen (Gleichnisse, Wunder): rhs 23 (1980) 144–147.
G. Presler, Väter und Söhne. Bewältigung des Generationskonflikts. Überlegungen anhand von Lk 15, ausgehend von Jeremias und Linnemann: ZRelPäd 32 (1977) 53–54.
A. Salefsky, Das Gleichnis vom barmherzigen Samariter (Lk 10, 25-35). Katechese als Unterrichtsmodell und Erzählung: was und wie 8 (1979) 70–74.
F. Schnider – W. Stenger, Überlegungen zur Transformation biblischer Texte am Beispiel des Gleichnisses von den Talenten (Mt 25,14-30; Lk 19,11-27): RelPäd Beiträge 1 (1978) 71–103.

U. Schweickhardt, »Da ist was Wahres dran – aber was?« Über Schwierigkeiten im Umgang mit Texten aus der Bibel: KatBl 102 (1977) 406–413.
K. Seeger, »Gleichnisse kreativ«. Seminarbericht: KatBl 103 (1978) 616–623.
W. Sennhauser, Das Gleichnis von den anvertrauten Talenten (Mt 25,14-30): Der Weg zum Kinde 67 (1981) 120–127.
K.H. Sorger, Das Problem der Funktionalisierung biblischer Texte: RelPäd Beiträge 1 (1978) 59–70.
K.H. Sorger, Synoptische Gleichnisse in Schulbibelkommentaren (Buchbericht): KatBl 96 (1971) 754–759.
H. Strub, ›Jesus redet von Gott‹: Der Weg zum Kinde 65 (1980) 258–284.
O. Voss, Das Gleichnis vom Pharisäer und Zöllner: fach religion 34 (1980) 121–127.
G. Wendt, Wie Jesus erklärt hat, wodurch das Reich Gottes wächst. Arbeitsbogen für das 4. Schuljahr: ZB 13 (1978) 13–18.
G. Wolf, Wenig Samen – reiche Ernte (Das Gleichnis vom Sämann). Unterrichtsentwurf für die Sekundarstufe I: Schule und Mission 31 (1980) 27–37.
G. Wolf, Salz und Licht – Bilder für die Christen: Schule und Mission 31 (1980) 64–76.
G. Wolf, Das Gleichnis von den Talenten (Mt 25,14-30; Lk 19, 11-27). Elemente für eine Unterrichtseinheit in der Sekundarstufe I: Schule und Mission 31 (1980) 108–122.

2.4 An praktischen Überlegungen zur Verwendung von biblischen Texten in der Erwachsenenbildung allgemein sind zu empfehlen:

B. Dörig, Kreativität – praktisch. Impulse zur Methodik der Gruppenarbeit [Reinhardt].
W. Erl – F. Gaiser, Neue Methoden der Bibelarbeit. Vom Anti-Gleichnis zum Zeitungsbericht [Katzmann] (sehr vielfältige, erprobte Vorschläge).
F. J. Hungs, Einführungskurs Bibel. 10 erprobte Lerneinheiten [Benziger] (macht mit Werden, Gattungen, Überlieferung der Bibel anhand bedeutsamer Texte vertraut).
Praktische Bibelarbeit heute. Ein Handbuch, hrsg. vom *Katholischen Bibelwerk* [Katholisches Bibelwerk] (Bibelvortrag, Bibelgespräch, Biblischer Arbeitskreis, Textmeditation, Bildmeditation, je mit Beispielen und Literatur).

2.5 Hörbilder und Hörspiele (Schallplatten, Kassetten) zu Gleichnissen

Gute Möglichkeiten zur Verlebendigung der Gleichnisse bietet eine Reihe von Hörbildern und Hörspielen. Diese Hilfsmittel sollte man aber nur einsetzen, wenn entweder eine Erschließung der betreffenden Gleichnisse vorausging oder sich daran anschließt, wobei der Text selbst gelesen und bedacht und dann mit der dramatisierenden Ausgestaltung verglichen wird. Denn manche Hörbilder neigen dazu, zu historisieren, zu dramatisieren, allegorisch oder moralisch auszuwerten. Dabei werden falsche Akzente für das Verstehen der so bearbeiteten Gleichnisse gesetzt, die später ein richtiges Verstehen hemmen oder verhindern. Das textvergleichende Gespräch regt auch dazu an, darüber nachzudenken, wie die wirkliche Botschaft im eigenen Leben beantwortet werden kann.
Hingewiesen sei hier auf die Schallplatten:
Die falsche Furcht (Das Gleichnis von den Talenten) und *Die große Absage* (Das Gleichnis vom königlichen Hochzeitsmahl), biblische Hörspiele, *H. Garber* [Christophorus CGLP 75.744].
Pharisäer unter uns (zum Gleichnis vom Pharisäer und Zöllner) und *Wer ist mein Nächster?* (zum Gleichnis vom barmherzigen Samariter), katechetische Hörspiele zum Thema: Nächstenliebe [Christophorus-CGLP 72.154].
Das Gleichnis vom verlorenen Sohn, biblisches Hörspiel, gestaltet von *W. M. Scheele* [Christophorus-CGLP 75.408].

2.6 Spiele über Gleichnisse (Schauspiel, Drama, Laienbühne, Schule, musikalisches Spiel)

Zu schöpferischer Freude und vertiefter, lebendiger Einsicht führt die Nachgestaltung von Gleichnissen als freie Erzählung, dramatische Lesung, szenische Gestaltung, Hörspiel, Schauspiel, Drama und Oratorium.
Dies ist dadurch möglich, weil der Gleichniserzählung selbst ein dramatischer Charakter eigen ist. Darauf haben vor allem *G. Eichholz, Das Gleichnis als Spiel* (EvTh [1964] 309–326) und *D. O. Via, Die Gleichnisse Jesu* [s. o.] hingewiesen.
Für die Nachgestaltung von Gleichniserzählungen in Schule, Spielkreis oder durch eine Laienbühne gibt es leider nur wenige Vorlagen.
Zunächst sei auf das Buch von *A. Flügel, Der Hahnenschrei* verwiesen, das biblische Szenen und Dialoge enthält, darunter eine

zur Parabel vom verlorenen Sohn [Evangelisches Verlagswerk]. Spieltexte für Parabelbeispiele bietet der evangelische Dichterpfarrer *A. Goes* zur Parabel vom Abendmahl (Lk 14,16-23): *Der Zaungast* [Kaiser] (12 männliche, 12 weibliche Spieler, Dauer: 1 Stunde) und zur Parabel vom reichen Kornbauern (Lk 12,16-21): *Die Roggenfuhre* [Kaiser] (3 männliche, 3 weibliche Spieler, Dauer: 45 Minuten) an.

Eindringlich gestaltet sind die Spiele von *G. Rendl, Der Sämann* (zu Mt 13,14-30; [Kaiser] (5 männliche, 3 weibliche Spieler, Dauer: 1 Stunde) und *Der Schuldner* (zu Mt 18,23-35; [Kaiser] 3 männliche, 3 weibliche Spieler, Dauer: 1 Stunde).

Etwas zu breit und zu konstruiert wirkt das Spiel von *K. Rieder, Der Schatz* (zu Mt 13,44; [Höfling] 4 männliche, 3 weibliche Spieler, Dauer: 1 Stunde).

Anregungen für die spielerische Nachgestaltung eines Gleichnisses im Unterricht gibt *H. Kiewning, Das Gleichnis vom Senfbaum im Spiel* (in: was und wie 6 [1977] 114–118).

Hilfreich sind auch die Vorschläge von *C.M. Lebbe, Puppets, Paint and Parables* (in: The living light 4/3 [1967] 29–38), sowohl für den Kindergarten als auch die Schule.

Das szenische Spiel zum Gleichnis von den bösen Winzern, von *B. Deißler* (KatBl 103 [1978] 624f) läßt sich in Schule und Jugendkreis mit Gewinn einsetzen zur Verlebendigung und Vertiefung vorhergehender Arbeit am Text.

M. Wolf bietet einen Bericht über den gelungenen Verlauf einer gemeinsamen, meditativen Nachgestaltung des Gleichnisses Lk 14,15-24 durch eine Gruppe: *Gemeinschaft beim Gastmahl* (KatBl 104 [1979] 460 bis 463).

Eine besondere Funktion gewinnen Gleichnisse für die soziale und religiöse Vertiefung, die seelische Umformung und Heilung durch die Umsetzung in personbezogene Rollenspiele im Rahmen kreativer und interaktionaler Erfahrungsprozesse. Gute Anregungen dazu gibt *C. Janson-Michl, ›Integratives Drama‹ als Methode der Bibelinterpretation in der Jugendarbeit.* Anregungen am Beispiel von Lk 10,25-37 (KatBl 103 [1978] 708–713). Dabei wird die Gestalttherapie von *F.S. Perls* zugrunde gelegt.

2.7 Bilder, Darstellungen, Illustrationen

Sehr reich ist die Nachgestaltung von Gleichnissen in der darstellenden Kunst. Dies gilt sowohl für die christliche Kunst von ihren frühchristlichen Anfängen an wie auch für die Gegenwart. Fresken, Glasbilder und Fenster, Miniaturen, Illustrationen religiöser Bücher, Skulpturen, Decken- und Wandgemälde in Kirchen und Kapellen, Altargestaltungen, Bilderzyklen, aber auch Gestaltungen in Edelmetall und Stein sind hier zu nennen.
Besonders häufig finden sich Nachgestaltungen der Gleichnisse vom verlorenen Sohn, vom verlorenen Schaf, von den zehn Jungfrauen, vom Endgericht, vom barmherzigen Samariter, vom Sämann, vom Pharisäer und Zöllner und vom Fischnetz. Grundsätzliche Erwägungen zur Auswertung im Unterricht finden sich bei *M. Suermann, Das Gleichnis vom verlorenen Sohn in Kunstwerken der Vergangenheit und Gegenwart,* dargestellt an ausgewählten Beispielen, mit didaktischen Anregungen zur Unterrichtsgestaltung (KatBl 106 [1981] 323–332).

Neuerdings werden eigene Kunstbände zu Gestaltungen aus dem Bereich der Gleichnisse veröffentlicht. Zu verweisen ist hier auf:
Die Gleichnisse Jesu in Miniaturen des 11. Jahrhunderts; Gleichnisse Jesu aus dem Codex aureus von Echternach; Bilder aus dem Codex purpureus Rossanensis (zu den Gleichnissen vom Samariter und den zehn Jungfrauen), Texte von *A. von Jüchen* [Burckhardthaus].
Eine eigene Veröffentlichung aus der *Rembrandtbibel* bietet [Eichenkreuz] zu den *Gleichnissen Jesu.*
Eine Kassette von Dias zu *10 Plastiken* von *E. Barlach,* die zum Teil Gleichnisthemen gewidmet sind, bietet [Stödtner].

F. Fichtl hat in der Reihe: *Bilder zum Kirchenjahr* eine Serie zum *Gleichnis vom Weltgericht* (Mt 25,31-46) zusammengestellt (mit Beiheft) [Christophorus].
Die *Biblische Palette: Was die Bibel erzählt,* gestaltet von *M.A. Groenenstijn,* bietet je 12 Dias mit modernen Zeichnungen zum barmherzigen Samariter (Nr. 13) und zum verlorenen Sohn (Nr. 16) zusammen mit Nacherzählungen der Gleichnisse [Stiftung Docete]. Diese Hilfen sind vor allem für die Arbeit mit Kindern, aber auch für biblische Meditationen geeignet.

Th. Zacharias bietet für den katechetischen Unterricht *Farbholzschnitte zur Bibel* zu den Parabeln vom *Guten Hirt* und vom *Barmherzigen Samariter* an [Kösel].
Hingewiesen sei hier auch auf die Holzschnitte von *W. F. Habdank* zu Gleichnissen (z. B. zum barmherzigen Samariter) [Kösel].

Es ist unmöglich, hier eine zuverlässige Übersicht zu geben. Wer die Augen offenhält, findet auf dem Bücher- und Kunstmarkt vielfältige Gestaltungen. All diese Bilder eignen sich vor allem zum Betrachten und zur Meditation. Sie helfen, die Botschaft der Gleichnisse zu meditieren und sich innerlich von ihnen ansprechen zu lassen. Viele solcher Gestaltungen lassen sich gut im Unterricht, im Bibelkreis, bei meditativen Gottesdiensten und bei der persönlichen Betrachtung einsetzen.

2.8 Die Verwendung von Gleichnissen und Gleichnismotiven in Literatur und Dichtung

Motive und Gestalten der Gleichnisse Jesu spielen eine nicht unerhebliche Rolle in den großen Werken der Literatur. Dem kann hier nicht nachgegangen werden. Biblischen Motiven in der modernen Literatur spüren nach *K. J. Kuschel* in der Untersuchung: *Jesus in der deutschsprachigen Gegenwartsliteratur* (Vorwort: W. Jens) [Benziger] und *P. K. Kurz* in den in freier Folge erscheinenden Bänden: *Über moderne Literatur. Standorte und Deutungen* (bisher 7 Bände) [Knecht].

2.9 Meditationen und Predigthilfen

Angesichts der Fülle von meditativen und homiletischen Deutungen und Deutungshilfen zu den Gleichnissen soll hier nur auf einige, speziell Gleichnissen gewidmete Hilfen verwiesen werden.
Noch immer geistlich vielfältig anregend ist das Meditationsbuch von *R. Gutzwiller, Die Gleichnisse des Herrn* [Benziger], der das Leben des heutigen Menschen mit den Aussagen der Gleichnisse konfrontiert. Zu den geistlichen Auslegungen ist auch das gediegene Bändchen von *L. Cerfaux, Er redete in Gleichnissen* [s. o.] zu rechnen.
Tiefgründige und eigenwillige Gedanken zu den Gleichnissen bietet *A. v. Speyr, Gleichnisse des Herrn* [Johannes].

Eine Textmeditation in Form einer paraphrasierenden Kommentierung bietet *G. Wimmer, Das Gleichnis vom Perlenkaufmann* (Mt 13,45 f) in: KatBl 103 (1978) 402.

Knappe, lebendige, ansprechende Predigten über die Gleichnisse enthält das Sammelwerk von Rundfunkpredigten über *Gleichnisworte der Bibel: Bilder helfen hören,* hrsg. von *J. Kuhn* [Quell] und das aus Predigtvorträgen erwachsene Buch von *H. Thielicke, Das Bilderbuch Gottes. Reden über die Gleichnisse Jesu* [Quell].

Eine exegetisch und methodisch bewußt reflektierte Predigt über *Die Parabel von den zehn Mädchen* (Mt 25,1-13) bietet *G. Lohfink* in: KatBl 101 [1976] 130–133.

Gediegene exegetische und homiletische Verkündigungshilfen zu den Gleichnissen finden sich in der Reihe: *Die Episteln und Evangelien der Sonn- und Feiertage. Auslegung und Verkündigung* (23 Faszikel) [Knecht], hrsg. von *H. Kahlefeld* und *O. Knoch.*
Über die Predigt in Kinder- und Schülergottesdiensten mit Hilfe von Gleichnissen orientiert der Beitrag von *H. Frommer,* Predigt durch Gleichnisse, in: Evangelische Kinderkirche 53 (1981) 129–138.

2.10 Filme

Über *Kurzfilme* zu Gleichnissen informieren die Besprechungen von *N. Scholl,* Biblische Gleichnisse und moderne Kurzfilme (KatBl 100 [1975] Materialdienst 3) und *A. Täubl,* Neue Filme für den Religionsunterricht und die außerschulische Bildungsarbeit (KatBl 104 [1979] 405).
Besprochen werden:
Ein verlorenes Jahr? (zu Mt 13,44-46), 15 Min., [Ausleihe durch: Katholisches Filmwerk, Rottenburg];
Das Unkraut (zu Mt 13,24-30), 10 Min., [Katholisches Filmwerk, Rottenburg]; *Des anderen Last* (zu Mt 18,12-14), 30 Min., [Katholisches Filmwerk, Rottenburg];
Leben mit dem Leiden (zu Mt 18,12-14), 29 Min., [Landesfilmdienst Württemberg, Stuttgart];
Es log einer (zu Lk 10,25-37), 5 Min., [Landeszentrale für politische Bildung, Düsseldorf];
Der Stuhl (zu Lk 14,7-11), 8 Min., [Landeszentrale für politische Bildung, Düsseldorf];

Raumschiff Terra 12 (allgemein zu Motiven der Gleichnisse), 4 Kurzfilme à 14 Min., [WDR-Fernsehen];
Im Ernstfall (zu Lk 12,16-20), 17 Min., *Samariter 66* (zu Lk 10, 25-37), Zeichentrickfilm, 5 Min.;
Rückkehr (zu Lk 15,11-32), 20 Min., [FWU 323173].

Auskünfte über Kurzfilme zu biblischen Themen sind zu erhalten bei:
Katholisches Filmwerk, Rottenburg;
Landesfilmstelle Bayern, München;
Landesfilmdienst Württemberg, Stuttgart;
Deutscher Katechetenverein, München;
Fernsehanstalten, Abteilung Schulfernsehen.

IV. Verzeichnis der Schriftstellen

ALTES TESTAMENT

NEUES TESTAMENT

SONSTIGE QUELLEN